暴

新左翼・松崎明に支配されたJR秘史

Hisashi Maki

牧久

小学館

君

暴君——新左翼・松崎明に支配されたＪＲ秘史　目次

装幀　間村俊一

暴君——新左翼・松崎明に支配されたＪＲ秘史

本文敬称略

序章　「天使と悪魔」——ふたつの顔を持つ男

気勢を上げる松崎明。写真は、JR東労組結成大会（1987年3月3日）。この後、中核派などとの内ゲバで、組合幹部の死傷者が続出する（読売新聞／アフロ）

「JRの妖怪」と呼ばれた男、松崎明《まつざきあきら》の死を私（筆者）が知ったのは、二〇一〇年（平成二十二年）十二月十日の朝、ハワイ・オアフ島でのことである。

二日後に迫ったホノルル・マラソンに参加するため、ワイキキ・ビーチ近くにあるゴール地点のカピオラニ公園で、一緒に参加する友人と軽いジョギングをしていた。私も彼も健康維持のためリタイア後に始めたランニング熱が高じ、ゴールするのに時間制限のないホノルル・マラソンに挑戦するようになり、この年三度目の完走を目指していた。

そんなとき、日本から友人の携帯に「松崎死去」の一報が飛び込んできた。新聞の死亡記事を読んだ知人が、慌てて知らせて来たのである。私の友人は四十年以上も前、旧国鉄本社記者クラブの常駐記者だったころに知り合った元国鉄職員。

国鉄（日本国有鉄道）が、一九八七年（昭和六十二年）にJR東日本（東日本旅客鉄道株式会社）など一二法人に分割・民営化された後、彼はあるJR会社の役員として労務問題を担当したこともあり、JR東日本の組合（JR東労組）、そして全国組織のJR総連の事実上のトップとして君臨してきた松崎明に深い関心を持ち続けてきた。

朝日新聞（二〇一〇年十二月十日付夕刊）は、松崎の生涯を簡潔にこう記している。

JR東日本労組の初代委員長で、旧国鉄の動労でストライキなどを指揮した松崎明さんが9日、亡くなったことがわかった。74歳だった。

埼玉県出身。1955年に旧国鉄に入った。61年に旧動労青年部を結成して初代部長となり、若い機関士や運転士を中心にストを辞さない過激な闘争手法で国鉄当局と激しく対立した。その後、組合活動を理由に解雇されたが動労に残り、75年の「スト権スト」など数々のストライキを指揮。スト権ストでは全国で列車を数日にわたって止めるなどし、動労は「鬼の動労」などと呼ばれた。

動労の委員長として国鉄の分割民営化には反対したが、その後に方針を転換。87年の民営化後にはJR東労組の初代委員長として経営側とも密接な関係を保ち、上部団体の全日本鉄道労働組合総連合会（JR総連）にも強い影響力を持ったとされる。95年にJR東労組会長、2001年に同顧問、02年にJR総連特別顧問。

07年には、JR総連の内部組織の資金3千万円を横領したとして、業務上横領の疑いで警視庁に書類送検されたが、嫌疑不十分で不起訴となった。

今年11月8日の衆院予算委員会で、自民党の平沢勝栄議員から「（松崎氏は左翼過激派）革マル派の最高幹部の一人と認識しているか」と問われ、岡崎トミ子国家公安委員長が「革マル派創設時の幹部の一人である」と答弁した。


この日の夕食は二日後のマラソン本番を控えて互いにビールの量は減らしたが、話は自然と〝松崎明論〟、つまり松崎明とはいったい何者であったのかということになった。

松崎明は、日本の労働運動が燃え上がった戦後昭和で、もっとも先鋭的で過激な活動を繰り広げた「動労」（国鉄動力車労働組合）の闘士として、当局の合理化（リストラ）に猛然と反発、一九七五年（昭和五十年）のスト権奪還闘争では国鉄最大の労組「国労」（国鉄労働組合）と一体となって、全国の列車を八日間にわたって止めるなど、〝鬼の動労〟の象徴的存在だった。

しかし、八〇年代後半、中曽根政権が進めた国鉄の分割・民営化に徹底抗戦する国労を切り捨て、それまで犬猿の仲だった、当局寄りの「鉄労」（鉄道労働組合）と手を組み、組織を挙げて労使協調、民営化賛成に回り、大転換の先頭に立った。〝松崎のコペルニクス的転換（コペ転）〟とも呼ばれたこの男の見事な〝変心〟によって国労は瓦解《がかい》し、国鉄分割・民営化は軌道に乗って走り始める。

松崎は、「国鉄改革」の最大の功績者のひとりとなったのだ。

そして民営化後、崩壊した国労に替わりJRの組合を率い、会社側にも「影の社長」のような権勢をふるうことになる。労働運動家の花形だった松崎は、政治家や文化人、ジャーナリスト、作家など幅広く多彩な人脈を形成する。元警視総監の秦野章とはカラオケ仲間で、自民党主流派の〝ドン〟金丸信からは参院選全国区から出馬要請を受けたこともある。政治評論家の岩見隆夫、松崎の「偲ぶ会」で弔辞を読んだ作家・佐藤優や、東京都知事の小池百合子とも親交があった。

だが、松崎には、労働組合の〝名士〟とは別の、もうひとつの顔があった。非公然部隊を組織し、陰惨な〝内ゲバ〟で数々の殺人・傷害事件を起こしてきた新左翼組織「革マル派」の幹部でもあったのだ。

〝松崎のコペ転〟は、はたして本物だったのか、それとも偽装だったのか。

ハワイの夜が更けゆくなかで、私たちの関心はこの一点に集中した。ワイキキ海岸近くでの夕食だったことも、私たちにある種の興奮をもたらしていた。

松崎はかつてこの地を家族同伴でしばしば訪れ、ゴルフを楽しみ、その後にホノルルから三〇〇キロほど東の、今でも溶岩が噴き出す島、ハワイ島に飛んだはずである。自らを〝鬼〟と称した労働運動家・松崎が、家族と一緒にワイキキ海岸を散策し、食事を楽しむ姿を、私たちは言葉にしなくても、互いに頭の中で思い描いていた。

松崎は一九九九年（平成十一年）四月にハワイ島の東海岸のヒロ市に、当時の日本円で約二六三〇万円の庭付き一戸建て住宅を購入、さらに翌二〇〇〇年四月にも西海岸のコナ市に同三三〇〇万円もするコンドミニアムを購入する。コナ市のコンドミニアムには長男の篤《あつし》の家族が一時、移り住んでいた。世界的な観光地・ハワイ島の東西の一等地にふたつも不動産を購入した松崎はこの地で、家族とともに晩年を趣味のゴルフを楽しみながら優雅に過ごすことを夢見ていたのではないか。当時、成田空港からハワイ島への直行便もあったが、家族同伴の場合、羽田からオアフ島のホノルルを経由してコナ空港に向かうのが通常ルートだった。松崎一家も、おそらくワイキキ・ビーチ界隈を散策し、近くのホテルに宿泊したはずである。

ＪＲ発足から十年余が経過したころ、日本の治安当局は革マル派のアジト摘発によって、ＪＲ総連・東労組に「革マル派が相当に浸透している」との確証をつかんだ。しかし、たとえ過激な革命思想を持っているとしても、日本国憲法に定められた「思想・良心の自由」がある。労働者の団結権、争議権（スト権）、団体交渉権も憲法で保障されている。治安当局としては、彼らが違法行為を犯さない限り、組合運動に介入することは許されない。当局が目を付けたのは、松崎が巨額の金でハワイ島のコナなどにふたつの豪華別荘を購入している事実だった。〝労働貴族〟という言葉はあったが、〝ふつうの労働運動家〟なら自由にできる資金がそれほど巨額であるはずはない。松崎の資金力の源泉はどこにあるのか。

警視庁公安部は二〇〇五年（平成十七年）十二月、松崎の自宅やＪＲ東労組、ＪＲ総連本部事務所などを徹底的に家宅捜索し、浮かび上がったのが、松崎の組合費などの「業務上横領容疑」だった。家宅捜索はじつに八十四時間に及んだ。事件は彼を取り巻く直系配下の固い結束の壁に阻《はば》まれ、最終的には立件できず、不起訴処分となった。しかし、日本最大の交通機関であるＪＲ東日本の労働組合の大幹部であり、新左翼組織「革マル派」の創立者のひとりである松崎が、ハワイ島にふたつも豪邸を所有していたという事実は、世間を唖然とさせた。

＊　　＊

陸軍の青年将校たちによる「二・二六事件」が発生した年の一九三六年（昭和十一年）に埼玉県に生まれた松崎は、戦後の混乱がまだ残る一九五四年（昭和二十九年）、川越工業高校を卒業して国鉄の臨時雇用員となり、翌々年、正職員として東京・尾久機関区に配属され、「国鉄機関車労働組合」（機労。一九五七年、動労に改称）の組合員となった。彼の天性の弁舌は、人を惹きつけ、アジテーターとしての才能を遺憾なく発揮する。動労は、プライドが高く職人意識の強い機関士たちの組合として発足した歴史から、穏健な「同志会」がその主流だったが、松崎は自ら青年部を結成して初代部長となり、この青年部を基盤に過激な「政研派」を立ち上げ、次第に勢力を拡大し動労内の多数派を握り〝闘う動労〟に変身させる。

動労の若手指導者となった松崎は、昭和四十年代半ばから昭和五十年代にかけて、国労とともに激しい闘争を展開、解雇など大量処分を覚悟のうえのストライキの先頭に立った。

一九八五年六月、松崎が動労委員長に就任したころ、中曽根内閣と手を結んだ国鉄の若手改革派によって、国鉄・分割民営化が堰を切ったように動き出していた。「その攻撃の矛先が組合運動に向けられている」と読み取った松崎は、それまでの発言や行動を忘れたかのように、中曽根政権や国鉄当局に擦り寄り、分割・民営化に反対を唱える国労の切り崩しに協力することで、民営化にともなう七万人の合理化から動労の組織と組合員を守った。

旧国鉄が分割・民営化されJR各社が発足した翌年の八八年九月、昭和天皇は、宮内庁病院に入院する。そして年が改まったばかりの昭和六十四年（一九八九年）一月七日に崩御、皇太子明仁殿下が践祚《せんそ》し、新しい「平成時代」がスタートした。

この年、ベルリンの壁が崩壊し、東西冷戦が終結する。国鉄解体によって戦後労働運動の中核だった「国労」は分裂し、国労が中心となって支えてきた「総評」（日本労働組合総評議会）も力を失い、新たなナショナルセンターとして「連合」が発足したのもこの年だった。平成に入ると、昭和末期に到来したバブル経済も崩壊し、「失われた二十年」の時代に突入する。経済は低迷し、大学を卒業しても就職先のない「就職氷河期」がやってきたのである。

対立・抗争が続いた戦後昭和の労働運動も一転して、政府主導の新しい時代を迎えた。国鉄解体によって、中曽根康弘が仕掛けた「戦後政治の総決算」は、現実のものとなったのだ。与党・自民党と野党・第一党の社会党が対峙する政治構造（五五年体制）は大きく変わり、自民党の事実上の一党政治が現出することになった。

しかし、すっかり様変わりした世の中の水面下で、平成時代のJR各社の労使関係と労組間の対立・抗争は、昭和時代にも劣らぬ暗闘のドラマを繰り広げていた。その〝主役〟であり、かつ〝悪役〟を演じたのがJR総連とJR東労組を牛耳り続けた松崎明だった。

労働運動家・松崎の「もうひとつの顔」——それは、警察がマークする極左組織「革マル派」の指導者としての顔である。

松崎は国鉄で働きはじめた年に日本共産党に入党するが、共産党の官僚体質に反発して離党、反スタ（反スターリン）・反帝（反帝国主義）を掲げる「革命的共産主義者同盟革命的マルクス主義派」（革マル派）議長・黒田寛一《くろだひろかず》（一九二七年―二〇〇六年）に心酔して〝革マル派ナンバー2〟である副議長となる。革マル派は松崎が青年部長を務める動労という産別組織に次第に浸透していく。松崎は〝子飼い〟の革マル派メンバーを中核として動労内に結成した反主流派組織「政研派」を基盤に、動労委員長まで上り詰める。JR発足後、全国組織であるJR総連の支配権もその手中にした松崎のJR革マル派は、その豊富な資金力をバックに、黒田寛一の革マル派中央さえ操るようになっていく。

猛々《たけだけ》しい動労が一転、国鉄分割・民営化賛成へと大きく舵を切ったころから松崎は表向きには「革マル派からはすでに離脱した」と述べ、「離脱した時期」については「離脱届も出さないので正確にはわからない」と曖昧な返事を繰り返し、ときには革マル派を批判してみせた。しかし、治安当局や多くの関係者は「革マル派の組織維持のために一時的な戦術として、現実路線に転換したもので、革マル派離脱は偽装である」と見ていた。松崎はJRが発足すると、JR内で最大組合となったJR東労組の初代委員長に就任、全国組織であるJR総連をも自由に操ると同時に、「労使対等」「労使ニアリー・イコール」論を掲げてJR東日本の経営陣を籠絡、経営権にも深く介入し、またたく間に陰の実力者となった。

　革マル派の創始者、黒田寛一の革命戦略の組織論の基本は、味方の力量が弱小な時代は敵の組織に「潜《もぐ》り込み」、組織内部の意識の違いを「乗り越え」て変革し、敵組織を内部から「食い破る」ことにあった。この戦術のとおり、松崎は、旧国鉄時代は、国鉄当局に、あるいは、対立する国労に、民営化後はＪＲ東日本に、「潜り込み」「食い破る」。

　この組織論に加えて、松崎明の戦術・戦略論の基本は「統一と団結の否定」と「積極攻撃型組織防衛論」にあった。「小異を捨てて大同につく」という「統一と団結論」では、闘う力は弱体化し敵を打ち破ることはできない。「内部の敵対勢力は先手を打って積極的に排除し、闘う組織を防衛する」――これが「積極攻撃型組織防衛論」である。このふたつの戦略・戦術論が、松崎の信念だった。

　こうした理論的信念もあってか、松崎はその力が絶大となるにつれ、柔和でにこやかに振舞う表の顔と、一転して鬼の形相に変化する裏の顔の違いが鮮明となり、〝敵〟と判断した者たちに対しては、かつての同志や腹心たちであっても容赦なく排除する。

　古今東西の歴史は「組織も人間も時間とともに変質する」ことを私たちに教えてくれる。若いころは理想に溢れていた英傑も年老いてからおかしなことを始めることは歴史上、そう珍しいことではない。国鉄改革の功労者、松崎明もＪＲ総連・東労組の「絶対権力者」として君臨すると、組合組織を私物化し、大学生の就職先としても人気の高いＪＲ東日本の経営権に深く立ち入り会社組織に巣くう〝ＪＲの妖怪〟に変身していったのである。

独裁化する松崎に対する反発は、ＪＲ総連に加盟するＪＲ各社の組合の間でも時間の経過とともに高まり、これに各社の経営陣の姿勢もからまって、裏切りと暗闘、変節と憎悪が渦巻き、ＪＲ総連は分裂してＪＲ連合が発足する。今でも箱根を境に西側のＪＲ東海、西日本、九州、四国の組合は、新たに再編、結成されたＪＲ連合の傘下にあり、松崎の革マル派勢力がなお残るＪＲ総連の勢力下にあるのは、箱根から東側のＪＲ東労組と北海道労組、貨物労組だけとなった。

＊　　＊

哲学者・パスカルはその著『パンセ』の一節（三五八）に「人間は、天使でも、獣でもない。そして、不幸なことには、天使のまねをしようとおもうと、獣になってしまう」と記している。ノンフィクション作家・保阪正康は『人を見る目』（新潮新書）のなかでこの一節を引用し「パスカルはなぜこのように断言できたのか。善き人間たろうとする者は、自らの無謬《むびゅう》を信じて、しばしば人を裏切ったり、残酷な仕打ちを厭《いと》わないということになろうか。スターリンは〈ブルジョワは性悪、プロレタリアは性善〉と、はっきりしている。（略）人間は天使（性善）でも獣（性悪）でもない。だが労働者（スターリンは性善説の存在というが）の天国を造ろうとしたスターリンは、まさに獣と化してしまったと言えようか。天使代表・スターリンは、自らに反対する人たちを『階級の敵』と称して片っ端から粛清していったことが、何よりの証拠だ」という。

松崎明を旧ソ連の〝独裁者〟スターリンに譬《たと》えるのは少々、憚《はばか》られるが、少なくとも「革マル派副議長・松崎明」の出発点は「スターリン批判」にあった。しかし晩年には、若き頃の高邁な理想と人間的魅力は消え失せ、「自分だけは何をやっても許される」と組織を私物化し、昨日までともに闘ってきた同志であっても一切の批判を許さず、遠慮会釈なく排除する悪魔の如き〝小スターリン〟と化したのである。彼の独善的性格と独裁的運営に反発する腹心たちは、相次いで彼のもとを去って行った。

松崎は死去する二年ほど前から間質性肺炎を発症する。それでも元気でつねづね、「還暦を二度迎える」と公言し、たばこは他人が吸う煙も嫌がり、朝一番の尿を採取して、それを飲用する〝尿療法〟の励行者として有名だった。松崎は側近の田城郁《たしろかおる》をJR総連初の参院比例代表として、民主党（当時）から国会に送り出した二〇一〇年（平成二十二年）七月ごろから体調を崩し、都内の病院に入院、闘病生活を続けていたが、病状は十月半ばから急速に悪化したという。

D型もD民同へ涸《かれ》谷《だに》に

松崎が死の病床で詠んだ俳句である。「D型」とは松崎が生涯をかけて創り出してきた「闘う動労型労働運動」を指すのだろう。その動労型労働運動が、「労働運動の民主化」を標榜する「民同」（民主化同盟・旧国労の主流派）型の労働運動に舞い戻り、「闘う動労型労働運動」の水源は今や枯れ果て、水も流れぬ〝涸れ谷〟と化してしまった、というのだろう。松崎は自らの死とともに「戦闘的労働運動」も終焉を迎えるだろうことを強く予感していた。

松崎明の死の一ヵ月ほど前の同年十一月十三日、六〇年安保反対闘争を牽引した中核派の政治局員、北小路敏《きたこうじさとし》が敗血症のため入院先の病院で亡くなっている。松崎と同じく享年七十四。北小路はブント（共産主義者同盟）の活動家として六〇年安保闘争では全学連書記長に就任、東大生・樺《かんば》美智子《みちこ》が死亡した「六・一五国会議事堂突入」を指揮し、逮捕された。安保闘争の総括をめぐってブントが分裂、さらに再分裂を経て、一九六三年に本多《ほんだ》延嘉《のぶよし》、清水丈夫らとともに「中核派」（革共同中核派）を結成する。このとき、「革マル派」（革共同革マル派）を結成したのが黒田寛一や松崎明である。松崎は革マル派副議長となり、「理論の黒田、実践の松崎」と並び称された。

革マル派と中核派はその後、長年にわたって激しい抗争を繰りひろげ、内ゲバによる死傷者が続出する。松崎は労働運動へ、北小路は大衆運動にとそれぞれ歩んだ道は違ったが、対立し続けた新左翼の中核派と革マル派の指導者として、一時代を築いたふたりの〝カリスマ〟が相前後して鬼籍に入ったのである。

戦後の過激な左翼運動は、日航機「よど号」をハイジャックして北朝鮮に亡命（一九七〇年）した赤軍派や、軽井沢の「あさま山荘」に立て籠もり、警官隊と十日間もの銃撃戦を展開（一九七二年）した連合赤軍が七〇年代に自滅の道を辿る。松崎と北小路の死は、〝内ゲバ〟を繰り返しながらも「平成」という時代まで生き延びた新左翼運動のひとつの終焉を意味していた。

以下は、国鉄解体前後から三十余年に及んで〝封印〟されてきた、松崎明の生涯を軸に展開する、想像を絶する複雑怪奇な平成ＪＲの裏面史である。

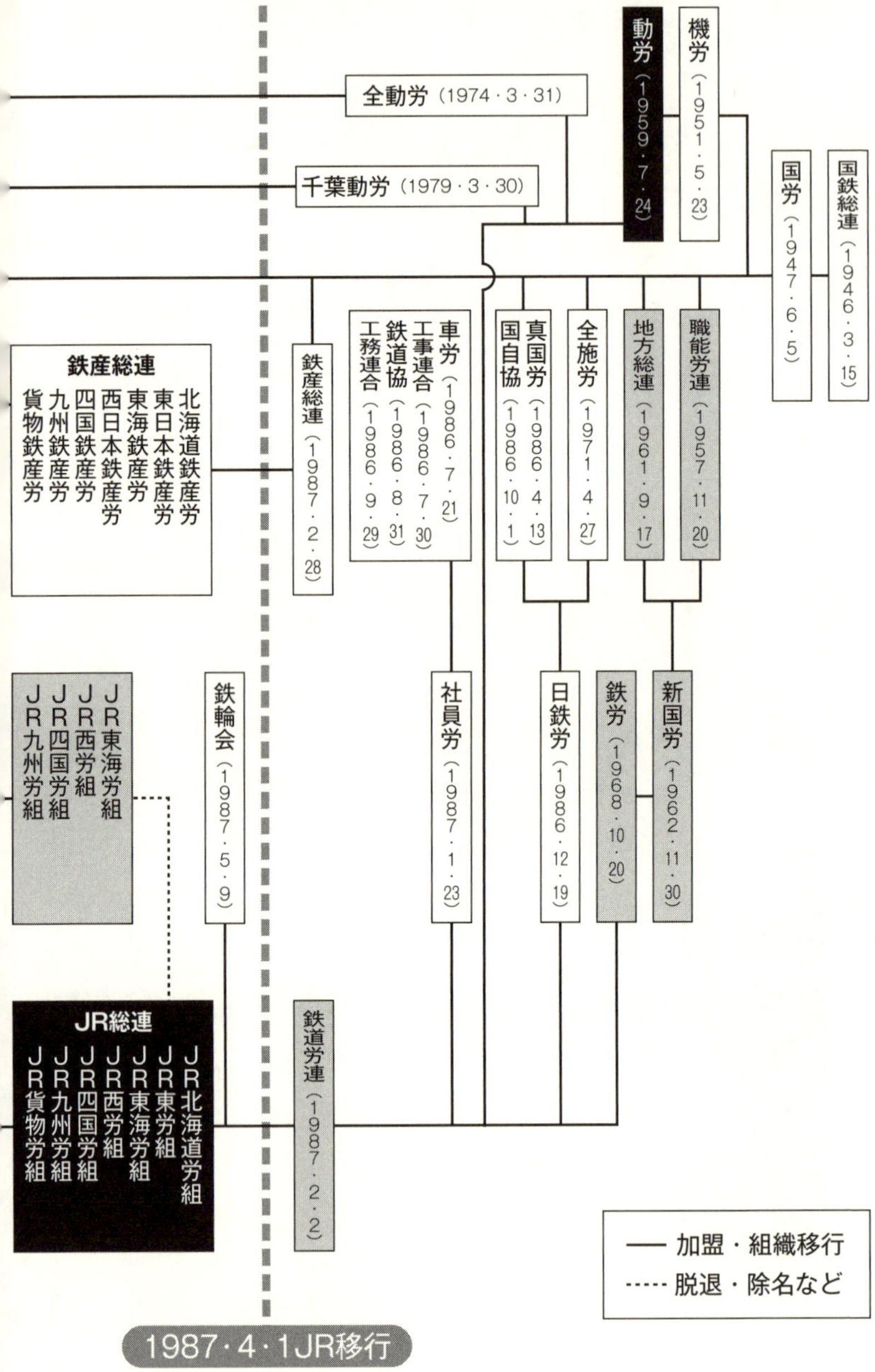
動労（1959・7・24）
機労（1951・5・23）
全動労（1974・3・31）
千葉動労（1979・3・30）
国労（1947・6・5）
国鉄総連（1946・3・15）
鉄産総連
北海道鉄産労
東日本鉄産労
東海鉄産労
西日本鉄産労
四国鉄産労
九州鉄産労
貨物鉄産労
鉄産総連（1987・2・28）
車労（1986・7・21）
工事連合（1986・7・30）
鉄道協（1986・8・31）
工務連合（1986・9・29）
真国労（1986・4・13）
国自協（1986・10・1）
全施労（1971・4・27）
地方総連（1961・9・17）
職能労連（1957・11・20）
JR東海労組
JR西労組
JR四国労組
JR九州労組
鉄輪会（1987・5・9）
社員労（1987・1・23）
日鉄労（1986・12・19）
鉄労（1968・10・20）
新国労（1962・11・30）
JR総連
JR北海道労組
JR東労組
JR東海労組
JR西労組
JR四国労組
JR九州労組
JR貨物労組
鉄道労連（1987・2・2）
── 加盟・組織移行
----- 脱退・除名など
1987・4・1JR移行

国鉄・JRの労働組合の変遷図

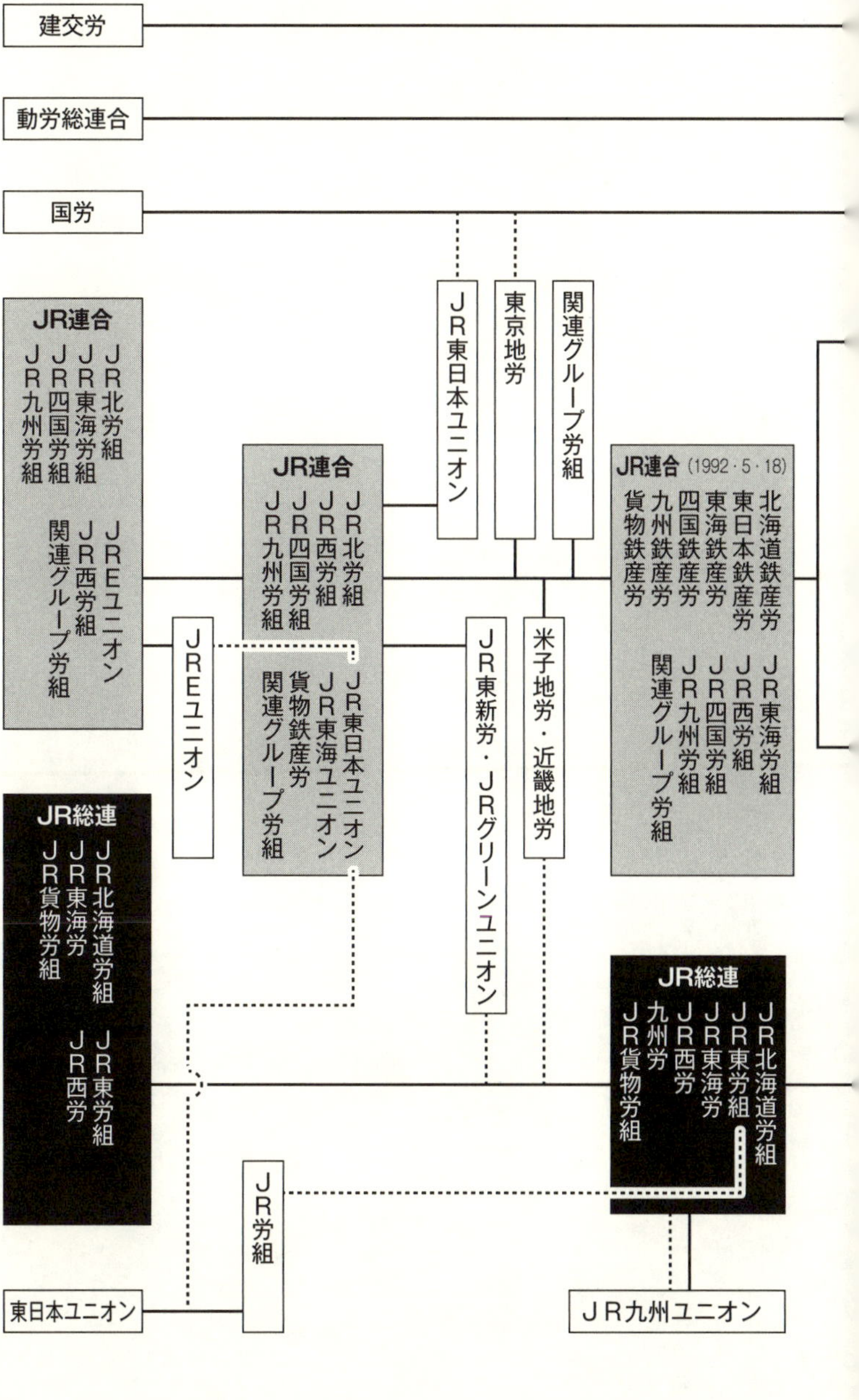

第一章

〝隠れ動労〟——JR誕生前夜

黒磯駅。静養のため那須御用邸に向かう昭和天皇と香淳皇后の到着を待つ警官と、カメラを構える報道陣（1988年７月20日／朝日新聞）

「黒磯駅事件」

話は一九七七年（昭和五十二年）六月初旬まで遡る。

国鉄の北関東エリアを統括する東京北鉄道管理局総務部長席に、動労（国鉄動力車労働組合）の東京地方本部（地本）委員長の松崎明《まつざきあきら》から激しい口調で抗議の電話がかかってきた。

「黒磯駅職員二名の懲戒解雇は不当である。納得できない。ただちに撤回せよ」

電話に出た総務部長の村山暢彦《むらやまのぶひこ》が「えらい電話をもらったよ」と深刻な表情で部下の労働課補佐、宗形明《むなかたあきら》に顔を寄せてきた。

「黒磯駅で懲戒解雇したのは国労の組合員じゃないか。なぜ動労の松崎が（電話をかけて来るんだ）？」

「そうですよねえ」

ふたりは顔を見合わせた。しかし、宗形には思い当たるフシがあった。国労（国鉄労働組合）の黒磯駅分会に新左翼勢力が浸透しているという情報を入手していたからである。だが、それが本当なのかどうか、まだ確認が取れていなかった。

「国労黒磯駅分会に松崎が自分の配下の〝隠れ動労〟を送り込んでいるのではないか」

宗形の脳裏にそんな疑問がよぎった。当時、宗形は四十三歳。こうした疑問がきっかけとなって、松崎明という人物の思想と行動に深い関心を抱き、その後四十年にわたって彼の〝実像〟を追い続ける人生が始まるのである。

東北本線黒磯駅は、同駅を境にここから北、青森駅までの電車線は交流、南の上野駅までは直流で列車が運行される交流、直流の切り替え駅である。この駅の職員によってスムーズな切り替え作業が行われなければ列車の運行はストップする。同駅の列車運行に果たす役割はきわめて大きかった。それだけではない。皇族が那須の御用邸に向かう際の最寄り駅として、お召し列車の発着駅でもあった。当時の駅員数は一〇四人。うち駅長、助役など管理職は一三人だった。

だが、そのころの黒磯駅は荒れに荒れていたのである。

国鉄当局が昭和四十年代半ばに行った「生産性向上運動」（マル生《セイ》）が「不当労働行為」と断定されてから国鉄の職場は一変する。マル生は当初、労使が協調し現場の生産性を上げ経営と雇用両方の安定を目的とした運動だったのが、次第に〝反組合教育の啓蒙活動〟となり国労・動労の組合員排除の運動にエスカレートしていったのだから、不当労働行為だと指弾されたのは、当然といえば当然の帰結だった。結果、国鉄当局は総裁が謝罪するという全面敗北を喫し、全国各地で「不当労働行為」を行った管理者が処分され、労使の立場は完全に逆転し、国鉄の職場は荒廃を極めていく。

なかでも黒磯駅は、国労黒磯駅分会の青年部を中心に、巧妙なサボタージュ、ビラ貼り、管理者いじめなどを繰り返し、職場の規律は乱れに乱れ、東京北管理局管内で最悪の問題職場となっていた。一九七七年三月の定期異動で同駅勤務を命じられた職員は「黒磯駅だけには赴任したくない」と退職を選ぶという異常事態まで起きた。

この異常事態の抜本的解決を図ろうと東京北管理局は四月末、九人からなる「黒磯駅現地対策班」を結成する。労働課補佐の宗形明は労務のエキスパートとしてこの現地対策班に同行することになった。

宗形が当時を回想する。

「黒磯駅につくと、駅も構内の建物も、組合員が貼ったビラや、闘争を支援する各地本から送られてくる真っ赤な〝檄布《げきふ》〟に覆われつくしていました。駅長のデスクにも応接用のソファにもビラがベタベタと貼られてある。駅の助役に、なぜ剥がさないのか尋ねると『いや、剥がしたら、次は数を倍にして貼られるので放っておくしかないのです』と」

一ヵ所だけビラが貼られず、真っ白い壁の清潔な建物があった。皇族が那須の御用邸に向かわれる際の休憩用の建物である。そこにビラを貼ったらすぐに警察当局が動くということを、組合の活動家たちはよく知っていた。

現地対策班は駅長や助役など管理者から実情を聴取して、職場規律を攪乱《かくらん》している首謀者の割り出しを行った。この結果、六名の特別要注意人物がリストアップされる。黒磯駅では朝夕の引き継ぎ点呼の場で「一言運動」と称し、全員が当直助役に必ず質問、イチャモンをつけることがノルマになっていた。

たとえば、朝の点呼で、当直助役がある地点の線路の保守を指示すると、組合員は「指示は具体的に行う」という協約を盾《たて》にとって「そこの地形はどうなっているのだ」「待避するときにはどこに逃げるのだ」などと問い詰める。助役が口ごもると「お前は労働者が列車にひかれてもいいと思っているのか」と糾弾が始まる。首謀者たちは、それを交代で後ろから監視する。その日の勤務以外の組合員も背後から取り巻いて、「一言運動」への当直助役の応答にミスがないかどうか目を光らせ、少しでもミスがあるといっせいに騒ぎ出す。これが日常茶飯事となっていた。

現地対策班は四十日間、現地に滞在して実情を聴取した結果、暴力行為などが判明したふたりを「懲戒免職処分」にする。ひとりは「駅長に対し刃渡り十五センチの包丁を突き付け腹を切れと脅迫した行為」で、もうひとりは「首席助役の頭をヘルメットの上から手旗信号旗で二回にわたって強く殴打した行為」によるものだった。しかしこのふたりは〝実行犯〟であって、現地対策班が真の首謀者だと睨《にら》んだ者たちではなかった。真の首謀者と見ていたHとNのふたりについては懲戒免職に値する指示行為や実行行為は把握されず、処分することはできなかった。

国労東京地本は〝実行犯〟ふたりの懲戒免職に対して独自に調査を行い、「いかなる場合でも暴力は組合活動ではない」として当局の処分事由は妥当であることを認めた。さらに黒磯駅分会長とH、Nの三人も「指導面に問題があった」として「統制処分」に付したのである。国労本部も当局の措置を妥当として承認した。

ところがこの国労の本部と東京地本の態度を不満とする動労や一部の国労の組合員が全国的規模で「黒磯闘争支援共闘会議」を結成する。「ふたりの懲戒解雇は不当」として裁判に持ち込み、裁判支援闘争に乗り出したのである。松崎明から「ふたりの懲戒解雇は不当である」と抗議の電話が東京北管理局の総務部長にあったのはこのころのことである。

国労が、懲戒免職になった自分たちの組合員について「処分は妥当だった」というのに、動労は、処分の撤回を要求し激しい抗議行動に出る。いったいこれはどういうことなのか。

ふたたび宗形の回想。

「松崎明と動労の不可解な行動は、このときから始まったと思います。巨額の赤字を抱えた国鉄は、労使の対立、組合同士の抗争、当局内の派閥争い、政府自民党や組合の支持を受けた社会党の圧力などが複雑に絡み合い、ついには分割・民営化という〝解体〟に追い込まれ、七万人の職員が職場を失います。しかし、松崎と動労は、権謀術数の限りを尽くしてしぶとく生き残る。黒磯駅事件は、その端緒でした。現場を調べた当時の私は、黒磯駅の分会長や処分を免れたHやNは、松崎から送り込まれた〝隠れ動労〟だったのではないか、松崎は国労の内部に〝隠れ動労〟を送り込み、国労組合員を洗脳して、革マル派の影響下に引きずり込み、国労内部に動労勢力を浸透させているのではないか、と疑いをもったんです」

心の中に生まれたこの疑問は、時間の経過とともに大きくなっていった。

宗形は、一九三四年（昭和九年）、東京に生まれ、小学生のころ父親の転勤で北海道の八雲《やくも》町に移り住む。当時盛んだった北洋漁業の船の通信士を志して国立仙台電波高校（現高専）に進学、六〇年に「青函連絡船」がある国鉄に入った後、難関を突破して「中央鉄道学園大学課程」に入学。そこで「労務管理」を学び、以来、東京北鉄道管理局や本社職員局などで人事・労働分野一筋に歩んだ労務問題のエキスパートである。

この黒磯駅事件がきっかけになって、松崎明という人物に関心を持ち、関連する資料を徹底的に収集し、『もう一つの「未完の『国鉄改革』」』（月曜評論社）や『異形の労働組合指導者「松崎明」の〝死〟とその後』（高木書房）など、彼の実態に迫る書籍を計七冊も上梓し、〝松崎ウォッチャー〟の第一人者となった。

宗形の黒磯駅事件での直感が事実であったことが証明されるのは、それから十年近く経った一九八六年（昭和六十一年）、民営化直前に国労を脱退した組合員が「真国鉄労働組合」（真国労）を結成したときのことである。この脱退劇は国労内に潜んでいた〝隠れ動労〟の仕業だったのだが、最後までしっぽを摑《つか》めなかったHとNのふたりの名前が、真国労の幹部のなかにあったのだ。

さらにこの話には続きがある。宗形ら現地対策班には、黒磯駅の管理者などからHやNの背後で彼らを指導・指揮している人物として「坂入充《さかいりみつる》」という名前が報告されていた。この男は何者なのか。調べると国労の東京地本上野支部下十条電車区分会所属であることまではわかったが、それ以上の情報はなかった。宗形がこの男の名前を再び耳にしたのは、二十数年が経過した二〇〇〇年（平成十二年）十一月のことである。

松崎側が「OBの坂入充が革マル派に拉致・監禁された」と公表、警察に捜索願いを出すという不可解な事件が発生する。この謀略めいた事件については後述するが、坂入は拉致・監禁される前に革マル派機関紙「解放」に「『動労型労働運動』の伝統を甦らせよ」という論文を、「南雲巴」というペンネームで書いていたことも明らかになったのである。

国鉄は解体すべし

黒磯駅事件のころ、日本は政治も経済も迷走していた。

全国に新幹線網を整備するなど鉄道による国土開発を主軸にした『日本列島改造論』で華々しく総理・総裁の座についた田中角栄《たなかかくえい》だったが、日本経済を石油ショックが直撃し早くもその政権はぐらつき始め、田中の金権体質が世間から批判を浴びて退陣する。その後、史上空前の疑獄事件となるロッキード事件が発覚し、事態はさらに混乱、三木、福田と短命な内閣がつづき、福田のあとを、田中派の全面的支援を受けた大平正芳《おおひらまさよし》が襲い総理となる。

一九八〇年(昭和五十五年)六月二十二日、大平正芳内閣は史上初の衆参同日選挙に踏み切った。参議院選挙が公示された五月三十日、新宿で第一声をあげた直後に大平首相は過労で倒れ、翌日虎の門病院に担ぎ込まれる。心臓に不安を抱え、ニトログリセリンを服用していたが、このことは公表されていなかった。大平の病状は六月十二日に急変、死去する。七十歳だった。現職総理の死去という不測の事態は、選挙の状況を一変させる。自民党は主流派も反主流派も〝弔い合戦〟を呼号して挙党体制をとると、不利が予測されていた自民党に〝香典票〟と呼ばれる同情票が集まり、衆参両院とも自民党が安定多数を確保した。そして、大平派の〝万年総務会長〟と言われていた鈴木《すずき》善幸《ぜんこう》が総理・総裁に就任する。

石油ショック以来、深刻な景気の低迷による税収不足を補うための赤字国債の発行残高は八二兆三〇〇〇億円に達していた。生前、大平前首相はその対策として「一般消費税の導入」を提言したが国民の反発は強かった。そこで新しく首相の座に就いた鈴木善幸は、「増税なき行財政改革」、高度成長で肥大化した国の財務体質を改善、無駄なぜい肉を削ぎ落すリストラ計画を打ち出した。この内閣で行政管理庁長官(副首相格)に就任した中曽根康弘《なかそねやすひろ》は「増税なき行財政改革」の実現のため「臨時行政調査会」(第二臨調)の設置を決断する。

*　　　*

中曽根は一九八一年三月に発足した第二臨調会長に土光敏夫《どこうとしお》(経団連名誉会長)を据える。土光は戦後、経営の危機にあった石川島重工業（現ＩＨＩ）を立て直し、さらに東芝の社長に迎えられ、その徹底した合理化で〝ミスター合理化〟と呼ばれた。土光は会長の補佐役として迷わず瀬島《せじま》龍三《りゅうぞう》（伊藤忠商事会長）を選んだ。終戦時に関東軍参謀だった瀬島はソ連に抑留され、シベリアでの重労働に服し、十一年間の抑留生活を送ったという人物だ。帰国後は伊藤忠商事に入社し、商社マンとして副社長、会長と出世の階段を昇りつめた。

第二臨調は同年六月に「第一次答申」を提出するが、「緊急に取り組む課題」として「三公社（国鉄、電電、専売）の改革」をあげた。この答申をうけた政府は七月の閣議で「答申を最大限尊重し、速やかに実施に移す」として新たに四つの部会設置を決めた。「臨調の最重要課題である三公社の改革」に取り組むことになったのが、加藤寛《かん》（慶大教授）が部会長となった「第四部会」である。後に初代ＪＲ東日本社長となる住田正二《すみたしょうじ》（元運輸次官）がこの第四部会の部会長代理に就任する。

この第四部会の参与となったのが、時事通信解説委員の屋山太郎《ややまたろう》である。屋山は参与として国鉄分割・民営化の世論対策を担うことになる。後に、屋山は「国鉄労使『国賊』論」を「文藝春秋」に、部会長の加藤が「国鉄解体すべし」を「月刊現代」に寄稿する。国鉄の赤字体質、職場のモラルダウン、労使の癒着の実態を暴き、職員四〇万人を抱える国鉄の再建はもはや手遅れで、分割・民営化の大ナタを振るうしかないことを世論に訴えることになる。

こうした動きに呼応したかのように、国鉄内部でも若手改革派が動き出していた。その中心となったのが経営計画室筆頭主幹の井手正敬《いでまさたか》（後にＪＲ西日本社長）、職員局調査役の松田昌士《まつだまさたけ》（同、ＪＲ東日本社長）、経営計画室主幹の葛西敬之《かさいよしゆき》（同、ＪＲ東海社長）の三人である。三人ともまだ四十代の中堅職員だった。「今の経営幹部では国鉄改革はできず、国鉄は国民に見放されてしまう」という強い危機感を三人は共有していた。「日常茶飯事のように労使、労労関係（国労、動労、鉄労間の勢力争い）に起因する不祥事が現場で発生し続けている。国鉄再建のためにはまず、労使問題の核心である乱れた現場規律の是正から手をつけよう」と意見が一致する。

じつは、このとき、先に宗形が見た荒廃極まる職場の現状を国鉄は、労使ともにいっさい外に漏らしていなかった。オモテ向きには、労使関係は改善しつつあり、職場は安定していると言い繕っていたのだ。

後に〝改革三人組〟と呼ばれる井手、松田、葛西の三人は、現場で何が起きているかを熟知していた。職場で横行する組合員のヤミ休暇、ポカ休（当日になって突然休暇を取ること）、ヤミ手当、ヤミ無料パス、さらに規律の乱れによる〝たるみ事故〟や〝たるみ工事〟など、次々とマスコミにリークした。毎日のように新聞やテレビで国鉄現場の混乱や不正行為が報道される。

こうした報道に「国鉄はどうなっているんだ」と自民党も動きだし、八二年二月、自民党交通部会内に「国鉄再建小委員会」が設置される。その委員長に就任したのが運輸族の有力議員、三塚《みつづか》博《ひろし》（二〇〇四年没、旧宮城一区選出）で、この小委員会は通称、「三塚小委員会」と呼ばれた。井手と葛西は、三塚の地元の仙台鉄道管理局の総務部長を務め、三塚と面識があった。三人組は密かに三塚に接触する。三塚は国鉄再建小委員会の〝秘密事務局員〟を三人に命じた。

政府・自民党と国鉄内部の改革派が一体となって、組合を批判し「現場の労使関係正常化」に向けて動き出した。

中曽根の狙い

動労東京地本委員長・松崎明は、こうした一連の動きをどう見ていたのか。一九八二年（昭和五十七年）二月、動労熊本地本で講演した松崎は「国鉄の再建方法を議論する中で、労働者と労働組合に攻撃の矛先が向けられている」として「こうした攻撃に向き合う基本姿勢」を鮮明に打ち出した。この演説に松崎の当時の国鉄分割・民営化に対する基本的な考え方が集約されている（『松崎明著作集』第四巻）。少し長くなるが以下はその要約である。

現在の政府支配者階級の目的は明らかに軍事大国化の完成にある。国鉄合理化問題も軍事大国化を完成させる道筋で強力に押し付けられており、この合理化問題というのは、一面から言うと組合の組織破壊である。国鉄という基幹産業における労働組合、これが左翼的であり、この労働組合を破壊することなしに、最終的には日本の労働運動を制圧することにはならない。単なる合理化、人減らしではない。国内労働運動の最先頭に位置づく労働組合を破壊しつくすことを通じて、軍事大国化を完遂したいと考えている。日本の基幹産業の最大最強の部隊である労働組合を破壊して国家の意志に従う「産業報国会」にまでもっていきたい、ということが国家意志となっているのだ。「財政赤字を克服するために」ということで、第二臨調でさまざまな議論が交わされている。実際上、歳入の規模からいくと、支配階級はかなりピンチになる。国債の発行残高が約百兆円に達するから、絶対に減税はできない。一般消費税という新たな税の導入も、大平（首相）が選挙に負けたいわくつきのものだから簡単にはできない。国鉄分割は、政府支配者階級が軍事大国化を進めるために、増税や国債の発行高をむやみに伸ばすことはできないので、無駄な経費を切るということで、国鉄に目が向けられているということだ。国家の財政を立て直すと言いながら、軍事費に国民から収奪した金をもっていきたい。そのためには、だれかを悪者にする必要がある。だから国鉄を、鬼かなんかのような悪者にし、「国鉄悪者」論をふりまいているわけだ。

国鉄問題を含め軍事大国化にひた走っているこうした時期には、ますますマルクス・レーニン主義の真髄を学ばなければならない。「マルクス・レーニン主義の真髄とはなにか」、「マルクス・レーニン主義の革命性とは何か」ということを、マルクス経済学、マルクス哲学、革命論、国家論などを通じて学ぶことによって、誤りない指針を作りだしていかねばならない。世の中は厳しくなればなるほど現実に妥協し、右へ右へと流れていく。我々はそういう道は選ばない。困難になればなるほど、マルクス・レーニン主義の原点をしっかりと自分のものとし、そこから確固たる指針を打ち出していかなければ、労働者階級の最後の勝利にむかって前進することはできない。

松崎が政府の国鉄改革の狙いは「日本の労働運動の制圧にある」と演説したこの年の七月三十日、第二臨調の土光敏夫会長は官邸に鈴木善幸首相を訪ね、「基本答申」（行政改革に関する第三次答申）を提出する。この基本答申には「国鉄の事業を分割し、基本的には民営化する。分割は、地域分割を基本とし、各分割地域についても機能分離及び地方交通線分割を推進する」という加藤寛が部会長を務める第四部会の報告がそのまま採用された。この「基本答申」を受け取った鈴木首相は「最大限の尊重」を約束、同八月二十七日には総理府に「再建監理委員会準備室」を発足させた。運輸省は鉄道監督局国鉄部長の林淳司《じゅんじ》（後に事務次官）を同準備室の主席室員として送り込む。林は財政課長、政策課長を経て国鉄部長となった運輸省のエリート官僚である。
しかし、鈴木首相は、外交問題をめぐる発言で野党に反発を買い、自民党内からも批判が噴出して、退陣に追い込まれる。

鈴木首相に代わって、同年十一月二十六日、少数派閥を率いる中曽根康弘が田中派の支援を受けて首相に選ばれる。首相に就任した中曽根の標的は「国鉄の分割・民営化」に向けられていた。就任直後の八二年十二月七日には政府内に「国鉄再建対策推進本部」を設置して自ら本部長に就任する。

中曽根の狙いは「自民党の一党優位体制の下で、社会党が野党第一党であり続け、両党が微温的な対立と協調を続けてきた〝五五年体制〟からの訣別」にあった。戦後政治の「もう一方の主役」である社会党とその支持母体である総評を背後から支えてきたのが国労、動労などの巨大な組合組織である。国鉄分割・民営化によって、国労、動労を一挙に崩壊させ、社会党・総評の弱体化を密かに思い描いていたのである。

中曽根首相のもとで一九八三年（昭和五十八年）六月十日、「国鉄再建監理委員会」が発足する。委員長に選ばれたのが第二臨調第三部会長を務めた住友電工会長の亀井正夫である。中曽根は亀井が日経連副会長時代から「自由主義哲学で切れがよく、信念断行型の人物」と高く評価していた。委員は第二臨調第四部会長だった加藤寛（慶大教授）、同部会長代理の住田正二（元運輸次官）、吉《よし》瀬《せ》維哉《しげや》（日本開発銀行総裁）、隅谷三喜男《すみやみきお》（東京女子大学長）の四人。そして監理委員会事務局次長に監理委員会準備室の主席室員の林淳司を横滑りさせた。

「悪天候の中、山に登るのは愚か者」

国鉄再建監理委員会が「国鉄分割・民営化」に向けて走り出した八三年の九月七日から山梨県・石和温泉で動労東京地本定期大会が開かれる。中曽根内閣が進める国鉄改革に、組合がどう対決していくのかが問われていた時期である。大会での松崎の挨拶はその後の松崎の「方向転換」を予感させるものだった。

「集中豪雨で崖下の家が一時退避するのは常識なんです、そんなことは。雨の日に山に登りたい人は、集中豪雨のときにも崖下で頑張ればいいでしょう。豪雨が激しいときに山に登ればいいでしょう。吹雪の八甲田山に登ればいいでしょう。吹雪の八甲田山では『死の彷徨《ほうこう》』になったんです。そういうことを絶対にやってはいけない。少くとも気象条件、つまりわれわれがよって立つ、とりまく条件を明確に分析する、その条件を明確に分析したうえに立って、われわれはそれに相当する完全な装備をすべきである。装備もなしに、気象条件を無視し、磁石も持たずに、雨具も食料も持たずに、雨の日だから山に登ろうと言うことほど、組合員、大衆を愚弄する愚かな行為はない。そのことをもう一度あえてここで強調しておきたいと思います。（略）これからもわれわれは雨の降る山に登りません。雨の降るときに登山をやっていて、さらに雨の量が多くなれば断固指導者は決断すべきだ。リーダーたるものは決断すべきだ。そして登山を中止して下山することに躊躇《ちゅうちょ》すべきではない。メンツで山登りをする者をわれわれは愚か者と呼ぶ」（『松崎明著作集』第四巻）

八五年（昭和六十年）六月二十五日に開かれた動労全国大会で、東京地本委員長だった松崎明は中央本部執行委員長に選ばれた。動労の〝隠れたドン〟といわれ、それまで〝黒衣役《くろこ》〟に徹してきた松崎が表舞台に登場したのである。国鉄分割・民営化を審議している国鉄再建監理委員会の最終答申は間近に迫っていた。

動労はこの大会で、①国鉄を新たな食い物にする政・財界による「分割・民営化」に反対し、職場と仕事と生活を守るために総評・社会党の下に結集して闘う　②再建監理委員会の答申に反対する大宣伝行動を開始し、中央、地方で各党議員オルグ、自治体決議要請に取り組むよう総評・社会党に提起する　③答申以降においては国民世論を結集し、ストを含めた大衆行動にでる――などを決議し、総評・社会党と一体となって「分割・民営化反対」の旗をはっきりと掲げたのである。

しかし、松崎明の委員長就任の挨拶は、この大会決議からはまったく想像もできない言葉が並んでいた。

「国鉄は多くの皆さんに利用されなければ、国鉄としての意味がないのです。（略）国鉄が愛されない限り、そこに存在する労働組合も、恐らく支持を得ることも愛されることも不可能だと思います。そういう意味で、自らを律しながら国民的合意が得られるような道筋を、これから一つひとつ積み重ねてまいりたいと思います。国鉄当局に対しても、各論において一つひとつの問題をどうするのか、それらの点を質《ただ》しながら職場の仲間と家族の皆さん方の利益を、一歩でも前進させるために頑張り抜いてまいりたいと思います」（松崎明『国鉄改革』ぴいぷる社）

〝鬼の動労〟の大転換が始まっていた。

本部委員長就任後の「労働省記者クラブ」での記者会見では当然のように松崎と「革マル派」との関係についての質問がでた。同じ新左翼組織の「中核派」と「革マル派」はお互い〝内ゲバ〟によって襲い襲われ、幹部が死傷する事件が相次いでいた。

「松崎さんは世間的には『革マル』のかなりの幹部ということが伝えられていますが、（略）その辺はどうなんですか？」

という記者団の質問に松崎はこう答えている。

「私自身が日本共産党を飛び出したときのひとつの理由が、スターリン主義批判であったのです。それから国鉄労組の新潟闘争（五七年七月）というのがありまして、尊敬していた細井宗一《ほそいそういち》さんが『俺だけ闘って、なぜその時に共産党は全面的に支援しなかったのか』と言いましたが、これはいまでも私は疑問を持っていまして、この党と決別したわけです。そういうなかで自分自身は、ソ連について大きな疑問を持っていましたし、いわゆるスターリン主義の問題について考えを求めていました。そこで黒田寛一《くろだひろかず》という哲学者の書いた『スターリン主義批判の基礎』という本を本屋で見つけまして、そういうものを勉強しました」

「そういう意味での影響を受けて『革マル派』としての私自身の存在ということも一時期ありました。けれども『内ゲバ』にかかわるような問題について、私は当然のことながら賛成するわけにはいかなかったのです。いかなる理由があろうと『内ゲバ』を支持するということは、私自身にとって、そして労働組合幹部にとって死を意味すると思いましたから、そのような党派の指導を受け継ぐわけにはいかないということになったわけです」

この会見では松崎は、「内ゲバ」を批判して党派から離脱した、と述べているが、いつごろ、革マル派を抜けたのかについては明言していない。次章で述べるが、革マル派は中核派の指導者、本多延嘉《ほんだのぶよし》書記長を内ゲバで殺害、その報復として中核派は、「松崎明殺害」を公然と宣言していたのである。

国労vs動労と国鉄当局

国鉄再建監理委員会が「国鉄改革に関する意見――鉄道の未来を拓くために」と題した最終答申を中曽根首相に提出したのは、動労の全国大会で松崎が本部執行委員長に選ばれてから一ヵ月後の七月二十六日のことである。再建監理委の結論は「昭和六十二年四月一日から国鉄を東日本、東海、西日本、九州、四国、北海道の六つの旅客会社と貨物会社一社に分割・民営化する」というものだった。最終答申は「国鉄再生を可能とする方法は、この改革案をのぞいてはあり得ないと考えており、いかなる困難を乗り越えても、これを実施しなければならない。この改革案が一体のものとして速やかに実施されることにより、国鉄事業の再生が可能となる」と結ばれている。

この国鉄改革が成功するか否かは余剰人員の雇用対策にかかっていた。一九八四年度末の国鉄実在職員数は三一万五〇〇〇人であり、再建監理委の答申では、新会社発足時の適正所要人員は一八万三〇〇〇人。政府は中曽根首相をトップとした「国鉄余剰人員雇用対策本部」を設置し、国・地方公共団体などの公的機関で約三万人の受け入れを決めた。

国鉄当局はすでに、①一時帰休制の導入　②関連企業などへの出向、派遣　③勧奨退職制度の手直しによる退職促進――という「余剰人員対策三本柱」を組合に提案し、交渉を始めていた。しかし、この他に国鉄関連企業の受け入れを計算に入れても、七万人近い余剰人員が出るのは確実だった。

「反マル生闘争」で大勝利をおさめ、「スト権奪還闘争」では八日間にわたるストで一八万四〇〇〇本の運行をストップさせた、最大労組の国労は猛反発する。七月二十九日から名古屋で開かれた国労の全国大会は「再建監理委員会の最終答申」に真っ向から反対する方針を決め、さらに国鉄当局が提案した「余剰人員対策三本柱」に対しても「辞めない、休まない、出向かない」というそれまで続けてきた〝三ない運動〟を継続することになった。

しかし、松崎の動労はこの〝三本柱〟の対策に積極的に協力し、仲企業への出向・転籍や政府・地方自治体へも組合員を送り込んだ。

この年の秋、余剰人員問題は本番を迎える。国鉄当局は動労、鉄労、全施労（全国鉄施設労働組合＝七一年、施設部門組合員が国労を脱退して結成）の三組合に対して「雇用安定協約を再締結したい」と申し入れたが、国労に対しては「三本柱の余剰人員対策に対する反対運動を止めることが前提である」との条件を付けた。「雇用安定協約」は、一九六二年（昭和三十七年）に国労、動労と結ばれたもので、一言で言えば「合理化、近代化を実施しても本人の意向に反する免職および降職は行わない」という労使協約である。最初の締結以来、三年ごとに自動延長されてきた。

＊　　＊

十一月中旬、動労、鉄労、全施労の三組合はともにこれを了承したが、国労に対して当局は「〝三ない運動〟を止めるという方針が地方に徹底していない」として、「協約の再締結はできない」と通告した。雇用安定協約が破棄されるのは初めてのことであり、国労組合員はいつ解雇されてもおかしくない状況に追い込まれたのである。

国鉄最後の年となった一九八六年（昭和六十一年）は波乱の幕開けとなった。一月十三日、杉浦《すぎうら》喬也《たかや》国鉄総裁は各組合の幹部を本社総裁室に招き入れて「労使共同宣言」を提案する。その内容は、①労使は立場を超えて、諸法規を遵守し、安定輸送の確保、安全で便利な輸送の提供に全力をあげて取り組む　②必要な合理化は労使が一致協力して積極的に推進する　③余剰人員対策の派遣制度、退職勧奨制度を積極的に推進、新たに希望退職制度の法的措置がなされたのちは、その円滑な運用により、目標の達成にむけて取り組む——というものだ。要するに組合は「ストや順法闘争を止め、合理化案に応じ、余剰人員対策三本柱に積極的に協力する」ということで、当局への組合の〝忠誠心〟を図るための〝踏み絵〟であった。

この「労使共同宣言」は当時、職員局職員課長だった葛西敬之たちの発案だった。「前例のないことをやるのだから総裁室に組合幹部を招き入れ、総裁自らが直接話をされたらどうか」という職員局の提案に杉浦総裁は乗った。長年、過激な闘争を繰り広げてきた国労や動労がこの「共同宣言」にどう対応するか、葛西たちは注目していた。真っ先に招き入れられたのは、最大労組である国労の山崎《やまざき》俊一《しゅんいち》委員長らだった。山崎委員長らは立ったまま、テーブルの上に置いてあった宣言文に目を走らせた。

「なんだ、これは？」

山崎は声を荒らげた。

「分割・民営化が実施できるまでの間、われわれは国民の信頼を得なければならない。合理化を進め、ストライキを止め、乗客へのサービスをよくしようということを書いています。これに労使で合意し、共同宣言という形で世に出そうという提案です」

杉浦総裁の説明に「こんなものを受け取れるか」と、山崎以下国労幹部は、席にも座らず、宣言文も受け取らず足音を立てていっせいに引き上げた。

続いて総裁室に入った鉄労の幹部たちは「遅すぎるくらいだ。前からわれわれはこういうことをやってくれ、と言っていた。ようやく出てきたという感じだ。賛成ですよ」とすぐさまハンコを押した。全施労も「宣言というより平和協定を結んでもよい」ときわめて前向きだった。

注目されていた松崎動労委員長は「とにかく緊急非常のときだ。労使が協調してやるということには賛成だ」と調印に応じた。動労、鉄労、全施労三組合の委員長と杉浦総裁はそろって記者会見を行い、調印を済ませたばかりの「共同宣言」を発表した。席上、動労の松崎委員長は「これからは、組合、イデオロギー、ナショナルセンター（総評）などは度外視して鉄労にご指導をお願いする。国労がノーと言っても遠慮しない」と言い切った。

怒りの収まらないのは国労だった。国労は同月十六日、「労使共同宣言（案）に対する国労の態度」を発表する。そこには当局の高圧的な態度と動労の裏切りに対する〝怨念〟が色濃く投影されていた。

「この『案』には総裁の名前だけでなく、各組合委員長の名前まで連名で事前に印刷されており、当局はこの『案』を受諾し、その場で署名せよ、との暴挙に出た。一般的には共同宣言なるものは、双方で折衝を重ね合意の上でつくられるのが常識である。当局の態度は、国鉄再建に向けた姿勢とは到底考えられないことから、交渉を進めてもなんらの進展を図れないと判断し、われわれは受け取りを拒否した」

「鉄労、全施労の受諾は予想通りだが、動労はつい先日まで、我々や総評とともに（分割・民営化阻止のための国民への）五千万人署名行動を行い、国鉄再建闘争を一層推進すると約束してきたのである。にもかかわらず、五千万人署名行動を裏切る挙に出て、『ナショナルセンターなどは度外視し、鉄労にご指導をお願いする』と言ったというのである。この態度を変節といわずに、何を変節というのだろうか」

「労使共同宣言は、労働者の諸権利を放棄して、丸裸となり、組合員の得るものは何もないことになっている。このことから想定すれば、国労だけが受諾できないようにし、国労を孤立させようという苦肉の策としかいいようがない。労働組合運動を進める人にとってはあってはならないことである」

「真国労」旗揚げの真相

「雇用安定協約」の再締結を当局に拒否され、さらに「労使共同宣言」からも排除され、孤立を深める国労の将来に不安を覚えたのか、国労から脱退する組合員がさみだれ式に出はじめた。三月十四日には国労の運転職場に所属する東京の組合員一二三人が突然、集団で国労を脱退し動労に加入する。それまで一〇〇人を超す集団脱退は前例がなかった。

それから一ヵ月後の四月十三日、今度は国労本部の方針に反対する東京・上野支部の営業系統の組合員など約一二〇〇人が集団脱退し、東京・北区の滝野川会館で「真国鉄労働組合」（真国労）を結成する。

これを知った国労組合員約一五〇人は結成大会を妨害しようと会場周辺に押しかけた。会場周辺を〝防衛〟したのは、かつては〝犬猿の仲〟だった動労と鉄労の組合員約四〇〇人。押しかけた国労組合員に「国労、帰れ」とシュプレヒコールを繰り返した。

結成大会で初代委員長となった古川哲郎は「国労では雇用を守れず、組合員は〝ボートピープル〟になってしまう。国労内部での改革は無理と判断し、新組合結成に踏み切った」と挨拶。来賓として出席した動労、鉄労、全施労の各書記長が、国労を批判するとともに、新組合の誕生を歓迎した。真国労は同月二十八日には当局と「雇用安定協約」を結び、「労使共同宣言」にも調印した。

この章の冒頭でふれたように、この真国労の幹部のなかに、かつて黒磯駅事件で黒幕と睨みながらも「現地調査班」が最後までしっぽを摑めず、処分することが叶わなかったH、N二人の名前が堂々と登場しているのを〝松崎ウォッチャー〟である宗形明は、発見する。

「真国労は国労に潜り込んでいた革マル派が、分割・民営化への移行を前に、〝泥船〟となった国労から飛び出して結成したものだったのです」

革マル派と内ゲバを繰り広げてきた中核派は「真国労は革マル派」とのビラをばら撒き、機関紙「前進」は「松崎明の指令のもとにいっせいに脱退してデッチあげた革マル組合である」と攻撃した。

宗形らが指摘するように、ことの真相は松崎明が真国労の結成を仕掛けたのだった。国労の新橋支部執行委員から真国労本部副委員長となった浅野孝が後に松崎明が主宰する「われらのインター」（二〇一四年二月号）に発表した「真国労はなぜできたか」と題する文章をもとに当時の経緯をたどってみよう。

国労新橋支部執行委員だった浅野はある日、松崎に「いつまで国労に残っているんだ。みんなを引き連れて動労にこい」と叱責された。国労組合員は運転職場だけではない。動労に行けない組合員も大勢いる。「どうしようか」ともたもたしていたら「てめえ、いくら言ったらわかるんだ」とまた恫喝された。「動労の規約では運転職場以外はとってくれないじゃないですか。一日も早く動労の規約を変えてくれませんか」と松崎に懇願すると「規約改正は大会を開かなければならないが、それまで待っていられないんだ」「じゃあどうすればいいんですか」。そこで松崎の指示もあって「新しい組合を作ってしまおうということになった」というのである。

真国労の結成後、浅野ら新役員はそろって国鉄本社職員局の窓口である職員課長の葛西敬之に挨拶にいった。葛西は「ふん！」とまったく冷たく「鼻もひっかけない」。葛西の態度を報告すると、松崎はすぐに葛西を訪ねた。帰ってきた松崎は、葛西とのやり取りを浅野たちにこう伝えたという。

「真国労が出来たらしいな。どんな組合だ」

松崎はとぼけて葛西に聞いた。

「松崎さん、真国労はみんな革マルでしょう。委員長革マル、副委員長革マル、書記長革マル、みんな革マルでしょ。いい顔などできませんよ」

「ああ、そうか、革マルだったのか、あの連中は……でも革マルでもいいじゃないか。（国鉄改革を）うまく進めるためには、革マルでもいいから利用したほうがいいんじゃないの」

松崎はまたとぼけた。すると葛西は「ああ、そうか」と肯いた。

その後、しばらくして真国労の幹部たちは職員課に呼び出された。葛西の態度は一変しており、

「みんないい青年だ」とニコニコ顔。そして真国労はすぐに正式な労働組合として認められたという。

以上が、浅野が記した事実経緯の概略である。

国鉄分割・民営化の先頭に立っていた葛西には「革マル派でもいいから利用したほうがいいんじゃないの」という松崎の一言に〝以心伝心〟、頭の中に閃くものがあったのだろう。その後、葛西は、動労、真国労を危険は承知で〝利用〟することになる。

松崎によると「国鉄改革を推進するために（葛西と）『ともに協力しよう』、ということになった。彼が職員局次長になった段階では、完全に二人三脚といっていいほどの国鉄改革における私のパートナーになった」（松崎明『鬼が嗤う』西田書店）。松崎が「二人三脚のパートナー」というほどふたりは国鉄改革に向けて深い協力関係を結んだのである。

このころから国鉄職員局内部には「葛西は松崎の動労を甘やかしすぎではないか」との声が出はじめる。葛西は後にこう述懐している。

「動労は偽装転向であると見るものが国鉄内部でも大多数だったが、誰もが改革が成功するまでは偽装であろうとなかろうと、動労も含めてあらゆる勢力を糾合しなければならないことは十分理解していた。（略）私たちの目から見ると、一九八二年（昭和五十七）の第二臨調基本答申から始まる動労の方向転換の軌跡、すなわち職場規律是正、運転士の労働生産性を画期的に向上させるための協約の改正、出向・休職制度などの余剰人員対策に対する全面協力など一貫した労使協調路線は偽装にしては重過ぎるように思えた。（略）偽装転向を指摘する人々に対し、我々は『彼らの言行が一致している間は偽装ではないと信じることにする。万一偽装であることが明らかになったときには握手している手を離すだけだ』と言っていた」（葛西敬之『国鉄改革の真実』中央公論新社）
後述するが葛西は、JR発足後まもなく、「握手していた手を離」し、松崎の深い恨みを買い、全面対決することになる。
真国労の旗揚げをきっかけに、各地で国労脱退の動きが本格化する。わずか二ヵ月余りの六月末までに約一万人が脱退、七月以降は毎月一万人以上が脱退していった。この年の四月一日現在で一六万五〇〇〇人だった国労組合員は九月末には約一一万七〇〇〇人にまで減少する。半年間で五万人近くが脱退したのである。こうした事態に国労は、拒絶されていた「雇用安定協約」を復活できないか、と当局に泣きついて、交渉再開を訴えた。しかし、杉浦総裁をはじめ葛西職員局次長は「労使共同宣言への調印が唯一絶対の条件である。雇用安定の基盤確立、労使の信頼関係の確立、という連立方程式を解くには労使共同宣言しかない」と突っぱねた。

一卵性双生児のような、兄弟関係のような

真国労の旗揚げから一ヵ月半後の六月二日に召集された臨時国会冒頭で、中曽根首相は本会議に入らないまま抜き打ち的に衆議院を解散し、七月六日に衆参同日選挙を実施することを決めた。野党やマスコミにとっては意表をつく抜き打ち解散だったが、中曽根にとっては、練りに練った〝奇襲作戦〟であり、後に「死んだふり解散」と呼ばれるようになる。中曽根首相が衆参同日選挙で最大の争点としたのが、翌一九八七年四月一日に実施が予定されている「国鉄分割・民営化、是か非

かを問う選挙」(中曽根康弘『自省録』新潮社)だった。

この衆参同日選挙で、自民党は衆議院で追加公認を含めると五四議席増の三〇四議席と大勝し、保守合同・自民党結党後の最高記録を達成する。参議院でも一一議席を上乗せした七三議席を獲得した。一方、社会党は衆議院で、一九五五年の「党の再統一」以来の最低記録である八五議席にとどまり、石橋政嗣《いしばしまさし》委員長ら執行部は総辞職する。

七月二十二日に特別国会が召集され、第三次中曽根内閣が発足する。国鉄問題を担当する運輸大臣にはそれまでの三塚博に代わって橋本龍太郎《はしもとりゅうたろう》が就任した。橋本は再建監理委員会事務局次長の林淳司を通じて、すでに井手、松田、葛西の三人組とは「伏龍会《ふくりゅうかい》」と称する会合をもち水面下で接触していたので、国鉄の内部事情を熟知していた。

選挙での大勝、中曽根内閣の権力強化によって国鉄分割・民営化の大勢は決し、成立は時間の問題となった。明治時代から百年以上も続いた「日本国有鉄道」を〝解体〟に追い込む〝巨大台風〟がすぐそこまで接近していた。


衆参同日選挙で自民党の大勝が明らかになった直後の同年七月八日、鉄労の全国大会が京都で開かれた。来賓として出席した杉浦喬也総裁は、

「鉄労は国鉄改革の大きな原動力である。マル生以降の苦難の連続の中で終始一貫した信念と勇気と行動力を絶賛したい」

と最大級の賛辞を述べた。この大会の最終日に、書記長だった志摩好達《しまよしたつ》が新組合長に選ばれ、就任する。

この大会で最も注目を浴びたのが、初めて〝敵地〟である鉄労大会に乗り込んだ動労・松崎委員長の挨拶だった。

鉄労は、かつて国労のなかの共産党系や左派の違法ストを繰り返す指導を批判し、国労を脱退した職員たちがつくった複数の組合が参集して、一九六八年（昭和四十三年）に単一組織になった経緯がある。加盟しているナショナルセンターも中道系の同盟（全日本労働総同盟）で、左派の動労から見れば〝御用組合〟そのもので、松崎はことあるごとに目の敵にし「鉄労解体」を叫んでいた。

はたして松崎は本当に〝変心〟したのか。以下、松崎の挨拶からの抜粋である。

「動労の松崎であります。動労の松崎というのは、国鉄を悪くした元凶の一人であります。私はこの鉄労の大会に、お互いの和解を前提して、動労として行ってきた諸問題について——暴力事件もありました。けがを負わせたこともありました——それらの点について、率直にお詫びしたいと思います。そして今、新たな出発点に立って鉄労の仲間たちからこのように暖かく迎えていただきましたことを、たいへん誇りに思います。（略）これからも共通の敵に対して、しっかりと手を握りあって激しく闘って勝利の道を堂々と進みたい。そう思っています」

「私は言うまでもなく階級闘争を真面目に進めてまいりました。私らの理念は階級闘争の理念でした。そして、現実をいかに改革するか、組合員・家族の利益をいかに守るか、この切実な問題よりも、ある意味でイデオロギーを先行させて精一杯闘ってきた歴史を持っています。しかし、いま必要な国鉄改革とは、そこに働く労働者とその家族の利益が完全に保障されるものでなければならないのだと、イデオロギーによってこの鉄道をダメにしてはならない、と思うのです。その意味で、鉄労の皆さんが選択をしてきたこれまでの道筋に則ってその経験に学びながら一生懸命がんばりたいと思うのです」

ここで「鉄労解体はどうした！」という野次が飛ぶ。

「昨年まで『鉄労解体』の方針を掲げてきた私たちは、この大会において鉄労とともに歩む方針を掲げているのです（拍手）。そういう意味で多くの欠陥を持っていますし、多くの対立点もあったろうと思います。鉄労の辻本（滋敬）組合長、志摩（好達）書記長からいろいろご教示いただきながら、皆さんの方針に示されている諸問題に学びながら、しっかりした協調体制をつくりだしていきたいと考えています。皆さん、もうここまで来た以上、退路はないのです。松崎は嘘っぱちを言っているんじゃねえかとか、偽装じゃねえかとか、いろいろ言われています。それは私の人格のいたらしむるところでありまして、誰を恨む必要もありませんし、真っ裸で堂々と進んでいきます。皆さん方、これまでの数々の失礼をお許しいただきたいと思います」

これが「松崎明の〝コペルニクス転換（コペ転）〟」と呼ばれる演説である。松崎は「吹きすさぶ嵐」を避け、動労組織と組合員を守るため、一八〇度の方向転換を宣言したのである。

国鉄の臨時雇用員から、天性の弁舌によるアジテーションと人をひきつける才能を頼りに素手でのし上がった松崎の一世一代の大芝居だったのだろう。松崎は「神妙、明快、かつ大胆に、両組合の『歴史的和解』の場面を見事に演じ切り、退席するときには鉄労組合員からしつこいほどの拍手が続いた」（升田嘉夫『戦後史のなかの国鉄労使』明石書店）。松崎は、おそらくこのときすでに、国鉄分割・民営化後に発足するJR各社の中に、動労のような闘う組合をいかに作り出すかを見据えていたのだろう。

動労大会も同じ時期に箱根で開かれた。この大会には杉浦総裁、志摩好達鉄労組合長も出席する。国鉄総裁、鉄労委員長の動労大会出席は初めてだった。この大会は国鉄当局、鉄労、動労の三者がエールを交換する場となった。志摩組合長はこう述べた。

「今日まで私たち鉄労と動労の関係は、暴力事件も含め、率直に言ってずいぶん距離があった。しかし、いま動労の皆さんと話をしていく中で、対立したり、対決したりしなければならない理由はなくなった。今日では、一卵性双生児のような、兄弟関係のような付き合いをさせてもらっている」

あっというまに鉄労と動労の〝蜜月時代〟が始まっていた。しかし、鉄労の志摩はその後一年も経《た》たないうちに「しっぺ返しを受ける」（同前）ことになるのである。

大会も終わりに近づいたころ、杉浦総裁が壇上に立ち、挨拶した。

「動労の〝華麗な転身〟が国鉄改革の原動力になった。世の中の激流に臨機応変、弾力的に対応できる動労の体質が、国鉄改革路線のおおきな牽引力となっていると断言してもよい。改めて動労の皆さんに絶大なる敬意と賞賛の言葉を申し上げます」

異例の最大限の賛辞だった。

大会が終わると、動労は七月二十三日、全国戦術委員長会議を開き「国労解体のための闘いを推し進める」ことを確認、さらに「一九六〇年に加盟した総評からの脱退」を満場一致で決め、総評に通告する。席上、松崎は「これまで総評の拡大強化に努めてきたが、内部からの改革はもう不可能だ。言葉だけの連帯にさようならし、動労は動労の道を歩む」と宣言する。動労は総評脱退後、社会党支持も撤回した。

鉄労大会終了後の七月十八日、鉄労、動労、全施労と新しく生まれた真国労は「国鉄改革労働組合協議会」(改革協)を結成する。「国鉄改革を実現するために共同行動を推進する」ことを目的として「将来は協議会の強化を軸に、総連合組織の結成を目指す」ことを明らかにした。この改革協は、分割・民営化後の労働運動の〝原型〟を目指したもの、と言えるだろう。協議会の議長には鉄労組合長の志摩好達、副議長には松崎明(動労)、杉山茂(全施労)、古川哲郎(真国労)が就いた。

役員を代表して志摩議長は「労使が知恵、汗を出し合い、互いに手を携えて国鉄改革に勝利し、働く人の雇用を守っていこう」と決意を述べ、松崎副議長も「国鉄は瀕死の状態。小異を捨てて大同につき、多難な前途を一緒に乗り切ろう」と四組合の連帯を強調した。改革協は同月三十日、杉浦国鉄総裁との間で「国鉄改革労使協議会」を設置することで合意する。これまで別々だった四組合と当局との話し合いの場をこの労使協議会に一本化したのである。当局と改革協四組合の緊密さは一段と増した。

鉄パイプで殺された真国労幹部

しかし、この期に及んでも国労だけは「分割・民営化反対」の態度を崩さなかった。国労に決定的ダメージを与える〝最後の一手〟として、葛西敬之ら国鉄職員局が考えていたのが各組合と「第二次労使共同宣言」を結ぶことだった。「先の労使共同宣言の調印を拒否した国労が、新しい共同宣言に乗ってくればそれもよし、再び拒否すれば、国労はさらに窮地に追い込まれるはずだ」。それが葛西たち職員局の〝読み〟だった。八月二十七日、国鉄総裁室で初の労使協議会が開かれ、杉浦総裁と改革協は「今後の鉄道事業のあり方についての合意事項」と名付けられた「第二次労使共同宣言」を締結する。

共同宣言の内容は、①改革協は国鉄改革の基本は「分割・民営化」という認識であり、労使はその実施に向かって一致協力する　②改革協は健全な経営が定着するまでは、争議権（スト権）の行使を自粛する　③今後の鉄道事業は、企業人としての自覚を有し、向上心と意欲溢れる職員によって担われるべきであることに、労使は完全に認識を一つにしている——という三項目からなる。

①は「分割・民営化」への協力を真正面から掲げ、②ではスト権のある民間会社になってもストを自粛することまで踏み込んだ。③の狙いはこの共同宣言を締結した組合の組合員には新会社への雇用を保障することにあった。

志摩議長は締結の場で「われわれがとくに求めているのは、真面目にやってきた組合に所属する組合員全員を新事業体に継承していただくということであり、このことは心の問題として申しあげておきたい」と述べた。言外には「国労がこの共同宣言に参加できなければ、国労組合員を新会社への採用から排除しても当然」という意味合いが含まれている。国労にもこの後、「第二次労使共同宣言案」が提示されたが、国労内部の左派と右派の間でモメにモメて、執行部はこの宣言を受け入れることはできなかった。孤立した国労は〝自滅〟に向かって最後の一歩を踏み出した。

「第二次共同宣言」が締結された四日後の同年九月一日未明、埼玉、大阪、兵庫の三府県で真国労や動労の幹部が住む国鉄宿舎六ヵ所を、鉄パイプを持ったグループが急襲する。真国労の大阪地本書記長の前田正明が死亡、同地本委員長・岡野恒雄も重傷を負った。埼玉でも東京地本委員長の佐藤司が襲われるなど、一晩で合わせて死者一名、重軽傷者八名が出た。この日、大阪市内で鉄労、動労、真国労、全施労の四組合の各大阪地本と国鉄当局の間で、関西地区での「国鉄改革労使協議会」が発足し、死亡した真国労の前田書記長はその幹事に就任することになっていた。

「週刊朝日」(九月十二日号)は、「革マルゆえに狙われた?」との見出しで前田正明の襲撃殺人事件をこう報じる。用意周到に準備された〝内ゲバ事件〟の惨状が、具体的に再現されている。

伊丹市緑ケ丘にある国鉄宿舎北伊丹アパートの中庭に、「バリーン」というガラスを割る音がこだましたのは一日未明、午前四時ごろのことである。

C棟四階に住む主婦(二七)は、その音を聞くやベランダに飛び出した。下を見ると、二階の真国労大阪地本書記長、前田正明さん(三七)の部屋にはしごがかかっていた。部屋の電気はついていない。

「ドロボーかしら」

不審に思いながら部屋に戻ると、こんどは、

「バシッ、バシッ」

と家具が壊れる音。そして、

「やめて、やめて」

という悲鳴が続いた。彼女はてっきり夫婦げんかだと思い、

「止めてあげて」

と夫（二八）を起こした。（略）「夫婦げんかにしてはちょっとおかしいな」と思った彼女は、裏に回って窓から外をのぞいた。一階に下りた犯人グループが逃げるところだった。全部で五人。白ヘルメットをかぶり、手には鉄パイプらしいものを持っていた。彼らが真下を通ったとき、彼女は、

「あんたら何してんの」

と叫んだが、男たちは脇目もふらず、白いワゴンで走り去った。そのころ中庭には、

「だれかやられたみたいやで、一一〇番せい」

という声が響いたが、付近一帯の電話線は切られていた。

伊丹市消防署の救急隊員がかけつけたとき、夫婦が寝ていた玄関そばの六畳間は血の海だった。前田さんと妻（三五）は眠っていたところを襲われたらしく、二人ともパジャマ姿だった。妻はおもちゃの手錠をかけられていた。

前田さんは鉄パイプでメッタ打ちされたらしく、約二時間後、脳挫傷で死亡した。妻も全身打撲の重体である。


真国労は前述したように「国鉄分割・民営化に反対する国労では組合員の雇用は守れない」と東京で旗揚げした組合だが、その後、大阪でこの年の五月に地方本部が作られるなど全国で一二の地方本部ができ、組合員数は二〇〇〇人を越えるまでその勢力を広げていた。この事件について警察

当局は「革マル派と対立する中核派の犯行」と見ていたが、結局、犯人が特定されることはなかった。

この事件に続いて翌八七年(昭和六十二年)二月二十三日には松崎明の腹心で動労中央本部副委員長、佐藤政雄《さとうまさお》(後にJR東海労組委員長)が茨城県の自宅付近の路上で襲われ重傷を負うなど、内ゲバ事件が続発することになる。中核派と革マル派の内ゲバは両派が誕生した昭和四十年代から続いていたが、国鉄分割・民営化をめぐる動労委員長・松崎の〝コペ転〟によって、再び激化したのである。松崎の〝変心〟は、革マル派が新たな戦略・戦術へ向かう偽装工作であることを、長い間、対立・抗争を続けてきた中核派などの組織は、見抜いていたと言えるだろう。

自民党や反共団体「勝共連合」の機関紙に

松崎明は鉄労や全施労と一緒に国鉄当局と「労使共同宣言」を締結した一九八六年の春ごろから、自民党の機関紙である「自由新報」や反共団体「勝共連合」の母体である統一教会系の「世界日報」などにしばしば登場して、国労批判や日本共産党批判を繰り返すようになった。

たとえば同年四月二十九日付の「自由新報」は「かつて〝鬼の動労〟と言われてきた動労。いま、その動労がはっきりと方向転換をし、労使共同宣言を締結、国鉄改革に積極的に取り組んでいる。なぜ動労は変わったのか、そして今、なにを目指しているのか、『過激派の大立者』などといわれたことさえある松崎委員長に聞く」という自由新報編集部のリードからはじまる松崎明とのインタビュー記事を掲載している。

「世界日報」のインタビューでは、松崎は同社の記者を動労本部三役室の机の上に日章旗を掲げて迎え入れたという。

「文藝春秋」（一九八六年四月号）は「鬼の動労はなぜ仏になったか」というタイトルで、政治評論家・屋山太郎との対談記事を掲載。産経新聞社の雑誌「正論」（同年十月号）でも「昨日の友は今の敵　国労をつぶし、総評を解体する」との松崎論文を掲載する。自由新報、世界日報、文藝春秋、正論など、右サイドのマスコミ媒体へのたび重なる登場は松崎の〝転向〟を世間に印象付けることになった。

松崎が言う転向の理由は一貫して「世の中が見えてきた」ということだった。「自由新報」や「世界日報」への〝橋渡し役〟を果たしたのは、元警視総監で参議院議員となり、中曽根内閣で法務大臣を務めた秦野章《はたのあきら》だった。秦野章は後に松崎が主催する「JR東日本労組の労働セミナー」の講師としてしばしば登壇する。

中曽根内閣にとって「国鉄分割・民営化」の狙いは、国労を解体し、国労が支えてきた総評、そして社会党を潰し、「五五年体制」と訣別することにあった。こうした動きが加速するなかで、松崎たち動労革マル派にとって、国労が解体された後に発足するJRの労働運動の主導権を握ろうと考えるのは、むしろ当然の戦略・戦術だったと言えるだろう。最大労組である国労を中心に回ってきた国鉄の労使関係を抜本的に変え、その後の国鉄労働界を牛耳る最大のチャンスがめぐってきたのである。

鉄労大会で見せた芝居がかった演説の裏で、松崎はほくそ笑んでいたのではないか。それを褒めちぎった杉浦国鉄総裁や、その背後で国鉄改革を主導してきた三人組の井手正敬、葛西敬之らも松崎の〝変心〟を全面的に信用していたわけではない。だが、松崎の変心がなければ、分割・民営化は先に進まない。やむにやまれず「国鉄改革に協力するなら黒い猫でも白い猫でもかまわない。利用できるなら黒い猫でも手なずける」といったところだろう。

国労は、同年十月八日から静岡県修善寺町(現・伊豆市)の町立総合会館で臨時全国大会に臨む。この大会に先立って開いた中央闘争委員会で山崎俊一委員長ら主流派は、最後の生き残りを賭けて「労使関係正常化について当局と具体的協議を開始し、その際、労使共同宣言の締結意志を明らかにする」という「緊急対処方針」(「大胆な妥協」路線)を提案する。激論の末、この執行部提案が僅差で了承され、修善寺の臨時全国大会で採決することになっていた。しかし、全国大会の代議員数は三〇五人。うち反主流派の社会主義協会派(社会党左派の向坂派)は八五人、革新同志会(革同、共産党系)は七〇人であり、それだけで過半数に達しており、単純計算をしても「大胆な妥協」案の否決は決定的だった。

山崎委員長ら主流派は採決を避け大会を乗り切る道を模索する。執行部方針を潰す腹を決めていた反主流派は、山崎ら執行部の辞任を要求、駆け引きが続いた。大会二日目、主流派は、ボイコット戦術に踏み切ったが、反主流派は宿舎に立てこもる主流派代議員を見つけ出し、会場に次々と運び込んだ。山崎委員長らはこうした事態に「負けて悔いなし」と大会を再開する。執行部の「大胆な妥協」案は採決に持ち込まれ、反対一八三、賛成一〇一、保留一四で否決された。

山崎委員長らは「提案した緊急対処方針が否決された以上、中央執行委員会は総辞職する」と提案し、了承された。新執行部にはそれまで反主流派だった社会主義協会派と非主流だった共産党の革同派が主流となった。敗れた旧主流派はこの夜、社会主義協会派と共産党系を排除した「国労社会党員全国連絡会議」を結成した。

最大時の組合員数、五〇万人。戦後の労働運動の先頭に立って走り続けた「国鉄労働組合」はなす術もなく分裂、崩壊したのである。

わが革命的ケルンを

一方、かつて〝鬼の動労〟と呼ばれ、ストや順法闘争の先頭に立って暴れてきた松崎委員長の動労は、まさに「嵐の日に山に登る」ことを避けて見事な方向転換を遂げ、組織を守りぬいた。国労の分裂・崩壊が決定的になった修善寺大会が開かれる直前の同年十月六日付の革マル派機関紙「解放」は「戦闘的国鉄労働運動の終焉」と題した大論文を二ページにわたって掲載する。この論文は「国鉄委員会」名で書かれているが、公安当局や国鉄労働問題の研究者たちは松崎明が執筆したものと判断していた。松崎が直接、執筆したものではないとしても、この論文は、JR発足後の革マル派の戦略・戦術の方向性、つまり松崎と動労の〝変心〟の理由が極めて率直に述べられている。以下はその要旨である。

支配階級によって仕掛けられている国鉄分割攻撃は、それに対する戦闘的・革命的労働者の奮闘にもかかわらず、今、成功裡に貫徹されようとしている。屈辱的に国鉄七分割の攻撃が最終時点まで推し進められてきてしまったのは、ひとえに総評ダラ幹や社会党、共産党の既成指導部の腐敗した対応のゆえに、日本労働運動が有効な闘いを実現してこなかったためである。総評そのものの現実的崩壊が急速に進行している。

国労はなんら統一した方針をも打ち出すことができず、対応不能に陥っている。〝大胆な柔軟路線〟なるものをオズオズとなし崩し的に打ち出している国労民同。今日の労働戦線の現状に、無感覚のまま原則主義的に叫びたてているにすぎない社会主義協会向坂派。向坂派と野合しつつ、自らの党派的利害をあくまでも貫こうとしている日共系革同。これら三者の利害と思惑が衝突して、国労執行部はなんら方針を打ち出すことができず、国労組織は身動きとれないままに四分五裂を遂げたのだ。

国鉄内最大労組であった国労が無責任なダラ幹によって、対応不能に陥っている時に、動労は組合員の雇用と家族の生活を守り、自らの職場である鉄道事業の再生を、労働組合として実現していくという方針を決定し、それに基づく独自の取り組みを行っている。そして鉄労や全施労、真国労などの諸組合とともに「国鉄改革労働組合協議会」を結成、国鉄当局と共に「労使共同宣言」を発表した。

分裂状態に陥った国労の分析と、動労が国鉄改革に対応してきた一連の行動を、革マル派の立場から事実に則して記述している。しかし、この論文の後段は「国鉄戦闘的労働運動の生きた伝統を継承せよ」として「労働戦線の深部に不抜の拠点を」と呼びかけているのである（以下要旨）。

わが同盟は、すでに作り出されている種々のフラクション（筆者注：末端組織）を実体的基礎とし、労働組合を主体として、組合運動を左翼的戦闘的に推進するとともに、それを基礎とし、媒介として、労働組合組織そのものを不断に戦闘的左翼的に強化するために、あくまでも、既成労働組合運動の内部において、これをその内側から左翼的戦闘的に乗り越えていくことを、一貫して追求してきた。わが革共同革マル派は、真実の前衛党たらんとするおのれ自身の自覚と自らの階級的責務にかけて、日本労働運動の危機を根底から突き破るために、日本労働者階級とともに闘う。

国鉄戦線の戦闘的労働運動を作り出してきた革命的労働者たちは、日本労働運動の左翼的展開と組合組織の戦闘的強化を実現するために、われわれはあらゆる産別組織のわが革命的ケルン（筆者注：拠点）を強化拡大し、全民労連（筆者注：総評解散後にあらたに結成された組織で後の連合となる）をその内部から食い破ってゆく巨大な力を新たに創り出していこうではないか。

国鉄分割・民営化の後、革マル派はこの戦略にもとづいて新しく発足するJR各社に潜り込み、組織を温存していくことになる。これまでの「動労」という組織にはもはや意味はない。将来の革命のためにいかにして組織を再構築していくか。そのためにはこれまでの運動形態にこだわることなく、革マル派を温存して新しい組織に潜り込み、ケルン（拠点）を創造するという革マル派の創設者、黒田寛一の「組織論の基本」を忠実に実行に移したのである。

この〝大論文〟を受けて、国鉄が分割・民営化されJRが発足する一九八七年の新年一月一日付の「解放」は、「新たな出発点へ！」と題した「年頭決意」を掲載、「国鉄労働運動の新たな闘いの開始」を宣言する。

われわれは現下の冷厳な現実を〝戦闘的国鉄労働運動の終焉〟と本質的に規定した。しかし、〝終り〟は同時に新しいものの〝始まり〟でなければならない。(略)わが国鉄の革命的・戦闘的労働者は〝終り〟の〝始まり〟にあって、「広範な大衆的基盤なしにわが組織的基盤を確立することはありえず、わが組織的基盤を確立することなしに、広範な大衆的基盤を作り出すことはできない」(黒田寛一『日本の反スターリン主義運動2』)という原則にのっとって新たな闘いを断固として開始するであろう。わが同盟・国鉄委員会はその最先頭に立つ!

次章で詳述するが、革マル派の戦略は「革命情勢が到来するまでは組織の力量の蓄積をはかる」という組織温存主義であり「組織を乗り越えて、潜り込み、内部から食い破る」という理論に基づいた組織建設を最重視している。かつて一九六九年(昭和四十四年)の「東大安田講堂事件」での敵前逃亡事件がその一例とされる。

機動隊導入による封鎖解除の際、学内に立て籠っていた革マル派は、機動隊突入の直前に一夜にして忽然《こつぜん》と姿を消した。機動隊と激しい戦闘に突入した過激派各派は、大量逮捕され組織は大打撃を受けた。しかし、革マル派はその後、勢力を一段と伸長した。国鉄改革諸法案の成立が避けられないと見た松崎ら動労幹部は、動労内の革マル派組織の維持、温存を図るために大胆な路線転換を行った。松崎の〝コペ転〟は、このような革マル派独特の理論に基づいたものだったのである。

同床異夢の新組織

新会社発足まで二ヵ月足らずとなった一九八七年（昭和六十二年）二月二日、鉄労、動労、全施労、真国労の四組合が合流して「全日本鉄道労働組合総連合会」（鉄道労連、後のＪＲ総連）を結成する。東京・九段会館で開かれた結成大会で会長に志摩好達（鉄労組合長）、副会長には松崎明（動労委員長）ら四人、書記長には松崎の腹心、福原福太郎《ふくはらふくたろう》（動労書記長）など初代役員を選出した。分裂した国労からの脱退者を含めて組織人員は約一二万六〇〇〇人。組合員資格者の五五・二％を占める。

新生ＪＲの組合再編の中心になったのは、鉄労の志摩好達組合長と動労の松崎明委員長だった。両者は「国労解体」という共通目標では一致し、共闘してきたが、早くも鉄道労連の結成をめぐり考え方が食い違ってくる。

もともと不倶戴天の敵同士であり、動労は一九七九年（昭和五十四年）まで、その運動方針に「鉄労解体」を明記してきたのである。その両者が新組織に結合するとなると「水と油を混ぜる作業に似ていた」（升田嘉夫『戦後史のなかの国鉄労使』）。志摩の鉄労と松崎の動労は、同じ寝床に入っても、しょせん〝同床異夢〟だったのだ。

「新会社へ移行までの間、雇用の確保や組織の維持という当面の利害打算のために共闘している間はともかく、新組織を本格的に立ち上げる段階にいたれば、両組合の歴史、運動路線、体質の違いがもろにぶつかりあい、そこに主導権争いがからんでくる」（同前）

動労は八六年七月の全国大会で、分割・民営化後はＪＲ各社ごとに、「一企業一組合」の結成を目指す方針を明確に打ち出していた。「存在価値のなくなった国労からの脱却を組合員に促し、流動化の波を作り出し、すべての労働組合、労働者を結集する」という動労中心の再編構想である。かつて国労が主張した「一企業一組合」論に猛反対した動労だが、今度は国労崩壊後の主導権確保を目指し豹変したのである。

これに対し、鉄労が決定した方針は「複線型」の再編統一構想だった。動労の方針では、「鉄労、動労などの旧労組は解体される」が、鉄労の方針では「旧労組は形を変えて残る」という大きな違いがあった。

もうひとつが新組織決定の時期である。動労は「一企業一組合を一刻も早く作るべきだ」という意気込みだったが、鉄労は新組織への移行を急がなかった。

新組織結成へ向けた協議が始まると、両者の思惑の違いと主導権争いが本格化する。動労側は一刻も早く連合体に移行するように主張、鉄労側は時期尚早を唱えて合意に達しない。分割・民営化二ヵ月前となって取り急ぎ鉄道労連の発足に漕ぎつけ、なんとかJR発足に間に合わせたが、両者の主張の違いと主導権争いはそのまま持ち越されたのである。

JRの組合再編成は鉄労、動労、全施労、真国労の旧労組が解散し、JR各社ごとの単一労組の成立によって完了するわけで、それまでは旧労組と新労組が二重に存在するという状態が続いた。動労と鉄労の確執は新会社発足直後から再燃することになる。

第二章

松崎明またの名を革マル派副議長・倉川篤

(1) 1975年3月17日（月曜日） 前進 第726号

週刊 前進

復讐の全面戦争に突入せよ

本多書記長虐殺に怒りの総蜂起を

反革命殺人者・黒田、松崎、土門らに死の処刑を 全反革命分子を一人残らず完全せん滅せよ

革命的共産主義者同盟全国委員会政治局

本多延嘉書記長

一、煮えたぎる怒りと復讐の決意

二、全面無制限戦争に突入せよ

三、現代革命と赤色テロリズム

1部 100円

全面戦争を宣言 革共同が記者会見

4面へつづく

内ゲバで最高指導者・本多延嘉を殺害された「中核派」が機関紙「前進」で、松崎らに報復宣言

真っ黒な水を浴びせられた

松崎明《まつざきあきら》の半生を振り返っておきたい。

松崎明（戸籍上は松嵜明）は一九三六年（昭和十一年）二月二日、埼玉県比企郡高坂村（現・東松山市高坂）で精米業を営む父、松崎登喜治《ときじ》と母タネの間の六人きょうだいの末っ子として生まれた。父は高坂で商工会長を務め、土地の名士であったが、生活はけっして楽ではなかった。松崎が生まれた直後の二月二十六日には「昭和維新」を目指す青年将校たちによって「二・二六事件」が発生、日本は〝戦争の時代〟に突入していった。末っ子の明には十五歳も年の違う長兄、暁がいた。暁は満二十歳での徴兵検査を待たずに志願兵として入隊する。志願兵として一定期間、軍隊生活を送ればそれだけ早く除隊できる。長兄は早く除隊して、父を助けようと思っての志願だった、と明は後に母に聞かされる。

明は日米開戦翌年の一九四二年（昭和十七年）四月、高坂国民学校（小学校）に入学する。この年の十二月、長男の暁は戦闘の続く中国大陸にわたり、河北省の前線で八路軍《はちろぐん》（中国共産党軍）と闘う中で、結核にかかり日本に送還される。一九四四年十一月、東京・世田谷の陸軍病院で息を引き取った。その三ヵ月後の一九四五年二月、父、登喜治も病死する。松崎家の家計を支えるのは地元の農会（後の農協）に勤める次男だけとなった。

その半年後の八月十五日、長かった戦争が終わる。明は小学校四年生だった。四八年（昭和二十三年）四月、新制の高坂中学に進学、三年生になると生徒会長に選ばれ、一年生から続けてきた野球部のキャプテンとなった。

一九五一年四月、埼玉県立川越工業高校機械科に進学。すぐに野球部に入るが、生徒会の役員にも選ばれた。中途半端をきらう松崎は、野球部を辞め、生徒会活動に専念、三年生になると生徒会長に選ばれた。学業成績も良く、生徒間の人気も高かったのだろう。三年時には川越工業の代表として関東高校弁論大会に出場、みごと優勝している。松崎の弁論は女子生徒にも人気があったという。松崎家の家計は次兄の収入に頼っており、生活は苦しく高校時代の三年間、育英資金の支給を受けた。このころから松崎は日本共産党の下部組織である民主青年団（民青）に加わり、活動を始めた。

戦前、非合法政党だった共産党は、戦後、日本に進駐した連合国軍総司令部（ＧＨＱ）の指導によって、合法政党として再建される。そのＧＨＱがすすめた民主化政策の柱は労働組合結成の奨励だった。この政策によって、官公庁や民間会社に相次いで労働組合が誕生する。激しいインフレが進行する中、各組合は日本共産党の指導のもとに、賃上げなどを要求して国鉄、炭鉱、電気産業、新聞などで激しい労働争議に突入する。組合運動は産業と国民生活に重大な影響を与えるようになり、「戦後日本」を形成する一大勢力となっていった。

一九五四年（昭和二十九年）三月、松崎は川越工業を卒業、国鉄の採用試験を受け、合格する。二〇倍を超す狭き門を突破したのである。国鉄を選んだのは、姉の嫁ぎ先が国鉄職員で、義兄や姉からの勧めもあった。機関士にあこがれていた彼は運転部門を希望した。

しかし、難関を突破したというのに、なぜか出社を一年間待たされ、翌五五年三月にようやく臨時雇用員として松戸電車区に採用となる。採用と同時に千葉県松戸の国鉄寮に入った。最初の仕事はもっぱら構内や電車の清掃である。松崎は上司である監督の説教じみた注意に納得がいかず、ある日、バケツの水を彼に向けてぶちまけた。松崎には短気で、怒りを抑制できない性格があった。この事件が監督の心証を害し、わずか二ヵ月で品川客車区に転勤させられる。

転勤した日、松崎は臨時雇用員の詰め所で監督に挨拶した。「じろりと松崎を見た。その眼には険があった」（『鬼の挑んだ賭け——人間・松崎明』弘済出版社）。松戸での松崎の行状が伝えられていたのだろう。命じられた仕事は構内の線路上の汚物拾いだった。真夏の炎天下、日陰で一休みしていると「暑かったら水でもかぶれ」と雑巾をすすいだ真っ黒な水を浴びせられた。「ここでは階級序列が歴然としていた。上の者には絶対服従といった封建制が、色濃く残ってい」た（同前）。ある日、あまりに理不尽な命令に松崎の堪忍袋の緒が切れた。監督に説明を求めた。

「俺に文句をつけるというのか」

「文句じゃない。説明してくれっていってるんです」

ふたりの険悪な空気に気づいた臨時雇用員たち数人が、松崎を応援して監督を取り囲み、「何とかいえ」と声を揃えた。恐れをなした監督は逃げ出し、臨時雇用員たちが追いかける。監督は事務所に逃げ込んだ。

この事件で松崎はまた、品川電車区へ配転となる。ここでの仕事は、東京駅ホームに到着した電車が折り返すまでのわずかな時間に、車内清掃をすることだった。車内清掃も立派な仕事だが、機関士を目指している松崎には割り切れないものがあった。一度は転職も考えた松崎だったが、思い直して臨時雇用員の「人間性回復」を組合活動に求めようと考えた。非番のある日、品川客車区の国労分会事務所を訪ねた。そこには国労品川客車区分会の書記長がいた。臨時雇用員が組合に加入できるかどうかを尋ねると、「規約上、組合に加入できない」という返事。松崎は「それはおかしい」と思った。これが、松崎と組合の最初の出会いだった。

日本共産党に入党、機関助士に

高校時代から民青で活動していた松崎は一九五五年（昭和三十年）、日本共産党に入党する。十九歳だった。「臨時雇用員のための組合を作りたい」——そう考えるようになった松崎が、具体的に動き始めた矢先の翌五六年十一月、正規の職員となって、尾久機関区へ配属となる。「整備掛」という職名で、仕事の内容は、蒸気機関車の清掃。松崎は正職員となるとすぐに組合に加入する。二十ヵ月間、臨時雇用員の過酷な労働に従事している間に、労働組合への強い関心が生まれていた。

松崎が加入した尾久機関区の組合は「機関車労働組合（機労・動労の前身）尾久支部」である。機労は五一年五月、当時、機関士や電車運転士は、駅員や車掌など一般の現場職員より上だというプライドがあり、五一年五月彼らが国鉄労働組合（国労）を脱退して結成した組合である。

尾久機関区に配属となって入居した「国鉄豊島寮」には数人の民青メンバーがいた。ここで毎月開かれる「学習会」で、松崎は『共産党宣言』を始め、マルクス・レーニンの著作にのめり込んでいく。臨時雇用員時代の屈辱的な思いが松崎の思想形成に大きな影響を与えていた。五七年三月、松崎は機関助士科の試験に合格、機関助士となった。

蒸気機関車の運転は機関士が行い、機関助士は石炭をくべる缶焚《かまた》きである。機関士と機関助士とでは「昔風にいえば武士と足軽ぐらいの差があった。助士は機関士の手袋まで洗濯する。機関士同士でも先任がものをいった。軍隊の階級序列や、古参・新参の差が歴然としていたのと似ていた」（同前）。

松崎は「そうした封建的な職場を変えなくては」と思い始める。慎重な人選をしたうえで「木曜会」という学習会を自ら作った。ここで松崎がチューターとなって『共産党宣言』やレーニンの『帝国主義論』などを勉強する。仲間は次第に増え、事実上の「青年部組織」が生まれる。松崎はエリート意識が強く、切符切りや車掌などを一段下に見下す「機労」を脱退して、「国労」に移りたいと思った。これを国労内の共産党指導部に伝えると、「脱退せずに、機労内部で共産党の組織拡大を図れ」との指示が来る。党員である松崎はこれに従わざるを得なかった。

「スイカが腐る、豚ガ死ヌ」

松崎がこうした鬱々《うつうつ》とした思いを抱いているとき、戦後日本の労働運動のひとつの大きな転機となった「国鉄新潟闘争」が起きる。この前代未聞の労働争議が、松崎の運命を大きく変えることになる。

一九五七年（昭和三十二年）の春闘は、総評（日本労働組合総評議会）か「最低賃金制獲得」を目標に掲げる。国労は、この目標を達成すべく、三月二十三日、事実上の「抜き打ちスト」を実施した。なかでも東京を中心とする電車、列車の運行は大混乱に陥った。同日、支給予定だった「年度末業績手当」に政府筋から支給ストップがかかる。「手当が支給されない」という情報が流れたことで、各地で自然発生的にさらなるストが発生する。国労本部は、この動きを追認する形で全国の地方本部に対し、職場大会を開くよう指令した。この事態に驚いた政府は、手当支給を承認し、国労は闘争体制を解除する。

ところが、連休明けの五月中旬、国鉄当局は「このストは違法だった」として解雇二三名、停職八七名などというきびしい処分を発表したのである。

国労は各地で職場大会を開き、処分反対の闘いを全国いっせいに展開し、当局と組合は処分と闘争の悪循環にはまりこんでいく。なかでも激しい争議となったのが新潟だった。新潟鉄道管理局が七月九日に「業務妨害を行った」として新たに一九人に解雇通告を出すと、これに怒った新潟地本は国労本部に相談しないまま、処分撤回を求めて各職場に、「勤務時間内に三時間の職場大会」を指示するという〝ゲリラ作戦〟に出た。

「国鉄新潟闘争」の始まりである。

新潟県内の各線各駅六七ヵ所で十、十一日の両日、職場大会が開かれ、旅客列車や貨物列車に大幅な運休が出て、闘争は長期化した。貨物輸送量は六割減となり、大量の貨物が輸送できずに滞り、「スイカが腐る、豚ガ死ヌ」といって農民が管理局に押しかける騒ぎとなった。泥沼に陥った闘争を支援するため国労本部から送り込まれたのが中央執行委員の細井宗一《ほそいそういち》である。細井は戦前、国鉄職員から旧陸軍の予備士官学校に入学し将校になって中国大陸に赴任するが、終戦後、シベリアに抑留され、共産主義に目覚めて帰国、国鉄に復職する。陸軍のとき部下に一兵卒の田中角栄《たなかかくえい》がいた。〝国労の軍師〟とも呼ばれ、革同派（共産党系）だった細井は、「現地で局地的に解決するしかない」と判断する。

約400人の農民が、「豚ガ死ヌ」などと書いたのぼりをたてて新潟鉄道管理局へ押しかけた（1957年7月16日／朝日新聞）

細井は新潟鉄道管理局長の河村《かわむら》勝《かつ》（当時、後に国鉄常務理事、民社党代議士）と夜を徹して協議し、河村から「新たな一九名の首切りは再考する」との妥協を引き出した。ところが、協議の途中、細井が仮眠をとっていた七月十五日早朝、長岡で五人の組合員が警察に逮捕される。「だまされた」と思った細井は激怒し「話し合いはすべて打ち切る」と河村に通告、新潟地本にいっせいに抗議集会に入るよう指令して、東京に引き揚げた。

国労本部は帰京した細井を交えて情勢検討を行い、対策を協議した。細井たち革同派（共産党系）は「新潟闘争を起点に全国的な実力行使に発展させよう」と主張したが、民同左派（社会党系）は「全国闘争に発展させる情勢にはない。闘争を打ち切り、中央交渉に移すべきだ」と反論する。激論の末、闘争の中止が決定された。新潟地本もこの決定を受け入れた。

しかし、闘争中止後、国鉄当局は同月十七日、一五人に解雇を通告するという追い打ちをかけた。国労本部は長時間の議論の末、闘争の中止を再確認し、新潟地本も翌十八日、中止指令の受け入れを決めた。七日間にわたって繰り広げられた新潟闘争は、組合側の敗北で終結したのである。

＊　　＊

松崎は、休暇をとって新潟に飛び、民青・共産党員の手づるを頼って闘争直後の現地を訪れ、信号所や駅、変電区など各地の国労組合員の話を聞いて回った。そこで感じたのは、国労新潟地本を孤立させ、多くの犠牲者を出した国労中央本部と共産党の指導に対する疑問である。

「『統一と団結』の美名のもとに、現場で闘う者の思いや運動のダイナミズムを無視し、すべてを『統一戦線』に流し込もうとする指導」に松崎は納得できなかった。「あらゆる人民層を闘争に参加させることが必要、という共産党の指導方針の下に、闘う国労新潟の労働者はかえって抑え込まれていった」（松崎明『鬼が嗤う』西田書店）。

こうした新潟闘争の経緯を調べた松崎明の結論は「国労の革同（共産党系）は新潟の組合員の弱点をくみ上げ、強いところをいかに発展させていくかという方針を提起しない。これでは労働者の前衛党とはいえない」ということだった。共産党中央が上意下達で、現場の労働者を切り捨てたことが許せなかったのだ。

新潟闘争で、中央に切り捨てられた国労新潟地本では、分裂が起きる。

争議の最中から各地で脱退者が相次ぎ、新潟地本執行部に対する批判が表面化してくる。同地本中央支部委員長の赤津友三郎（新潟管理局総務部人事課）を中心に新組合結成に向けて動き始めたのである。中央支部は穏健派が多数派だった。彼らは革同・共産党が指導する新潟地本に反旗を翻し、同年九月一日、新潟市内で「国鉄新潟地方労働組合」（新地労）を結成した。

「新地労」の組合員数は一年後には三三〇〇人、二年後には五四九〇人、三年後の一九六〇年（昭和三十五年）には六二九〇人に達する。新地労はその後、国労脱退者を中心に全国的に組織を拡大し、六〇年安保闘争後の一九六二年には、大阪の国労脱退者が結成した「新国鉄大阪地方労組」などと合体して「新国鉄労働組合連合」（新国労）を結成する。この新国労が、一九六八年に、全国単一組織の「鉄道労働組合」（鉄労）となる。新潟闘争をきっかけに国労脱退者を中心に結成されたいわゆる「民主的労働組合」の流れはこの「鉄労」に収斂《しゅうれん》し、これ以降、国鉄労使関係は国労、動労、鉄労の三組合時代を迎えるのである。

哲学者・黒田寛一

新潟闘争前年の一九五六年（昭和三十一年）二月、ソ連（現・ロシア）の共産党第二〇回大会で第一書記に就任したフルシチョフは、スターリンがヒットラーのナチスと独ソ不可侵条約を結んだことを批判するとともに、彼がおこなった党幹部、政敵、反対派の人々の大粛清を事実と認めたのである。それまでソ連共産党は世界の革命の最高指導部であり、スターリン書記長（一九五三年死去）は、世界のすべての革命運動の絶対的な権威者だった。

このことは世界の共産主義者に衝撃を与えた。評論家・立花隆の言葉を借りれば、「スターリン批判が共産主義者に与えた衝撃は、天皇を神様と信じ込まされていた戦前・戦中派の人々が、天皇の人間宣言で受けた衝撃にも等しかったろう。いやそれ以上だったといってもよい。天皇は神から人間になっただけだったが、スターリンは神から悪魔になってしまった」(『中核VS革マル』講談社文庫)のである。

同年十月、ハンガリーでソ連の権威と支配に抵抗する市民が蜂起して反乱が起き、革命評議会が各地に続々と結成される。背景にあったのが、ソ連共産党の威を借りて、反対派の逮捕、投獄などの強権策をとっていたラーコシ政権への反発だった。治安部隊はこれに発砲で応えたが、市民の蜂起によってラーコシ政権は倒れ、民衆の支持のもとにナジ・イムレが政権の座についた。介入の機会をうかがっていたソ連軍は、本国から戦車隊などを送り込み、ブダペスト市内に突入、一万人を超す死者が出た。ナジ・イムレはソ連軍に拉致され、処刑された。

戦後長い間、日本共産党もソ連のスターリンを革命の〝師〟と仰ぎ、モスクワは〝聖地〟であった。松崎も民青に入り、共産党に入党したころは、ソ連やスターリンを疑うことはなかった。しかし、スターリン批判やハンガリー動乱でソ連のとった行動に、松崎は大きな衝撃を受ける。そこに新潟闘争での日本共産党の指導に対する疑念が重なり、その疑念は日ごとに膨れ上がった。そのころ、民青で一緒だった友人に誘われて哲学者の黒田寛一《くろだひろかず》と会い、彼の共産党批判に大きな感銘を受ける。

黒田は、論文「スターリン主義批判の基礎」を書き、「ハンガリー動乱でのソ連の行動こそ、スターリン主義の象徴であり、マルクス主義理論戦線の今日の低迷と混乱や、その思想的退廃には目を覆うものがある」と厳しく批判した。松崎は新潟闘争で感じた疑問を、黒田の「スターリン主義批判の基礎」を読んで、はっきりと理解できたのである。

後に革マル派の松崎たちと分かれ、対立関係となる中核派の本多延嘉《ほんだのぶよし》は、当時、まだ分裂前の「革共同全国委員会」の書記長だった。本多は機関紙「前進」（一九六二年十月二十二日付）で「指導的活動家の一人である革命的労働者」（筆者注：松崎明のこと）のある座談会での発言をこう紹介している。松崎の感動が伝わってくる。

「オレが反帝・反スタ運動に入ってきたきっかけといえばいろんな意味でハンガリア革命が大きかったな。当時オレは日共で民青をやっていたわけだが何となくスゲエという感じがした。テメエの国であるはずの『労働者国家』で労働者が立ち上ったんだからな。日本の労働運動のあまりの弱さが目の前にあるので、とにかく、すごいエネルギーだとその根性に　種のあこがれを感じたわけだ。こういったら日共からにらまれた。そこで日共の上の奴らは一体何を考えてやがるんだと疑問を感じたね。これがいわば反スタのきっかけだな。こうしているところで（筆者注：黒田寛一が出版した）『探究』一号をNから手に入れて読んだ。彼の『スターリン主義批判の基礎』を読んだ時には、このジジイヤロウ、とっぴょうしもないことをいってやがる。精神的風土とか何かいって……と思ったが、『探究』一号を読んだ時には本物だと思った」

松崎はこのころから黒田寛一の「革命的マルクス主義者グループ」の一員として活動を始め、かつての共産党の仲間たちから「トロツキスト」と呼ばれるようになった。

「恥ずかしながら私は当時、トロツキストという言葉を知らなかった。トロツキストってなんだろうと思っていたら、トロツキーというロシア革命時の指導者の一人で、スターリンを批判することによって虐殺された革命家がいることがわかった。

トロツキーを読まなければならないと思っていたところに、のちに革マルの教祖といわれた黒田寛一氏の著作に出会う。私の中では共産党に対する疑念と新潟闘争に対する否定的教訓があって、それらを乗り越えねばならないという単純な発想で動かされたのである」（松崎明『鬼が撃つ』TBSブリタニカ）

共産党批判を繰り返し、それに同調する仲間を集めるようになった松崎は、共産党の幹部から睨まれ、その活動は制約されるようになっていく。

一九五八年（昭和三十三年）一月、共産党との決別を決意する。松崎はまさに、共産党中央に離反する学生たちが展開する新左翼運動が激しくなる「六〇年安保闘争」の熱狂と混乱の時代のとば口に立っていた。

クロカン誕生

松崎を「このジジイヤロウ、とっぴょうしもないことをいってやがる」と感動させ、共産党との決別を決意させた黒田寛一とはどんな人物だったのか。

黒田は、一九二七年（昭和二年）十月二十日、埼玉県秩父町に生まれる。黒田家は二代続く医師だった。父・要は寛一が四歳のとき、東京府北多摩郡府中（当時）に新しい医院と自宅を建て、転居した。一九三四年四月、寛一は府中尋常高等小学校に入学する。父が寛一に課したのは、進学校として名高い名門「東京高校」入学である。

尋常四年になると、家庭教師がつけられ、受験勉強が始まった。一九四〇年、父と子の念願がかなって東京高校尋常科に合格する。「三多摩から最初の東京高校合格」だった。同校には、氏家斉一郎（のちの日本テレビ社長）、網野善彦（歴史学者）、城塚登（倫理学者）がいた。東京高校は尋常科四年、高等科三年の七年制官立高校である。寛一はここで東京帝国大学医学部進学を目指すことになる。

尋常科時代の寛一はサッカー部に入り、勉学もトップクラス。元気で明るい少年だった。ところが、尋常四年の一九四三年（昭和十八年）年暮れ、寛一の体に異変が生じる。精密検査を受けると結核だった。父は新鮮な空気と食料が得やすい場所で寛一を療養させるため、すぐに湘南の片瀬町に別荘を買い求めた。尋常四年の三学期はほとんど欠席し、高等科への進学は危ぶまれたが、それまでの成績が優秀だったため、高等科理科乙類への進級が認められた。しかし、高等科入学式に出席した後は片瀬の別荘に移り住み、療養に専念する。

一年間留年した寛一は、終戦後の一九四六年四月、高等科二年に進級するが、病状は一進一退、登校したり休んだりを繰り返し、二度目の留年をする。同級生の大部分は大学に進んでおり、彼ひとりが取り残され、教室内で「黙想するかのような沈鬱に孤立」（高知聰『孤独な探究者の歩み　評伝・若き黒田寛一』現代思潮新社）する日々が続く。そのころから「ヘーゲルとマルクス」に興味を持ち、読書に打ち込み始めた。東京高校を中退した黒田寛一はものに憑かれたように「ヘーゲルとマルクス」の研究に没頭する。一九五〇年（昭和二十五年）十月から翌年春にかけて「社会観の探求」、一九五一年夏には「ヘーゲル目的論と史的唯物論」を原稿用紙に一心不乱に書きつけた。

その原稿を出版社に送り、出版社の反応を待っていた同年九月、黒田は眼に痛みを感じた。眼の酷使が原因で結核菌が眼を冒したのだった。さらに五四年十二月のある日、自宅の仕事部屋で論文を書いているとき、目の前が急に暗くなるのを感じた。視力の減退は失明に近い状態に悪化したのである。読書と執筆を仕事にする者にとって、眼の疾患は致命的である。黒田は「耳からの読書」を決意し、専門の秘書を雇い、読書と執筆を続けた。このころから黒田は家の中でも外でも登山帽を目深にかぶり、いつもサングラスをかけるようになった。

昭和三十年代になると、黒田の著作を読んだ人たちが、自宅を訪れるようになる。やがて黒田を囲んで、マルクス主義の研究会（「弁証法研究会」）が開かれるようになった。松崎明もそのひとりだった。大学生、高校生のグループもできた。黒田はタイプ印刷の「探究」という雑誌を発行、創刊号は三〇〇部だったが、二年もしないうちに一〇〇〇部を超え、この雑誌を媒介として、「黒田理論」の研究会ができ、黒田の影響力は全国に広がっていった。通称・クロカンとよばれた革マル派最高指導者が生まれた瞬間である。

動労青年部の結成

松崎明は一九五九年（昭和三十四年）六月、機労東京地本尾久支部に青年部を結成し、自ら副部長に就任する。二十三歳のときである。尾久支部という限られた範囲での青年部だったが、これが全国青年部結成に向けた第一歩となる。青年部の設置については機労内部では「職能組合だから、特別に青年層の要求を反映させる必要はない」「青年部を認めれば、組合員と青年部員としての権利を二重に行使することになる」「若者たちが勝手に独走する恐れがある」など反対論が強かった。松崎は「低賃金構造の青年に対する大きなしわ寄せをハネ返すためには、青年こそが要求を出し合い、闘争の先頭に立たなければならない」と主張し、東京地本の運動方針に「青年部育成強化のために努力する」という一項を入れさせた。

この直後の五九年七月、「機関車労組」（機労）は「動力車労組」（動労）と名称を変えた。「六〇年安保反対闘争」が燃え上がった一九六〇年（昭和三十五年）前後は、機労にとっても大きな転換点だった。電化やディーゼル化が進み、蒸気機関車から電気機関車やディーゼル機関車の時代となっていた。松崎たちの運動が実って、東京地本に青年部が発足するのは、一九六〇年三月のことである。しかし、松崎たちの動きを警戒する動労本部の組織整備委員会は、動労本部に青年部を置くことを見送り、「青年活動者会議」の設置方針を打ち出す。「青年部」の設置は「二重権行使」であり、「統制違反」や「跳ね上がり」を招くという反対意見が多数を占めたのである。

松崎たちは折からの「安保反対闘争」に取り組みながら、青年部の設置運動を全国の地本に広め、さらに動労本部に青年部を設置するための活動を本格化する。

「青年部づくりに反対する人たちの中には〝官僚主義〟の臭いがある。組合発展のためには二重権も許されるべきで、三重権も四重権も保証されるべきだ。反対する幹部は、既成の運動形態の中に、自己の安住の場を見出そうとしていないか。幹部の新しいものに対する勇気の欠如、裏から言えば官僚主義的な態度、組合を強くするための苦労の回避である」（『松崎明著作集』第一巻）

松崎はこう言って反対する幹部たちに詰め寄った。

松崎らの運動が功を奏して、動労本部に青年部の設置が決まったのは、安保闘争後の一九六一年六月の動労大会だった。同八月十五日、宝塚市で動労青年部結成大会が開かれ、松崎（当時二十五歳）は初代部長に選出された。青年部の設置には「二つの要素があった」（升田嘉夫『戦後史のなかの国鉄労使』明石書店）という。

一つは、誇り高い職能意識を持つ熟練労働者（機関士）が中心の動労では、熟練労働者と未熟練・半熟練の青年労働者との間には徒弟関係のような気風が残っており、青年労働者は活発な組合員になりにくい。「こうした青年労働者の要求を組合活動に反映させる」という要素である。青年部の結成は、動労内の亀裂を顕在化させる。

もう一つの要素は、松崎明という人物が「動労の表舞台に登場してきたこと」である。松崎は職場では一介の機関助士に過ぎなかったが、この時点ではすでに革命的共産主義同盟（革共同）の有力なメンバーだった。後述するが、革共同が二年後に革マル派と中核派に分裂すると、松崎は革マル派の最高幹部のひとりとなる。松崎は動労青年部を重要な足場として、動労内部に革マル派の勢力を拡大していく。

松崎は日米安保条約が自然承認され、安保反対闘争が潮が引くように終息していった一九六〇年七月十一日、生地の高坂に近い埼玉県小川町の印刷所の娘、船戸光子と結婚する。松崎二十四歳、光子は一歳年下の二十三歳だった。松崎が川越工高の生徒会長時代に生徒会交流で小川女子高を訪ねたとき、ふたりは初めて出会った。松崎が高校を卒業し、国鉄への就職が決まり、自宅待機を命じられていたころ、光子が松崎を訪ねて来た。「学校の文化祭で『原爆写真展』をやりたいので手を貸してほしい」と頼みに来たのだ。

松崎は「その時の光子のきらきら光っていた眼をきれいだと思った。『原爆写真展』という依頼内容も気に入った」（『鬼の挑んだ賭け』）。高校を卒業した光子は東京の小さな商社に就職する。そのころ松崎は尾久機関区で青年部結成に奔走していた。お互いの勤務地も近かったため、勤務時間が光子の退社時間に合うとしばしば夕食に誘った。松崎が光子に結婚を申し込んだのは機関助士となって一応の生活のメドもつき、尾久機関区で自ら結成した機労青年部の副部長となった二十三歳の春だった。

「爆弾教」の教祖

前述したように、ソ連のスターリンに対する批判が起こり、彼の権威が地に落ちると、レーニンのもうひとりの後継者でありながら、権力闘争に敗れたトロツキーの理論を再検討してみよう、という雰囲気が日本でも生まれた。その先頭に立ったのが、トロツキーの理論をいち早く学んで「トロツキスト同志会」を結成し、その過激な発言で〝爆弾教の教祖〟とも呼ばれた太田竜（本名・栗原登一《とういち》）である。黒田寛一はこの太田竜の影響を受けていた。太田や黒田はトロツキスト運動の組織作りに乗り出し、一九五七年（昭和三十二年）一月、トロツキストの国際組織である「第四インターナショナル日本支部」を結成、「日本トロツキスト連盟」を名乗った。この連盟が出来て間もなく、共産党京都府委員という重要ポストにあった西京司が参加してきた。西の人脈を通じて関西にも組織的基盤が作られる。

同年暮れ、「日本トロツキスト連盟」は「日本革命的共産主義者同盟」（革共同）と改称するが、革共同はほどなく内部分裂を起こす。「参加した人々のトロツキズムへのコミットの度合いは、人によってかなり異なっていた」（立花隆『中核VS革マル』講談社文庫）からである。「純粋なトロツキスト」と称していたのが太田竜とその一派で、黒田寛一は「トロツキズムは批判的に摂取すべき」だとして一定の距離を保とうとした。太田の一派は一九五八年七月に組織を割って「関東トロツキスト連盟」を組織し、この連盟は後に「第四インターナショナル日本委員会」と名前を変え、俗に〝四トロ〟と呼ばれた。これが革共同の第一次分裂である。

残った西京司一派と黒田一派は「第四インターナショナル」への加盟問題をめぐって意見が対立する。西京司の関西派は「世界革命を目指すからには世界的な組織である第四インターへの加盟」を主張した。しかし、トロツキズムの教条的な受け入れを拒否している黒田一派は、第四インターへの参加に反対した。黒田はこの対立によって関西派に革共同政治局員を解任され、「一切の政治論文の執筆禁止」という処分を受けた。このため黒田は革共同関西派と訣別し、一九五九年（昭和三十四年）八月に「革共同全国委員会」を独自に立ち上げ、その議長として政治活動を再開する。これが第二次分裂である。

このとき、黒田寛一の片腕となって、この組織を作り上げ、革共同全国委員会の書記長に就任したのが本多延嘉である。本多は川越高校在学中に「青年共産同盟」（後の民主青年団＝民青）に入り、早大文学部に入ってからは早大の共産党細胞（党の末端組織のこと）の中核となる。「早稲田大学新聞」の編集長を長く務め、新聞を通じて情宣活動に活躍した。しかし、彼もまたハンガリー動乱に衝撃を受け、スターリン批判に転じて共産党を離党し、黒田寛一が主宰する「弁証法研究会」に入る。後に本多は革共同全国委員会の第三次分裂によって生まれた中核派の指導者となり、革マル派の総帥となった黒田寛一と全面的に対立することになる。

＊　＊

一方、「山村工作隊」といった非公然部隊を組織して「武装闘争による革命」を叫んでいた日本共産党は一九五五年（昭和三十年）七月の第六回全国協議会（六全協）でそれまでの武装闘争路線の放棄を決め、過激な運動から一転、「民族解放民主革命」に路線を変更した。武装闘争は極左冒険主義だったと自己批判し、それに代わって「幅の広い民主統一戦線」という戦術がとられるようになり、「平和と独立と民主主義のための統一戦線」がスローガンになる。この理論は「アメリカ帝国主義からまず日本民族を解放し、第二段階として社会主義革命に入る」という〝二段階革命論〟である。これによって過激な運動は「統一と団結を乱す」として退けられるようになった。

こうした日本共産党の方針に対し、学生党員の間から〝二段階革命論〟に対する強い批判が生まれる。「すでに日本の独占資本は帝国主義段階にあり、初めから日本帝国主義を打倒し、一気に社会主義革命をめざすべきだ」という議論である。こうした主張が学生党員の間で多数派となり、一九五八年（昭和三十三年）五月の全学連大会では、共産党中央に忠実な学生党員を執行部から締め出した。驚いた共産党中央は大幹部たちが調整に乗り出すが、学生たちは納得せず、党中央幹部と殴り合いになり、決裂する。一ヵ月後、彼らは全員、共産党から除名された。

共産党を除名された学生たちは一九五八年十二月十日、「共産主義者同盟」（通称ブント・ドイツ語BUND＝同盟）を結成する。このブント全学連が六〇年安保反対闘争の中心となったのである。

全学連の主流派となった「ブント」全学連の当初の参加者は、東大の元・共産党細胞のメンバーが中心で、書記長は東大医学部の島成郎《しましげお》。島は共産党東京都委員でもあった。理論的支柱となったのが、東大経済学部の青木昌彦《あおきまさひこ》である。青木はその後、京大やスタンフォード大学の教授となり、その理論的業績はノーベル賞に最も近い日本人といわれた。青木が一九六〇年に姫岡玲治《ひめおかれいじ》のペンネームで出した『日本国家独占資本主義の成立』は六〇年安保闘争に参加した学生のバイブルとも言われた。

「ブント」のメンバーには東大の清水丈夫《しみずたけお》、陶山健一《すやまけんいち》、西部邁《にしべすすむ》や京大の北小路敏《きたこうじさとし》など多士済々。全国の大学の共産党細胞を次々にオルグし、各大学の共産党細胞を取り込む形でたちまち全国的な組織となり、全学連の主流派となった。ブントの論理は「共産党は革命の任務を放擲《ほうてき》して大衆やプロレタリアートを裏切り、〝代々木官僚〟(東京・代々木に共産党本部がある)が組織を私物化してしまった」ということだった。しかし、ブントの組織は学生組織でしかなく、労働運動には全く影響力をもたなかった。

六〇年安保反対闘争と「アカシアの雨がやむとき」

一九六〇年(昭和三十五年)一月、「昭和の妖怪」とよばれた岸信介《きしのぶすけ》首相が渡米し、新・安保条約に調印した。サンフランシスコ講和会議の際に、吉田茂《よしだしげる》が交わした安保条約が米軍の日本駐留を無期限に認めるなどきわめて一方的であったのを、相互的な条約に改めたのだ。この改定安保条約が事実上の日米軍事同盟だとして野党国会議員や、労働組合、学生らが猛然と反発、すると、まだ戦争の傷が癒《い》えない世論に火がつき、この条約の国会承認に反対する「安保闘争」が燃え上がる。

私事になるが、筆者が九州・大分県の片田舎の高校を卒業して上京、早稲田大学に入学したのは六〇年安保闘争の真っ只中、一九六〇年（昭和三十五年）四月のことである。入学式には何とか出席できたが、翌日から登校しても、校舎の入り口は机や椅子でバリケードが築かれ、学生の一団がピケを張って教室に入ることもできない。ピケをなんとか突破して教室に辿りついても、教壇は自治会執行部の学生たちが占拠しており、岸内閣が推し進める安保条約改定になぜ、反対しなければならないのか、声をからして演説を始める。連日のようにクラス討論が始まる。同じ新入生の中に早くも堂々と安保反対論をぶち、「授業を放棄してデモに参加すべきだ」と呼びかける者も多数いた。

騒然とした雰囲気が続く中で五月十九日深夜、衆院議長の清瀬一郎は、警官隊を国会に導入、警官隊は本会議場の前に座り込んだ社会党議員らをごぼう抜きにし、会期延長を決める。さらに日付が変わった二十日未明、議長権限で本会議を開き、野党議員だけでなく自民党内の反主流派も欠席のまま、安保条約改定案を可決したのである。これによって参議院で採決されなくても、三十日後には自然承認されることが決まった。それまで安保改定の意味を十分、理解していなかった私も、「戦後の日本の民主主義が危機に陥っている」と感じ始めた。

「安保粉砕、岸を倒せ！」と叫びながら、早稲田の構内から国会に向けて出発するデモ隊の列は、日に日に長くなっていった。

六月十五日夕、全学連主流派は国会突入を計画する。デモ行進には全国から約八〇〇〇人が集まった。指揮を執ったのが京都府学連委員長の北小路敏である。全学連委員長の唐牛《かろうじ》健《けん》太《た》郎《ろう》（北大）

も、書記長の清水丈夫も、別件で逮捕されていて、このときは獄中だった。国会の南通用門は封鎖され角材とワイヤーロープで固定されていた。学生たちは警官隊に石を投げつけ、体当たりを繰り返して門を突破した。警官隊が学生たちに襲いかかり、警棒で滅多打ちにした。

この乱闘の中で東大文学部四年生の樺美智子《かんばみちこ》が死亡する。樺は直前まで東大文学部学友会の副委員長で、ブント創立以来のメンバーだった。

当時、私が住んでいた東京・目黒の大分県学生寮では、食堂の隅に置かれたテレビの前に十数人の寮生が釘付けになって、この中継に見入っていた。「女子学生が死んだ」とリポーターが叫んだとき、私は全身の震えが止まらなかったことを今でもよく覚えている。「たいへんだ」と数人の寮生が国会に向けて飛び出していった。翌十六日は全国の大学だけでなく、早稲田でも学生たちは授業を放棄して抗議集会を開き、国会に向けて長い、長いデモ隊が出発していった。私もそのデモ隊の中にいた。

樺美智子の死から二日後の六月十七日、東京の新聞(朝日、毎日、読売、東京、産経、日経、東京タイムズ)はいっせいに「暴力を排し、議会主義を守れ」と題する七社共同宣言を一面に掲載する。

「六月十五日夜の国会内外における流血事件は、その事の依ってきたる所以を別として、議会主義を危機に陥れる痛恨事であった。(略)民主主義は言論をもって争わるべきものである。その理由のいかんを問わず、またいかなる政治的難局に立とうと、暴力を用いて事を運ばんとすることは、断じて許さるべきではない(略)」

この七社共同宣言に北海道新聞を除いて地方紙四十八社も同調した。

だが、全学連の活動に好意的だったマスコミの論調も、なぜかこの日を境にして一変し、政府批判をおさえるようになっていく。私にとってこれもまた衝撃だった。

安保条約改定が自然承認される六月十八日夜、私も友人たちと一緒に首相官邸を取り巻くデモ隊の中にいた。この日、四万人もの学生を動員しながら、ブントはすでに力を使い果たし、指導能力はなかった。深夜の午前零時が過ぎたころ、打ちひしがれた気持ちを抱きながら道路に座り込んだ学生たちの間から、西田佐知子の「アカシアの雨がやむとき」が静かに流れた。六月二十三日、日米で安保条約改定の批准書を交換した直後、岸首相は混乱の責任をとって辞意を表明した。安保反対闘争はこうして幕を降ろした。

革共同、中核派と革マル派に分裂

安保反対闘争が終わって一ヵ月後の一九六〇年七月三十日、ブントは「第五回大会」を開いて安保闘争を総括した。ブント中央はこの大会で「われわれは同盟（共産主義者同盟）の活動が未成熟であったとして、真の階級的前衛党としての機能を果しえなかったことを、断じて合理化してはならない」と自己批判する。ブント再建のための大会だったが、「ブントが革命党として機能を果たせなかったのはなぜか」をめぐって、議論は百出し、収拾がつかない状態に追い込まれ、ブントは大小いくつかの分派に分裂していった。その大部分は翌六一年三月、黒田寛一が主宰する「革共同全国委員会」へ流れ込んだ。しかし、黒田の革共同全国委員会への移行を潔しとせず、分派活動を続けた党派の中から生まれたのが、後に武装闘争に走り、自滅の道を辿った「連合赤軍」や「赤軍派」などだった。

黒田寛一の革共同全国委員会は、当初、学生組織はほとんど皆無だったが、安保闘争の過程で組織を増やし、六〇年四月にはブントの「社学同」（社会主義学生同盟）に対抗して「マル学同」（マルクス主義学生同盟）という学生組織を作っていた。安保闘争でブントが次第に解体に追い込まれていったのと対照的に、その過程で着々と組織を拡大する。ブントは組織のすべてを安保闘争にかけたが、革共同全国委員会は「運動は革命的プロレタリア党建設のためにある」として、松崎明の拠点である動労青年部の組織を足がかりにして、学生たちよりも労働者の間で組織を広げていったからである。


一九六二年（昭和三十七年）九月、第三回革共同全国委員会総会（三全総）が開かれる。これが革共同全国委の第三次分裂の始まりだった。この総会で議長の黒田寛一と書記長の本多延嘉が労働運動における組織建設と戦術をめぐって対立する。前述したように本多は「早稲田大学新聞」の編集長を務めた学生運動出身である。この総会で動労の松崎明は副議長を務めていた。革共同全国委員会の柱となっていたのは動労など労働者の産別（産業別）委員会であり、安保闘争後に全学連の分派が流れ込んで主導権を握るまでは、労働者の組織が中心だった。労働者の組織は、各職場の細胞の上に産別委員会があり、その上に中央指導部がある。「この産別委員会をあくまで組織の中心に据えるべきだ」というのが黒田寛一の考えだった。

これに対し、「党中央と細胞の間にある地区委員会を中心に据える形で党組織を根本的に見直し、地区委員会には産別組織は存在してはならず、産別委員会もこれに従って再編成するべきだ」

と主張したのが本多延嘉だった。「戦闘的な運動組織が現実に存在している労働組合にいかにコミットしていくか」という点でも、黒田と本多の意見は対立する。黒田は「革共同以外の党派に指導されている労働運動はいかに戦闘的であろうと、革命には役立たないので、すべて批判し、排除すべしだ」と主張した。本多は「戦闘的な労働運動が存在する場合は、これと手を組んで組織化にあたり、革共同が正しい政治路線を持っていることを示し、労働者を獲得していくべきだ」と主張する。両者の意見の対立・論争は組織を二分し、激烈な論争となった。

この意見の対立は一九六三年四月まで続き、組織はついに分裂する。政治局内で黒田寛一についたのは副議長の松崎明と政治局員の鈴木啓一だけで、清水丈夫や北小路敏など残る全員が本多を支持した。黒田は党内分派を作って政治局主流を批判したが、それが無駄だと判断すると、「革命的共産主義者同盟革命的マルクス主義派」（革マル派）と名乗る新組織を作って、外に飛び出した。本多とその支持者はそのまま「革命的共産主義者同盟全国委員会」（革共同全国委員会）を名乗り続けた。このとき、副議長の松崎は、黒田と一緒に動労青年部のほぼ全員を率いて革マル派に移った。

ちなみに、革マル派は非公然組織であり、メンバーは外部にはセクトネームを呼称した。「山本勝彦」が黒田寛一の、「倉川篤」が松崎明の、「森茂」が鈴木啓一のセクトネームである。革共同全国委員会の学生組織「マル学同」は黒田派が多数派を占め、少数派である本多派が分派組織を作って「中核派」を名乗った。その後、黒田の「革マル派」と区別するため、本多派は労働者組織を含めて「中核派」と呼ばれるようになる。その後の長い「中核派対革マル派」の対立の始まりだった。

話は本筋から少し外れるが、この年の夏休みが明けたころから、黒田寛一はしばしば早稲田大学の大隈銅像の前に立ってハンドマイクを片手に演説を始めた。私（筆者）は当時、四年生。この男の奇妙な風体と、ソ連のスターリンを厳しく糾弾する話に興味を覚え、ときどき、立ち止まって耳を傾けた。大きな真っ黒なサングラスに目深に被ったよれよれの登山帽、汚れたタオルを腰に掛け、しわがれ声でスターリンの罪状を並べたてる。しかし、その口調は、あたかも教科書を朗読しているかのようだった。当時はまだ「ソ連こそ〝革命の母国〟」という意識が学生仲間には強かった時代である。彼を取り巻く学生の数は日ごとに増えていった。黒田の革マル派は文学部や商学部の自治会をはじめ学内のサークルなどに巧妙に浸透していく。そして早稲田は革マル派の最大の拠点校となった。

＊　　　　　　　　＊

一九六八年（昭和四十三年）には対立セクトの中核派や革労協（社青同解放派）を早稲田大学から追い出して自治会組織やサークルに浸透し、三十年近くにわたって早稲田は、〝革マル派の巣窟〟となっていく。革マル派学生は早稲田通り沿いにある三階建ての第一学生会館を拠点に、一般学生を組織して、各学部の学生自治会、早稲田祭実行委員会、文化団体連合会に介入する。革マル派の非公然活動家が学生活動家を支援する構図が出来上がっていった。こうした流れを変えたのが一九九四年（平成六年）に第一四代総長に就任した奥島《おくしま》孝康《たかやす》の時代である。

奥島総長は革マル派の資金源となっていた早稲田祭を中止し、革マル派の拠点だった第一学生会館を取り壊し、毎年、全学連大会の会場となっていた大隈講堂の貸し出しを拒否するなど、次々と対策を打ち出す。さらに商学部、文学部、社会科学部など革マル派の拠点自治会の認可を取り消した。日本最大の学園祭といわれた早稲田祭には五〇〇店近い模擬店が並び、入場料がわりに販売されるプログラムの売り上げや広告費、大学の補助金は合わせて三〇〇〇万円を超え、そのほとんどが革マル派に入る仕組みとなっていた。早稲田祭の中止は早稲田の革マル派にとって決定的な打撃となった。

「松崎さんは僕が初めて出会うプロレタリア共産主義者」

話を松崎明と革マル派の関係に戻そう。

「（革共同全国委員会の）分裂で、最も重要なのは動労の動向である。なぜならば、黒田思想あっての革共同ではあるが、また、動労あっての革共同だったからである」

小野田襄二はその著『革命的左翼という擬制』（白順社）でこう指摘する。この分裂で中核派に属した小野田は北小路敏が全学連委員長を務めたときの副委員長、根本仁の委員長時代には書記長を務め、当時の実情を最もよく知る人物のひとりである。埼玉大学を中退し、中核派の活動家となった小野田襄二は同書で松崎明という人物について次のように語っている。そこには、頭でっかちの学生ではない、動労という労働運動の指導者である松崎への〝畏敬の念〟と、労働運動の指導者としての松崎のその後の思想と行動の〝原点〟が読み取れる。

黒田さんによって作られた革共同の労働者組織は、尾久機関区の松崎明から始まった。この運動こそが革共同の母胎で、学生運動は付属品にすぎない。革共同の屋台骨は黒田哲学だが、初発の運動体は松崎さんの動労にあった。動労の運動を組織するのは松崎さんであって、本多（延嘉）さんじゃない。動労の運動を組織する松崎さんに本多さんの助言など不必要だ。松崎さんは政治局員であるが、動労こそ松崎さんの存在基盤だ。動労・松崎でいることへの批判が、いつ降りかかるかわからない厄介な存在が本多さんだ。ふたりはともに独立心が旺盛で、有能な指導者であるがゆえに、党と労働運動との軋轢の危険をはらんでいる。黒田さんという緩衝帯が存在しない松崎さんと本多さんとの関係には容易ならぬものがある。バカになれない本多さんの政治的才覚の負の側面を松崎さんは感じ取っていたと思う。

松崎さんは僕が初めて出会うプロレタリア共産主義者である。プロレタリア共産主義者は学生共産主義者をどう思っているのだろうか。「お坊ちゃん学生のくせにプロレタリアのことがどうしてわかるのか」と思われても抗弁のしようがない。松崎さんは黒田思想の何に惹かれて革共同に入ったのだろう。初めて会った時はその手掛かりは得られなかった。僕の衝撃は別のところから訪れた。松崎さんは労働運動とはこういうものだよ、の喩えとして、職場で酒を飲みながら、猥談《わいだん》をする話をした。その瞬間、僕の心は硬直した。理屈に閉じこもり、世間の感覚に硬い壁を作る自分が取り残される思いがした。

松崎は「サンデー毎日」に連載された「鬼の回顧録」の第二回（二〇〇二年一月二十七日号）でこう語っている。

「私の場合は、やはり労働運動のリーダーなんですね。だから、労働運動を無我夢中でやると理論と対立しちゃうんです。典型的には（国鉄当局の人員）合理化問題で、要するに理論的には『絶対反対』ですよ。労働運動の場面でもずいぶん使っています。『絶対反対』って。でもそれは玉砕的な発想ではないんですよね。ところが、理論を理論として提起する皆さんは一歩も譲ってはいけないわけです」

小野田は松崎のこの発言を引用し、「現場は現場、理論は理論」という言い回しは、「建前としては『絶対反対』の革命主義を崩さないが、現実には具体的な解決をえらぶ改良（妥協）しかないという当たり前のことを語ったということでもある」と解説する。そして小野田はこう述べている。

「このような考え方は理解できるが、この思考回路は（中核派の）僕のものではない。はじめに労働運動ありきの松崎さん、はじめに革命ありきの僕の違いでもあるのだが」

たしかに松崎の思考回路は、中核派のものでもなければ革マル派のものでもない。小野田は学生運動出身者が中心で「理論」に拘《こだわ》る革マル派中央と、革マル派最大の労働運動組織・動労を率いる松崎明との間に、いずれ対立が生じるだろうことを、鋭く感じ取っていたのである。

中核派最高指導者・本多延嘉を殺害

六三年の新左翼の分裂騒動のあと、革マル派は曲がりなりにも自派の全国組織を存続させたが、中核派は社学同、社青同解放派、構改派と〝四派連合〞を組む。四派連合と革マル派はことごとく対立するようになっていく。

一九六三年（昭和三十八年）九月十一日、東京・紀尾井町の清水谷公園で四派連合の二五〇〇人が

集会を開いているところに、革マル派一五〇人が押しかけ、角材で殴り合っての乱闘となった。世に言う「内ゲバ事件」（セクト同士の暴力・襲撃事件）の嚆矢《こうし》となる。

中核派と革マル派の本格的な内ゲバ事件は翌六四年七月、早稲田大学構内で起きた。

同月二日午後九時半すぎ、二号館の地下一階で法学部自治会の革マル派学生約八〇人が打ち合わせを行っている部屋に白いヘルメット姿、角材、こん棒を持った中核派の学生約一〇〇人が殴り込みをかけて乱闘となり、十数人のけが人が出た。付近の住民の通報で警視庁は大学周辺に機動隊二五〇人を出動させた。しかし、両派の学生たちはいくつかの部屋に閉じこもったまま。機動隊は手を出せぬまま傍観していたが三日未明、大学当局と話し合った結果、大学構内に入って〝実力行使〟して両派を排除、騒ぎはようやく収まった。

この内ゲバ事件が起きた時、私（筆者）は新聞社に入社し三ヵ月がたったばかりの新米記者。この夜はたまたま泊まり番で社会部遊軍席にいた。現場に駆けつけた先輩記者たちが電話の向こうで自分の原稿を読み上げるのを受けるのが私の仕事。生々しい殴り合いの記事に興奮しながら電話送りの記事を取り終える。記事を読み終えたデスクは「おい、新人、早稲田で何が起きているのだ。解説しろ」と私に問いかけてきた。つい数ヵ月前まで早稲田の学生だった私は、革マル派と中核派が対立していることは知っていたが、その対立が角材、こん棒での殴り合いまで発展するとは想像すらしていなかった。デスクの〝ご下問〟に返事もできずに悔しい思いをしたことを、今でも鮮明に思い出す。この事件をきっかけに、その後、革マル派と中核派の怨念は深まり、凄惨な内ゲバを繰り返すことになる。

中核派と革マル派の内ゲバが、集団vs集団から〝個人テロ〟へと質的に変化したのは一九七〇年（昭和四十五年）八月三日に起きた「海老原君事件」が最初だった。革マル派学生の海老原俊夫（東京教育大・現筑波大）が帰宅途上、池袋駅前で資金カンパ中の中核派学生の集団リンチにあい、中核派の拠点である法政大学六角校舎の地下に連れ込まれ殺害される。革マル派約三〇〇人（同派発表）は同月十四日、六角校舎を襲い女子学生を含む中核派学生約三〇人にリンチを加え報復した。

殺し合いがピークに達するのは七五年（昭和五十年）三月の中核派書記長、本多延嘉を革マル派が殺害した前後からである。

三月十四日未明、中核派の創始者であり、終始一貫、最高指導者だった本多延嘉（当時四十一歳）が埼玉県川口市内の自宅アパートで就寝中、革マル派のメンバー十数人の襲撃を受け、斧、ハンマー、鉄パイプ等で全身を滅多打ちされて、頭蓋骨骨折、脳内出血などで死亡する。朝日新聞十四日付夕刊によると、「十四日午前六時ごろ、警視庁記者クラブへ、『革マル』と名乗る男の声で『今朝三時二十二分、東川口のアパートで中核派の本多を撃沈した。われわれの同志難波力が襲撃されたことへの報復であり、権力とゆ着している中核へのみせしめだ』との電話があった」という。

同紙は「アパートの隣室に住む住民の話（原文では氏名表記）だと、午前三時半ごろ、となりの部屋でドタン、バタンと音がしたので、起きてのぞいたらパンティストッキングのようなものをかぶった男が暴れていた。一一〇番したが、電話線が切られていたらしく、通じなかった。そのあと七、八人の男が二階からかけ下りて待たせておいた乗用車に乗って走り去った」と報じている。

革マル派はただちに、同月六日に機関紙発行の責任者、難波力（本名・堀内利昭）が中核派に殺害された報復であると宣言した。この事件で内ゲバは新しい局面に入る。中核派は〝復讐の鬼〟となったのである。事件から三日後の十七日付「前進」で、中核派は「反革命殺人者・黒田、松崎、土門らに死の処刑を」と一面ぶち抜きで革マル派に対する「報復宣言」を出した。

「偉大な革命家、本多延嘉書記長が憎むべき反革命カクマルの手によって虐殺された。われわれの心は煮えたぎる怒りと憤りがうずまき、どんな力をもってしてもすさまじい復讐の決意をおさえることはできない。われわれはこの事態に際し、反革命カクマルに対する復讐の全面無制限戦争に突入し、黒田、松崎、土門らをはじめ全反革命分子に死の処刑攻撃を加えることを厳粛に宣言するものである。（略）復讐、復讐、復讐、報復、報復、報復、これあるのみである。われわれは黒田、松崎、土門らに対して、あらゆる手段、あらゆる方法をもって文字通りの死の処刑を敢行する決意である」

中核派が黒田寛一、松崎明とともに報復の対象にあげた土門肇は、元全学連委員長、根本仁のセクトネームである。革マル派のスポークスマン的存在だった根本は、一九六二年（昭和三十七年）八月六日、二人の学生とともにモスクワの「赤の広場」でソ連の核実験に反対するデモを行い、ソ連警察に逮捕されたことで有名になった。

この宣言以降、革マル派に対する報復戦争が激化し、この年だけで中核派による革マル派殺害は二一人に達する。その後内ゲバによる死者は増え続け、その総数は中核派による革マル派殺害が四八人、革マル派による中核派の殺害は一五人、このほかに革労協（社青同解放派）による革マル派殺害は二三人に及んだ。

内ゲバ殺人の激化に対して革マル派は同年三月二十六日の政治集会で「一定の留保付き」でテロ合戦から身を引くことを宣言する。以下はその要旨である。

「わが同盟はこの歴史的闘い（本多書記長撃沈）によって、もはやウジ虫ブクロ派（著者注：中核派のこと）は確実に自爆＝自壊過程にはいっていると判断する。もちろん彼らの残党は今後しばらくは血に飢えた殺人狂として街中を徘徊するであろう。権力から野放しにされた狂犬どもに対し充分なる警戒を要する。しかし、狂乱化し、躁状態にある彼らに対して直対応していくことは誤りである。われわれは彼らを力で一挙に叩きつぶす権利を限定付きで一時留保しよう」

中核派はこの革マル派の宣言を「死の処刑宣言に震え上がった幹部たちの戦争激化から逃れるペテン的言辞」とした。

＊　　　＊

革マル派と中核派は「革共同」という〝同根〟から生まれたのだが、ここまで殺し合いをエスカレートさせたのはなぜなのか。両者の相違点、対立点はどこにあったのか。評論家、立花隆はその著『中核VS革マル』で分かりやすくこう述べている（要旨）。

革マル派は、労働運動の内部で陣取り合戦を進め、主要労組を動労のように革マル系に持っていき、ゆくゆくは総評の上に君臨する社会党、あるいはかつての産別の上にあった共産党のような形で（もっとも革マル派は秘密組織だから、その繋がりが大っぴらに表にでないようにしているが）日本の労働運動全体に君臨する政党となり、労働者階級全体を革命的に左傾化していくという方向で革命を考えている。現在の革命を忘れた労働運動を、革命を目指す労働運動に組織し直すことが、革命の王道と考えている。

中核派は、強固な不退転の決意を固めた職業革命家の集団のみが革命を起こせるのであって、そうした革命家の集団があれば、それ以前には労働運動の内部で多数派を獲得できなくても、革命が切迫した情勢の下では、一挙に大衆を獲得することが可能であると考える。革命は暴力革命以外にはなく、武装蜂起から権力奪取への暴力革命をちゃんと指導できる職業革命家の組織を目指す。革マル派が作っているような組織は、いざ革命という情勢になったときにはなんの役にもたたない。

立花隆によると、こうした考え方の違いから「革マル派の主目標は、革命を担うことができるプロレタリアートの前衛党の組織作りにあった。このため、学生の部隊が街頭で騒ぎまくる活動には、革命性を認めず、労働運動の現場で労働者を支援するほうがはるかに革命的であるとする。革マル派の組織の本隊はあくまでも労働者の組織であって、学生運動はそれに従属するものでしかない。学生組織の中で、革命家として自覚を高めたものは、組織の要請によって次々と就職し、労働運動の現場の活動家となっていった」という。その中心となった労働運動の現場が、国鉄（現・JR）という巨大組織だった。

革マル派と激しい内ゲバを繰り返していたのは中核派だけではなかった。別の新左翼、革労協（社青同解放派）との抗争も激しくなる。革マル派による中核派への内ゲバ殺人事件である本多延嘉殺害から二年後の一九七七年（昭和五十二年）二月十一日、革マル派は革労協の最高指導者・中原一（本名・笠原正義・当時三十六歳）を殺害する。

十一日午後七時過ぎ、茨城県取手市内の常磐線取手駅前の路上で、自動車を運転していた中原一は、革マル派数人が分乗していた車二台に前後を挟まれ、車を止められる。下車して逃走しようとした中原の全身を、革マル派は鉄パイプなどで滅多打ちにした。中原は脳挫傷、頭蓋骨底骨折などで死亡する。革マル派は二月二十一日付の機関誌「解放」で「我が革命的戦士たちは、国家権力内謀略グループの意を受けて、革マル派のもとで戦う労働者・学生の襲撃のために具体的行動を開始したスパイ集団の頭目、中原一（笠原正義）を正確に追尾し、（略）断固として階級的制裁を加えた」と犯行声明を出した。

事件の背景にあったのは、前述した一九六九年（昭和四十四年）一月十八日の「東大安田講堂事件」での革マル派の〝敵前逃亡事件〟を契機に起きた革労協と革マル派の内ゲバ激化である。革労協は革マル派を「反革命的宗派」としてその解体を叫び、対立が激化していた。革マル派は七三年九月十五日、革労協の軍事組織である「プロレタリア突撃隊」が神奈川大学で泊まり込み訓練を行うことを察知し、密かに約一五〇人の活動家を大学構内に潜入させてその寝こみを襲い、革労協活動家二三人に重軽傷を負わせた。この事件が革労協に与えた衝撃は大きく「反革命的宗派革マル解体戦の強化」を唱えて本格的な革マル派との内ゲバに突入し、中核派と同じ道を歩み始めていた。

「のりこえ」と「もぐりこみ」

新左翼の革マル派が、他の新左翼と一線を画すいちばんの違いは、立花隆が指摘したように「革マル派の組織の本隊はあくまでも労働者の組織であって、主要労組に浸透し、動労のような革マル系組合に持っていき組織とカネを増大させていくこと」だろう。そのためには、かつて東大安田講堂事件の際、機動隊突入の直前に一夜にして忽然と姿を消したように、ときに角を矯《た》めて、組織の温存を図る。

革マル派の最大の特徴は「組織論」の重視だった。それを「組織戦術論」としてまとめ上げたのが黒田寛一だった。その論の骨子のひとつが「のりこえ」理論である。黒田の著書『組織論の探求』（こぶし書房）によると、「のりこえ理論」は、理論上の「のりこえ」、運動上の「のりこえ」、組織上の「のりこえ」の三つからなる。「革マル派の理論と組織」を、いかにして新たな大衆組織に浸透させ、拡大させていくかという「方法論」と言ってもよい。

黒田はきわめて難解な表現でこの理論を説明しているが、単純化して言えば次のようなことだろう。

大衆運動を展開する過程で、創意工夫をこらして運動に参加した人たちの意識を変革し、その先鋭的部分を組織内に取り込んでいく。これが「理論上ののりこえ」である。そして組織内に取り込んだ意識変革の進んだ先鋭的分子とイデオロギー闘争を積み重ねて、彼らを教育し、次の闘争の中核として育てる。これが「運動上ののりこえ」である。こうしたなかで育った先鋭的活動家を非公然的に組織化し、フラクション（細胞）の組織を強化し、新たな段階の革命闘争を押し進めていく。これが「組織上ののりこえ」である。

要するに、大衆運動に参加する人たちを組織的に〝洗脳〟して、組織の一員に育て、新たな革命闘争の戦闘要員として投入していく。その教育過程を「のりこえ」理論というのだろう。松崎明は、動労の相次ぐ闘争のなかで一般の組合員を教育して「革マル派」のシンパとし、そうしたシンパに対して、さらに高い次元の革命教育を施し非公然組織に育て、「闘う動労」の中核部隊とする。この過程で松崎は三段階の「のりこえ理論」を着実に実行に移したのである。

もう一つの理論の柱が「なだれこみ戦術」である。「日共や社会党の反対分子や下部党員をスターリン主義や社会民主主義の呪縛からときはなつために、それらの内部に潜入して非公然の組織活動をなしつつある党員たちに理論的武装をあたえ援助すること」である（黒田寛一『革命的マルクス主義とは何か?』こぶし書房）。「なだれこみ戦術」は「もぐりこみ戦術」とも言われる。

「イデオロギー闘争や政治闘争の戦闘司令部は外部におき、この司令部のうちだす闘争方針を、一方では大衆運動に適用してそれを革命化し、他方ではスターリン主義者や社会民主主義者の党の内部に直接もちこんでゆくことにより、それらを全体として変質せしめる方向にもってゆ」く。これが「なだれ込み戦術である。（中略）現在のわが国のように、革命的な反対派の創造と結集がなお微弱である場合には、（中略）現実的なのは、なだれ込み（中略）戦術である」

この「なだれこみ戦術」も松崎明は国鉄の労働運動の中で、着実に実行していった。味方の力が弱い時は、強力な相手の内部に潜り込んで、その内部を変質させ、相手の組織を「食い破っていく」という戦術である。国鉄分割・民営化前後の〝コペ転〟など松崎明の不可解とも思える〝変心〟も、この「なだれこみ」「もぐりこみ」戦術の実践だったと考えれば、その行動は容易に理解できるだろう。

さらに、もうひとつ、黒田寛一が強調していることがある。それは「政治的陰謀」の活用である。

「一般に革命的政治運動というものは、現象的には（本質的にはではない）極めてヨゴレタものであり、誤解にみちみちたものであって、政治的、あまりにも政治的な〝陰謀〟をすら活用しないかぎり（この点ではレーニンの右にでることのできる革命家はない）、そもそも政治そのものを止揚しえないのだという、このパラドックスが、ぜひとも自覚されなければならない。だから、赤色帝国主義論者をすら活用して、動揺と混乱の渦巻のなかにある日共指導部を瓦解させる一助たらしめるという〝陰謀〟をたくらむべきである」

前世紀のロシア革命など動乱の渦中なら、黒田寛一の「政治的陰謀の必要性」の論理は通用するのかもしれない。だが、昭和から平成の世にあっては、まさに〝悪魔の囁き〟のように聞こえてくる。松崎はこの黒田理論を、その後の国鉄分割・民営化の過程やＪＲが発足した後の組合や会社支配のために忠実に実践していったとも言えるだろう。

ナンバー２・松崎の「運動理論」とは

革マル派で黒田寛一に次ぐナンバー２の副議長となった松崎明（非公然組織の革マル派ではセクト名の倉川篤を名乗る）は、一九六三年（昭和三十八年）七月、動労青年部長を退任し、同八月には尾久支部委員長のポストに就いた。二十七歳だった。発足したばかりの革マル派にとって、まだ大勢力とはいえないとしても、〝トラの子〟ともいうべき労働運動の拠点であった。松崎は「黒田理論」を懸命に学び、それを〝血と肉〟としながらも、自分なりの「運動論」を構築していく。

その〝核〟ともいえるのが、「統一と団結の否定」であり、「積極攻撃型組織防衛論」である。それは国鉄労働運動の中で、機関士や運転士の職能エリート組合としてスタートした動労を「闘う組合」に変貌させるための松崎明の知恵だったともいえよう。

松崎は「国鉄新潟闘争」の敗因は、一九五三年（昭和二十八年）の世界労連第三回大会で、フランスのルイ・サイヤンらによって提起された「統一と団結」論にあったと見ていた。

「内部の敵は必ず説得できるんだ。内部に敵をつくってはいけない。敵の中に味方をつくれ」という組織論は「聞こえはいい。だが現実は、労働者階級の内部に常に権力の手先が醸成され、これが大きくなることによって本来の労働運動が内部からぶっ潰される。このことは歴史的に証明されている。三井・三池のたたかい、日鋼室蘭のたたかい、（略）国鉄新潟闘争もしかりである」

「『統一と団結』はもちろん重要である。しかし、（略）その内容をはっきりさせなければ何の意味もない。クソとミソは一緒に『統一と団結』はできないのだ。権力者は労働者階級の内部におのれの拠点をつくり破壊するものなのだ。だからいつも『民主化だ、民主化だ』と叫んで、たたかう方針に反対する。つまり、会社や権力の言いなりになって、その中で自分たちの組織を拡大して労働運動を内部から瓦壊させる。これが右翼労働運動、つまり『翼賛』運動なのである。これに対して徹底的に闘うことが必要となる」

「日本型労働組合の典型とは、『一企業一労働組合』である。巨大労組ほどその傾向は強く、その運動は『労使協調』型となる。会社は、コントロールしやすい労働組合を育て、そのもとでは複数組合は多くの場合、存在しない。日本では、会社、当局の意に反する労働組合が多数派を占める場合には、その組織を破壊させ、分裂させようと必死になるのである。（略）異なる方針があるがゆえに複数組織が存在する場合、『統一』を目的化することは闘いを放棄することを意味する（略）。

『統一と団結』を戦略にまで引き上げ、世界労連とその影響を受けてきた世界の労働組合、日本の労働組合は、半世紀を経てなお、間違った理論に気づこうともしていない」（松崎明『鬼が嗤う』西田書店）

「統一と団結」論を否定する松崎は、同時に「階級闘争の敵」を打倒するために「積極攻撃型組織防衛論」を主張する。素早く内部に巣くう〝敵〟を見定め、発見し、先手を打って攻撃することによって、敵を排除し「組織を防衛する」ということである。「統一と団結」を否定し、素早く「敵を排除する」ことによって、「徹底的に闘う組織を作る」というのが彼の戦術論である。松崎はこの戦術論を終生、貫徹する。国鉄分割・民営化の際、〝コペ転〟をとげて組織をあげて方向転換したが、その後、JR東労組・JR総連のトップに立つと、その組織運営でも〝敵〟と見定めた相手は、会社側であろうと、組合組織内であろうと、あらゆる権謀術数を使って排除していった。

留置場で手渡された解雇通知

松崎明が動労尾久支部委員長に就任した一九六三年（昭和三十八年）前後、国鉄では電化、ディーゼル化が進み、蒸気機関車が廃止されていくのに伴って、基地統合問題が持ち上がる。松崎の職場である尾久機関区は隣接する田端機関区と統合されることになり、すでに新庁舎の建設が始まっていた。この統廃合によって二九八人の人員整理が見込まれていた。松崎は支部委員長としてこの統合計画反対運動の先頭に立った。

同年十二月十三日、尾久機関区は歴史的なストライキに入る。尾久、田端をはじめ周辺七拠点で二時間のストが組まれた。この日、尾久機関区の周辺は警官隊によって封鎖され、外部からの支援を排除する体制が敷かれた。国鉄当局はストの時間帯の列車運行を可能にするための乗務員を確保しており、スト突入後も列車は動いた。「このままではストは名目だけで終わってしまう」。松崎の決断によって、尾久駅に入った下り列車を次々と組合員が取り囲んだ。機関士は列車を降り、列車が線路をふさいで立ち往生する。このため上野駅を出発する東北・上越線の列車はすべて止まってしまった。警視庁は一四〇〇人の機動隊を出動させ、松崎ら六人の組合幹部を逮捕、警視庁の留置場に放り込んだ。

松崎たち六人は取り調べに対し、黙秘で通すことを誓い合い、留置場の中で、朝は声を合わせて動労の組合歌を歌った。看守に文句を付けられても、誰かが歌い始めると、それに続いてみんなが声を合わせた。「俺は最後まで権力に反抗する。にやけた裁判長の野郎や（略）検事、その背後にあるブルジョアジーと徹底的に闘う。それ以外に道のないプロレタリアは、激しい弾圧に抗して闘う。あたりまえのことだ」（松崎明「機関車文学」第一七号）。

国鉄当局は「解雇通知」を留置場まで持参し、松崎に手渡した。同三十日夕、処分保留で釈放されたが、松崎は「機関助士」という国鉄職員の身分を失い、動労の専従役員となった。

この闘争での処分者は解雇一二人を含む五四三人に達した。尾久機関区は田端機関区に統合され、抵抗した動労もこれに合わせて新たに田端支部が発足する。松崎は一九六四年三月、田端支部書記長となった。

国鉄の賃金改定は長い間、まず賃上げの原資を決め、それを個々の職員にどう配分するか、という二段階で行われていた。六四年の春闘ではこの配分交渉をめぐって激しい議論が起きた。

動労内の主流派は「同志会」と呼ばれる組織を結成、執行部内でも多数派を占め、組合運営の主導権を握った。この同志会を率いたのが後の動労委員長、目黒今朝次郎《めぐろけさじろう》だった。同志会は賃上げ原資の配分をめぐって、運転労働にふさわしい「職種別個別賃金」を主張した。機関車乗務員の賃金は、国鉄内のさまざまな労働の内容と比べて、質と量が違うので当然、優位でなければならない、という主張である。

二十八歳になった松崎は、この同志会の配分論は「階級的に賃金をとらえる視点が欠落しており、現実にあわない机上の論議だ」と真っ向から批判した。松崎を支持する勢力は、このエリート臭が強い同志会に対抗するため、同年八月、「政策研究会」（政研）を立ち上げ、松崎はその事務局長に就任する。政研派は当初、松崎周辺の青年部を中心とする少数派閥だったが、同志会と政研の対立の中で、松崎は政研の中心的な論客として議論をリードし、政研内に強い影響力を発揮すると同時に、同志会側からも一目置かれる存在になっていた。

機労（動労の前身）発足時の初代委員長だった瀬戸敏夫は、出世して松崎たちの交渉相手である田端機関区の区長となっていた。瀬戸区長は新庁舎に組合の掲示板を作ることを禁じた。松崎ら動労田端支部は、四階建ての全階の見やすい場所の壁にどんどんビラなどを掲示した。「掲示板がなければ庁舎の全部を掲示板として使用する」というのが松崎たちの闘争方針だった。壁中に貼られるビラに弱りはてた当局は、ついに全階に組合掲示板の設置を認めた。

ある日、東京鉄道管理局長が視察に訪れた。「掲示板以外のビラを剝がし、組合旗を降ろしてくれ」と現場管理者は命じた。国労はこれに応じたが、動労は断固拒否した。当局側は掲示板以外に貼られたビラを剝がした。松崎らは「剝がされたら三倍貼る」と通告、動労組合員たちは、区長室のドアの出口まで、管理局長が視察中にビラを貼った。支部の赤旗を降ろしたことは一度もない。ビラは約一万枚を全庁舎に貼った。最初は深夜、こっそりとだったが、この年の春闘以降は、全組合員が管理者の目の前でビラを貼れるようになった。管理者に剝がされたらただちに貼り直した。

松崎はこう断言する。

「重要なことは、どんなチッポケな闘いであろうとも、その闘いに参加することを通じて、組合員がプロレタリアートとして成長することである。ボス交渉は絶対に組合員をプロレタリアートとして成長させることはできない。（略）『結成の理念にかえれ！』と同志会の人々が言う。だがわれわれは結成当時の委員長が区長であったり、主要メンバーが助役であったりする事態を決して偶然だとは思わない。（略）プロレタリアートの解放をめざすわれわれは、改良主義を否定する立場に立つ。結成の理念を、運動が展開される具体的現状から切断して固定化する、あるいはあえて後退的視点に立とうとし、運動の歯車を逆転させようとする人々は、当然一度作られたブルジョア的法秩序にも従う必然性をもつ」（「労働者の科学」第五号、一九六五年七月発行）

松崎は黒田理論の純粋な実践者として、革命家の道を順調に歩んでいた。

〝鬼の動労〟松崎の大見得

一九六七年（昭和四十二年）は、動労にとって激動の始まりとなった。

国鉄は東海道新幹線が開通し、東京オリンピックが開催された一九六四年度から単年度赤字に陥っていた。十河信二《そごうしんじ》総裁時代の新幹線建設の推進は、国鉄財政の大きな負担となったのである。一六〇〇億円あったそれまでの繰り越し利益もあっという間に食いつぶし、六七年度には累積でも赤字に転落する。こうした事態に国鉄当局は同年三月、「五万人の合理化計画」を提案した。その〝目玉〟が「輸送方式の近代化」による一万三〇〇〇人の要員削減計画で、その中心は「機関助士の廃止」だった。

「機関士」に憧れて国鉄に入ったが、「機関助士」のまま解雇された松崎にとって、「機関助士の廃止」には特別の思いがあったに違いない。当時はまだ、動力車を運転するのに、蒸気機関車時代と同じように機関士と機関助士のふたりが乗務していた。当局は「ＥＬ（電気機関車）とＤＬ（ディーゼル機関車）に乗務する機関助士約七五〇〇人を翌一九六八年十月のダイヤ改正までに段階的に廃止する」という方針を打ち出した。動労にとって機関助士廃止は、組合員の大幅減少につながり、組織そのものが崩壊に追い込まれる恐れさえある。動労が正面切って持ち出した反対理由は「安全運転の確保」だった。

ダイヤ改正を控えた六八年年九月九日から三日間、動労は共闘体制を組む国労とともに強力な順法闘争（ストを禁じられている国鉄で、前出の細井宗一が編み出した事実上ストと同じ効果を生む戦術）

に入り、十二日には最長一二時間の時限ストに突入した。しかし、交渉に進展はなく、闘争は泥状態となった。国労、動労は同二十日始発から大規模なストを計画した。社会党の成田知巳《なりたともみ》書記長と総評の岩井章《いわいあきら》事務局長が事態収拾に乗り出し、スト突入寸前に「安全問題については別に設ける安全委員会に（調査を）依頼する」との調停案を出し、組合側はストを中止する。

この年の五月、田端支部書記長から動労関東地方評議会の事務局長に就任し、その行動範囲が関東一円に及ぶようになっていた松崎明は、「安全委員会の設置は誤りだ」とし、「合理化問題で労使の利害がまったく対立関係にあるときに、第三者機関の存在は果たして可能だろうか。それはまったくの幻想でしかない」と調停案を否定した。

一九六八年十月十八日、東大教授（医学・人間工学）の大島正光《おおしままさみつ》を委員長とした五人の委員が決まる。「EL・DL安全調査委員会」と呼ばれたこの委員会は翌年四月九日、「ひとり乗務に切り替えつつ、それを前提に種々の施策を実施すべきときにきている」との報告をまとめて解散した。当局はこの報告を受け、「六月から段階的にひとり乗務に移行する」と組合に通告する。松崎は「安全委員会の設置を認めた前年十月の協定を破棄し、五月末から六月一日にかけての短期決戦で決着をつける」ことを提案し、動労中央本部はこの方針を満場一致で決定する。

六九年五月二十五日から動労は「順法闘争」に入り、二十九日からダイヤの混乱が始まった。三十日にはついにストに突入した。ストは東北、常磐、上信越、中央、山陽、鹿児島の各本線と、その関連線区で膨大な列車の運行に影響を与え、三三二五本が運休した。動労本部では五月三十日から六月一日までの三日間で二六〇〇本の運休列車がでると予想していたが、初日だけでその数を上回り、列車への影響は中央本部の思惑をはるかに超えていた。

ところが中央本部は初日のストが終わると三十一日以降のスト中止指令を出したのである。松崎はこのスト中止指令は「中央本部幹部たちの裏切りである」と怒った。「中央本部の指導者は失格であり、全員辞職すべき」と詰め寄った。

このスト中止から一ヵ月後の同年七月二日、松崎は動労東京地本の書記長に就任する。闘争が激しさを増すたびに、松崎の政研派は勢力を拡大していった。同年秋、ひとり乗務闘争は最終局面を迎える。動労、国労は「完全共闘」を申し合わせ、十月三十一日から十一月一日にかけて全国の二一七拠点で十七時間の長時間決戦ストを構えた。スト突入の寸前、当局は「想定された助士廃止対象者（七五〇〇人）のうち約二五〇〇人を存続する」という譲歩案を示した。だが動労は「本線上を走る列車はすべてふたり乗務にするべきだ」と主張して交渉は進展せず、三十一日始発から全国二七ヵ所の拠点で次々とストに入った。こうした事態に国鉄当局は十一月一日午前三時、助士存続数を三五〇〇人にするという妥協案を示す。当局は大幅に譲歩したのである。動労・国労は午前八時半、スト中止を指令する。

二年半に及ぶ「EL・DL一人乗務反対闘争」はやっと終結した。しかし、「組織の命運をかけて闘った」動労には大きな後遺症が残った。一ヵ月後の十二月十三日、国鉄当局は公労法による処分を行った。動労、国労合わせて解雇者は六六人（うち動労三九人）、停職、減給、戒告などの処分者は計三万一二〇二人（うち動労二万一五八〇人）に達した。まさに〝死闘〟だった。

この大量処分で動労の解雇者の退職金や年金、停職者や減給者の昇給や賃金カット分の補塡などの犠牲者救済に必要な資金は四〇億円を越えた。動労は以後、組織をいかに維持していくかという問題に絶えず直面することになる。

＊　　　＊

「EL・DL一人乗務反対闘争」が続く最中の一九六九年五月に総裁に就任した磯崎叡《いそざきさとし》は、この争議で荒廃した国鉄現場の管理権を取り戻そうと、「生産性向上運動」（マル生《せい》）に乗り出す。松崎の動労は国労とともに、このマル生運動に反対して、大暴れする。若い組合員たちは「動力車労組」と書き入れた白ヘルメットを被り、駅構内だけでなく、職場や電車内までデモし、国労と一緒になってマル生反対運動を繰り広げた。さらに一九七五年（昭和五十年）十一月二十六日からの「スト権奪還闘争」では、国労と共闘し、全国の列車を八日間、完全にストップさせた。

動労組合員の激しい行動を、世間は〝鬼の動労〟と呼んだ。松崎は動労の組合員が繰り広げた闘争を「戦闘的・階級的労働運動」と表現する。「動労型労働運動」とも呼んだ。その中心にいたのが松崎だった。彼は自著『国鉄改革』（ぴいぷる社）でこう説明している。

「この動力車労組の闘いは原則論・一般論からすればどうにも理解できないはずです。抽象論・一般論の周りを巡って歩いている連中は、各論・具体論に突っ込まないし、自らの骨身を削らないし、自己犠牲的に具体的な現実と対決するという経験を持っていないのです。そういう情熱も理論も構築し得ない諸君からすれば、動力車労組の闘いは『理解に苦しむ』となるのは当然です」

「（それは）、日本労働運動そのものを科学的に理性的に分析し、かつそれを現実に適用するという方法をとっていないからです。理論が理論の領域で一人立ちする——すなわち建前論です。建前を建前として生きていく諸君にとっては、現実が見えないのです。現実つまり本音と建前を統一するための闘いが、この十数年における動力車労組の闘いでした。『動労型労働運動』と言い、『階級的・戦闘的労働運動』と言い、様々な言い方をしましたが、本音と建前の統一――正しいと皆が決めたことを守り、決めたことは実行するということです。簡単な話でありまして、それを動力車労組は選んだのです」

〝鬼の動労〟の松崎が労働運動の花道で大見得を切った瞬間である。

そしてこののち松崎は、動労のトップとして、あるいは革マル派の幹部として、国鉄分割・民営化に向かう嵐の中で、黒田寛一の革命戦略である「形勢不利なときには敵の組織に潜り込む」という「動労型労働運動」を展開することによって、松崎自身も動労組合員たちも生き残ることに成功したのである。

第三章

「労使ニアリー・イコール論」

——巨大企業を屈服させた最強の労働組合

にこやかに握手を交わすJR東日本初代社長の住田正二と松崎明
（1992年５月14日、当時丸の内にあったJR東日本本社で／朝日新聞）

「これからはストライキはやりません」

旧国鉄がJRに移行する直前の一九八七年（昭和六十二年）三月末、『鬼の挑んだ賭け——人間・松崎明』（弘済出版社）が出版される。松崎に関する最初の〝伝記本〟である。筆者は「21シンクタンク・未来派グループ編」となっており、このグループが松崎明《まつざきあきら》を取材し、執筆した形をとっている。「松崎明という人間を、その素顔を世間にちゃんと知ってもらおうと考え企画した」という。冒頭の「発刊にあたって」で同グループ代表、松石謙はこう書いている。

「われわれグループが取材していて感じたことは、〝松崎は絶対に嘘をつかない〟ということであり同時に、〝付き合ったらとにかく面白い〟という点であった。それは取材したどの人からも聞かされた言葉であり、この二つの言葉の中にこそ、人間松崎明の真髄が潜んでいる」

「彼は今、新たな労働運動の道を模索してあるいている。それは厳しい。だが王道の道である。（略）だがどう言おうと、行動しようと、（彼の〝コペ転〟を）偽装と願望している人には偽装となるのだろう。それはそれで良い」

松崎が嘘をつくか、つかないかはともかく、彼のシンパはもちろん、彼と対決した国鉄の労務関係者でも、松崎のことを親分肌で茶目っ気のある魅力的な人物だったという向きが多い。右のような巻頭言ではじまる同書は、「絶対嘘をつかない」人間・松崎を礼賛し彼の魅力をあますところなく紹介している。

四月中旬、この本の出版記念パーティーが都内のホテルで開かれる。二月に鉄道労連（全日本鉄道労働組合総連合会、後のJR総連）の会長に選ばれた鉄労組合長の志摩好達《しまよしたつ》も招かれた。会場のホテルの玄関に入ると、全員、一様に黒い背広を着た数人の男たちに取り囲まれた。

「何だ、お前たちは！」

と怒鳴ると、

「動労内部のシンクタンクの者だ」

という。革マル派の政治組織には「組織防衛隊」という特殊な〝部隊〟がおり、松崎の親衛隊的役割を担っていた。前述したように、革マル派による「本多延嘉《ほんだのぶよし》内ゲバ殺人事件」で中核派は、松崎を名指しで報復対象としていた。松崎を中核派の襲撃から守るため、彼の周辺には絶えず〝親衛隊〟がいた。「動労内部ではまだそんなことをやっているのか」と志摩がその一団に詰め寄っていると、騒ぎに気づいた松崎が飛んできた。

松崎は志摩の両手を取って「どうも今日はありがとうございます」と頭を下げる。強面《こわもて》の空気を一瞬にして柔和な雰囲気へ変えた身ごなしの早さに志摩は感服した。「せっかくですから、挨拶をしてくれませんか」と頼む松崎に「俺は今日は気分が悪い」と断った。その返事を予期していたように「お大事に。体が悪いのに出席いただいてすみません」とまた頭を下げた。

壇上に上がった松崎は声を張り上げた。

「これからはストライキはやりません。私はストライキをこれまでやりたい放題やってきた。ストライキはもう嫌ですから、これからはやりません。やらないことが正しい道なのです。これが国鉄改革なのです。皆さんの前でお誓いします」

たぶん、志摩を意識していたのだろう。「その変わり身の早さ、ああいうことを堂々と言える男、その場その場で人の気をそらさない男」と評する志摩は、松崎のそういうところに「うさん臭さ」を感じていた。

志摩は、国鉄が解体されJR各社が発足してから鉄道労連脱退騒動（後述）のころまでの経緯について、鉄労の事情に詳しい関係者に詳細に語っている。筆者はこの「聞き取り記録」を入手した。上記のみならず本章の志摩の証言はこの「記録」にもとづいたものである。

＊　　＊

松崎は、この出版パーティー直前の三月三日にJR東労組（東日本旅客鉄道労働組合、当時の略称は東鉄労だが八九年二月にJR東労組と改称）の委員長に就任したが、この時期、まだ動労の委員長でもあった。発足したばかりの鉄道労連は国鉄時代の組合の連合組織だったからである。「ストはやりません」と出版記念パーティーで宣言した松崎は、新会社発足後の労使関係をどう考えていたのか。前年暮れに開かれた動労中央委員会で松崎はこんな演説をしていた。

「労使協調なら必ず経営がうまくいくか。そんなことはありません。世界のどこをとったって、労使協調なら確実に成功するなんてナンセンスな話なんです。そもそも資本主義社会というのは激しい競争社会で、いかに生きのびるかという生き残り戦略なんです。その意味でサバイバル作戦であることは、たとえどんなに非難されようが、揶揄《やゆ》されようと、労働組合が生き残りの戦術を考えることはきわめて賢明なことだと私は考えております」

「私は労使協調という概念について検討を加える必要があると思います。私のいう労使協調とは、法律上、明らかである労使対等ということの別の表現です。労使対等とは、労使が各々に政策をもち、それぞれに力をもつことによって、はじめて労使対等でありうるでしょう。力のないものが労使協調たりうるはずがないのでありまして、労使協調とはその意味で、使用者側の方針に屈服することを意味しない。われわれの方針を具体的に提起することによってはじめて十分な協議が可能になりましょう」

前述の『鬼の挑んだ賭け』はこの松崎演説をこう解説している。

「この演説は、これまでの日本労働運動で使われてきた『労使協調』という言葉が、資本への労働側の屈服であったという事実を明らかにするものであった。動労のいう『労使協調』はそうではなく、労使対等の労使協力だといい切っている」

松崎はJR移行直前の動労臨時全国大会（一九八七年一月十六日）で「労使協調ではなく労使協力体制を新しいスローガンとして打ち出す」と宣言して、こう述べた。

「われわれは、屈服するつもりはないのです。労が（使に）屈服する関係に置かれては困るのです。対等でなければなりません。堂々と闘うのです。（略）『労使協調』という言葉は、今日以降は使わないつもりです。われわれ自身が創り上げる新しい概念として、『労使協力』ということを基本にして、これからも闘い抜いてまいりたいと考えます」

この「労使対等の協力」は、その後のJR東日本で現実のものとなる。JR東労組が会社の経営方針に介入し、設備投資などの予算編成や人事にも口を出すようになった、と言われるようになっていく。

八七年六月十日、松崎はJR東日本本社で、若手幹部を前に講演し、「御用組合を拒否し、『労使協調』ではなく『労使協力』の関係を目指す」ことを強調した。

「今後の労働運動に対して私たちは『労使協力』と言い続けてきた。従来の『労使協調』とは概念がまったく違う。『労使協調』という概念は、ともすれば会社側・当局側の言いなりになる労働組合、そこにおける使用者側との関係をいうわけだが、それは間違いだという立場である。労働者側は使用者側と立場を異にしているわけであって、どこが一致しているのか、異なるのか、はっきりさせなければならない。労使は多くの場合、対立する。そして場合によっては闘うものだということが前提である。われわれは御用組合にはならない。御用組合を軽蔑している」

国鉄の分割・民営化への過程では、「御用組合」と非難し続けた鉄労に膝を屈してすり寄り、当局の提案をすべて丸飲みにしてきた松崎は、JRが発足し、労働運動の主導権を手中に収めると、「組合は会社と対等であり、御用組合にはならない」と会社側の現場で働く若手社員の前で宣言し、かつての〝鬼の動労〟の本性を、再び覗かせはじめたのである。

住田社長・松田常務との〝蜜月〟

同時にこの講演で松崎は、初代社長の住田正二《すみたしょうじ》（元運輸省事務次官・二〇一七年十二月二十日死去、享年九十五）と「改革三人組」のひとりで、JR東日本会社の常務取締役に就任した松田昌士《まつだまさたけ》（のちに二代目社長）を褒めちぎる。これがその後の松崎明と住田社長、松田常務の三人の〝蜜月関係〟を若手幹部に印象付ける転機となった。

「松田常務とは、これまでいろいろ話をしてきました。松田常務は非常にフレッシュな民間マインドを持っていると私は評価しています。なぜかと言うと、まずかったことを、すぐに変えようとする姿勢を持っているからだ。論理的に正しければ、すべて普遍的にそれが妥当だと思っている方もいるが、世の中というのは論理どおりには動かないのです。だから間違ったと思ったら（松田常務のように）直せばいいのです。足りなかったと思ったらフォローすればよいのです。そういうことを最大限、今こそすべきだと私は思っている」

この発言は何を意味しているのか。「松田との間に相互信頼関係が生まれている」ことを強調したのだろうが、意地悪くみれば松田に「間違っている」と迫れば、「すぐに態度を変える」と言っているようにも聞こえてくる。

住田社長については「非常に偉い人だ」とこう述べた。

「この三月に社長に会ったとき、帰り際に『松崎さん、ちょっと見て下さい』と言って〝社長訓示〟の原稿をみせてくれました。『訓示はよくないですね、訓示は挨拶に』というと、住田社長はすぐにペンで書き換えた。その時、私は、ある意味で社長を見直しました。社長が『私は非常に評判の悪い男ですから』というから、『でも私よりいいんじゃないですか。どうせ評判の悪い者同士だからずけずけ言い合いましょう』と言ったのです。国鉄時代には総裁や局長にたびたび会ってきたが『こういう挨拶をしたいと思うが、意見はあるか』と聞かれたのはこのときが初めてでした。社長はこのとき、『風通しの良い会社にする』といった。官僚出身であろうと何であろうと、この社長は精神として民間マインドを強く意識している偉い人だと思いました」

住田社長は松崎明に何の警戒感も抱かず、最初から社員に対する挨拶原稿を見せ、彼の指摘によって書き直したというのである。「訓示」を「挨拶」に直しただけなら問題ないとしても、松崎の「労使対等論」に従えば、その内容にも手を加えたことが十分に推測できる。百戦錬磨の松崎は、若手幹部の前で会社中枢に対する自らの影響力を誇示したのである。

初代社長としてJR東日本を牽引することになった住田正二は、元運輸省（現・国交省）の事務次官で、第二臨調（土光敏夫《どこうとしお》会長）の国鉄分割・民営化に反対論の強かった運輸官僚たちを賛成の方向に主導した功労者である。中曽根首相も彼の功績を高く評価し、国鉄内外の予想に反して、JRの最大会社である東日本社長に据えた、と言われる。住田の妻は〝最後の相場師〟と呼ばれた山種証券の創業者、山崎種二《やまざきたねじ》の娘で、山崎は中曽根の有力な後援者だった。

運輸官僚としてはトップを極めた住田だが、現場の労働組合と真正面から対峙《たいじ》するのは初めての経験だった。相手となるJR東労組の委員長は、動労の方針を大転換して、中曽根の国鉄改革を成功に導いたもう片方の立役者の松崎明である。松崎は当時、「私は転向した」とさかんに世間に吹聴し、その本性を隠して自民党政権にも接近していた。

住田は、すでに運輸省を退官していた自分をJR最大の会社であるJR東日本社長に取り立ててくれた中曽根に恩義を感じてもいたのだろう、中曽根の決断で生まれたJRをかつての国鉄時代のような労使紛争の場としないためにも、対峙する組合のトップとなった松崎とはイザコザを起こさず、互いに協力し合って、立派な会社に育てようとしたとしてもなんの不思議もないかもしれない。

一方、常務取締役の松田は旧国鉄では珍しい北海道大学出身のキャリア職員。父親は北海道内を転々とするノンキャリアの〝国鉄マン〟だった。東大出身の井手《いで》正敬《まさたか》、葛西《かさい》敬之《よしゆき》と並ぶ「改革三人組」のひとりだが、東大出身者が幅を利かす旧国鉄時代には、運輸省など中央官庁に出向した期間が長く、自らを〝プランナー〟と称していた。民営化後は出身地であるJR北海道に行くことが希望だった。

しかし大方の予想に反して、国労や動労を相手にしてきた〝労務の専門家〟の井手正敬と葛西敬之は、それぞれJR西日本副社長とJR東海取締役と決まり、東京を離れる。「自分はJR北海道だ」と思い込んでいた〝プランナー〟の松田は、東京に残り、運輸省出向時代に上司として仕えたことのある住田社長のもとで、JR東日本の常務取締役として「労使対等」を主張する東労組委員長・松崎明と向き合うことになったのである。

改革三人組の処遇人事については中曽根—住田ラインの力が強く働いたと言われる。住田にとっては旧国鉄のエリートコースを走り続けた、やり手の井手、葛西を敬遠し、運輸省で部下として使ったことがあり気心も知れている松田がもっとも与《く》みしやすかったのだろう。JR東日本は発足当初から、住田社長—松田常務は一心同体だったといってもよい。

松崎と松田の出会いは一九七九年（昭和五十四年）六月まで遡る。松田は門司鉄道管理局の総務部長から職員局能力開発課長として国鉄本社に戻って来たばかりのころである。松崎は自著『鬼が撃つ』（TBSブリタニカ）で、二人の出会いをおよそこう記している。

動労東京地本委員長だった松崎がある日、本社七階にあった職員局に行くとものすごく愛想の悪い男が一人で座って、ポツンとして、こっちをジロッと醒めた目で見ている。その男が松田であることは後でわかった。しばらくして「内密に会いたい、一杯飲みたい」と旧知の職員局の職員を通じて松田から連絡があった。指定してきた店は、有楽町近くだというので、当然、銀座だと思って松崎は、書記長の福原福太郎《ふくはらふくたろう》と一緒にその店に出向いた。ところが松田はいっこうに現れない。店の人に聞くと同じ名前の店が築地にもあるという。築地の店に電話したら松田はそちらで待っていた。「店を間違えた」というと、松田は「そっちの店に行こう」とすぐに銀座の店に駆けつけてきた。そこから松田と松崎との交流が始まる。

松田に「職員局でひとりポツンとしていたのはどういうわけだ」と聞いたら、「自分を国労、動労の人に（職員局員は誰も）紹介してくれない。紹介してくれないのに挨拶することはないだろう。向こうから私に口をきいてくれたのは鉄労の人たちだけだった。だから私は鉄労の人達に恩義を感じているし、鉄労が好きだ」。これを聞いて松崎は「この男、いいな」と好感を持った。「並みの官僚というのは、そういうことは言わない。私が動労の親分であることは知っているわけだから『いやあ、遠くから見てまして』とか、そのぐらいのものである」。

松崎と松田は一九三六年（昭和十一年）生まれの同い年でもあった。意気投合したふたりは「お互いに嘘をいうのはよそう、ストレートに議論し合おう、率直に話し合おう、物事を隠し立てして、適当にうまくやるのはよそう」と話し合った。松崎は自分の前で「鉄労が好きです、鉄労に世話になりました」というからには「この男はたぶんつまらない嘘はつかない」と確信したという。

以上が、松崎が遺した松田と松崎との馴れ初めのエピソードであるが、ふたりの関係はほんとうのところはどうだったのだろうか。

本章の冒頭で登場した志摩好達（鉄労組合長）は、鉄道労連の運営をめぐりふたたび動労の本性をあらわしはじめた松崎の野望が、JRグループ全体の組合支配にあるのではないかとみて、動労・革マル排除に向けて動き出すことになる。志摩は、一九九三年（平成五年）に複数の政府関係者などに向けて私信を出し、JR発足直後の心境をこう訴えている。

「新生JRに真の民主的労働運動を根付かせるため、旧動労グループと袂《たもと》を分かつ決意をした私に対し、あらゆる支援を惜しまないと明言していたJR東日本の松田昌士が突然、豹変して松崎と手を握ったため、結果として挫折し、その責任を取って引退した」

JR東日本の社長となった住田のもとで、労務の当事者そのものになった松田が「あらゆる支援」を約束していた志摩を裏切り、松崎と「手を握った」という〝心境の変化〟はいったいなぜ訪れたのだろうか。

そして、JR発足前後に、松崎の周辺で陰惨な内ゲバ事件が続発する。

中核派の襲撃で幹部ふたりが重傷

一九八七年（昭和六十二年）二月二十三日朝、松崎明の腹心で動労副委員長、佐藤政雄《さとうまさお》が茨城県稲敷郡《いなしきぐん》桜ヶ丘の路上で出勤のためバス停に向かっている途中、待ち伏せしていたヘルメット姿の一団に襲われ、鉄パイプ、バールなどで殴打され、両手両足骨折など全治六ヵ月の重傷を負う。佐藤はJR発足後、JR東海労組の初代委員長に就任することが決まっていた。この事件について中核派はJRが発足した直後の同年五月四日付の機関紙「前進」で「わが革命軍、国鉄労働者の裏切り者、〝動労〟の副委員長、反革命革マル派大幹部・佐藤政雄に断固たる鉄槌を下し、重せん滅した」と犯行声明を出した。

さらに同三十日付の「前進」は佐藤について次のように記している。革マル派と〝全面戦争〟を展開している中核派の記述であることを割り引いても、事実関係はそう間違っていないだろう。

「二・二三戦闘で重せん滅した佐藤政雄は松崎に次ぐ動労本部副委員長であり、カクマル産別の最高幹部である。佐藤は動労内で松崎の〝信頼〟が最も厚く、松崎が委員長に就任した八五年夏の全国大会で、それまで長く本部にいた城石靖夫や小谷昌幸をさしおいて、交渉部長から一気に副委員長に昇格した。そして松崎の反革命的な〝右腕〟として、未曽有の裏切り、転向路線を推進してきた男である。松崎とコンビを組んで、動労全体を『分割民営化推進』のレールに乗せ、最も『熱心』に憎むべき裏切りと転向を働いてきた中心人物だからこそ、鉄道労連（JR総連）東労組委員長に就いた松崎に次いで、東海労組委員長に納まったのだ」

この事件だけでなく、この前後にも革マル派と中核派の内ゲバ事件は収まることなく続いていた。五月十八日には、細田智（動労拝島運転区支部委員長）が襲われ重傷を負う（中核派が犯行声明）。鉄道労連内の鉄労出身者の多くが動労出身者に対して不安を感じ、疑心暗鬼となっていた。そこで「動労の革マル疑惑」を確認しようという声が強まり、その皮切りとして同年六月初め、鉄労熊本地本が内ゲバ事件への対処など七項目の質問状を動労熊本地本に出した。このなかで「（動労が）革マル派でないことを明らかにするために、動労として革マル派と中核派を徹底的に批判する文書を公表する考えはないか」と動労の見解を求めた。だが、動労側はいっさいの回答を拒否、黙殺する。

熊本地本からこの報告を聞いた志摩好達は「革マル問題については答える必要がない、とわめくならこちらも問う必要はない」と激怒した。

同じころ開かれたJR東労組の盛岡地連大会（六月六日）では、委員長人事をめぐって鉄労側と動労側の調整がつかず、多数派を占めていた鉄労系組合員は「日程に無理がある」として大半が欠席した。これに対して松崎委員長は「地連大会に出席した組合員を代議員にする」と指示して大会を強行させ、鉄労系組合員が欠席する中で、動労出身者を委員長に選任するなど動労中心の地連役員人事を決めてしまった。この強引な地連大会の運営に鉄労側は「開催手続きが規約違反で大会決定は無効だ」と主張し、その最終判断は上部団体のJR東労組中央執行委員会に持ち込まれた。しかし、同委員会は「盛岡地連の決定に問題はない」と押し切ったのである。鉄労側は「強引で全体主義的な機関運営だ」と激しく反発した。

こうした動労に対する反発が志摩好達たちの鉄道労連脱退劇に繋がっていく。

志摩好達は、かつて国労大阪地本の支部専従書記長だったが、一九五七年（昭和三十二年）の国鉄新潟闘争をきっかけに生まれた新国労の結成に参画し、新国労が鉄労と名乗るようになってからも、その要職を二十年以上にわたって歴任、鉄労組合長まで上り詰めた「鉄労一筋」の人物である。

以下は前述した「志摩の聞き取り記録」の概略である。

志摩たち鉄道労連の鉄労系役員は、ＪＲ発足後の八七年五月二十一日に熱海でブロック長会議を開く。ＪＲ各社から会社別にひとりずつ出席した。この会議に先立ちブロック長たちはそれぞれの地域の専従者会議を開いて、彼らの意見を聞いていた。ブロック長たちからは「革マル派との関係をすっきりしなければ、組織はもたない。吸収されてしまう。さもなければこの際、一緒になるのは考え直すべきだ」という見直し論が相次いだ。とくに強硬だったのがＪＲ西労組委員長の大松益《おおまつます》生《お》だった。

この会議では、「鉄労系幹部の机の引き出しが全部抜かれていた」「電話を受けた女の子が全部メモしてどこかに報告している」「われわれはいつも監視されているようだ」といった動労系組合員の不審な動きがいくつも報告された。ブロック長会議では「革マル問題について動労側の明確な回答をもらおう」という結論となり、まず前述の熊本地本での質問状提出となった。だが動労側はこの質問状を無視し、回答はなかった。そこで志摩が直接、松崎に会って「動労と革マルとの関係」について聞き質すことになった。志摩はこう切り出した。

志摩好達（1987年７月撮影／朝日新聞）

「今さら革マルだからといって、お前のところと喧嘩《けんか》しようとは思っていない。だから俺の聞くことに正直に答えてほしい。俺とふたりきりの席で、内ゲバの真相や革マルとの関係を〝部外秘〟でしゃべってくれれば『しようがない。わかった。やっぱり統一に向けて動こう』ということになるはずだ」

志摩によると、政策課題や労働問題で松崎と衝突したことは一度もない。「衝突したのは革マル問題だけである」。志摩はこう詰め寄った。

「仮に革マルとの関係を断ったというのなら、革マルだと攻撃されて人が殺されているなかで、あなた方は犯行声明を出している中核派や革労協に『止めてくれ。労働組合としてそんなことをすべきでない』と正式に申し入れたり、声明を出したりなぜしないのか。あなた方の労働運動が批判されたら、すぐ裁判を起こしたり、抗議してきたではないか。人が殺されたり、重傷を受けたりしたときに、たとえ相手が極左であろうとも、俺たちはもう関係がないのだから止めてくれ、となぜ言えないのだ」

松崎はこう答えた。「俺たちは中核派や革労協にやられたとは認めていない。襲われたのは（国家権力など）何者かの犯行だ。（中核派に）そんなことはできない」

「そのことをあなた方がはっきりしない限り、一緒に組合運動を続けるのは無理だ」

「それならやむをえない」

これが志摩と松崎の最後の会話となった。

このやり取りには後日談がある。数日後、労働評論家・芦村庸介《よしむらようすけ》が志摩に「松崎氏と会ってどんな申し入れをしたのか」と聞いてきた。というのも松崎が芦村に「志摩から申し入れがあったが、あんなバカに説明したり、反論したりする必要はない。バカですよ、あの男は」と言ったというのである。「何があったんですか」と聞く評論家にこう答えた。

志摩「お互いにこれから結婚しようというときに、相手の素性も知らないではいかんから、仲人を煩わせず、自分たちで話をしようやと言ったんだ。それだけのことや」

芦村「志摩さん、だけどな、ここまできて相手がバカだ、と言っていることに、ことさら触れることはないじゃないですか」

志摩「夫婦になってからは触れないけれど、夫婦になる前には触れなければならないこともある。夫婦になる前だから俺は聞いておきたいんだ。（松崎が）『お前は革マルだ、と志摩にいわれたけど、そうじゃない。にもかかわらず、志摩らはまだそう言う。そんなバカなことがあるもんか』というならまだしも人間として許せる。だけど鉄労が投げかけた公的な文書や問いかけに何も返答しないで、（陰で）バカだと罵り、第三者である評論家にそんなことを伝えている。非人間的なやくざにも劣るような男だ。この男とは一緒に仕事は出来ない」

志摩はそのとき、松崎ら動労系との訣別を決意した。

「松っちゃん、ええか」

同年六月末、志摩は鉄労の専従者たちを率いて韓国鉄道労組、台湾鉄道労組を訪問する。この旅行中に動労との決別について最終決断が迫られていた。韓国への出発前、鉄労三田会館の裏手にある料理屋に鉄労出身の役員を呼んで、「今後、情勢が変わらぬ限り、鉄道労連から脱退する」ことを伝えた。韓国から何度か国際電話を入れると、「JR東日本社内で志摩の言動が問題になっている」との情報があった。帰国した翌日、JR東日本常務の松田昌士が会いたがっているとの連絡があった。台湾に行った際、立ち寄った香港で買ってきたネクタイピンとカフスがセットになったお土産を用意した。

以下もまた「志摩の聞き取り記録」からの抜粋である。

六月二十七日午後、志摩は松田と浅草ビューホテルの一階奥にある喫茶店で会った。その日は土曜日だった。志摩はこのホテルから十分くらいの場所にあるマンションを借りていた。志摩はまずお土産を渡し、JR東日本の情勢を聞いた。松田はいろいろしゃべったが、「あまり新しい情報はなかった」。そして松田は、

「志摩さん、これからどうする」

と切り出した。前述したように、松田は「鉄労が好きだ」と松崎に漏らすほどの鉄労贔屓《びいき》であり、志摩を信用していた。志摩は答える。

「松ちゃん、ええか。俺がこれまで動労と組んできたのは、国鉄が民間会社になったら、鉄労の組織を増やしたかったからだ。民間会社になったら、絶対に鉄労の組織は増える、と考えていた。民間労働組合で、同盟（筆者注：全日本労働総同盟。左派の総評と対抗する中道派の組合のナショナルセンター、旧民社党の支持母体）系が主導権をもっていない組合はひとつもない。全部増えている。お役所だけが増えない。お役所には同盟系の組織はどこにもない。郵政、林野、国税しかり、同盟系はすべて第二組合だ。俺が鉄労という組合を継続させるために民営・分割を主張してきたのは君も

知ってのとおりだ。

ところが、昨日や今日、入ってきた動労に主導権を奪われ、黙っているわけにはいかない。バカだと罵倒されて、こんな奴らとパートナーを組んでやっていくわけにはいかない。JRが無事発足するまではと一緒にやってきたが、これからは違う。彼らと一緒に労働運動はやれないよ」

「それではどうするんだ」

「脱退する。鉄道労連を辞めてしまう」

志摩はそう言い切った。

「俺はどうすればいいんだ」と松田は聞いた。

「お前さんはJR東日本の経営者の中心なんだから、こんな問題に立ち入らないほうがいい」

「いや、そうはいかない。月曜日には支社長会議をやることになっているので、俺のほうからみんなに言おうか」

「いや、言うな。絶対に言うな。知らん顔しておけ。お前まで火の粉が飛ぶよ。それに俺は百パーセントうまくいくとは思っていない」

「なぜ?」と聞く松田に、志摩はこう答えた。

「だってJR西日本の井手正敬、東海の葛西敬之だって反対するだろう。いつの時代でも分裂をよしとする経営者はひとりもいない。これは国鉄だけでなく、古今東西みなそうだ。わかるだろう」

「いや、わからない。だけどあんたはやるんだろう」

「やる」

「それでは月曜日に住田社長に会ってくれ」

「社長とは会わない」

「いや、住田社長ならわかってくれるから、今のうちに動労の問題について提起しておいたほうがよい。ぜひとも会っておく必要があるよ」


志摩は「JR東日本の経営者を巻き込むと、JR西日本や東海の反発が倍になって返ってくる」という〝読み〟をしていた。「松田と一緒になってやったというだけで、おそらく東海の葛西は反対するだろう。松田と志摩が共謀したというだけで、西日本の井手も反対するだろう」。その反発を弱めるためにも松田とは、ここでは表向きには一緒にやらないほうが得策だと判断し、「松田は（陰で）必ず協力してくれる」と確信していた。松田はこのとき「わかった。そうしよう」と約束したという。


志摩は翌日午後、腹心の鈴木尚之《すずきなおゆき》（鉄労書記長）らふたりを連れて、大阪の井手正敬宅を訪ねた。

「実は松崎明の奴の専横が目立ち、ひどすぎる。俺たちは松崎と手を切るために動労との連合をやめ、鉄道労連を飛び出したい。松崎と組むのではなく、鉄産総連（旧国労主流派）と組みたい。井手さんも賛成してくれないか」

と訴えた。井手は志摩を説得した。

「志摩ちゃん、あなたは言い出したら聞かない人だが、あえて言っておく。今やらないほうがよい。JRが発足してまだ三ヵ月ではないか。松崎がおかしいことは私もわかっている。気持ちはわかるが、今出て行っては理屈が立たない。世論はだれも受け入れてはくれない」

志摩たちは帰京する途中、JR東海の葛西敬之を訪ね、同じように説明した。葛西はこう言ったという。

「鉄労名古屋地本の意向にもとづいてまず、〝外堀〟を埋めてくれ」

ＪＲ東海の本拠地、愛知県は当時、同盟系の組合が支持する民社党の〝牙城〟だった。葛西のいう〝外堀〟とはまず民社党の幹部の了解をとってほしいということだった。志摩はすぐに鉄労名古屋地本委員長の柴田秋雄《しばたあきお》を連れて、民社党の春日一幸《かすがいっこう》（顧問・当時）、塚本三郎《つかもとさぶろう》（委員長・当時）の自宅を訪ねた。「先生、鉄道労連を脱退したいのだが、私たちはとくにＪＲ東海の葛西さんの動きに注目している。葛西さんが（反対に）動かないように牽制してほしい」と頼んだ。柴田委員長は「葛西に言えば潰される」と脅えていた。

春日、塚本がどう対応したかは明らかではないが志摩たちの要望に応じて葛西に電話し、静観するように頼んでくれたのだろう。

松田昌士がいま語る〝本心〟

志摩はかつての宿敵、旧国労主流派の鉄産総連と連携する「ゆるやか協議会」を立ち上げ、ゆくゆくは統合したいと考えていた。これからは〝動労憎し〟と思っている組織があるなら、その人たちとゆるやかな協議会を作っていけば、「なんとか情勢は変わるのではないか」と期待していた。

ＪＲ発足三ヵ月後の七月一日、鉄労は中央執行委員会・全国代表者会議を開き、組織統一問題を協議した結果、「鉄道労連からの脱退」「鉄産総連とのゆるやか協議会の発足」の方針を確認した。

その日夕、鉄労と鉄産総連は合同執行委員会を開催、「ゆるやか協議会」の結成について合意し、両組合連名で「より良き明日を信じ、より良き明日を拓くための共同声明」を発表する。まさに電撃的な方向転換である。

しかし、翌二日に開かれた鉄労臨時拡大中央委員会は、この本部決定に対して賛否が真っ二つに分かれ、激しく対立する。五時間に及ぶ議論の末、かろうじて本部案が了承された。本部案を主導した志摩は「組合長見解」を配布した。「これ以上、鉄道労連における四組合（鉄労、動労、真労、全施労）が連合を続けることは、動労内に巣くう特定の過激派集団による支配を助長するだけであって、JRの発展と健全な労働運動を目指す組織統一を逆に阻害すると判断した」と述べ、その根拠として三項目をあげている。
①　五月十八日に発生した動労幹部に対する襲撃事件（拝島支部副委員長・細田智が襲われ重傷を負った事件）は中核派が犯行声明を出したため、従来からくすぶっていた「動労＝革マル」疑惑が再燃し、鉄労はこの事件に対し、三役レベルでの話し合いを申し入れたが、動労はこれを拒否した。
②　東鉄労（JR東労組）盛岡地連の役員人事と組織運営をめぐり、動労は強硬に鉄労出身役員を排除した。
③　東鉄労・松崎委員長は六月十日、JR東日本幹部セミナーの講演で、鉄労を「御用組合」呼ばわりし、鉄労出身幹部を名指しで非難した。
八七年七月三日に鉄労から脱退通告を受けた鉄道労連は「志摩などによる鉄労一部幹部による『鉄道労連脱退・鉄産総連との協議体結成』を糾弾し、志ある仲間は所期の目的に向けて前進する

ことを訴える」というアピールを出し、分裂は決定的という状況となった。

ところがその後、鉄労内部で本部方針に対する反発が強まる。動労側から強い働きかけ、切り崩しがあったのだろう。また、JR西日本の井手、東海の葛西など経営陣が自社組合の鉄労系役員に「分裂は時期尚早」と強く働きかけたこともあった。同十二日の鉄労中央執行委員会、同十五日の全国代表者会議では一転して二週間前の決議を撤回し、鉄道労連への復帰と、鉄産総連との「ゆるやか協議会」の解消を決定したのである。

こうして、鉄道労連分裂劇は幻に終わる。騒ぎは志摩好達の独走に振り回された形で、わずか二週間で頓挫する。七月十六日と十七日、鉄労は既定方針どおり「解散大会」を開き、八月三十一日に正式に解散する。「ゆるやか協議会」の初代会長の志摩は一連の騒動の責任をとって退任し、同時に労働運動の舞台からも去って行った。

動労側は右往左往する鉄労の騒ぎを、当時皇居の濠端を親ガモに従って子ガモが連なって歩くことで話題になったカルガモに譬《たと》えて、「カルガモ騒動」と揶揄した。こののち、松崎は、日本最大の公共交通機関であるJR東日本に築いたJR東労組によって、この会社のヒト、モノ、カネを掌中のものにしていく。

＊　　＊

志摩好達の誤算はどこにあったのか。

「発足したばかりのJRで、労働組合が再分裂するとなると、国鉄分割・民営化を推し進めてきた中曽根政権に傷がつく」と自民党筋からも横槍が入り、自民党運輸族もこうした動きに乗った、と志摩はいう。（運輸族の）小此木彦三郎《おこのぎひこさぶろう》代議士らを通じて中曽根首相の意向が伝えられると、当初は志摩の動きを「全面的に支援する」と言っていた松田昌士の動きは、完全にストップする。

「時期尚早だ」と懸命に志摩を説得したJR西日本副社長（当時）の井手正敬はこう証言する。

「松崎明という人間は、もともと謀略的な男だから、子分を使ってあること、ないことで敵対する人間を揺さぶり、相手を弱らせていく。その人間が組織にとって、たいへんな悪者であるとでっち上げ、みんなで集中的にやっつけるという手法で、対抗勢力を一人ひとりつぶしていって組織を侵食し、松崎の独裁組織に換骨奪胎《かんこつだったい》させることの名人だ。その戦略を知っていたから、志摩さんが焦っていることはわからなくはなかった。志摩さんが焦っていたことは事実だが、JR東日本の松田君が志摩さんを焚《た》きつけたことは間違いないと思う。僕が志摩さんから聞いた話や、そのほかに人に聞いた話を総合すると、松田君は絶対に応援するから松崎と手を切れと言ったんだ。

僕は志摩さんに時期が悪すぎる、手を切るにしても理屈が立たないじゃないか、と説得した。彼からもう一度、返事があると思っていたら、『ゆるやか協議会』を作ると世間に発表して、あれあれと思ったね。そうしたらJR西日本でも、志摩さんの子分だった森正暁《もりまさあき》君（後のJR西労組委員長）らも、西労組内の動労の連中と手を切ると騒ぎ出し、当時の委員長・大松益生らと大喧嘩になった。そうなれば、鉄労内部に分裂が起こり、結果的には動労側を利する。森君らを呼んで、あなた方はなぜ動労を利する行動をとろうとするのか、と説得しJR西日本は何とか収まった。志摩さんは急ぎすぎた。彼の性格からすれば、誰か強く背中を押した人がいなければ、あんな行動はとれなかったはずだ」

このころＪＲ西日本の井手正敬は、ＪＲ東日本に残った細谷英二（当時・総務部長）や内田重行（同・人事課長）、野宮一樹（同・勤労課長）らかつての同志である若手改革派に呼ばれて、東京で酒席をともにしたことがある。その席で彼らは「最近、松田さんの組合に対する姿勢がおかしい」とさかんに不満を述べた。「松田さんは革マルの松崎に魂を売ったのではないか」とも言った。井手はまさかそこまでとは思わず、「そんなことはないだろう。彼も一緒に国鉄改革をやってきた男だから」と松田を弁護した。しかし、後から考えると「松田は志摩たちの脱退劇を背後から支援していたと、松崎に知られて、相当にいじめられ、〝変心〟を迫られていた時期ではないか」と推測する。

「松田に裏切られた」という思いの志摩は、先の政府関係者らへの私信のなかで、

松田昌士（1999年３月／毎日新聞）

「松田は旧国鉄時代には『松崎は革マルだ。（葛西たち）職員局は革マルを甘やかしてけしからん』と言い続けていた。それが（ＪＲ東日本の労務担当になると）積極的に松崎と手を握り、松崎こそは理想のパートナーであり、ＪＲ東日本の労使関係こそ二十一世紀を先取りしたものであり、盤石である、と繰り返し公言している。一方で、ＪＲ東日本の実情を憂慮する人たちから批判を受けると『今の会社の姿勢は世を偽る仮の姿であり、松崎がいずれ定年で辞めた後は本心を行動に

移す』と言っているようだが、それこそ松崎に押さえ込まれていることを隠し、世を欺く詭弁以外のなにものでもない」

と強く批判している。

当時ＪＲ関係者に流布したのは、「松田は非公然部隊を持つ革マル派の松崎に脅かされて有和策に追い込まれたのだ」という見方だった。松田が志摩を裏切り、松崎と手を握った裏には何があったのか。今回、改めて筆者の取材に対し、松田はこうした見方をはっきりと否定し、彼の〝本心〟をこう語った。

「私はこのころ、松崎と酒を酌み交わしながら、彼の〝革マル疑惑〟について単刀直入に問い質《ただ》しました。松崎は『自分は今でも革マル派である』ことを私に率直に告白し、『そのことで住田社長や松田さんにはいっさい迷惑はかけない』と誓ったのです。私と松崎はその場で『ＪＲ東日本の発展のために労使が協力して頑張る』ことを固く約束しました。私はこのことを今まで他人にしゃべったことはありません。それがさまざまな憶測を生んだのでしょう。それ以来私は、松崎を全面的に信用したのです。松崎という人間には情があり、決断力のある男でした。私は松崎がたとえ革マル派であっても、信頼して同じ船に乗り込める男だと判断しました」

松田はＪＲ東日本発展のために「自らの意思で松崎と一緒の船に乗り込んだ」と言うのである。

松崎は以後、住田―松田体制に全面的に協力し、「松崎に裏切られたことは一度もなかった」と松田は振り返る。旧国鉄時代、松田が「動労の松崎」を強く批判したことを知る労務関係者の多くにとって「信じられない松田の変節」だった。

松田は松崎の死後、ひとりで埼玉県東松山市高坂にある彼の墓に詣で、花を供えたという。しかし、このふたりの〝密約〟を松田は口外しなかった。それが、松田の言うように、さまざまな憶測を生むことになったのだろうか。なかには、松田の孫が革マル派に誘拐され、高速道路の中央分離帯に放置されていた、という〝怪情報〟も流れた。もしそれが事実なら大騒ぎになっていたはずである。しかしこの情報を追っても、「いつ、どこで」という確認は取れない。

ただ、松田は、日経新聞に掲載された「私の履歴書」（二〇〇八年一一月二十九日付）で「国鉄時代、分割・民営化に向けて常に主力組合であった国鉄労働組合（国労）と真っ向から対峙した。私への風当たりはきつくなり、それは家族まで及んだ」として次のように書いている。

「当時住んでいた埼玉県与野の自宅ではプロパンガスの周辺に幾本ものマッチ棒がばらまかれていた。（略）ある時、同居している長女の息子が極度に水を怖がることを知った。理由を尋ねると、近隣のプールで指導員とおぼしき人物に無理やり顔を水に押し付けられたという。孫にまでの陰気ないじめにはさすがに慄然とした」

文脈からするとこれらの〝犯人〟がいるとすれば、国労の過激分子ということになるのだろうが、犯人も真相もいまだにわかっていない。

「さつき会」という〝金庫〟

志摩が飛び出した鉄道労連（八九年六月にJR総連と改称）は八七年八月三十、三十一日の第二回全国大会で動労、鉄労など旧労組の解散を確認する。さらに九月二十四日の動労全国拡大代表者会議で、動労は、中央執行委員会の解散と十月一日からJR各社別の労組（単一労組）の連合体としてスタートすることを決定した。新たな鉄道労連の委員長には杉山茂（元全施労）、書記長には福原福太郎（元動労）が選出される。

といってもこの鉄道労連という全国組織は、JR東労組という単一組合の委員長・松崎明が組織運営の実権を握り、松崎の腹心、福原がお目付け役として送り込まれ、杉山委員長は〝傀儡《かいらい》〟でしかなかった。重要な方針はJR東労組が先に決定し、鉄道労連がそれに追従する。松崎ら革マルグループが支配するJR東労組が、事実上、鉄道労連の上部団体的な役割を果たしていたのである。

*　　*

動労の解散と同時に発足したのが任意団体の「さつき会」である。

「さつき会」は「旧動労組合員の資格を有したもので組織する」と規定し、その目的は「旧動労の資産を継承し、管理する」となっている。旧動労の資産を管理し、その運用をコントロールする組織である。同時に、「旧動労組合員の福祉事業の充実を図る」ことを目的としており、旧動労組合員の互助組織としての役割も担うことになった。会長には松崎明が就任し、事務長にはJR東労組執行委員の小谷昌幸が就き、同会の三役、幹事とも全員が革マル派といわれる松崎の腹心で固められた。事務所は東京・五反田の「目黒さつき会館」内にある「財団法人日本鉄道福祉事業協会」（鉄福事業協会）におかれた。

「鉄福事業協会」はそれまでの労働省認可の「財団法人動力車福祉事業協会」が名称変更をしたもので、旧動労の資産プール団体である。「さつき会」の規約には同協会への「事業協力および意見具申」という項目も盛り込まれた。鉄福事業協会が、旧動労が行ってきた福祉事業の業務運営や資産管理をそっくり引き継ぐことになったのだが、同協会があくまで公益法人であるためそれをコントロールする機関として「さつき会」が存在するという〝仕組み〟が作られたと見てもよい。当時、同事業協会の流動資産は信託預金一三億円など総額二九億円、固定資産は土地、建物など一二億七〇〇〇万円で、計四一億七〇〇〇万円の資産がプールされていたという。動労の解散とともに、「動力車政治連盟」「社会党党員協」も解散したが、その残余資産もすべて「鉄福事業協会」に寄付された。松崎が「さつき会」の会長に就任したということは、巨額の資金が松崎の手に集中することを意味する。

「鉄福事業協会」は「目黒さつき会館」、「伊東さつき会館」という施設運営のほか「さつき商事株式会社」、「株式会社鉄道ファミリー」などという会社や「有限会社国鉄ビル管理互助協会」といった関連会社にも出資して、松崎直系の配下を送り込み、これらの会社を経営することになった。「さつき商事」は保険業務と物品販売が柱で、動労時代から組合員の動労手帳や退職者記念品、運転現場で使う靴などの諸物品を一手に国鉄に納入、販売しており、保険業務では「自動車保険」や「がん保険」などがあり、年間数千万円の収入があった。JR発足後、「さつき商事」がまず行ったのが「JR積立年金」の新設とJR各社の社員に対する加入の呼びかけだった。この積立年金は同年十月からスタートし、会員獲得に乗り出す。東邦生命が引き受け会社となり、その掛け金はJR各社が毎月の社員の給料から天引きするシステムだった。

「鉄道ファミリー」はそれまでの「勤労者印刷センター」を社名変更した会社で、事業目的に生命保険の募集業務を追加し、「さつき商事」が行ってきた「がん保険」業務をこちらに移管させた。

「国鉄ビル管理互助協会」はJR各社のビル清掃や管理がその業務である。

鉄福事業協会の基金および資産の運用については「事業協力および意見具申」という規定によってて、「さつき会」役員会の決定に従うことになる。

旧動労組合員の親睦会のような、私的な結社の色合いが濃い「さつき会」が差配する「鉄福事業協会」とその関連企業は、JR東日本を筆頭にJR各社に散らばった旧動労組合員たちの活動、たとえば「フラクション」作りの立ち上げ資金などに必要な〝軍資金〟を供給してきた集金装置だったと、のちに松崎から離反した元幹部たちが異口同音に証言することになる。やがてこの不可思議な仕組みが松崎の個人的な資産づくりや資産隠しに使われたのではないかとみた警視庁が一斉捜査に踏み込むのは、十八年後の二〇〇五年十二月のことである。

内ゲバ殺人に労使共催の合同葬

動労が解散して半年後の一九八八年（昭和六十三年）三月三日未明、群馬県渋川市石原町でJR東労組高崎地本委員長・松下勝《まつしたまさる》の自宅に十数人のヘルメット姿の男たちが押し入り、松下は鉄パイプやバールでメッタ打ちにされ死亡する。

旧動労内では、松下は松崎明の後継者と目されていた。その松下をJR東労組の中央本部に残さず高崎地本委員長に据えたのは、国鉄分割・民営化を推し進めた中曽根元首相の地元であり、松崎は〝JR生みの親〟である中曽根に配慮して、地元出身の松下を高崎に配置したとも言われていた。

中核派機関紙「前進」（三月二十一日付）は松下殺害についてこう報じた。

「三月三日午前三時十五分、わが革命軍は、群馬県渋川市内で、カクマル最高幹部、東鉄労高崎地本委員長の松下勝を完全せん滅した。松下は、カクマル副議長松崎の右腕として、カクマルの反革命路線の純化とともに頭角をあらわした許すことのできないファシスト分子である。松崎は、ことあるごとに『高崎を見習え』と反革命的な国労つぶしの推進を呼びかけてきた。松下の反革命的大罪は、百度せん滅しても足りないほどである。われわれは（革マル派による）本多延嘉革共同書記長虐殺の三・一四反革命への復しゅう戦として松下せん滅を勝ちとった。松下せん滅の報はすべての労働者人民に歓呼の声をもって迎えられ、『次は松崎だ』の声が大きくまき起こりはじめている」

中核派は改めて「次は松崎だ」と名指ししたのである。

前年二月には後に〝松崎の金庫番〟と呼ばれる佐藤政雄が中核派に襲われて瀕死の重傷を負い、続いて、〝後継者〟と目されていた松下勝が殺害されて、さすがの松崎も動揺を隠し切れなかった。

〝松崎ウォッチャー〟の宗形明《むなかたあきら》は当時、地元の高崎でひっそりと行われた松下の密葬に参列したときのことが忘れられないという。

「高崎の葬儀で、松崎は人目もはばからず獣の咆哮のような声を上げて泣き叫んでいました。その姿を目の当たりにして驚いたことをいまでもはっきりと覚えています。あんなに感情をあらわにした松崎は後にも先にも見たことはありません」

JR東日本内でも「次は誰がやられるのか」という話題で持ち切りになった。しかし、松崎たちJR東労組の幹部たちは、中核派による内ゲバ殺人であることを認めず「国鉄改革に反対する何者かの犯行」と一貫して主張する。しかし、社内や組合組織内の動揺を抑えるための対策が必要だった。その具体策が会社側と一体となった内ゲバ被害者に対する激励会やカンパへの協力要請である。

第一弾が「佐藤政雄の戦線復帰を祝う会」だった。「さあ跳べ！佐藤政雄、東海へ、JRへ」という呼びかけで三月五日の夕刻、東京・霞が関の東海大学校友会館で開かれた「戦線復帰を祝う会」には、鉄道労連傘下の七つのJR各労組の執行委員長はもちろん、JR各社の社長クラスまでがずらりと名前を連ねる異常なものだった。前述したように佐藤政雄は、ケガからの復帰後、JR東海労組委員長に就任することになっていた。

この「祝う会」に続いて四月十日には、高崎市中央体育館でJR東日本とJR東労組の合同葬として松下勝の告別式が行われた。会社側からも住田正二社長、松田昌士常務以下会社幹部が多数出席、住田社長が弔辞を読んだのである。組合の支部や分会には弔電と代表者の参列が義務付けられ、参列者は三〇〇〇人を超えた。

松下の死は中核派が犯行声明を出し、治安当局も〝内ゲバ殺人〟であると断定していた。だが、住田社長は「内ゲバ」を否定する談話を事件発生当日に発表、葬儀は住田社長が東労組幹部と肩を並べて発起人となり、JR各社からの弔慰金を募った。

この葬儀にはJR東労組から葬儀費用として一二〇〇万円が支払われたほか、鉄道労連からも一八〇〇万円が支払われたという。さらにJR東日本会社からも葬儀費用として多額の公金が支出された。さらに会社側と東労組は連名で、松下の娘の海外留学の費用提供の名目で「遺族育英資金」のカンパを募った。部長クラスは一万円、課長クラス五〇〇〇円、現場長クラス三〇〇〇円、一般社員は五〇〇円以上。カンパ要請は松下の所属するJR東日本だけでなく、北海道から九州までのJR各社に及び、カンパ総額は一億円に達したと言われている。

それだけではない。松崎はJR東労組高崎地本の庭に松下勝の「慰霊碑」を建立した。縦九〇センチ、横二四〇センチという石碑は、わざわざスウェーデンから取り寄せた「赤御影石」で、松崎直筆の「鎮魂」の文字が刻まれている。松崎は松下を自分の後継者だと目をかけ可愛がっていた。松崎にしてみれば自分の力を誇示することによって、革マル派労働運動に殉じた松下の霊を慰めようとしたのだろう。

カンパ活動への取り組みの中心となったのが「さつき会」だった。「さつき会」規約には、組合専従者、負傷者、介護者などへの給与保障や見舞金、裁判費用への支出などは盛り込まれていたが、松下の死亡事件をきっかけに、その活動方針として①会員の死亡見舞金と傷病などに対する生活援助規定の新設 ②松下勝の遺族など〝事件被害者〟への救援資金活動、犠牲者救済制度、死亡見舞金制度、などが明記され、「さつき会」が事件被害者の互助組織の役割を担うことになったという。

〝内ゲバ被害者〟に対するJR東労組・松崎明委員長の「度を越えた」救済活動に対して「JR東

日本社員有志」（十一月二十六日付）という名前でこんな文書が社内にバラ撒かれた。

「今度の鉄道労連中央委員会で、内ゲバで殺された高崎の松下委員長へ二〇〇〇万円もの見舞金を出す、と決めるとのことです。冗談ではない。すでに松下氏へは見舞金もカンパも育英資金も払っているのですよ。そして銅像も建てた。組合員は非番、公休も働いて給料をもらっているのに、組合費がそんな内ゲバの救済に使われたら泣くに泣けません」

組合員の間でも内ゲバ被害者に対する救援活動への批判の声は強かった。しかし、それを公然と口にすることは会社や組合に対する批判と受けとられる。「声を上げる」にはこうした匿名の〝ビラ戦術〟しかなかったのだろう。

「新時代の労使関係で日本一の企業へ」

新会社発足から一年余が経った一九八八年（昭和六十三年）八月にはＪＲ東日本でのＪＲ東労組の組織率は七五パーセントを達成する。委員長として自信を持った松崎は組合と会社の共催で「力あわせ夢語る八・八大集会」を企画する。埼玉県・大宮の「大宮ソニックシティ」で八月八日に開催されたこの大集会は、松崎の要請で会社側も五〇〇万円を支出して労使共催の形をとり、約三二〇〇人が参加した。松崎はこの前後、経営陣にプレッシャーをかけるため「会社幹部でもダラ幹は排除する」と各地で講演をして回っており、開会挨拶で松崎は出席者に「途中退場は認めない」と釘を刺した。

来賓挨拶を終えた住田社長も最後まで会場に残り、松崎の講演を聞くことになる。松崎はこの日の講演で住田社長を目の前にしながら「労使関係はニアリー・イコールであり、一企業一労働組合があるべき姿である」と強調する。松崎のいう〝ニアリー・イコール〟は、彼の持論である「労使対等」の別の表現でもあった。松崎の講演の発言から引く。

> 労使関係にかかわる諸問題を各論において論じ、具体的に克服するということは、いま焦眉の課題になっている。（略）何て呼ぶのか知りませんけれども、イコール（＝）を書いて上下にちょんちょんとする（≒）。われわれの場合は「近似値」と言っていました。労使関係を「＝」で論ずる場面があっていい。しかし、立場が違うから、最初から最後まで「＝」印じゃないんです。じゃあ、立場が違うから、対立印でいいかというと、そうじゃないわけです。近似値、ニアリー・イコール、これでいいのかもしれない。（略）基本的に労働組合と会社というのは、成果配分を基礎にする限り対立的な側面があっていい。（略）同時に労使双方が共通項を見出すためのイコールにもっていくための努力を不断におこなうという側面がなければならない。
>
> 一企業一労働組合というありうべき姿は、そのような労使の最大の努力によって生まれるものであって簡単につくりだせるものではないと思います。「慎重に」などという言い方によって事実上さぼっているようなことでは、一企業一労働組合と、この会社の日本一の企業への道は閉ざされてしまうでしょう。（略）成果配分においても他の（企業の）皆さん方に負けないようなところまでいち早く追いついていく必要があります。そのためには生産性を上げることは前提であるけれども、同時に労使関係の安定的な発展ということがない限り、それは不可能であります。労使関係の安定的発展の鍵は実は職場にあるんです。職場で話し合いをしない、させないという、こういう経営陣

は労働組合を信用していないということです。信用しないで労使対等などということはありうるはずはない。

そして松崎は「新時代の労使関係」として「労使協議制」を提唱する。「労使協議制」での討議事項として、彼は具体的にこんな項目を例示した。

①経営的事項（経営方針、生産合理化方針、経理状況、会社施設の新設・統合など）
②生産的事項（生産計画、設備計画、新機械の導入・設置など）
③人事的事項（教育・訓練計画、採用、配置基準、人事異動基準、評価、評定と基準、配置転換など）
④労働条件事項（賃金、労働時間、休日・休暇、定年制などの基準案）

この大会には組合員だけでなく、住田社長以下経営陣の多くが参加していることを松崎は十分に意識していた。松崎はさらにこのように述べた。

「人事権も協議の対象となるのです。それは管理運営事項だなんて冷たくするようなことはないでしょうね。これらの事項を経営協議会で説明した、それで終わり、というのではなく労使で協議するのです。協議してもし労使不一致の場合は、最初から計画を練り直し、労使双方が合意を得られるような形にして再提案されるべきです」

「経営方針の決定」「人事権」「設備投資や価格などの決定権」は会社経営の基本であり、経営者が責任をもって決定する事項である。そこに経営責任が問われない組合の介入を許せば、「経営権の放棄」と言われても仕方がない。松崎は組合と会社は「ニアリー・イコール」という論理で、会社経営への容喙《ようかい》を宣言したのである。

住田社長は午後の予定が詰まっていたにもかかわらず、退席せずに松崎の話に耳を傾けていた。松崎はその著『鬼が撃つ』にこの日の状況をこう書いている。

「壇上から（略）具体例を突きつけながら、『そうですね、社長』と問いかけると、社長はいちいちうなずいて聞き入れてくれた。『約束してもらえますか』と迫ると真剣な表情で首をたてに振り、引き受けてくれた。社長が三二〇〇人の面前で約束してくれた（略）。労使一緒に改革を進めようとの前提でいわばインスタント交渉が成立したのである」

住田社長は三〇〇〇人を超す組合員の前で松崎の提案を了承、松崎の手の平に乗ってしまったのである。これがその後の会社経営に大きな〝影〟を投げかけることになる。松崎は、こう言い切っている。

「『労使は対等だ』という自覚を労使双方が持って、お互いに信頼し合う土壌を確立することだ。私は労使の関係を『ニアリィイコール論』で定式化したいと考えていた（略）『ニアリィイコール』とは、労使対等を法律上や言葉上のものにするのではなく、実態面でそれを貫き通すために労働組合はやはり闘うという意志をはっきり持つ、つまり対立を前提において、イコールの面を拡大していくということだ」

＊　　＊

この集会での松崎の提言を受けてJR東日本ではその後、「労使対等」「ニアリー・イコール」の「労使協議制」を通じて物事が決まる体制が築かれていった。住田社長はこうした新たな経営体制をどう考えていたのか。住田は以下のように新しい組合との協議方式を絶賛している。

「ＪＲになってからは、組合も国鉄時代とは大きく変わったはずだ。それが旧動労とか旧鉄労とかいうように、今、亡霊のようによみがえってきている。時代錯誤のように思える。ＪＲ東日本としては、このような亡霊に惑わされることなく、常に前向きに安定した労使関係の構築に努めてきているし、また、今後も問題が起きれば徹底的に話し合い、相互理解を深めていく。ＪＲ東日本の労使関係はこれまでも今後も、まったく変わるところはないのである。ＪＲ東日本では毎月一回、経営協議会を開き、労使間の意思疎通を図っている。協議会は本社の段階と支社の段階とに分かれ、本社では、経営サイドからは、社長以下の役員（略）、労組側からは松崎明委員長以下の役員が出て、議論を交わしている。むろん、非公式の意見交換も随時、実施している。

いうまでもなく近代的な労使関係は、労使対等でなければならない。御用組合のような労使関係は近代的な労使関係ではない。一時的に平穏であっても長続きはしない。ＪＲ東日本の経営協議会は、この近代的な労使関係を具体的に表現する場である。協議会では、経営に関するいろいろな問題について議論するが、経営についての独立機関ではないから、結論を出すことはない。しかし徹底した議論を通じて、労使間の意思疎通を図り、経営側の方針の理解を深めてもらうものである。（略）商法においては資本と経営の分離がはかられているため、ややもすると経営が独善的な行動に陥るおそれがある。このような場合の労働組合のチェック機能を軽視することは誤りである。（略）労使がとことんまで話し合う今の労使関係は、健全経営を支える上において、欠くことのできない要件である」（住田正二『鉄路《レール》に夢をのせて』東洋経済新報社）。

こうした「ふつうの企業」では考えられない新しい労使関係がはじまったＪＲ東日本だったが、

内ゲバによる犠牲者は止まることはなかった。松下勝・高崎地本委員長の虐殺に追い打ちをかけるように、一九八九年（平成元年）十二月二日にはJR総連（同年六月一日、鉄道労連の略称を変更）総務部長の田中豊徳《たなかとよのり》が革労協に襲撃されて死亡する。

頻発する死亡事件に同十二日に開かれた参院運輸委員会で警察庁の伊達興治《だておきはる》公安三課長は、「田中殺害については極左暴力集団、革労協狭間派が記者会見し犯行を認めている。実行部隊は秘密部隊であり、痕跡を残さないように犯行を行っている。実行部隊は現場の事前調査を行うなど、周到な計画を練っている」

と述べた。国会という場でJRがらみの内ゲバ問題が登場した最初の場面だった。

田中殺害事件についてもJR総連は「犠牲者救済の適用」を承認し、葬祭料五〇万円、見舞金として賃金日額の一七〇〇日分に当たる二六一三万円の支給を決定。「この襲撃事件はJR東労組、さらにJR総連に対する挑戦である。田中氏はJR総連総務部長の役職であるがゆえに虐殺されたものと判断する」との声明を出した

JR総連の犠牲者救済規則には「組合活動中及び専従職員が通勤途上で犠牲を被った場合に支給する」と明記されている。「ふつうの組合」の役員なら通勤途上に交通事故などで死亡するケースはあっても、〝内ゲバ〟で殺害されることはまずあり得ない。田中豊徳は組合活動中でなかったばかりか、自宅近くの路上で〝内ゲバ〟によって殺されたのである。一九九〇年（平成二年）一月二十七日、JR総連と東労組による田中豊徳合同葬が日比谷公会堂で盛大に行われ、JR各社やJR総連傘下の組合員などから一八〇〇人が参列した。また田中の子供たちへの育英資金として組合員にカンパを求め、一二〇〇万円が集められた。さらに革マルグループが中心になって「目黒さつき

会館」の庭に「田中豊徳の鎮魂の碑」が建てられた。

政界工作三億円のバラ撒き計画

田中豊徳が殺害された一年前の一九八八年十二月十一日付産経新聞は、鉄道労連（JR総連）の不祥事をスクープする。一面トップで「鉄道労連が三億円　有力政治家などに照準」「鉄道共済年金　有利な改正案求め献金計画」と大見出しを掲げこう報じた。

「JRの単産の一つ、全日本鉄道労働組合総連合会（鉄道労連、杉山茂委員長）が、鉄道共済年金（旧国鉄共済年金）の改訂で有利な取りまとめを図ろうと、関係国会議員らに、政治資金規正法の規定を上回る献金を計画していることが、十日、複数の関係者の証言で明らかになった。献金のための資金源として、組合員一人について二千円のカンパが求められており、一部労組は十四日に支給される期末手当からとりあえず半額を徴収する予定でいる。政治献金によって法改正を有利に勝ちとろうとすることには、以前から批判が強く、鉄道労連内部からも『これはリクルート疑惑と同じ構図。贈収賄にあたらないのか』といった声があがり始めている」

この年の夏、急成長を遂げる「リクルート」の創業者・江副浩正《えぞえひろまさ》が、関連企業のひとつリクルートコスモス社の未公開株を、中曽根前首相、安倍晋太郎《あべしんたろう》自民党幹事長（安倍晋三首相の父親）、宮澤《みやざわ》喜一《きいち》蔵相の各秘書など、政官業のキーパーソンにバラ撒いたことが次々と発覚。やがて、平成初の大疑獄事件に発展する。そのリクルート事件と同じ構図ではないかとの指摘である。

同紙によると、この提案は十一月に開かれた鉄道労連の組織・財政委員会などの席で、最高幹部が再三にわたって行った。提案の内容は共産党を除く五政党に対して各一〇〇〇万円ずつ五〇〇〇万円を献金。さらに元厚相、元運輸相を含む影響力のある政治家三〇人に対して、一人五〇〇万円、計一億五〇〇〇万円を献金しようというもの。この他に、翌年行われる参院選に向けて、協力が得られそうな候補者に五〇〇〇万円、さらにマスコミ対策として五〇〇〇万円をバラ撒くなど、合わせて三億円を政治工作に向けるとの方針が示されたという。

これらの資金の手当ては鉄道労連本部が五〇〇〇万円を拠出、JR各社の鉄道労連系単組が組合員から一人二〇〇〇円のカンパを行い、一億一〇〇〇万円を集める。さらに旧動労系の「さつき会」と旧鉄労系の「友愛会議」にそれぞれ一億二〇〇〇万円の支出を求め、予定支出額を大幅に上回る総計四億円の資金を確保するという考えが示された。鉄道労連の組合員は約一四万人(当時)。政治資金規正法では、組合員一〇万人から一五万人未満の労働団体については、年間三〇〇〇万円以上の献金を禁じており、これが実行されれば明らかに同法違反であり、「政治献金とはいえ現金を渡して法律の変更を求めたとすれば、贈収賄に発展しかねない」(同紙)。

この背景には、旧国鉄の分割・民営化による職員数の減少に伴って、鉄道共済年金の財政が悪化し、二年後以降には年間三〇〇〇億円の赤字が予想されることにあった。この支援策として大蔵、運輸、厚生三省は共済年金の給付額の一割カットを条件に、厚生年金などから年間一〇〇〇億円以上の財政援助をする方針が打ち出されていた。「だがこの支援案には厚生年金組合や民間労組、総評などの反発が強く、国家公務員等共済組合法改正案が国会を通るかどうか、難しい状況だった。そこで政治献金でこの改正を勝ち取ろうというのが狙いだった」と産経新聞は解説している。

JR東労組では、組合員のカンパを決定、この年の期末手当から一〇〇〇〇円、来夏の夏季手当から一〇〇〇〇円を徴収することにし、すでに動きはじめていた。しかしこの献金計画がスッパ抜かれると、鉄道労連内は大騒ぎとなり、労連を牛耳る旧動労革マルグループは一夜にして態度を豹変する。「この報道はJRと鉄道労連の発展を妬むものが捏造した」として、産経報道の翌日、各単組委員長あてに「産経新聞による誹謗中傷記事に対する見解」を発表する。

同時に産経新聞社に対し、内容証明付き郵便で「記事は事実誤認、中傷誹謗であり、鉄道労連に対し謝罪し、訂正記事を掲載するよう」抗議した。その後、繰り返される鉄道労連や松崎明に対する批判を封じるための徹底した抗議作戦の始まりだったと言えよう。鉄道労連内部には「産経新聞調査委員会」が設置され、情報を提供した犯人捜しのため関係者からの事情聴取が始まった。

「地下密室」での査問

この政治献金計画は産経新聞の誤報だったのか。

鉄道労連内で産経記事の〝ネタ元〟と疑われ、徹底的な査問を受け、追放されたのが当時の中央執行委員で政治部長の勝又康之（鉄労出身）である。彼は後にこの前後の出来事を「手記」に書き残した。以下は筆者が入手したその「手記」による献金問題の経緯である。

この政治献金計画は、重大な財政危機に陥っている鉄道共済年金を救済する一方策として、八八年十一月九日の全国委員長会議（加盟各単組の三役で構成）で書記長の福原福太郎（後の委員長）が提起したものだった。中央執行委員の勝又がこの計画を知らされたのは、全国委員長会議の翌日に開かれた専従者会議の席上である。福原は「鉄道共済年金の財政危機を救うための運動が必要だ」との認識では、委員長会議に出席した全員の意見は一致したが、組合員からの臨時徴収については「大松・西労組委員長と宮道・四国労組委員長から反対意見が出た」と説明した。勝又も「この計画には重大な問題点がある」と直感する。「明らかに政治資金規正法に違反する。法律を犯す計画はまずい」と異議を唱えた。しかし、福原書記長は「この計画は必ず完遂させる」と意気込んでいた。

十一月二十八日に開かれた第四回中央委員会では守屋正光中央執行委員（JR西労組企画部長）が「鉄道共済年金問題については同様の認識に立つが、どのような活動を展開し、それぞれの活動にいくらの財源が必要か明らかにしてほしい。具体的な論議を踏まえないと、組合員の前に持って帰れない。今の状況下で組合員に臨時徴収を求めるのは難しい。また、これらの金を政治工作に使うとなれば、リクルートと同様に鉄道労連が金権政治に巻き込まれる」と反対した。この発言に中央委員席や役員席の旧動労のメンバーたちは「何を寝ぼけたことをいうのか」「臨徴はやるんだ」「西日本労組は腰抜けか」などと罵声をあびせた。

「産経新聞調査委員会」に勝又康之は呼ばれて〝査問〟を受ける。勝又は「産経新聞に私は情報を提供していない。犯人捜しは抜本解決にはならず、法律に抵触する計画を見直し、組合員に真相を知らせるべきだ」と主張した。これをきっかけに「産経新聞に情報を流し、鉄道労連潰しを企んでいるのは、旧鉄労出身の高橋（弘）副委員長と勝又政治部長だ」という怪情報が鉄道労連内で飛び交うようになる。

＊　　　＊

鉄道労連（JR総連）の本部事務所は東京都品川区西五反田の「目黒さつき会館」内にあった。旧動労本部が置かれていた建物で、鉄道労連は「さつき会」からこの事務所を借用していた。この建物のすべての窓には鉄柵が取り付けられ、階段はきわめて手狭《てぜま》でかつ急勾配。ボタンひとつでシャッターの開閉が可能で、いかにも強固なこの建物は「新幹線の橋脚にも劣らぬ量の鉄筋とコンクリートがふんだんに使われており、チャチな爆発物を仕掛けられてもビクともしない構造」（勝又康之）だった。長年、内ゲバを繰り返してきた中核派や革労協の攻撃に備えた造りになっていると言われ、松崎明もこの建物内で寝泊まりすることが多かった。

〝情報漏洩者〟と疑われた勝又は、この地下にある中執（中央執行委員会）会議室での専従者会議で、徹底的に吊るしあげられる。この会議室には窓はひとつもなく、完全に外界と遮断され、太陽の光を見ることもない「地下密室」であったという。専従者会議は週一回、この部屋で開かれることになっていたが、産経新聞の報道後は多いときは連日、それも早朝から深夜におよぶことも珍しくなかった。勝又に集中砲火をあびせてくるのは、友信会（旧鉄労出身者を除く鉄道労連役員の会）のメンバーだった。

「彼らは異口同音に金太郎飴のごとく反対意見は断固許さぬという凄まじい迫力であった。その集中攻撃ぶりは会議前日に発言内容と発言順をしめし合わせてリハーサルを済ませてきたのではないかと感じられるほど、強力であった。そして、ある者は机を叩き、ある者は顔面を紅潮させて大声で立ち上がったり、狂気の沙汰としか考えられなかった。また、言質を取られるのを警戒してか筆記することが禁止されたり、配られた資料が回収されることも度々であった」

「私は国鉄時代から鉄労の役員を経験していたので暴力やイヤがらせの修羅場もくぐり抜けてきた。動労や国労がマル生《セイ》反対闘争と称して荒れ狂った時も、私の職場であった津田沼車掌区の仲間たちは、彼らに殴る、蹴る、そしてタバコの火を顔に押しつけられてヤケドまでさせられた。（略）数々の暴力事件や集団威圧の洗礼を受けてきた私だったが、鉄道労連地下密室における吊るし上げの実態は、その当事者をして言語で表現できぬ迫力であった」

このような雰囲気の中で勝又は、再三、役員を辞任するよう迫られる。「進退を決めるのは大会代議員であり、どのような圧力をかけられても辞任はしない」と再三にわたる辞任要求を跳ね返し続けた。八九年二月十七日の専従者会議では、この年の十二月に〝内ゲバ〟で殺害される田中豊徳（総務部長）と伊藤勝（組織部長）を中心に、勝又への集中攻撃が続いた。伊藤は「加瀬を殺したのはお前だ」と勝又を殺人犯呼ばわりし、辞任を迫った。「加瀬」とは水戸地本組織部長の加瀬勝弘のことで、彼は直前の二月八日に中核派に襲われ、二日後に死亡していた。この事件についてはすでに中核派が犯行声明を出しており、〝査問〟を取り仕切る座長の福原書記長はさすがに「その発言を取り消すように命じた」という。

一九八九年の六月一日に開かれた定期大会で鉄道労連は略称を「ＪＲ総連」に変更する。この大会で勝又康之は中央執行委員（政治部長）を解任された。さらに、大会議長団三名、役員選挙委員会委員長、議事運営委員長など役員選挙に関わるほとんどのポストを旧動労出身者で固め、鉄労出身者は排除されていった。

解任された勝又は津田沼車掌区の職場に復帰し、「JR総連の異常な体質とその内幕」を記した親書を友人たちに送った。この文書が今度は「組織破壊活動」と決めつけられ「査問委員会」が設置された。勝又は八月一日、査問委員会に呼び出され「組合員権停止五年」という「統制処分」に処せられる。処分の通告書には「産経新聞に報道された政治献金計画は実在しなかった。JR総連大会の役員選出基準の変更には各単組の十分な合意があった」などと記されていた。「この通告書を手にして、体中に怒りを覚えるとともに、これがJR内最大労組のすることかと唖然とした」。勝又の統制違反処分の一ヵ月前にも旧鉄労出身の組合員三人が除名処分となり、一人が組合員権停止処分を受けている。この処分の査問委員会は「秘密会」で行われ、処分理由は「重大な犯罪行為」とだけしか公表されなかった。


勝又が統制違反に問われたのは「産経新聞に情報を流した犯罪人」と断定されたことだけではなかった。その背景には松崎の右腕であり後継者と見られていた故・松下勝に対する犠牲者救済金の適用問題があった。松下への救済金支給が議論された中央執行委員会で勝又は「犠牲者救済金を支給すべきではない。なぜなら松下氏は自宅で就寝中に襲われて死亡したものであって、組合活動中ではない。役員であるがゆえに適用することは慎むべきだ」と主張した。

内ゲバ事件での死亡は革マル派と対立する中核派、革労協との抗争の結果であって、組合活動とは無関係である。組合員から集めた金での救済は組合そのものが革マル派だと認めることになる。その意味で勝又は正論を言ったのである。この委員会には松崎は不在だったが、勝又の発言を通報した者がいたのだろう。直後に開かれたＪＲ東労組の中央委員会で松崎は「故・松下君の犠牲者救済資金の適用に反対を唱えたＪＲ総連の役員がいる。この役員はＪＲ東労組の所属であるが、私は断固としてこの役員を許さない」と公式の席で怒りを露わにしたという。「それが執拗な勝又排除につながった」と勝又は感じていた。

勝又によると、「動労系でない役員に対する監視も徹底的に行われていた」という。仕事を終えて組合事務所を出ると、どこからか尾行がつき、誰と会ったかなどをチェックしている。ある役員が喫茶店に入って満席だったのですぐに出てくると、入り口のところに動労系の役員が立っていた。「役員が役員の私生活まで監視する。これではまるで秘密警察まがいのことだ。正常な労働組合では考えられないことだ」。鉄労出身の役員排除が進み始めていた。

さらに疑問に思ったのは、「ＪＲ総連の上部機関として、松崎委員長が君臨するＪＲ東労組が存在している」という逆転した組織だったことである。ＪＲ総連にとってきわめて重大な方針をＪＲ東労組が先に決定し、ＪＲ総連がそれに追従する。

「たとえば東鉄労の組合名称をＪＲ東労組とすると、鉄道労連をＪＲ総連とする。鉄道共済年金問題でＪＲ東労組が組合員から臨時徴収を提起するとＪＲ総連がこれに続くといった具合である」

と勝又はその「手記」に書き残している。

〝首なし役員〟を再雇用

ＪＲが発足して二年が過ぎたころから松崎は、ＪＲ東日本の関連会社へ旧動労の〝首なし役員〟を再雇用するよう迫り始めた。〝首なし役員〟とは、動労が国鉄時代に何度も行った違法ストライキ、順法闘争、暴力行為などによって、国鉄当局から解雇処分を受けた者や、「組合専従期間は、最長五年以内」という規定に抵触したため、国鉄を自ら離職した者を指す。かつてマル生反対運動やスト権奪還ストなど過激な闘争を繰り返してきた動労は、組織人員が圧倒的に多かった国労を上回る解雇者、離職者を抱えていた。これらの者たちの賃金は当然、組合が負担せねばならず、動労にとっては大きな財政負担になっていた。旧動労の資産を「さつき会」という組織で継承したものの、百人規模の首なし役員の人件費の削減は、松崎明にとっては組織上、避けて通れぬ問題だった。

松崎たちは再三にわたって要求を繰り返してきたが、八九年四月、改めて関連事業の充実を名目に、首なし役員をＪＲ東日本の関連会社の役員に就任させるよう住田正二社長に申し入れた。「労使対等の協議」を約束した会社側は「組合の経営参加」という〝大義名分〟で、関連会社の役員に就任させることを組合側に提示し、住田社長自らがその説明に当たった。その第一号がＪＲ東労組中央執行役員の小室義信（旧動労出身）である。元釜石機関区出身の動労活動家だった小室は同年開かれたＪＲ東労組の定期大会を機に、中央執行委員を退任、ＪＲ東日本の関連会社である「盛岡ターミナルビル」の取締役に就任した。

常勤の役員に就任したのは小室一人だったが、この他に次の六名が以下のような関連会社（名称はいずれも当時）の非常勤顧問に就任する。

①柚木泰幸・ＪＲ東労組副委員長（ＪＲ東日本高架開発＝高架下の利用、使用権の管理と運用業務）②奈良剛吉・東労組副委員長（東日本レストラン＝関連飲食業の管理、運用業務）③竹内巧・東労組業務部長（東日本建設設計事務所＝建築物の調査、設計と管理、企画業務）④嶋田邦彦・東労組企画部長（京葉企画開発＝千葉県における所有地の管理、運営業務）⑤四茂野修・東労組政策調査部長（ＪＲ高崎商事＝群馬県における所有地の管理、運営業務）⑥今井久栄・東労組関連事業部長（トッキー株式会社＝新潟県におけるＪＲ東日本からの委託業務一切）。このほかに、中村辰夫・ＪＲ貨物労組教宣部長がＪＲ貨物の関連会社である「飯田橋紙流通センター」の正社員として採用された。

ＪＲ東日本は世間の批判を恐れてＪＲ東日本本体への採用は避けたものの、関連会社への採用という形をとって、解雇者の再雇用を行ったのである。小室義信と中村辰夫の常勤者二名以外は非常勤顧問の待遇だが、それぞれに月額三〇万円程度が支給されたという。

八人とも革マル派のメンバーだといわれていた。採用された会社はいずれもＪＲ東日本の経営戦略上、重要な役割をもつ一〇〇％出資の関連会社。松崎の狙いは金銭面の負担軽減はもちろんだが、革マル派の関連企業への〝潜り込み工作〟であることは明白だった。松崎はこの〝潜り込み役員〟によって、これらの拠点会社を掌握、自らの意志を反映できる体制を築き、これらの会社の社員によって組織される関連企業労組をＪＲ総連に取り込み、組織拡大を図ろうとしたのである。もうひとつの狙いは、これら首なし役員が配置された企業と取引関係を持つには事実上、革マルグループのチェックを受けなければ、何もできない体制を敷くことにあった、ともいえるだろう。

一九九一年（平成三年）一月にはＪＲ東日本の関連会社労組とＪＲ東労組あわせて三〇単組が結

集して「ＪＲ東日本労働組合連合会」（ＪＲ東日本労連）が結成される。会長には松崎明が就任、副会長にはＪＲ東日本高架開発の非常勤顧問となった柚木泰幸が配置され、トッキー株式会社の非常勤顧問となった今井久栄が事実上、事務局を切り回す事務局次長のポストに就いた。ＪＲ東労組委員長の松崎が、ＪＲ東日本の関連会社に対しても大きな影響力を発揮することができる体制が確立したのである。

「飯田橋紙流通センター」の正社員となった中村辰夫は四年後の一九九三年（平成五年）八月二十七日未明、埼玉県深谷市の自宅で就寝中に襲われて死亡、妻も全治三ヵ月の重傷を負った。国鉄時代から通算して一二件目の内ゲバ殺人事件だった。この事件では革労協が犯行声明を出した。中村は一九六五年（昭和四十年）に国鉄に採用されたが、八年後に懲戒処分を受け解雇、組合専従となり動労東京地本や動労本部の役員を務め、ＪＲ発足後はＪＲ貨物労組の書記、教宣部長を歴任する。事件当時は紙流通センターの係長だった。彼の密葬にはＪＲ総連の福原委員長以下、ＪＲ東労組、ＪＲ貨物労組の幹部役員が参列、本葬はＪＲ貨物労組の組合葬として行われた。

第四章　大分裂

写真右から、井手正敬、松田昌士、葛西敬之の「改革三人組」(1997年７月11日、「JR発足10周年の集い」で／交通ペンクラブ提供)

残された一〇四七人

国鉄がＪＲに移行する前年の一九八六年（昭和六十一年）、年度初めの国鉄職員数は約二七万七〇〇〇人。公的部門や民間企業などへ一万五〇〇〇人が転出し、希望退職者も当初の予定を上回る四万五〇〇〇人が出たが、ＪＲ発足と同時にスタートした国鉄清算事業団には再就職先が見つからなかった職員約七〇〇〇人が残った。

清算事業団は、採用未定者への教育訓練を実施し、順次、就職斡旋を行ってきたが、法律上、三年以内という期限が設けられており、一九九〇年（平成二年）三月末の期限切れを前に再就職できない者が一〇四七人残っていた。広域配転を拒否し、地元での再就職に拘った北海道や九州地区の職員で、そのほとんどが旧国労関係者だった。この一〇四七人は、いってみれば、最後の国労組合員の闘士たち、分割・民営化反対の示威行動として、再就職を拒絶している兵《つわもの》たちでもある。彼らは、期限切れと同時に自動的に解雇されることになる。

期限切れを前に運輸省（現・国土交通省）はＪＲ東日本、ＪＲ東海、ＪＲ西日本の三社を中心とした「広域追加採用案」を作成、再採用してほしいと繰り返し要請してきた。しかし、その効果はなく、同年一月、「これが最後のお願いだ」と三回目の要請をした。三社ともこれに応じ、追加採用の募集を行ったが、再就職希望者はほとんどいなかった。

ＪＲ西日本副社長・井手正敬《いでまさたか》に運輸事務次官の林淳司から「残された一、二ヵ月の間に組合を納得させ、この問題を解決するよい方法はないか」という電話があったのは二月初めのことである。林淳司は運輸省国鉄部長から臨調の国鉄再建監理委員会の事務局次長となり、井手ら国鉄改革三人組と一体となって分割・民営化を推進してきた〝同志〟でもある。井手はこう答えた。

「政府としてはひとりたりとも路頭に迷わせない、と約束してきたのだから、運輸大臣からこれが最後だと、さらにもう一度、JR各社にお願いしてみたらどうですか。そうすれば政府としては最後の最後まで努力したという姿が見えるし、これに各社がある程度応じれば、組合も少しは折れるのではないですか」

井手はこの後、国鉄時代からの旧知の仲である元国労中央執行委員で〝国労の軍師〟と呼ばれた細井宗一《ほそいそういち》に「未採用の一〇四七人のうち現実にどれくらいの再就職希望者がいるのだろうか」と電話した。「いまでも分割・民営化反対に拘っている元組合員は七〇〇人くらいいるが、本当に困っている人、人道上の見地からぜひ採用してほしいという人数は知れている。本当に困っているのは七〇人から八〇人だ」と細井はいう。「その人たちが全員、JR西日本を希望しても受け入れる余地は十分にある」と、井手は希望者全員を採用しようと決断した。

三月上旬、東京でのJR各社幹部の会合の席に林淳司から「君の進言どおり、もう一回、採用してくれるよう各社に要請するのでよろしく」と電話が入った。その会合にはJR東日本の松田昌士《まつだまさたけ》（副社長・当時）もJR東海の葛西敬之《かさいよしゆき》（同）も同席していた。ふたりに経緯を話すと葛西は「いいじゃないですか。東海も受け入れますよ」と即答する。JR東日本の松田は考え込んで返事はない。JR西日本と東海は即座に「無制限の採用」を表明した。

松田から「断固ダメです」という返事があったのは数日後だった。JR東日本の経営陣は「前回の採用要請のときにこれが最後だと言ったではないか。前言を翻し、再び最後のお願いだ、というのはあまりにも政治的な配慮である」と未採用者の受け入れを拒否したのである。

その背後には「この際、旧国労を徹底的に追い込もう、と考えていたJR東労組の松崎《まつざき》明《あきら》委員長らの強い圧力があったのだろう」と井手は推測する。

「運輸省や清算事業団は何度も『これでもう最後だ』といっておきながら、今度は政府の圧力で四度目の採用をやろうとした。国鉄改革の際、（出向や退職に応じて）大きな犠牲を払った（動労の）組合員の感情を考えるとOKできなかった」（一九九二年一月十九日付毎日新聞）というのが松崎の反対理由である。会社側の拒否理由と松崎の言動はみごとに一致していた。しかし、松崎の発言の裏には、職場に元国労組合員が再採用され旧国労系の勢力が拡大することへの危機感があったと見てもよい。


JR総連と東労組はJR東日本の「採用拒否」を支持し、受け入れを決めたJR西日本、JR東海と運輸省の態度を厳しく批判し始めた。九〇年三月二十三日に開かれた東労組中央執行委員会で松崎委員長は「運輸省の採用要請が通るなら東労組は会社と結んだ労使共同宣言を破棄しよう。ストもやろう。犠牲となった（内ゲバで殺された）田中（豊徳）君、加瀬（勝弘）君、松下（勝）君らに報いる道がそこにある。正義のためには孤立してもやむを得ない」と各単組に呼びかけた。

さらに同月二十九日に開催された東労組の臨時大会で松崎は「政治家の判断で決めたことで、私企業に対する政治介入だ。ここまで築きあげてきたJR東日本の労使関係を破壊しようとするような政治介入に対しては、スト権の行使を含む断固たる態度でこれを阻止する」と述べ、JR東労組はストを打つ体制を整えるべく「スト権の確立」を提起した。

JR東日本では、労組と会社は民営化まもない一九八七年（昭和六十二年）八月七日、住田正二社長と松崎委員長の間で「労使間の問題の処理に当たっては、『経営協議会』の場を最大限に活用し、あくまでも平和裡に労使間の話し合いにおいて自主解決を図る」という〝スト自粛〟の「労使共同宣言」を結んでいた。松崎の「スト権確立」の提起は、事実上の「労使共同宣言」の破棄を意味する。JR東日本は松崎に同調する。住田正二社長はこう語っている。

「元国鉄職員の再就職未内定者七〇〇〇人余りに対して国鉄清算事業団は、一人当たり平均三四件の就職斡旋をしているが、この一〇四七人は全部拒否している。いわば確信犯である。拒否をしておきながら、政府は国鉄職員を一人も路頭に迷わすことはしないと言った約束を反故にしていると言って非難する。JR東日本の広域追加採用にも応ぜず、国鉄清算事業団の就職斡旋に応じていない元職員が言うべき台詞ではない。こういうわがままな元国鉄職員がいるから（略）、真面目に働いているJRの社員は、とても納得がいかないのである」（住田正二『官の経営　民の経営』毎日新聞社）。

JR総連は同二十八、二十九日の両日、東京・日比谷野外音楽堂で総決起集会を開き、参加した組合員たちは運輸省と清算事業団への抗議デモを行う。集会への参加を要請されたナショナルセンター「連合」や他の労組は、「清算事業団に残った労働者の採用拒否を要求するものだ」として決起集会への参加を見送った。

当時、ＪＲ総連副委員長を兼務していたＪＲ西労組委員長の大松益生《おおまつますお》（元鉄労）が、東京での会議を終えて大阪に戻り、井手副社長の部屋に立ち寄り「なぜＪＲ西日本は、組合にも知らせずに無制限の採用をするなどと言ったのか」と詰め寄った。井手はこう答えた。

「あなた方に事前に相談しないで一方的にやれば、あなた方は、井手の野郎、勝手なことをやりやがって、と怒っていればいいのであって、あなた方に責任がなくていいじゃないか。かつては一緒に働いた仲間を雇用するということであり、あなた方は理解してくれると信じていた。事前に説明し、事情を知っていれば、あなた方がＪＲ総連の中で窮地に追い込まれる恐れがあったのではないか。それに採用の件はあくまでも管理運営事項で組合に相談することではない」

井手や葛西にとっては「一〇四七人の無制限採用」という方針を打ち出せば、松崎委員長らＪＲ東労組が反発するというのは織り込み済みだった。

スト権を委譲せよ

ＪＲ総連の定期大会は一九九〇年（平成二年）六月十九日に開催され、三月の東労組臨時大会で松崎委員長が提起した「スト権問題」を受けて、福原福太郎《ふくはらふくたろう》委員長が正式に「加盟単組におけるスト権の早期確立」と「各単組はＪＲ総連へスト指令権を委譲すること」を提案した。

「スト権の委譲」とは、ＪＲ各社の労組が打つストライキは上部団体であるＪＲ総連の指令によって行うということであり、権力の一極集中を図るということでもある。国鉄改革の嵐をくぐり抜け、民営化後のＪＲの組合権力を掌握した松崎たち旧動労の〝本心〟がＪＲ発足三年目にして噴出したのである。

旧国鉄時代は公労法（公共企業体等労働関係法）によって争議権（スト権）は認められていなかった。JRに移行し民間会社になればスト権は法的には認められている。しかし、この各単組に「スト権確立・委譲」を求めるJR総連の提起だと、各単組がストを決行するか否かは各単組固有の判断でなく、松崎が事実上支配するJR総連の号令次第だということになる。

JR西労組の大松委員長は六月三十日に開かれた定期大会で異議を唱え、早急な職場討議を要請した。

「JR総連で提起されたスト権確立とその委譲問題は純民間会社として株式上場による自主、自立経営の到来を目前に控え、JR西日本と西労組の固有の労使関係と、JR総連レベルにおけるJR各社との産業別労使関係の動向や組織運営など、多くの課題が含まれている。提起された内容について早期に各職場で徹底した討議をして意思統一を図ってもらいたい」

JR西日本の経営陣も素早く反応し、角田達郎社長名ですぐさま声明を出してJR総連を厳しく批判した。

「スト権は民間の労組としては当然の権利である。西日本労使は、スト権行使を必要とする労使紛争を発生させないよう取り組んできたが、状況によってはスト権が行使されることも有り得ると思う。しかしながら、この時期にJR総連から自明の理であるスト権問題の議論を各単組で行うよう提起されたことは、あまりにも唐突であり、全く理解できない。また、通年のスト権設定などは、当事者に関わりなくストを構えるという国鉄時代の国労、動労のスケジュール闘争を彷彿させる発想であり、当事者の労使関係のあり方そのものを無視したものといえる。まして会社と上部団体

（ＪＲ総連）との交渉など論外であり、スト権の委譲などという問題提起はまったく理解しがたい」

こうしたＪＲ西日本の労使の強い反発に八月二十四日に開かれたＪＲ総連の書記長・組織部長会議で福原福太郎委員長は、

「一部に三流会社の妄動がある。ＪＲ西日本の労使関係は低次元だ。会社も会社ならそれを許している組合幹部も幹部だ」

などと西日本労使への批判を強めた。ＪＲ総連副委員長でもあった大松益生はこうした「福原発言」を「西日本労使に対する侮辱だ」として発言の撤回を求めた、しかし、福原委員長からは何の返答もなく、総連本部と西労組の対立は深まっていった。

松崎の晴れ舞台「国際鉄道安全会議」

「スト権問題」をめぐって東西労組の対立が強まる中で、一九九〇年十月三十一日から二日間、東京でＪＲ東日本と東労組の共催で「国際鉄道安全会議」が開かれる。「労使共催」といっても「ＪＲ東労組の安全哲学の教訓を世界の鉄道労働者に発信する」ことを目的にした、事実上、松崎委員長がすべてを取り仕切る国際会議である。松崎はこの会議を主催することによって、世界の労働界に「ＪＲ東労組委員長、松崎明の存在」を示そうとしたのだろう。

冒頭、基調講演を行ったＪＲ東日本副社長・山之内《やまのうち》秀一郎《しゅういちろう》（後に宇宙航空研究開発機構理事長）も「この会議を持つに至った原点は、鉄道を発展させるために、国内はもとより全世界の英知を結集させようという松崎明委員長の提案を出発点にしている」と松崎を持ち上げ、この会議が松崎主導のものであることを鮮明にした。

山之内は東大工学部出身の技術屋で旧国鉄に入社以来、運転畑を歩き、常務理事（運転局長）を務めた。運転局を〝拠点〟にして組合活動を行ってきた松崎とは、長年、通じ合うものがあり、互いに協力しあってきた仲である。JR東日本労使は協力して、JR各社の労使だけでなく、世界各国の鉄道会社やITF（国際運輸労連）加盟組合にも大々的に参加を呼びかけた。

しかし、「スト権委譲問題」でJR総連・東労組に反発しているJR西日本の労使はともにこの会議を〝ボイコット〟した。井手副社長は「安全問題は経営の問題である。この会議は松崎一流の〝韜晦術《とうかいじゅつ》〟だ。そんなものに参加すれば、松崎の虜《とりこ》になる。絶対に出席するな」と部下に命じた。西労組の大松委員長も「JR西日本労使に対する侮辱的な批判発言に対する釈明がいっさいない。それではこの会議には出席するわけにはいかない」と中央執行委員会でボイコットの理由を説明した。JR東海も正式参加は見送り「オブザーバー参加」というかたちをとった。

〝顔を潰された〟かたちとなったJR東労組の松崎明と、JR西日本、JR東海両労使との亀裂は一段と深まった。このときの〝怨念〟が、二〇〇五年（平成十七年）四月にJR西日本で一〇七人もの犠牲者を出した福知山線脱線事故が発生すると、「西日本労使は安全を無視してきた」という激しい批判となって噴出する。

松崎は〝敵対組合〟である鉄産総連（旧国労主流派）にも参加を要請した。旧国労中央執行委員（企画部長）の秋山謙佑《あきやまけんすけ》は「だれもが否定できない〝鉄道の安全〟をスローガンにした共同行動に参加すれば、彼らの膝元に屈したと宣伝される。しかし、拒否すれば、今度はそれを口実に攻撃材料にされる。会議はＪＲ東日本が共催しているだけに対応に苦慮した」が、最終的には鉄産総連も会議ボイコットを決めた。そればかりではない。秋山はＩＴＦ加盟の各国の鉄道労組リーダーに「参加を見合わせるよう」要請する手紙を送ったのである。

「日本における国鉄民営化の過程で起きた労働組合の不幸な分裂と対立はご承知の通りです。このたびのＪＲ総連・東労組の呼びかけによる国際鉄道安全会議への参加をめぐって、さらに組合間の差別と対立の激化に利用される恐れを憂慮します。賢明な貴組合がこの会議に参加されないだろうことを確信します」

この手紙によってアメリカ、ヨーロッパなど主だったＩＴＦ加盟組合は参加を見送った。会社側の招待による出席は三六ヵ国あったが、労組側の出席は異常なほど少なく、マスコミもほとんど取り上げなかった。しかし、ウガンダ鉄道労組に送った秋山の手紙をＪＲ総連・東労組が入手、鉄産総連に対して「国際鉄道安全会議」を妨害したとして二二〇〇万円の損害賠償訴訟を起こす。同時に秋山謙佑を名誉棄損と業務妨害で東京地裁に告訴した。

ＪＲ西労組の反乱

十一月二十日、ＪＲ西労組は中央委員会を開き、「ＪＲ総連の支配介入の排除、単組の自主決定路線の堅持」を再確認する。そして「スト権の確立と行使は、西労組の規約に基づき慎重に扱うべきで、時期尚早である。ＪＲ総連の機能は、単組間の連絡、調整と共通課題の政策研究、国際交流などである。西労組の主体性、自主性が重要である」との姿勢を明確にし、ＪＲ総連に対し公然と反旗を翻した。

年が明けた一九九一年（平成三年）一月八日、ＪＲ東労組主催の「新春労使セミナー」で松崎明はこう吠えた。

「ＪＲ総連を脱退して新しい労働組合を作ろうとしている経営者がいるようだ。私がここまでやっているのに、西日本の経営者のなかには、『奴は革マルだ。まったく変わっていない』と言っている人がいる。それならそれで結構だ。勝手にしろ。自分は自分で腹を固めている」

さらに松崎は四月に開かれた元動労全国乗務員分科会に出席し「国鉄改革の原点を踏みにじる者とは断固戦う」と題して講演する。参加者は身内の元動労役員が中心だったこともあって、〝標的〟を井手副社長や大松益生委員長らのＪＲ西日本労使に定めた言いたい放題の講演だった。

「これからＪＲ西日本は大変ですよ。大松君たちは、争議行為としてのスト権を否定しているわけだ。スト権があることを認めるということと、スト権を労働者の固有の権利として議論し、必要なら行使するということは、全く別のことだ。井手たちがいくらスト権を認めないといったって、憲法を否定するわけにはいかないんだから。必要とあらば力の強い経営陣に団結力をもって抵抗する。これが労働組合ですよ。これがないものは『御用組合』であり『奴隷組合』で、会社の手先ですよ」

「この問題が始まったのは昨年三月の清算事業団の『四回目の採用』の問題からだ。このとき、ＪＲ西日本と東海は『無制限・無条件に採用する』と言ったんだ。今まで『いやだ、いやだ、絶対に就職しない』と言っていた者を『最後の機会だ、無制限・無条件に採る』と言ったんですよ。（略）ＪＲ東日本の経営幹部が、政治的圧力の下で何でもヘイヘイと言ったら私は怒るよ。東労組は立ち上がるよ。だけど東日本の経営陣は清算事業団からの新たな採用はダメだと言っている。JR総連の方が大事だ、必要だと言っていますよ。彼らは経営協議会でも組合と真面目に議論していますよ」

「西日本の井手は、『東は社長の住田も副社長の松田も松崎の言いなりになって、清算事業団からの採用はしないと言っているんだ。松崎は過激派の革マルなんだ、松崎は何をしでかすかわからない、そういう危険な奴の言いなりになっている東日本の社長も副社長もクビにしろ』と言ってるわけだ。井手は西日本に行きたくなかったんだ。自分をJR東日本の社長にしろ、というのが彼の本心なんだ」


同年二月十九日、大阪で開かれたJR西労組の中央執行委員会の冒頭、大松益生委員長は当面、JR総連との関係を断絶し、総連を脱退する方針を示した。

「JR総連の姿勢は、JR総連が全国単一組織の中央本部であり、各単組はあくまでも総連の下部組織であり、単組の自主性や独立を認めない、との立場に立っているとしか思えない。

JR総連には自浄能力がなく、今日的使命は終わったとの判断に立ち、最終的にはJR総連との関係を解消せざるを得ないと考えている。具体的には今後、総連主催の活動には参加せず、またJR西労組主催の諸行事にはJR総連役員などの招請や参加を拒否し、JR総連会費の納入も凍結するなど、総連との関係を断絶することを提起する」

「JR総連との関係を断絶する」という大松委員長の挨拶が終わると、西労組中央本部の奥島彰、岸本隆雄ら旧動労系（革マル系）中央執行委員五人がこれに反発、「大松委員長の発言は大きな問題をはらんでいる。発言内容は中央委員会で確認したものかどうか、明確にせよ」との緊急動議を出した後、いっせいに抗議退場し、中央委員会は流会となった。JR西労組はその後、三月、四月にも中央委員会を招集するが、旧動労系執行委員はいずれもこれをボイコットし流会させた。「大松発言は機関運営のルールを無視したものであり、断じて許せない」というのがボイコットの理由だった。

中央委員会をボイコットした旧動労系執行委員は、このJR総連脱退騒動の背後にはJR西日本の経営陣がいると見て、四月十九日には「会社側は、管理者を使って脱退に賛成するよう支配介入しており、不当労働行為である」としてJR西日本を相手取り、大阪府地方労働委員会に「不当労働行為の救済」を申し立てた。JR総連は西労組の組織力強化の方針を決め、その組織整備を行うための財政的措置を講じる「総連に結集し西労組を強化する会」を結成、JR大阪駅近くに事務所を構え、資金を投入して公然と分派活動を始めた。

あなたが仕掛けたのか

松崎明の攻撃は副社長の井手正敬に向けられた。四月三十日には福知山で講演し、集まった組合員にこう訴えかけた。

「JR総連が単組の自主性を認めないなどというのは大嘘ですよ。本当の狙いはそんなところにはない。（JR西労組の）総連脱退は会社側の考え方ですよ、明らかに。自分こそがJR東日本の経営者になりたいと思っている方がいらっしゃる。私は昨年の十二月二十七日に井手を東京に呼んで聞いたんだ。『あんた、つまらんことを言っている。あなたが総連を脱退させようという仕掛けをやったたんじゃないでしょうね』と。井手は『西労組が単独で決めたことが全部、松崎に壊されてしまう。西日本は非常にいい労使関係にあるのに、その労使関係を松崎に壊されるので、松崎の影響下から出なければならない』とあちこちで言って回っているんだ」

五月十六日、JR西労組は臨時中央本部大会を開催するが、中央委員のうち革マル系五人がボイコットしたためまたも流会となった。この日、「JR西労組を強化する会」は新たに「JR西労」の結成準備会を開催、二十三日には大阪市内の部落解放センターで「JR西労組」を脱退し、「JR西労」を結成した。旧動労グループが自ら組織を割って結成した〝セクト集団〟だった。執行委員長には奥島彰（大阪新幹線運転所）、副委員長に小田敏男（博多運転所）、書記長に岸本隆雄（明石運転区）が就任、本部役員は全員が運転関係者だった。

JR西労組は国鉄分割・民営化直前の八七年三月十四日、JR西日本エリアの鉄労、動労、社員労、日鉄労の四組合の連合として発足、その後、助役クラスが結成した「鉄輪会」も加わって単一組合となったJR西日本最大の労働組合である。結成当時の組合員数は三万四〇〇〇人。これがJR西労（公称・四七〇〇人）の脱退・分裂によって組織人員は二万九〇〇〇人となった。新しく結成されたJR西労はすぐさまJR総連に加盟した。

旧動労系が脱退したJR西労組は、九一年（平成三年）七月四日から三日間、山中温泉で第六回定期大会を開き、満場一致でJR総連からの脱退を決定、鉄産労連（旧国労主流派・六千二百人）との組織統一を年内に行うことを確認した。この大会を最後に退任する大松委員長は分裂して発足したJR西労を厳しく批判した。

「JR総連指導部の狙いは、各単組への支配介入であり、総連の御用組合化によって、松崎明の独裁体制の確立であることは明確だった。それは真に特定組織集団による『対立と対決』の労使関係を目指すものであり、悪しき過去の労使関係に逆戻りすることは国鉄改革を否定するものである」

新委員長に選ばれた矢後希悦《やごきえつ》が続いて登壇した。

「JR西労組結成五年目の本大会において私たちは、JR内グループにおける新しい労働運動の進路を模索することを選んだ。それはJR総連からの脱退である。現在のJR総連はあまりにも独善的であり、単組のもつ自主性や主体性への介入が強いため今回の決定となった。今後、志を同じくする仲間が全国的に拡大されてくることを期待したい」

中核派に襲われたJR東海労組委員長「会社は敵だ」

JR西日本での労組分裂騒動はすぐにJR東海に飛び火する。

JR東海労組（組合員約一万五〇〇〇人）の委員長は、松崎明が送り込んだ佐藤政雄《さとうまさお》である。佐藤は委員長に就任したものの、彼を支持する旧動労系役員は中央執行委員一二人のうち三人しかおらず、大会代議員も一九九人中、四分の一にも満たない四三人という少数派だった。佐藤は八七年二月、出勤途中の路上で中核派に襲われ、重傷を負ったことは前述した。委員長就任から三年余は穏健な組合運営を続けてきたが、スト権問題が起きる直前の一九九一年（平成三年）一月十六日に開かれた新幹線地本（JR東海のドル箱、新幹線関連の職場をまとめる組合組織）の新年の「旗開き」でこう挨拶し、″本性″を現したように、多数派役員との対決色を鮮明にし始めた。

「昨年から各職場のオルグ活動を行ってきたが、新幹線（職場）以外では、会社側に『行き過ぎた取り組み』が見られた。極端な例では会社側が『JR総連を脱退せよ』『スト権論議は早すぎる』などと組合員への働きかけを行っている。労働組合というのは闘う組織である。私は今まで我慢しすぎた。今年から闘う組織を目指し、言いたいことを言わせてもらう」

四月初めの中央執行委員会で佐藤は「スト権論議の中で会社側の介入があり、管理者組合員を大変な立場に立たせた」と発言、さらに折からの湾岸戦争（この年の一月に多国籍軍によるイラクへの攻撃が始まる）に対して「JR東海労組としての見解」を出すことや、JR西労組の大松委員長が行った「JR総連との関係断絶発言」に対して、「JR東海労組の中央委員会声明」を出す方針を提案する。しかし、中央執行委員会では佐藤の提案に異論が続出する。佐藤は「中央執行委員会が声明を出すことに反対するなら、委員長個人名で出す」と強硬姿勢を見せ、このころから旧動労が根城《ねじろ》にした在来線などでオルグ活動を始め、組合本部にはほとんど姿をみせなくなった。

佐藤政雄。87年に中核派に襲われ重傷を負う（共同通信）

五月一日、今度はJR東労組水戸地本組織部長の湯原正宣が、中核派の襲撃をうけて瀕死の重傷を負う。湯原は一年後に死亡するが、佐藤はこの事件に対しても「JR東海労組見解」を出そうと主張する。これまた執行部内では反対意見が強くまとまらない。五月十二日には佐藤が会長を務める「東海地区さつき会」が開かれる。旧動労グループの〝セクト会議〟ともいえる会であり、七一五人が出席した。挨拶に立った佐藤は「会社は敵だ」とこう語る。

「JR西労組の総連脱退問題の元凶は井手副社長であり、会社側は御用組合化を打ち出している。その証拠はJR東日本が労使共催で開催した国際鉄道安全会議に労使とも参加しなかったことだ。二月以降、西労組が開いたどの大会も傍聴席は満員で、これは後ろに会社がいる証拠だ。会社が動員をかけており、大松委員長は井手の操り人形である。JR東海も西日本と同じ考え方であり、JR東海労組も御用組合化の道を歩んでいる。東労組水戸地本の湯原組織部長襲撃に対しても激励電報を打たないでよい、という組合役員がいる。水戸のゲバを否定することは、私を否定することだ。ここに至ってはもう会社に配慮する必要はない。会社は敵だ」

佐藤政雄委員長は七月六日、自ら「JR東海を考える会」という分派組織を立ち上げ、分裂に向かって走り始める。そして八月十一日、旧動労系の一部組合員を率いて「JR東海労働組合」（略称・JR東海労、佐藤政雄委員長、約一二〇〇人）を結成する。JR東海労組は分裂した。

旗揚げした「JR東海労」の本部事務所は、東京の「目黒さつき会館」内に置かれたことからも、この分裂工作には松崎ら革マル派の意向が反映されたものであることは、誰の目にも明らかだった。JR東海労には新幹線を含む運転・車両職場の七割近くの組合員が参加したが、旧動労系三〇〇〇人のうち、東海労に参加したのは四〇％で、残りの六〇％はJR東海労組に残った。

一方、多数派のJR東海労組は八月二十六日、名古屋市内のキャッスルプラザホテルで定期大会を開き、佐藤委員長の脱退を受けて新しい委員長に明石洋一委員長代行を選出、分離独立したJR東海労の分派活動を厳しく非難し、東海労のJR総連加盟に反対する決議をした。しかし、総連はこれを無視するように、九月十一日の臨時中央委員会で東海労のJR総連加盟を承認、分裂組合であるJR東海労委員長・佐藤政雄のJR総連副委員長就任を決めたのである。

JR東海労組は十一月十五日に名古屋市内で臨時大会を開き、JR総連からの脱退を決めた。新しく委員長になった明石洋一は「もはやJR総連がJRグループを代表する良識ある産別組織とは言い難い。JRを代表する産別組織を構築したい」と新たな産別組織結成を目指す方針を明らかにした。

「葛西！　君と闘う」

JR東海労組で佐藤委員長ら旧動労派と組合多数派の抗争が激化し、佐藤らが窮地に追い込まれていた九一年（平成三年）七月十四日、松崎明はJR総連青年部定期大会で講演する。松崎の〝標的〟はJR東海副社長の葛西敬之に向けられていた。第一章で前述したように葛西は、国鉄分割・民営化を進める過程で松崎と「手を握った」が、このころには松崎の〝本心〟を見抜いて「握手していた手」を完全に離していたのである。

「私は佐藤委員長と大変仲がいいんです。これからも彼とどんどん話し合います。応援も求められればいくらでも応援します。彼の体は一九ヵ所も複雑骨折して命まで奪われそうになった。そんな男が、簡単に会社の手の内で、自分だけがよくなればいいなんて思いませんよ。そんな男じゃない。命まで賭けて闘っている男には未来がある。己の信念を簡単に売るほどアホでもなければ、軽薄な男でもない」

「JR東海の東大出の偉い方が『東海は労使ともにいいのだが、松崎がすべてを破壊する。松崎がガンだ』と言っているそうだ。私は闘う相手をはっきりと確認しました。この際申し上げておきます。葛西、君と闘う。堂々と闘う。そして必ず勝つ。そのことを宣言しておく。権力は肥大化したら傲慢になる。傲慢になったら権力は悪いことしかしない。そのことをはっきりさせておきます」

追い詰められた佐藤ら旧動労系の一部が、JR東海労組から離脱し、東海労を結成すると、松崎の「葛西憎し」は頂点に達した感がある。十月二十六日に東海労が開催した集会での葛西攻撃は、一段と激しさを増した。

「葛西君という人は、東大法学部でまともに勉強しなかったと思うんだ。彼は『労使対等というのは、労働条件に関する団交だけだ。JR東日本の経営協議会はその埒外だ』と言っている。こんな経営協議会がどこの会社にある。経営協議会は労使対等を前提として成り立つのだ。だから互いに経営全般を協議するわけで、経営説明会ではない。投資問題を含むさまざまな事業その他について、組合に提起し大いに反論を受けたらいい。それが労使対等というものだ。彼はそれがわかっていない」

「葛西君、君は辞めるべきだ。君は身を引くべきである。それがこの会社の経営に携わる者の当然の良心である。身を捨てて浮かぶ瀬もある。君は速やかに退社し、会社全体のイメージアップを図るべきだ。早く過去を捨て労働組合を再統一すべきだ。国鉄改革では人の命が奪われ、傷つけられた。佐藤委員長はその犠牲者ではないか。国鉄改革の際はさんざん利用しておいて、順風満帆になったら、お前は船から降りろとは何事だ」

国鉄民営化に向けて葛西たち改革派が奔走しているとき、松崎が動労の過激な闘争方針を〝コペ転〟で一八〇度舵を切り、彼らに協調して、巨大労組の国労を切り崩したことで、国鉄の分割・民営化が成功したではないか。その恩を忘れたか、裏切るのかといわんばかりの咆哮である。

松崎はJR西日本の井手正敬や東海の葛西敬之には、敵意をむき出しにするが、JR東日本の住田正二社長や松田昌士副社長（当時）は「ちゃんとやっている」と絶えず持ち上げた。

「（井手や葛西は）松崎は革マルだ。革マルだから何か悪いことを企んでいるに違いない。だから松崎を殺せ、と考えているんだろう。昨年三月、清算事業団から『無制限に人を採用する』と言ったのは誰なんだ。井手や葛西だろう。こういう連中が『それを採用しないといっているJR東日本やJR貨物はおかしい。東日本の住田や松田は革マルの前に頭が上がらない』などといって運輸省などに触れ回っている」

「松崎に頭のあがらない経営陣など東日本にはいないよ。自分だけが経営者として優秀で、東日本の経営陣は全部グズでバカで間抜けで、知恵もなく松崎に抑えられている？　冗談いうな。東日本の経営陣は自立した立派な経営陣だよ。温もりをもってちゃんとやっているよ。経営理念、経営哲学をもってちゃんとやってるよ。なんとかして住田の首を切りたいんだよ。そういう連中がうごめいているんだ」

＊　＊

こうした〝ドン〟松崎明の応援を背に受けて自らJR東海労組を飛び出し、新たにJR東海労の委員長となった佐藤政雄は、松崎の〝右腕〟として走り続ける。九月十四日には東京・芝のホテルでJR東海労が主催して〝JR東海・葛西副社長糾弾集会〟を開いた。集会の正式名称は「JR東海の社会的信用を回復し、当たり前の労働運動を目指す大集会」。集まった組合員は三五〇人。マスコミも二〇社が駆け付けた。

席上、JR総連の福原福太郎委員長は「会社を崩壊させる幹部がいる。国鉄改革は葛西のためにやっているのではない。この際、辞めてもらう。必要があれば監督官庁や第三者機関に提訴しなければならない」と挨拶、主催者の佐藤は「東海労への参加者は、会社はせいぜい六〇〇人と見ていたが、会社の見通しの倍の一三〇〇人が加入した。当初、われわれは一五〇〇人と見ていたが、会社側の利益誘導により裏切った奴がいる。裏切らせたのはすべて葛西であり、葛西辞任を強く申し入れていく」と宣言し、さらにこう付け加えた。

「一年半、名古屋で暮らしていたが、会社にマンションを用意するといわれ、引っ越した。佐藤は高級マンションに住んでいる、と非難の声もあったがそうではない。マンションの場所は中核派のアジトである機関紙『前進』の名古屋事務所からわずか六〇〇メートル。(顔を合わせた)中核派から『まだ懲りないのか』と言われた。このことを会社は二ヵ月間、だれも教えてくれなかった。自分は(中核派に)差し出されたと思い、引っ越した」

佐藤はこの挨拶で自分が襲われたのは、中核派との内ゲバであったことを自ら〝告白〟し、「中核派に差し出された」とまで会社を疑っていたのである。この集会に続いて東海労はJR東海の社宅へのビラ配布を行い、同月下旬にかけて東京駅、名古屋駅、静岡駅などの周辺で街宣活動を繰り広げた。

松崎明はその著『鬼が撃つ』で、佐藤委員長について「この生命をも賭した国鉄改革の戦士は襲撃者によって葬られようとしたのではなく、現代版『国盗り物語』の首謀者たちやその追随者たちによって葬られようとしたのである」と述べ、JR東海の葛西ら幹部にこう〝宣戦布告〟する。

「JR東海の一部経営陣は、ただただ野望達成のために、自ら綿密に『当面のシナリオ』を作成し、堕落した労組幹部を煽り、彼らにとって『利用済み』『用済み』の佐藤委員長をお払い箱にし、会社の下請御用機関としての『養殖組合づくり』を開始したのである。それは物言わぬ労働組合づくり――『産業報国会』への道であり、佐藤委員長はその道を拒否したがため事実上、会社から放逐されたのである。〝狡兎《こうと》死して走狗《そうく》煮られる〟というが、そのような都合のよいことが許されるはずはない。JR東海の幹部はいずれ〝韓信〟の運命をたどることになるのだ」

優れた猟犬も用済みになったら煮て食われてしまう――『史記』の故事をひいて語るその怨念の深さに驚かされる。

全国制覇の野望を砕いた「JR連合」

JR西日本から東海へと続いた分裂騒ぎはこれで収まらなかった。すぐにJR九州に波及する。

一九九一年十一月三十日にはJR九州労組（約九八〇〇人）は福岡市内で開いた臨時総会で「JR総連の脱退と総連寄りの旧動労系委員長、石津兼久の解任」を決めた。解任後、記者会見した石津は「九州は一つ、を合言葉に九州労組に留まる」と分裂回避の姿勢を示した。しかし、一ヵ月も経たずに十二月には、石津ら旧動労系の組合員は九州労組を飛び出し、「JR九州労」を結成する。JR総連からの強い働きかけがあったのだろう。九州でも組合はふたつに分裂した。JR四国だけが、翌九二年(平成四年)三月、分裂することなくJR総連を脱退する。

JR各社の組合は、箱根山を挟んで東側のJR東日本、JR北海道とJR貨物は松崎の率いるJR総連に留まったが、西側のJR東海、JR西日本、JR九州の三組合では旧動労系は少数組合となり、四国にいたっては動労系組合は消滅したのである。


JR総連を脱退した四組合はすぐに新たな産業別組合の結成を目指して「新全国産別結成準備会」を開く。この際、問題になったのがナショナルセンター「連合」への加盟問題だった。連合にはすでにJR総連と、国労を脱退した旧主流派が結成した「鉄産総連」が国労の席を引き継いで加盟していた。JRグループからすでにふたつの産別組織が連合のメンバーとなっており、三つめの産別組織の連合加盟には無理があった。

当時、鉄産総連に強い影響力を持っていたのは元国労企画部長の秋山謙佑だった。秋山に鉄産総連を解散し、新たな産業別組合の結成とその新組織への加入を持ちかけたのは、JR東海の副社長・葛西敬之である。葛西が当時、連合副会長だった鷲尾悦也に相談すると「秋山君は真面目で大局観がある。説得してみたらどうか」とアドバイスを受けた。

葛西と秋山は旧国鉄時代からの古い付き合いである。「最後に会ってからはや五年近くが経っていただろうか」。葛西と秋山は久々に再会し話し合った。

「彼は鉄産総連が将来への展望を持つ手立てはそれしかないことを理解し、仲間たちに諮ってその方向で労組内をまとめるよう努力するといって帰ったが、ほどなく解散、合併を決めたという連絡があった。」(葛西敬之『飛躍への挑戦』)

＊　　　＊

三回の準備会を経て九二年五月十八日、東京・池之端文化センターで、ＪＲ総連を脱退した四組合と鉄産総連に加盟する六単組は「日本鉄道労働組合連合会(略称・ＪＲ連合)」の結成大会を開いた。分裂前は約一三万五〇〇〇人だったＪＲ総連の組合員数はわずかな期間に約八万人までに激減する。ＪＲ連合はただちにナショナルセンターである「連合」への加盟を申請するが、すでに加盟していたＪＲ総連は「同一産業から二つの産別組織の連合加盟」に猛反対した。

しかし「ＪＲ総連には革マル派が浸透し、組織運営に民主的プロセスが欠如している」とのＪＲ連合の主張が支持され、七月一日付で連合に加盟が認められた。ＪＲ連合は三年後の一九九五年(平成七年)には組織人員は八万一〇〇〇人を越えＪＲ総連を逆転する。〝箱根以西〟の勢力は、結果として松崎明たち革マル派グループの全国制覇の野望を挫折させたのである。

ＪＲ連合の初代会長にはＪＲ西労組の矢後希悦、副会長にはＪＲ東海労組の明石洋一、ＪＲ九州労組の一力忠ら四人が選ばれた。運動方針には①真にＪＲ労働者として関連するすべての労働者が期待する産別組織として発展する　②ＪＲグループに対する政治等の介入を排除し、そこに働く労働者に共通する諸課題解決に向け、制度、政策要求を掲げ、その解決能力を持つ　③スト権は労働組合の持つ固有で最大の権利として大切にし、公共輸送を受け持つ責任を認識して慎重に扱う――などを掲げ、ＪＲ総連との違いを強調した。

矢後は西労組がJR総連からの脱退を決めた時、毎日新聞（一九九二年一月十九日付）のインタビューでこう述べている（要約）。

「私たちの組合にも国鉄時代に動労にいた人もたくさんいたから、旧動労という言い方はしたくないが、振り返ってみると、国鉄分割・民営化は動労があれだけ柔軟な路線に転換しなければ、うまくいかなかったと思う。その意味で動労の功績は認めざるを得ない。ただし、自分の組織が生き延びるための組織エゴ、排除の論理が強すぎた。私自身、鉄道労連（JR総連の前身）副委員長を三ヵ月だけ務めたが、動労優先の彼らの組織運営についていけず、金沢に引っ込んだ。スト権論議の背景にもそうした彼らの独特の組織エゴが感じられる。スト権を持てば、少数派である自らの組織が多数派を維持できる。その焦りがあったのではないか」

人事課長が左遷された理由

JR西日本の井手正敬とJR東海の葛西敬之らが、革マル派が中心勢力を占めるJR総連・東労組と激しい暗闘を繰り広げていたころ、JR東日本は松崎との〝蜜月〟を続けていた。JR東日本で労務問題を取り仕切っていたのは井手、葛西とともに分割民営化の推進役を果たした「改革三人組」の一人、松田昌士である。どうしてこうした事態が生まれたのか。

「東日本は、松崎ら旧動労を迎え撃つ経営側の総合力が弱く、松田さんが社長の住田正二氏を十分に補佐できず、結局、是々非々で革マル派の理不尽な振る舞いに対処していかなかった。逆に、（労使は対等だと主張する）松崎が正しいんだ、素晴らしいんだと、会社の内外問わず公に認めてしまったことですね」

松崎らに抵抗してＪＲ東日本を追われ東北福祉大学教授となった佐藤正男（筆者注：前出・旧動労出身の佐藤政雄とはもちろん別人）は、東大社会科学研究所の中村尚史助教授ら三人が「聞き手」になって行った、国鉄改革前後の実情についての綿密な聞き取り調査「佐藤正男　オーラルヒストリー」でこう語っている。中村助教授らのヒヤリングは二〇〇五年暮れから〇六年春にかけて行われた。

佐藤は一九六四年（昭和三十九年）、東海道新幹線が運行を開始する年の四月、宮城県の高校を卒業後、国鉄に入社。七四年に中央鉄道学園の大学課程に入学、七七年に卒業して、仙台鉄道管理局の総務部労働課などを経て八四年には本社職員局労働課主席に。八六年五月から半年間、鉄労の中央執行委員組織部長となる。その後一貫して旧国鉄の労働問題に取り組み、分割・民営化に至る労使関係を見守り続けた労務問題の専門家である。ＪＲが発足するとＪＲ東日本の人事部勤労課の労働法規係長、東北地域本社総務部勤労課長などを務めた。

以下は東大社研の「オーラルヒストリー」で佐藤が語った、ＪＲ東日本が松崎明に屈していった〝ストーリー〟である。

ＪＲ東日本の発足時、常務取締役となった松田昌士を支える「東日本三人組」と呼ばれる人物がいた。人事課長・内田重行、勤労課長・野宮一樹《のみやかずき》、総務課長・夏目誠である。三人とも国鉄分割・民営化を推進した「改革三人組」と国鉄改革を誓い合った同志であった。その三人が発足時の松田常務を支えていたのである。松田のもとで三人は人事課長の内田を中心に「力を蓄え、必ず革マル派を排除するのだ」と誓い合い、行動をともにしていたという。佐藤正男は当時、野宮の下で勤労課労働法規係長を務めていた。

JR発足二ヵ月後の一九八七年(昭和六十二年)六月ごろのこと。佐藤が出身地である東北地域本社(仙台)の勤労課課長代理として赴任することが決まると、上司の野宮から「君の送別会をやろう」と誘われる。その日の夕方、「いつもは威勢がよく、人事部長より偉いような勢いのあった」人事課長の内田から「今夜、付き合ってくれないか」と電話があった。その声に「ただごとではないな」と感じた佐藤は野宮の誘いを断って、内田とふたりで飲んだ。その席で内田は財布から「臥薪嘗胆《がしんしょうたん》」と書いた紙きれを取り出し、「これが俺の今の心境だ。人事課長を降ろされる」と言った。そして「松崎から内田を人事課長のポストから外せ、との圧力があったらしい」と打ち明けた。内田は人事部の筆頭課長である人事課長から経営管理部の担当課長となるというのである。明らかな左遷だった。

当時の関係者によると、内田と松崎の対立関係が決定的になったのは、JR東労組委員長・松崎が「全社総務部長会議」に出席するという前代未聞の事態をめぐってだった。総務部長会議はJR東日本の労務政策を決める重要な会議だが、松田常務がこの席に松崎を呼ぼうとした。人事課長の内田は声を荒らげて「それはおかしい」と詰め寄り、松田も最終的には折れた。その経緯を知って松崎は「内田の小僧っ子め! 許さん」と激怒する。人事課長のポストを外された内田は、その後、関連事業本部ビル高架下開発部などを経て目黒ステーションビルの総務部長に飛ばされるなど転々とする。

内田はその後、JR西日本の井手正敬が「よく頑張った」と一九九八年（平成十年）六月、JR西日本に引き取った。京都駅ビル会社常務となり三年後、専務取締役に昇進。「時期を見計らってJR西日本本社の監査役のポストに就いてもらうつもりだった」と井手はいう。ところが内田は二〇〇三年（平成十五年）四月二十四日午後四時すぎ、京都駅ビルの階段を踏み外して転落、打ちどころが悪く死去する。五十四歳だった。革マル派の襲撃に遭ったのではないか、との見方もあり、警視庁公安部も捜査に乗り出すが、最終的には「事故死」と断定された。

＊　　＊

佐藤のオーラルヒストリーに戻ろう。

佐藤は「仙台には行きたくなかった」が勤労課長の野宮はなぜか「露払いで行ってくれ」と意味深なことを言った。野宮は遠からず東京を去る決意をしていたに違いない。JR発足直後は「必ず革マルを排除するんだ」と頑張っていた松田が時の経過とともに「松崎のハードルを飛び越えて、抜き差しならない関係になり、彼の手の平に乗っかってしまった。住田社長は松田より先に松崎の〝軍門〟に下っていた」と佐藤は言う。

そうした事態を憂い、悶々とする野宮の首のあたりには「大きな瘤のようなもの」が出来た。勤労課長の激務に耐えられなくなった野宮はそのポストを降り入院してしまう。仕事に復帰した野宮は一時、本社営業部の販売課長などのポストに就くが、本人の希望もあって東北地域本社総務部長として仙台に赴任し、再び勤労課課長代理である佐藤の上司となった。

野宮は仙台に赴任するとすぐに佐藤にこう指示した。「君のほかに企画係長、情宣係長を密かに秋保《あきう》温泉の旅館に集めてくれ」。野宮と佐藤ら三人はその旅館で午前二時、三時まで飲んだ。野宮は三人に言った。「山は必ず動くんだ。お前たちも覚悟しておいてくれ」。野宮の「松崎排除」への決意を知って三人は「当然のことだ。部長、ぜひお願いしますよ」と手を握り合った。

佐藤が東北地域本社の勤労課長となった一九九〇年（平成二年）のことである。この年の暮れ、人事部担当常務の大塚陸毅《おおつかむつたけ》（後に社長）と人事部長の清野智《せいのさとし》（大塚の後任社長）がふたりそろって仙台を訪れた。ふたりと東北地域本社の社長、総務部長、それに勤労課長の佐藤を含めた五人の話し合いの場が設けられた。大塚も清野も国鉄時代の仙台鉄道管理局で総務部長を経験、佐藤はそのとき二人の下にいた。大塚、清野は「仙台だけでもわれわれが理想とする労使関係にしてもらいたい」と言った。「じゃあ、革マル問題はどうするんですか」と佐藤たちは聞いた。そのころ、JR西日本やJR東海ではすでに革マル派排除の方向で「是々非々」の対応を始めていた。

清野人事部長はこう答えた。

「いや、JR東日本は東海や西日本のような短絡的な労使関係をとらない。東日本の場合は時間をかけて、あの連中が牙を出してきたら、なでなでしてあげて……いつの間にかその牙がなくなるように、遠大な計画でいくんだ」

「大塚さんは黙っていたが、清野さんとは考えはひとつ」だった。佐藤は「黙って聞いているしかなかった」が、心の中では「なでなでして、よくなるわけはない」と思ったという。

東大社研の聞き取り調査に語った、この佐藤の証言によれば、大塚、清野らのJR東日本はこのところから「ＪＲ総連・東労組にアメをしゃぶらせ、時間をかけて革マル派の牙を抜く」という長期戦略を考えていたことになる。ＪＲ東日本では住田―松田体制の下で松崎との〝蜜月〟が続いており、「一挙に松崎の影響力を排除することは難しい」と大塚も清野も判断していたのだろう。この「遠大な計画」の結果というべきか、ＪＲ東日本での松崎の影響力排除には、その後、長い年月が必要となるのである。

この間、ＪＲ東労組の経営権への介入を容認する経営陣を批判した多くの人たちは排除され、無念の思いでＪＲ東日本を去っていった。

副社長の「とんでもない発言」

一九九一年（平成三年）の夏、ＪＲ東労組は山形県・天童温泉で組合員を集めて「ユニオンスクール」を開いた。松崎も出席した組合員の学習会である。講師陣の講話が続くなかで、松崎が急に「松田副社長を講師に呼ぼう」と言い出した。松田は前年の九〇年六月、副社長に昇進していた。松崎は組合員の前で自分の力を見せつけようとしたのだろう。電話連絡を受けた松田は急遽、飛行機で山形県入りし、天童の会場に駆け付ける。佐藤は野宮に「空港まで松田さんを迎えに行ってくれ」と言われたが、時間の都合がつかず、結局は野宮が空港に迎えに出て、天童の会場まで案内した。

その日夕、参加した組合員たちと松崎委員長、松田副社長も出席して懇親会が開かれた。松崎に促されて挨拶に立った松田は、

「ここに松崎委員長がおられるが、これからはJR東日本が諸施策を実施するに当たっては、松崎委員長はじめ皆さんの意見を聞きながら、了解をいただきながら、何事も進めて参りたいと思います」

と話したのである。

聞いていた野宮や佐藤は「とんでもない発言」に驚いた。第三章で詳述したように松崎と松田の間には「手を携えてJR東日本の発展のため協力していこう」という〝密約〟が結ばれていることを、野宮や佐藤は知る由もない。松田も松崎もそのことをいっさい、口外しておらず、かつて分割・民営化の過程で「動労を甘やかした」と葛西を批判し、「松崎排除」を熱く語っていた松田を知る野宮や佐藤にとっては、大きな衝撃だったに違いない。

松田が国鉄本社職員局の能力開発課長だったころ、佐藤は国鉄中央学園の大学課程で講師をしていた時代があった。そのころ、松田は「労使協調」を強調したテキストをみて「こんなテキストはダメだ。構内の石ころ一つ動かすにも組合の了解を必要とする、そんな労使関係が続いたから国鉄はダメになったんだ。国鉄改革はそこから正さねばならない」と怒った。そんな松田に佐藤は期待していた。

ところが、その松田が松崎に呼ばれて天童まで飛んできて、組合員の前で「皆さんの了解をいただきながら……」と頭を下げたのである。「自分でけしからんと言っていた旧国鉄時代の職員局と同じことを言っている」。佐藤は、卑屈な松田の姿勢に幻滅した。

「そこにはたいへんな事情や背景があり、松田さんは抗し切れなかったのかも知れないが、八方美人の労務担当は許されない。JR東日本になってからは、トップ層に松崎ら東労組と対抗できる度胸のある人はいなくなった。松崎委員長に一言、脅されたらへなへなだった。松田常務はもともと国鉄改革を進めてきており、国鉄時代の反省を踏まえて、いずれ労使関係を改善するんだと言ってきたのに、端的にいうと、やっぱり自分の身の保全を優先するから、力あるものに従うしかない、迎合するしかなかったのだ」と佐藤はいう。

＊　　＊

松崎明が東北地域本社管内に来るというと、勤労課長（九〇年二月に課長代理から昇進）の佐藤の仕事は、まず最優先して県警本部に行き、警備部長に会って松崎警護の打ち合わせを行うことだった。打ち合わせを終わり、松崎が到着すると、勤労課長が先導役を務めさせられた。あるとき、松崎が仙台の新幹線車両所の視察にきた。視察が終わって松島の保養所に組合、会社関係者十数人が泊まって懇親会を開いた。松崎はその席で「（みなさんは）ご当地出身かも知れないが、（ここが地元の）三塚博《みつづかひろし》（自民党代議士・運輸族）とは（葛西と気脈を通じているので）一緒に仕事はできない。JR東海の葛西とは闘う、そして必ず勝つ」といった挨拶をした。乾杯の後、佐藤は松崎に酒を注ぎながらこう言った。

「ところで委員長、さっきの挨拶は非常に残念です。昨日の敵は今日の味方だったり、その逆もあったりでつらい浮世です。『三国志』の世界なんてまさにそうですね。私も葛西さんと委員長の関わりを知っていますし、互いに天下国家を論じた仲だということも承知しています。そうした意味からも今日の葛西敵視の話は残念です」

するとと松崎は突如、不機嫌な表情になった。「あなたはJR東日本の勤労課長だから、葛西の話をすることはない」。翌日、仙台駅長室内にある貴賓室に見送りに行くと前夜とは一変、「いやあ、佐藤さん、今はノンキャリで取締役になったのは東京駅長の木下秀彰《きのしたひであき》しかいない。次はあなたしかいない。そのためにも早く部長になってくれ」と持ち上げたのである。しばらく経ってから「東北地域本社の情報がほしい」と組合役員を通じて言ってきた。東北地域本社内部の反松崎派の動きに関する情報がほしかったのだろう。それに応えないでいると、別の組合役員が「松崎委員長が情報をほしがっているよ」と伝えにきた。佐藤はそれも無視した。

佐藤は分割・民営化の直前の半年ほど、当時の鉄労の中央執行委員（組織部長）をつとめた経歴を持つ。佐藤に要求した「情報提供」とはJR東日本における旧鉄労出身者の動向などだった。松崎は取締役のポストをちらつかせながら、情報提供を求めてきたのである。佐藤には松崎の〝軍門〟に下る気はなかった。

それからしばらくした九二年二月、総務部長の野宮が「酒を飲みに行かないか」と佐藤を誘った。その席でめったに人を誉めたことのない野宮が、しきりに佐藤を誉める。「何かあったな」と思いながらお開きになったが、翌日、野宮に呼ばれて総務部長室に行くと「勤労課長を降りてもらう。行先は仙台研修センターの管理課長」という内示だった。勤労課長を務めれば、東京本社のそれなりのポストに就くというのがふつうのコースであり、誰もが驚く左遷人事だった。「松崎たちからの圧力であることは聞かなくてもわかった」。

人事への介入は、新人研修からはじまっていた。

当時、JR東日本では高卒新人を七〇〇人ほど採用しており、全員が鉄道中央学園の研修センターで新人研修を受ける。中央学園に入ってきたその時点で、ほとんどがＪＲ東労組の組合員となっていたのだ。

松崎たち東労組は、研修に先立ち、新入社員の名前や住所など個人情報を掌握し、組合員が家庭訪問してＪＲ東労組へ加入するよう勧誘作戦を繰り返していた。「会社側が新人の個人情報を東労組に流していたわけで、中央学園に入った段階でその八割は東労組に加入していた」と佐藤はいう。研修センターで残りの二割の新人にも東労組に入るよう勧誘を続けた。ＪＲ東日本では八九年から大卒ホワイトカラーの採用が始まるが、以来、大卒のほぼ全員が東労組に加入した。

以上が佐藤の「オーラルヒストリー」だが、佐藤は東大社研にこうも語っている。

「国鉄時代には少なくとも管理者一体の原則があった。ところがＪＲ東日本になって松崎とそのグループの言動によって、会社側はすぐに浮き足だってしまう。会社側は主体性と一貫性のある対応ができない。要するに松崎の存在によって、経営側の人間関係はバラバラにされた。社長以下が会社側の主体性と志を持って労使関係を構築していこうという管理者一体の原則を貫くことが出来なかったということだ。松崎が社長や常務、部長に対して発言した内容によって、社長以下管理者が右往左往してしまう。だから労使関係に関して一貫性や管理者一体の原則がなくなってしまった」

巨大な企業であればあるほど、組合は

一九九一年（平成三年）十一月十二日、埼玉県大宮市のソニックシティ大ホールでＪＲ総連主催の「ＪＲ五年目の検証と展望の大集会」が開かれた。福原福太郎委員長が挨拶したあと、パネルデ

ィスカッションが行われたが、JR各社の経営陣からは、JR東日本副社長に昇進した東日本の松田昌士だけがコメンテーターとして参加する。松田は自信たっぷりにこう述べた。

「JR東日本がこれまで労働条件を引き上げることが出来たのは、労使関係が安定しているためだ。二、三の会社で不安定な状態になっているが、私の会社ではそういうことは起こらない。今後も現在の労使関係を維持する。労使関係が安定している理由は、東日本には『経営協議会制度』があって、労使対等の場を育てていることにある。当社はいかなる状況になっても労使関係は乱れない。JR西日本と東海は何を考えているのかわからない。政治の介入を排除することが、国鉄改革の目的であった。JR東日本の労使はこのことをキッチリとやりたい」

この発言には松崎と〝二人三脚〟の労使関係に自信を深めた松田の思いがあふれている。

JR西労組がJR総連を脱退し、JR東海労組がまさに脱退しようと走り出してたところとはいえ、東日本の経営者が他社の労務政策を批判するというきわめて異例の大集会だった。

松田副社長はこの大集会に先立って九月八、九両日に開催された「JR東労組ユニオンスクール」で約一八〇人の組合活動家を前にこう挨拶している。

「ご存知のとおりJR西労組の分裂を契機にして、東海労組もおかしな動きをしていることが、世の中に喧伝されている。わが社と西日本、東海の動きを比較してみた場合、基本的なのは労使関係をどう作り上げるかということが、三つの会社で違っていることだと思う。（略）われわれは経営協議会で会社の基本的な政策について、パートナーである皆さん方と合意に達した後、具体的な労働条件などを団体交渉で決めていく方式をとっている。今、建設中の山形新幹線も、やるかやらないかということから投資問題に至るまで議論をさせてもらっている。大きな事柄は会社で決めて、それに伴って生ずる事柄を労働組合で議論してくれ、なんて言ってもそれは通らないことです。会社と労働組合は正しくパートナーとしてお互いにテーブルをはさんで、違う立場をぶっつけ合って初めて一つの鉄道を作り上げていく……」

「巨大な企業であればあるほど、前に向かって進む企業であればあるほど、労働組合のもうひとつの役割は、経営陣に対する牽制機構というとちょっとおかしいかもしれませんが、チェック機能を持たねばいけない。労働組合としての役割の一つに、経営陣に対して〝モノ〟をハッキリと申し上げるという意思がなければ、鉄道会社は、健全な形で伸びていかない。JR東海の場合には、恐らく経営陣が考えていることは、一番近いところを探せば銀行型の労働組合じゃないのか。高度経済成長が始まって、企業全体の勢いを高めている時に労働組合がブツブツと足を引っ張っては困る。黙って経営者のいうことを聞け、と作られたのが銀行型の労働組合です。経営と一緒になっている。ああいうのは職員組合かサロンで、古風な言い方をすれば、大政翼賛会であるかもしれない」

松田副社長の発言は、松崎がJR発足時から主張してきた「労使対等論」や「労使ニアリー・イコール論」とまったくの対をなすものといえるだろう。革マル派と言われる松崎明が支配するJR総連・東労組を松田は「よきパートナー」と呼び、「設備投資」の問題まで相談して決めるというのである。「ふつうの企業」から見れば、「経営権を放棄した異常な状態」としか考えられないのではないだろうか。

こうした批判に対し松田昌士は「日経ビジネス」（九一年十二月二日号）で「松崎委員長が革マル

かどうかは関係ない。それがマイナスというのであれば別だが、今のところ何もない。それより何万人もの動労を一糸乱れず引っ張っていけた人間はいない。今になって（松崎氏を）切れという方がおかしい」と松崎を全面的に擁護した。松田はさらに「東日本の労使関係は時代を先取りしたものだ」と強調し、「管理側の情報だけでは、これだけの組織を掌握できない」と語っており、「経営側が人事や設備投資といった踏み込んだ内容まで組合幹部と相談している様子がうかがえる」と同誌は記している。

第五章

盗撮スキャンダルと平成最大の言論弾圧事件

正体不明の発行元「JR東海新聞社」のカラー刷りタブロイド新聞。尾行、盗聴、盗撮しなければ入手不能な情報をもとに事実無根の記事を取り混ぜ葛西JR東海副社長（当時）を中傷した

「小沢三郎」からの電話

「葛西、君と闘う」と松崎明《まつざきあきら》がJR東海の副社長・葛西敬之《かさいよしゆき》に〝宣戦布告〟したひと月後。一九九一年（平成三年）八月一日の夕刻、「小沢三郎」と名乗る男ら数人が東京・丸の内のパレスホテルのロビー付近に張り込んでいた。

彼らが待っていたのは、葛西敬之。男たちは午後六時すぎ、葛西がホテルのフロントでチェックインし、キーを受け取って部屋に入るまでの一部始終を確認し、カメラやビデオに収めていたのである。その時刻に葛西がホテルに現れるのを彼らは事前に知っていた。午後八時過ぎ、小沢と名乗る男から葛西の部屋に電話が入る。約四〇分にわたる電話でのやりとりもすべてテープで録音していた。

この電話から十日後の八月十一日、佐藤政雄《さとうまさお》委員長ら旧動労系はJR東海労組を離脱し、JR東海労を結成する。その翌日の十二日、JR東海会長、社長だけでなく、JR各社、国鉄清算事業団、新聞各社に郵便やファックスで「この資料はJR東海の社員である小沢三郎氏が同社副社長の葛西氏と直接電話で話したものです」との説明付きで自称・小沢と葛西の電話でのやり取りのテープを起こした文書が送られてくる。なかには葛西の辞任を迫る文書も同封されていた。文書の差出人は「JR東海社員有志」。JR東海には「小沢三郎」なる人物はいなかった。さらに二十一日にはJR東海の役員あてに電話でのやりとりとそれを文字起こしした文書や写真などが送られてくる。二十八日には部課長クラス約五〇人、主要駅長らにも同様の資料が送られてきた。

筆者が入手した文書には、葛西がホテルで会った女性の名前、住所、趣味、外出する際に運転する車のナンバーまで細かに記載してある。文字起こしされた文書によって、葛西と「小沢」との電話でのやり取りを簡単に再現しておこう。

受話器を取った葛西に「えーと、葛西さんですね。うちの副社長の……」で会話は始まる。

「困りますね。私、JR東海の者ですけど、そこで何をしているのか、いろいろ調べさせてもらったんですよ」

「仕事をしてますよ」

「仕事をしてるわけないでしょう。ロビーの前で女性と会って、そこにお入りになった。とぼけたことを言うんなら部屋まで行ってビデオ見せましょうか。うちの社員、五、六人、そこの下にいるんだから、今、行きますよ」

小沢と名乗る男はさらにこう言って葛西に迫った。

「会社ではみんな迷惑しているんだよ。誰が会社派だとか、誰がアンチ会社派だとかさ。私はね、はっきり言って中間派なんですよ。会社を良くしようとしているわけ。それなのに何なのよ、あんたは！　要するに脅しとかそういうことでなく、あんたがちゃんと会社のためにやってくれってことなんだよ。ともかく、今の対立を止めさせてもらうことだ。社員として誰が何々派だとか、会社派だとか、そういういがみ合いを止めてもらいたいということだ」

この電話があったのは、JR東海労組の委員長・佐藤政雄ら少数派の旧動労系の組合員が、多数派組合員に追い詰められて窮地に立っている最中のことである。前述したように佐藤は委員長就任前に中核派に襲われ瀕死の重傷を負っており、松崎明直系の革マル派と見られていた。葛西は小沢と名乗る男が、佐藤委員長を支持する一派だと判断したのだろう、相手に対して説得を試みている。

葛西「われわれ会社は社員の気持ちをできるだけ吸い上げようとしているんですよ。いつか良い会社を作っていくために、そこだけは譲れないということもありますよ。みなさんもいい組合を作っていこうと思っているんでしょう。私はそのいい組合といい労使関係を作っていこうと思っているわけです。僕たちはいい会社を作るために国鉄改革をやってきたんです。それが間違えていたと思いますか」

男はこう反応した。

小沢「それはわかっていますよ。誤解はしていませんよ。うちらの会社はちゃんとやってきたというのが、僕らの考えなんですよ。だが、今起きている事態をどうするかですよ。組合の対立とか、社員同士のいがみ合い、組合同士はね、イデオロギーを持っているから対立するのはしようがないけれど、それが社員のいがみ合いにまで発展する、ということを止めさせることですよ。会社として、副社長として……」

葛西「どうしたらそれが出来るんだろうか」

葛西は逆にこう問いかけ、会社の立場を説明している。

葛西「私たちは少なくともJR東海労組が基軸となる組合として、立派な組合になり、立派な労使関係を作ることを望んでいるのです。会社の立場としては、労働組合が民主的な運営をし、大多数の社員の気持ちを反映した運動をやってもらうことが一番いいわけですよ。佐藤さん（委員長の佐藤政雄のこと）とは国鉄時代から一緒にやってきた仲間だから、ずうっと話をしてきたが、彼はだんだん僕のいうことをまともに受け止めてくれなくなった」

　葛西は説得を続ける。

葛西「国鉄時代の経験からいうと、会社の立場を捻じ曲げてしまうと、すべて狂うということです。会社としては今できることはやって、やってはいけないことをやらないようにするということですよ。たとえばね、昔はよくあったけど、この場だけを凌げばいいという仕切りをすると、問題はずっと尾を引くことになるんです。国鉄時代はその繰り返しじゃなかった？」

　葛西の〝弁舌〟に電話口の男は次第に追い詰められ、形勢不利と悟ったのか、そもそもの女性問題に話を切り替えようとする。

小沢「冒頭にあなたは仕事のためにその部屋にいるといった。それ（女性問題）も会社の仕事なのか、JR東海の副社長の仕事なの。厳然たる事実があるんだから公表するよ」

　葛西は「プライベートな時間で、その時間にも会社のことを考えているのだ」と逃げを打つ。相手の男は、

「副社長が公私ともちゃんとやっているかどうか、見ていますよ。それをやらなければ不真面目だ、辞めてもらいたいということを、うちの社員に訴えますよ。まあ、しっかりやってください」

　こう言うと電話を切った。

「スキャンダル」は写真週刊誌に

九月に入ると、JR東海労を中心とした〝葛西糾弾〟の動きは一段と激しくなる。九月六日に発

売された写真週刊誌「FOCUS（フォーカス）」（新潮社・九月十三日号）は、「『狙い撃たれた』JR東海副社長―個人的『スキャンダル』をバラ撒かれた背景」という見出しの記事を報じた。同誌には葛西が左手にカバンを下げ、パレスホテルのフロントに立ってチェックインする写真が掲載されている。記事は「国鉄時代に分割・民営の旗頭として名を馳せた『改革3人組』のひとりで、JRきってのキレ者、実力者といわれる。その葛西氏が、いま『女性スキャンダル』で揺さぶられている」という書き出しで始まる。

「FOCUS」編集部に送りつけられた「怪文書」には、この写真のほかに葛西がホテルロビーに女性と一緒にいる写真やビデオもあったという。怪文書の発送者は「葛西氏とその女性が6月から7月にかけて何度もホテルで会った」と記していた。「これが本当だとすれば、彼らはかなり長期間にわたり葛西氏周辺を見張っていたことになる」（同誌）。そして「仕掛人は誰か」としてある「事情通」の話をこう書いている。

「8月9日、JR総連の福原《ふくはら》福太郎《ふくたろう》委員長（旧動労グループ）が、葛西副社長を訪ねて来て、〝こんなものが出回るよ〟と今度バラ撒かれたのと同じ怪文書を見せ、〝10日昼まで東京にいるから連絡をくれ〟と言った。8月11日の東海労の分裂結成大会の前の段階で、佐藤委員長をJR東海労組の委員長職に留めるよう努力しろ、という意味です。が、葛西側がそれをしなかったので、後はスキャンダルを段階的にリークしていった」

記事は公安関係者のこんな解説で締めくくっている。

「今回のスキャンダルは、どんどん勢力範囲を失って危機感を抱いた、旧動労グループのドン、JR東労組の松崎明委員長の作戦と思われる。松崎は自分では辞めたと言っているが、革マルを辞めてはいない。葛西氏を尾行したり写真やビデオを撮る技術も非公然行動隊でなければ無理です」

ここに登場する「非公然行動隊」の実態は後ほど詳述するが、革マル派の暴力装置である非公然組織が、対立セクトや公安当局などに盗聴や盗撮を繰り返していたことが明らかになるのは、この数年後のことである。

*　　*

葛西副社長に対する〝女性スキャンダル〟の脅しも功を奏さず、八月十一日、佐藤政雄委員長ら少数派はJR東海労組を飛び出し、JR東海労を結成する。佐藤政雄ら東海労は九月十四日に東京・芝で〝JR東海・葛西副社長糾弾集会〟を開いたことは前述したとおりだが、マスコミも駆けつけたこの会場で、パレスホテルで撮影された〝スキャンダル・ビデオ〟を繰り返し上映し、葛西辞任要求を決議する。こうした反葛西の行動は、次第に常軌を逸して拡大していった。

JR東海労は十一月九日に臨時大会を開催し、二七項目に及ぶ要求を会社側に求め、スト権確立の投票を決定、同二十日にはスト権を確立する。同二十五日に東京都内で開いた中央闘争委員会で「十二月七日午前零時以降、ストライキを含む戦術を実施する方針」を決議した。二七項目の要求の中身は、会社施策に関して見解を求めたものや会社施策に対する要望、人事権に関するものなど、すでに労使協議の場で話し合いがついていたり、労使協約で双方が合意しているもののむし返しがほとんど。須田寛《すだひろし》社長（当時）も「団交で話し合う必要のない要求ばかりで、労働運動として筋が通らない。交渉の余地はない」と一蹴した。

しかし、佐藤委員長らは「交渉が不調なら職場全部かその一部を含むあらゆる形の闘争を行う。

やりだしたら一日や二日では終わらない」と宣言。東海労と同じくJR総連の傘下にあったJR西労も十一月二十日、中央本部大会を開き、JR東海労支援のストライキ権の確立方針を決めた。当時のJR東海の労組組織率は、多数組合の東海労組が六九％、鉄産労（旧国労主流派系）が一二％などで、佐藤委員長の東海労はわずか五・七％だった。しかし、東海道新幹線の運転士の四割以上が東海労に加入していたため、スト突入となれば新幹線ダイヤへの影響が懸念された。

JR東海では一九八八年（昭和六十三年）の春から大卒、大学院卒の新規採用をはじめていたが、こうした事態も想定して、九一年から、現場実習中の技術系、事務系を問わず、すべての新卒採用者に東海道新幹線の運転免許を取らせることにした。新幹線の運転免許取得には、四ヵ月ほどの座学と実習期間約四ヵ月が必要になる。万一、新幹線がストに突入しても、乗客への影響は最小限に食い止める体制を整えようとしていたのである。

JR東海労組は、JR総連に加盟する東海労のスト戦術を強く非難した。

「JR総連は街宣車を使うなど、所かまわぬビラ配布、駅頭での街宣活動を繰り返し、利用者の皆さんと社員の不安感を煽り、何事においても会社との対決姿勢に終始するという闘争至上主義への道をひたすら突き進んでいます。そして、いよいよ展望なき『ストライキ』の実施です。まさに会社倒産運動です」

会社側も葛西副社長へのスキャンダル攻撃が激化している最中だったが、それに怯《ひる》むことなく筋を通した会社見解を発表する。

「ストを背景に理不尽な内容の要求を押し付けようとするごとき一部の圧力に屈すれば、まじめな労働運動を行っている九五％の他組合員からの信頼を失うことになる。ストを背景にすれば、何でも出来るということになり、平和的労使関係を大切にしようとする組合がバカをみるという空気を醸成することになる。このことは、まさに国鉄時代の忌むべき労使関係への逆戻りであり、ＪＲ東海全体の労使関係が大変な混乱をきたすことになる」

ＪＲ東海労がスト方針を決めてからＪＲ東労組の松崎明委員長、ＪＲ総連の福原福太郎委員長は急ピッチで、しかも活発に政界や運輸省に対する働きかけを始めた。ストを背景に会社を揺さぶり、運輸当局に圧力をかけ、運輸大臣を引っ張り出して仲介役を果たさせ、会社側に譲歩させようという作戦だったのだろうが、政治工作は功を奏さず、十二月三日には同七日から予定していたストなどの争議行為の決行を一週間先延ばしすることを決めた。それはＪＲ総連や松崎一派の事実上のギブアップ宣言だった。

「経営陣の不正を告発するＪＲ東海新聞」

ＪＲ東海労組や葛西副社長に対する正面からの攻撃は挫折した格好になったが、年が明け一九九二年（平成四年）になっても、ＪＲ総連の攻撃は止むことはなかった。ＪＲ総連は二月六日には臨時大会を開き、「葛西副社長の責任追及に縦横無尽に取り組む」ことを決め、ＪＲ東海労も九日の臨時大会で葛西の辞任要求を決議した。三月に入ると、旧動労系三組合（ＪＲ東海労、ＪＲ西労、ＪＲ九州労）は賃上げ要求にからめて街宣活動、ビラ配り、集会などで辞任要求を活発に繰り返す。同時にその裏側で正体不明の陰湿な嫌がらせが延々と続いたのである。

当時、国際情報誌として企業追及レポートなどを掲載していた「Thinking Now」（株式会社ジェイ・ピー・イー発行）という月刊誌があった。この雑誌が同年一月号に「辞任モノ・不倫醜聞事件で出てきたJR東海副社長の野望と挫折」という記事を掲載する。二月号で「不倫スキャンダルで反響続々　JR東海副社長、葛西敬之氏に辞任を勧告するこれだけの理由」という続報を載せる。一月号の記事について「よくぞ、JR東海という伏魔殿にメスを入れてくれた、という反響は大きかった」と自賛し、「JR東海の監視体制をかいくぐって読者から寄せられた情報をもとに、特報班が長期取材した」という葛西批判の特集である。

この特集とは別に「いま、JRが危ない！　その実情を現場の渦中から訴える」という記事が同載されているが、その筆者は「JR東海労・元機関助士、船戸秀世」。当時のJR東海労副委員長である。船戸は「乗客の皆さん、JR東海の新幹線の運転台にド素人の運転士が乗るという事態をご存知ですか」という書き出しで、会社が打ち出した「男子大卒社員に約四ヵ月の座学、さらに約四ヵ月の技能研修で新幹線の運転士の資格を与える」という運転士の〝速成養成〟方針が、「乗客にとっていかに危険な計画であるか」を訴えている。

同誌は三月号から発行所、発行人なども一変するが、四月号は発行されないまま休刊となった。この雑誌の後を継ぐかのように同年四月二十三日付を第一号として発行されたのが「経営陣の不正を告発するJR東海新聞」というタブロイド判、八ページのカラー四色刷りの新聞である。創刊号の一面大見出しは「JR副社長　葛西氏　愛人関係を認める」「女性問題で辞意表明→撤回のドタバタ」。ホテルの一室でバスローブ姿の葛西の写真などが掲載されており、かなりの時間をかけて周到に準備し、盗撮していたことを示している。さらに第二号（五月十四日付）の一面見出しは「愛人問題で葛西副社長夫妻　破局へ」「K夫人、本紙に激白」。全紙面が虚実取り混ぜて葛西とJR東海攻撃に割かれ、尾行、盗聴、盗撮などをしなければ入手不可能と思われる情報で埋められている。

この新聞の発行所は架空の「JR東海新聞社」。所在地は東京・八重洲で、当時のJR東海の東京オフィスと同じ地番となっている。発行日にはJR東海の本社はもとより東京駅、名古屋駅などJR東海の主要駅で大量に配布される。さらに各新聞社や運輸省の幹部などにもバラ撒かれた。第三号は十月一日付、四号は翌九三年二月二十五日付。第四号の一面大見出しはなんと「葛西副社長業務上横領容疑」「懲りない葛西氏　労組対策費を着服」。今日的に言うなら、「フェイクニュース」になるのだろうか、とにかく、嘘っぱちの情報でも葛西追い落としに役立つなら何でも書く、といわんばかりである。

＊　＊

パレスホテルにチェックインした葛西に電話した正体不明の男たち、「Thinking Now」を発行していた者たち、「JR東海新聞」を制作してバラ撒いた者たちは何者だったのか。執拗に、執念深く葛西とJR東海を貶めようとするその正体は明らかにはならなかった。

しかし、盗撮、盗聴、尾行などのその手口から推測すれば、非合法組織で相当に訓練された手練《てだれ》の者たちと言わざるを得ない。また、「JR東海新聞」の編集や記事から見れば、編集や印刷のプロ集団も背後に存在した、と見てもよい。「Thinking Now」を発行していた出版社は、同年八月に過激派「革労協」（社青同解放派）に襲撃されて死亡した元JR貨物労組教宣部長・中村辰夫が再就職していたJR貨物の関連会社「飯田橋紙流通センター」の目と鼻の先にあったという。革労協の機関紙「解放」はその犯行声明の中で、中村が「Thinking Now」の編集・発行・販売に関わっていたことを臭わせている。

松崎明は後に若者向け雑誌「宝島」（一九九四年八月二十四日号）のインタビューで「葛西JR東海副社長は『JR東海新聞』という発行元不明のタブロイド新聞で、愛人との密会現場をフォーカスされていますね。あれを仕掛けたのは松崎さんですか」などというきわめて率直な記者の問いかけに、概略、こう応じている。

「あれはまったくちがいます。ただ、素晴らしい新聞だと思っています。事実だからですよ。葛西さんがあの写真を否定なさるなら、マスコミの前で堂々と否定すべきですよ。少なくとも『週刊宝石』が四ページで組んだグラビアが発行前に消されたんです。キヨスクに圧力をかけて、その記事を全部、ボツにしたんです。私たちはそのグラビアを持っています。お見せしましょうか。（追跡取材したのは）おそらく革マル系でしょう。私はそう思いますよ。尾行するのはある種の集団でなかったら出来ないですよ。どう想像するかは自由だが、私が革マル系と言ったのは、たぶんそうだろうと思うということです」

松崎は追跡取材したのは「革マル系ではないか」と他人ごとのように言い、「盗撮したのは革マル系」と口にしている。「俺はもう革マルではないのだ」と言外に強調したかったのだろう。しかし、彼自身が「葛西と闘う」と〝闘争宣言〟をしており、その集団の正体が革マル系かどうかは別にして、こうした一連の陰険な葛西追い落とし工作に大きな影響を与えていたことは否定できないだろう。

多発する怪事件

一九九三年（平成五年）に入ると、こうした〝紙爆弾〟での攻撃だけでなく、実害を伴う〝怪事件〟も発生し始めた。六月二十九日に葛西が学外講師として招かれた長野県松本市の信州大学経済学部の構内で暴漢に襲われたのである。午後一時すぎ、葛西ら関係者四人が講演会場の大教室に向かう途中、大教室の入り口あたりに待ち構えていた数人の男が、いきなり生卵十数個を葛西に投げつけたうえ、缶入りの青ペンキを全身に浴びせかけた。後方にいたひとりが卵やペンキを浴びた葛西の姿を写真に撮り、証拠となるペンキ缶を持って逃走する。同行していた社員が逃走した犯人を追いかけたが、そこでまた別の男ふたりがその前に立ちはだかり、護身用のスプレーを顔面に向けて発射した。

松本警察署はその手口から、プロの過激派集団の犯行とみて、犯人グループのモンタージュ写真を作成、背後関係の解明に乗り出したが、犯人グループの特定には至らなかった。信州大学経済学部では、毎年、産業界のトップを講師として招いており、葛西もそのなかのひとり。聴講者は学生が原則だったが、一般市民の聴講も可能で、葛西の講義予定は「日経産業新聞」などにも掲載されており、長野県外でも知ることができた。

この信州大事件の前後、ＪＲ東海管内の東海道新幹線で列車妨害事件が頻発する。最初の事件は六月十日未明に起きた。岐阜県関ヶ原町付近の新幹線上り線路上で、寸断されたワイヤーロープなどが散乱しているのを点検中の保線作業員が発見する。ちぎれたワイヤーロープは長さ一〇九・五センチから一七三センチまでの七本。上り線のレールと敷石の間にワイヤーを幾重にも敷き、両端を作業用の留金具で留めてあった。列車の車輪が留金具を引きずりワイヤーロープが引きちぎられたと見られており、列車脱線に繋がるおそれもあった。さらに八月二十八日午後十一時ごろ、関ヶ原町の事件現場から約二三キロ離れた滋賀県彦根市郊外で新幹線下り最終列車「のぞみ三〇三号」が異常音を発し、それに気づいた運転士が急ブレーキをかけ、停車した。ここでもバラバラになった三種類のチェーンと留め金具二個が発見された。

この事故四日前の八月二十四日、東京第一車両所で清掃作業員が「こだま四六四号」の三号車の座席で縫い針一本を発見する。同三十日には岡山新幹線運転所で「ひかり一〇一号」の一五号車の座席で縫い針一本を清掃作業員が見つけた。縫い針や虫ピンを座席におく不気味な事件は九月に入ると急増し、九月の一ヵ月間で六三件にも達した。さらに十月には月間で六六件と増え、十一月にも四三件、十二月にも二二件と続き、年が明けても止むことはなかった。警察当局も捜査に乗り出すが、東海道新幹線から山陽新幹線まで現場が広範囲に散在してい

滋賀県彦根市の東海道新幹線下り線で発生した列車妨害事件の現場に残されていた３種類のチェーンと、チェーンをレールにとめたと思われる２つの留め金（朝日新聞）

るため、犯人の特定はできなかった。しかし、犯人は単独犯ではなく組織的な犯行であることは確実、と見ていた。

松崎明はこうした一連の事件について一九九四年（平成六年）一月に開かれたＪＲ東労組主催の「新春セミナー」で、「事件はいずれも葛西の〝自作自演〟だ」とこう語っている。

「私が一連の事件の背後にいるという者がいるが、私がどうして『のぞみ』をひっくり返さなきゃならないのですか。どうして卵をぶっつけなきゃあならないのですか。そんな自作自演をやっておいて、かわいらしい卵とペンキだけというのは、自分の身内でなきゃあやらないでしょ。まさに自作自演ですよ」

このセミナーには住田会長、松田社長（いずれも当時）ら最高幹部も出席していた。ＪＲ東日本関係者の中には「一連の騒ぎはＪＲ東海の葛西副社長らに対する脅迫だけでなく、当事者以上に恐怖感を抱いたのは住田さん、松田さんなどＪＲ東日本の経営者たちではなかったか」と見る向きも多かった。

「マフィア化するＪＲ東労組」

こうした一連の陰湿で執拗な事件が頻発するウラには松崎明がいるのではないか、と見ていたのが、時事通信政治部の解説委員時代に第二臨調のメンバーのひとりとして「国鉄分割・民営化」の〝旗振り役〟を果たした屋山太郎《ややまたろう》だった。屋山が「文藝春秋」（一九八二年四月号）に書いた「国鉄労使『国賊』論」は、国鉄改革に対する国民の世論に決定的な影響を与えた。

動労委員長の松崎明が〝コペルニクス的転換（コペ転）〟をとげ、動労が「国鉄分割・民営化」に全面的賛成にまわったころ、屋山は「文藝春秋」（一九八六年四月号）で「鬼の動労はなぜ仏になったか」というテーマで松崎をインタビューする。このとき、松崎はこう語っていた。

「暴れ放題暴れて、言いたい放題言ってきたかつての動労には、国鉄の牙ないしは爪みたいな側面があったと思いますね。しかし、私自身の価値観が変わってきたところがあるんですよ。遅ればせながら、ようやく社会が見えてきた、という感じなんです。率直に言えば、なんとしても国鉄に残っていたいという一心なんですよ。鉄道を心から愛しているから、どうしても国鉄で働きたいということなんです」

屋山は松崎にこう問いかけている。

「動労はいい子ぶって嵐の過ぎるのを待っているんじゃないか、そのうちにまた仮面を脱いで鬼に返るのじゃないかと、疑心暗鬼で見ている人が結構いるんですよ。松崎の世を忍ぶ仮の姿だとね」

松崎はこう答える。

「残念ながらその期待にはそえません。変節なんですから。その変節が正しいんですから。変節が変節すると、動労は元に返ったのかと言うかも知れないが、われわれはマルクス・レーニン主義には返らない。動労は元には返らないのです」

このインタビューから六年余の時が流れ、松崎と彼が支配するＪＲ総連・東労組は屋山が懸念したように「仮面を脱いで、鬼に返った」としか思えない状況が続いていた。屋山は一九九二年（平成四年）三月発売の「ＴＨＩＳ　ＩＳ　読売」（四月号、読売新聞社）の「屋山太郎の激評」欄に「マフィア化するＪＲ東日本労組」と題して要旨、次のように書き、ＪＲ東日本の経営陣とＪＲ東労組を強く批判した。

①　東日本の松田副社長は組合での講演で「われわれは経営協議会で山形新幹線の建設計画から（種々の）投資問題にいたるまで、会社の基本的な施策について、パートナーである組合側と合意に達してから実施する」と述べているが、投資や経営方針まで労使で決めるということは、癒着もきわまれり、である。労使協議は労働条件について行われるべきもので、そもそも会社は経営方針が失敗したとき、労働組合が責任を負える仕組みにはなっていない。

②　松崎委員長はＪＲ各社の組合に「スト権を確立し、スト指令の権限をＪＲ総連に委譲するよう」に求めたが、この方針に旧鉄労系が強く反発し、西日本、東海、九州、四国の各労組が分裂する騒ぎが起きた。松崎はこの騒ぎを、ＪＲ西日本の井手、ＪＲ東海の葛西両副社長が画策したと攻撃しているが、国鉄は分割されたのであり、各社には各社なりの経営方針、労務方針があり、松崎が他社の経営陣を攻撃するのは異常である。これは松崎が単に総連傘下のＪＲ東労組の委員長だけでなく、実態的にＪＲ総連を牛耳る黒幕であることを如実に示している。

③　松田副社長は「松崎委員長が革マルかどうかは関係ない」と言っているが、それは経営者の発言として聞き捨てならない。米国では一九三〇年代に労使間でのイデオロギーの対立は消滅したが、労働運動はマフィア化した。東日本で起きているのは労働運動の革マル化、マフィア化ではないのか。いま、ＪＲ東日本では社内言論の自由はいっさいなく、中間管理職は

息を殺して成り行きを見守っているのが実情だ。住田社長、松田副社長らは社内の不満がまったく聞こえぬフリをし、松崎らの言論封殺に手を貸している。

この「屋山論文」はわずか二ページの短いものだったが、JR東日本の労使は猛然と反発、屋山には抗議が相次ぎ、松崎とJR東労組は四月十六日、屋山と発行元の読売新聞社を相手取り、総額二二〇〇万円の損害賠償を求める訴訟を東京地裁に起こした。労使が一体となってのJR東日本の労使関係への批判者に対する〝言論封殺〟はその後も続くが、その第一弾がこの屋山論文に対する〝拒絶反応〟だった。

しかし、労使双方からの強い抗議に、読売新聞社の渡邉恒雄社長（当時）は「松崎のような品のない男とはたとえ訴訟であっても付き合うことはない」との理由で、同年九月、陳謝し和解する。屋山は不満ながらもそれに従ったという。「品がない男とは付き合わない」という程度の理由で渡邉社長が引き下がるには、JR東日本の経営陣や政権筋から強い「和解」への根回しがあったと見ても間違いないだろう。

幹部発言マル秘メモ「西や東海はバカだ」

屋山に「社内の不満が聞こえぬフリをして松崎の言論封殺に手を貸している」と非難をあびた住《すみ》田《た》正二《しょうじ》社長、松田昌士《まつだまさたけ》副社長は翌一九九三年（平成五年）六月の株主総会で、住田は会長に、松田が社長に昇進、JR東労組の松崎体制は一段と強固なものになった。松田の社長就任が内定したこの年の三月、経営首脳の意向として中堅幹部に伝えたという「文書」が残されている。この文書には「幹部発言メモ（秘）」と記され、「極秘」扱いとされた。この発言メモには、JR東日本の最高幹部（住田会長、松田社長）の松崎らJR東労組に対する「労政の基本的な姿勢」が率直に示されている。

「仙台や新潟などで東労組の中が少しガタガタしている。株上場を前にして労使関係の乱れが表に出るのはいかにもまずい。この動きは、去年、西日本や東海でJR連合ができたときから当然くると思っていたが、思ったより早かった。処置を誤れば大きな動きになる。だから十分注意する必要がある。とりあえず、上場までは抑えろと言え。主管（筆者注：各系統の責任者）を通じて圧力をかけるのが一番効くと思う。バレないように電話を使ってやるほうがよい。バレたら不当労働行為だから、気をつけてやってくれ。バックにJR連合がいるからあまり嘗めてかからないように」

「松は革マルじゃないか、という話も出ているが、それはそうに決まっている。会社として松が革マルじゃないなどと一度も言ったことはない。しかし、松は生き延びるために会社に協力する姿勢を取っている。共産党や（社会主義）協会派と闘わせるには、革マルを使うより手はないというのが、会社の判断だった。この方針は間違ってはいなかった。西や東海のように革マルを切って暴れさせるのは得策ではない。あれはバカだ。ストをやられて（スト権を確立されて）困っているようだが、あれは自業自得だ。東日本ではストをやらせない。今後もやらせない。これが東の方針だ」

「松の最近のやり方には（経営幹部も）少々、頭に来ているようだが、おとなしくさせておくにはこの方法しかない。少々高いアメをしゃぶらせても結局はその方が安上がりだ。これも東の労務方針だ。松はやってもせいぜい二、三年だ。年齢はごまかせない。松が委員長をやめれば革マルはたいしたことはない。嶋田なら取り込める。JR総連がナショナルセンターの連合とまずい関係になっているようだが、あれはまずい。連合を脱退するような事になれば、会社としてもカバーしづらくなる。脱退したら付き合えないと大塚を通じて福原に言わせてある。東海のこともやりすぎだ。誰が見たって革マルの仕業と思うのは当たり前だ。あれは東へのブラフでもある。この方針はトップも承知していることだ。柴田監査役も承知している」

最後のくだりに出てくる「柴田監査役」とは元警察庁警備局長・柴田善憲《しばたよしのり》のことで、いずれ警察庁長官か警視総監を務める逸材と言われながら、〝不祥事〟によって近畿管区警察局長に左遷され、JR発足と同時にJR東日本の監査役に就任した人物である。当時、JR東日本内部には、「柴田監査役こそ松崎ら革マル派の〝監視役〟」と期待する声が高かった。

しかし、柴田監査役も松崎たちに完全に取り込まれ、その期待は裏切られることになるのである（第六章で詳述）。「松」とはもちろん松崎明・JR東労組委員長のことであり、「嶋田」とは東労組副委員長の嶋田邦彦《しまだくにひこ》で、有力な後任委員長候補である。「大塚」は大塚陸毅《おおつかむつたけ》・JR東日本労務担当役員（後に社長）、「福原」は福原福太郎・JR総連委員長である。

住田会長―松田社長体制のもとでの「労務の基本姿勢」は、この文書が明確に述べているように、松崎に少々高いアメをしゃぶらせても、革マル派を暴れさせずに、会社の方針に協力させることがもっとも得策であり、次期委員長に嶋田邦彦が就任すれば取り込める、ということだった。しかし、この「基本姿勢」は、後に嶋田邦彦が松崎の逆鱗に触れ辞任に追い込まれることによって、大きな誤算が生じることになる。

松崎批判に報復人事

先の「幹部発言メモ（秘）」の冒頭に「仙台や新潟などで東労組の中が少しガタガタしている」と記されているように、JR総連に対峙するかたちで生まれたJR連合の勢力が箱根山を越えて東側に〝飛び火〟する。まず火の手が上がったのが、JR東労組の仙台地本からだった。一九九三年（平成五年）十二月十二日、同労組仙台地本の旧鉄労系二〇〇〇人の組合員がJR東労組を脱退して「JR東日本新労組（東新労）」という新組合を旗揚げする。JR東労組約五万五〇〇〇人のごく一握りであり、労使双方からの厳しい締め付けの中での発足だった。

委員長に就任したのはかつてJR東労組発足時に副委員長を務めた長沢昭夫である。「東新労」はその声明文で結成の決意をこう述べた。

「われわれがたとえ地方単独であっても、新組織の結成を決意することになったのは、JR東労組が急激に偏向し、批判を許さない組織へと傾斜していったことである。一方的な組合員の統制処分、大会での発言に対し、傍聴者を動員しての怒号と罵声、自由にモノが言えない批判を許さない体質、反戦青年委員会の再来を思わせるような平和運動など、もはや民主的労働運動からかけ離れてしまっている」

「JR東労組幹部の悪辣な攻撃と、それに手を貸す会社側の態度の前には、内部改革も不可能になってしまった。熟慮に熟慮を重ねた結果、JR東労組と訣別し、今、私たちはここに新たなる理念

を掲げ『新労働組合』を結成することを決意した」（傍点筆者）

会社側はこの動きを結成大会前に摑んでいたのだろう。結成大会二日前の十二月十日、東新労の役員に就任予定の三人に対し、配転・出向の人事を発令する。強烈な先制パンチだった。委員長就任予定の長沢はＪＲ東日本の福島県郡山出張所へ配転、吉田正良副委員長は東京・新宿のＪＲ東京総合病院へ転勤、小野一夫副委員長も仙台市内の子会社への出向を命じられたのである。会社側は「東新労結成前の発令であり、組合問題とは関係ない」としたが、誰の目から見ても先手を打った報復人事であり、東新労は会社側を「不当労働行為」として仙台地方労働委員会に提訴した。

＊　＊

翌九四年（平成六年）六月五日から三日間、ＪＲ東労組の本部大会が群馬県水上町《みなかみまち》で開かれた。この大会を機に松崎明委員長は退任して書記長の菅家伸《かんけひとし》に道を譲ると公言し、その人事案は大会方針案にも記載されていた。菅家は旧鉄労出身であり、菅家が委員長に就任すれば左翼色の濃い活動が緩和されるのではないかという期待が、旧鉄労出身の組合員が多数を占める新潟地本では強まっていた。「ところが大会会場では驚く光景が展開された」（鈴木均『何するものぞ!!　ＪＲ東日本民主化・新潟の闘い!!』）のである。

『何するものぞ!!――』の著者・鈴木均《すずきひとし》は当時、ＪＲ東労組新潟地本執行委員（支社支部委員長）で、この後、ＪＲ東労組から分離・独立した「ＪＲグリーンユニオン」を立ち上げることになる。

大会初日、数名の代議員から「松崎氏の委員長退任を惜しむ、ぜひ続投を」という発言が続いた。鈴木たちは退任が予定されている松崎委員長の「労をねぎらう」発言で、退任の〝花道〟の演出と受け止めていた。しかしそれは、「本当にまだこの組織を知らない者の、浅はかな見通し」でしかなかった。初日の日程が終わると、鈴木たち新潟地本の代議員全員が、同地本書記長の松崎嘉明にホテルの一室に集められた。松崎（嘉）はこう訴えた。

「今日は各地方本部から松崎（明）委員長の続投を望む発言があった。（略）予定していた菅家氏は、現時点では適任でないという声が出てきた。新潟地本としても、ぜひ松崎委員長に対するエールを送らなければならない。そして新潟の組織実態を考えると、梅津（文男）企画部長に代表して発言してもらいたい」

梅津は新潟地本での旧鉄労の中心的存在であった。「事前に決まっていた委員長の交代を代議員の発言を借りて（松崎委員長続投の声が）下から盛り上がったことを装って、〝どんでん返し〟を狙っており、その芝居効果を高めるために旧鉄労を使おうとしている」と鈴木は思った。梅津が松崎支持の発言をすれば「効果は倍増する」。しかし、梅津は「私はできない」とはっきりと断った。慌てた松崎（嘉）書記長は「なぜ？　どうしてだ」と詰め寄った。

代議員たちの間で堂々巡りの議論が続く。結論が出ないままその夜は散会になったが、梅津の部屋には松崎書記長ら四人が押しかけ、梅津説得に当たった。しかし、梅津は最後まで首を縦に振らなかった。

大会は二日目以降、「松崎辞めるな」コール一色となる。大会最終日、最終発言者としてマイクの前に立ったのは松崎嘉明である。

「これまでに新潟を除くすべての地本代議員から、松崎委員長の続投を要請する発言があった。いま、我々を取巻く状況は決して穏やかではない。JR東日本会社と東労組の関係を妬む者、東労組に過激派が存在するかのように風評を流す者がいる。そしてそれは箱根以西の勢力に代表される形で、我が組合とJR東日本を攻撃してやまない。このような時、松崎委員長をおいて組織を導く人はいない。（略）恥ずかしい話であるが、新潟は松崎委員長に引き続き指揮を執って頂くための意思統一ができなかった。〝新潟の弱さ〟だと思う。その点をお詫びして今後の組織強化に努力することをお約束して発言とする」

こうして松崎委員長の続投が決定する。同時に新潟地本は分裂に向かって走り始めた。

「今は自重してほしい」

水上で開かれたJR東労組大会から一ヵ月が過ぎた七月三日のことである。JR東日本新潟支社の鈴木均の職場に新潟地本企画部長の梅津文男が訪ねてきた。

「松田社長に呼ばれている。ぜひあなたにも同行してほしい」

梅津は深刻な表情でこう切り出した。「なんの話かわからないが、新潟の組合情勢を知りたいのだろう。いずれにせよ、本社のトップの話を聞いておくことは悪い話ではない」と鈴木は受け止めて、東京へは同地本村上支部委員長の渡辺譲を加えて三人で行くことになった。

松田が指定してきたのは東京・紀尾井町のホテル・ニューオータニのガーデンコート二九階にある法人会員制のレストラン。かつて取締役東京駅長を務めた〝ノンキャリの星〟で、当時、東日本鉄道文化財団理事長の木下秀彰が同席していた。鈴木は木下とは面識があったが松田社長とは初対面である。松田は「水上の大会はねぇ、非常に残念だった。松崎は確実に退任するはずだった。しかるべき落ち着き先も確保したんだよ。まさかねぇ……」と切り出す。「続けて話した内容はおおよそこうだった」と鈴木は書いている（『何するものぞ!!――』）。

「私としては、松崎をこのままにしていいとは思わない。当時、国鉄改革を成すには国労を倒す以外ない、そのためには、それを上回る力が必要じゃないか。鉄労だけじゃ足りないよ。だから社員労（筆者注：管理部門の職員たちの組合組織）などもね。作ってもらわざるを得なかった。そこに動労を、こちら側にという事だね。松崎にまとめさせるしかないじゃないか。彼はそれをやれる男なんだな。（略）だからといって、〝いつまでも〟というわけにはいかない」

「（彼は）過激派を抜けてはいないよ。あれは転向なんてしていない。わかっているんだ。でも、松崎もたいしたもんだ。自民党や秦野元警視総監に取り入っているだろう。取り締まる側に貸しを作って懐に入る。ポーズだけどね。松崎支配の現状を変えるには、現状をよく認識して打つ手は確実に打っていくこと。会社がやるべき事、皆さんがやるべき事、それぞれが確実に行なう。それを組み合わせていくことだな」

これに対し鈴木たちは現場の状況をこう説明し、松田の見解を求めた。

「会社にもし、現在の旧動労活動家が数年後に退職してしまえば、自動的に厄介者の一掃ができるという考えがあって、その時機を待つつもりならそれは間違いです。彼らは現在も秘密の学習会を開設し、その中で平成採用の若手にまで〝階級闘争〟を繰り返し教えています。時を待つだけでは彼らの路線は継続してゆく。またシニア層は組織内組織を作って、助役試験などにも関与を始めていて、管理者層へのもぐり込みを謀っています」

これに対し松田はこう述べた。

「社員教育などを足がかりに、会社の〝対松崎包囲〟の力をつけたい。そのためには皆さんは、今は自重しながら、東労組の中で戦闘力を保持し拡大してほしい。会社も座して待つつもりはない」

この発言はどこまで本音だったのか。新潟地本の旧鉄労系組合員の松崎への反発は強まっており、いつ沸騰するかわからない状態にあった。「松田の真意は新潟地本の動きを牽制することにあるのではないか」と疑問を持った鈴木たちはこう答えた。

「(松田社長の) 松崎の影響力排除の決意は理解できましたが、どのように実行するかを見せてもらうしかありません。JR東労組での内部改革は続けるが、努力の限界も感じ始めています」

鈴木はこの日の会合について「水上大会を経て、私たちの胸に溜まった憤懣を発散させる〝ガス抜き〟ともとれる。さらに前年十二月に仙台で『東新労』が結成されていることから、新潟の動向を把握する必要もあったのではないか」と振り返る。「松田社長と松崎委員長のふたりが巷間伝えられる〝癒着関係〟にあったのか否か、それはわからない。松田社長の優柔さが、結果的には松崎委員長の影響力増大につながったことへの感想を求められれば、『それは強く確信する』と言わざるを得ない」。

「JRグリーンユニオン」結成

松崎明は一年後の一九九五年（平成七年）六月二十日に開かれた第一回定期大会でJR発足以来八年あまり務めた委員長を辞任し、新たに設けた異例のポスト、「会長」に就任する。委員長退任と言っても、彼の力が衰えたわけではない。後任には前年の大会で委員長就任が内定していた菅家伸が選ばれた。菅家はすでに勢力の衰えた旧鉄労出身であり、松崎にとっては背後から操作しやすい〝傀儡《かいらい》〟として選んだのだろう。

だがその菅家が「委員長に就任して三ヵ月後の九月十五日に大宮市内のホテルで開かれたJR東労組分裂に向けた謀議に加わっていた」ことを松崎は内部通報で知り激怒する。

「この謀議には鉄労友愛会議の瀬藤《せとう》功《いさお》議長が指揮をとり、菅家ら約二〇人が密かに集まって、年内に新組織を結成することに合意し、資金の配分、役員名簿まで準備していたのだ」（JR東労組広報誌「こら」第三〇号）

鉄労友愛会議議長の瀬藤は新潟出身で地元の国鉄に就職後、鉄労入りし、鉄労新潟地本委員長などを歴任、鉄労解散に伴い発足した友愛会議議長となった人物である。松崎によると、菅家はこの会議で「JR東海の葛西はすばらしい経営者であると思う。私が（JR東労組の）改革運動をやり始めたのは四年前からである。私はその間、じっとがまんをし続けてきた」と挨拶したというのである。

「JR東労組分裂の陰謀に加担した」として、〝大宮会議〟に参加した二〇人のうち菅家伸ら五人は首謀者としてJR東労組を除名される。菅家は一年足らずで委員長ポストを追われ、後任にはJR東労組副委員長を務めた柚木《ゆずき》泰幸《やすゆき》が就任した。

この年の暮れも押し迫ったころ、旧鉄労の大先輩である瀬藤の影響下にあったJR東日本新潟支社の鈴木均たち約一〇〇〇人は、東労組を飛び出す。

十二月二十三日、新潟市内で労働組合「JRグリーンユニオン」の結成大会を開き、正式にJR

東労組と袂《たもと》を分かった。JR東労組新潟地本副委員長を辞任した古川吉男が中央本部委員長に、梅津文男が中央執行委員に、鈴木は初代の新潟地本委員長に就任する。

この動きは松崎のJR東労組にも会社当局にも事前に漏れていた。二十三日の「JRグリーンユニオン」本部結成大会の後に予定していた同グリーンユニオン新潟地本の結成集会を、急遽、前日の二十二日に繰り上げ、新潟市内の鉄道友愛会館で開いた。一日繰り上げたのは、JR東労組だけでなく、会社側からの新組合結成を妨害する動きが顕著になってきたためである。JR東日本本社と新潟支社幹部、JR東労組新潟地本は事前に合同会議を開いて「新組合結成阻止」で一致していた。

「とりわけ会社側は、なりふりかまわず新組合に対して抑圧の挙にでた」と鈴木均は言う。

職場の区長や駅長、助役などの管理者、あるいはその意を受けた同僚や親戚、はたまた国鉄就職時の保証人など、あらゆる手づるを使っての説得、泣き落とし、そして脅しまであったという。こうした状態の中で、一日も早く組合を結成、組合の地位を確立する必要があったのである。二十二日夕、その日の仕事を終えて新組合の結成会場に向かう鈴木を、新潟支社の幹部たちが建物の影などに隠れて見張りに立ち、彼の動向を監視していた。

JR東労組は「グリーンユニオンの結成は、多くの組合員や経営陣に対する裏切り行為であり絶対に許せない」としてそのメンバーに対して直接、間接に陰湿な切り崩し工作を繰り返した。会社側からも各地の現場で執拗ないやがらせが続いた。結成当初、約八〇〇人だったグリーンユニオンの組合員はまたたくまに二〇〇人にまで切り崩される。グリーンユニオンの新潟地本委員長となった鈴木には、年明けの一九九六年（平成八年）一月二十二日付でJR東日本の関連会社である「新潟鉄道整備会社」への出向の辞令がでた。新組合結成からちょうど一ヵ月後のことである。

新潟鉄道整備会社へ出向する直前、新潟支社総務課員を介して手《て》島《しま》寛《ひろし》調査役から鈴木に呼び出しがあった。手島は新潟県警の幹部を定年退職し、JR東日本に送り込まれた人物で、支社の経営会議のメンバーでもあった。当時、JR東日本の本社や各支社には二〇人を超す警察幹部が定年後、「総務部調査役」という肩書で送り込まれていた。警察当局とJR東日本の〝仲介役〟を務めたのが、元警察庁警備局長でJR発足と同時に監査役としてJR東日本に天下った柴田善憲である。

手島調査役は「支社の玄関前の駐車場の公用車内で待っている」という。駐車場には数台の車が並んでおり、その一台の後部座席に手島が座っていた。鈴木が「失礼します」と声をかけながら後部座席に乗り込む。運転手は席を外していた。手島は周囲に人目がないことを確認しながら口を開いた。

「今回の皆さんのことには驚きました。そのことについて私は何も言いませんが、あの組織には〝裏部隊〟があるので十分注意して下さい。鈴木さんは出向されるそうですが、どうか体には気をつけて」

鈴木が車を辞する際、餞別を渡された。「励ましとも脅しともとれるが、口調は丁寧で柔らかだった。〝裏部隊〟とは革マルのことを指すのか、その言葉からは定かではなかったが、その言葉には何をするかわからない組織、というニュアンスが重く伝わってきた」。

JRグリーンユニオンは、九六年の五月一日にJR連合に加盟する。仙台に生まれた東新労は一足先にJR連合に加盟していた。八月二十四日、グリーンユニオンと東新労は組織を統合し、組織名を「ジェイアール（JR）グリーンユニオン」とする。箱根の西側に比べれば組合員数は少なかったが、東日本管内におけるJR連合の確かな拠点が生まれたことを意味していた。

消えた「週刊文春」

「グリーンユニオン」誕生から二年ほど時計の針を戻したい。

一九九四年（平成六年）六月十六日発売の「週刊文春」（六月二十三日号）がJR東日本管内の駅構内の販売スタンド「キヨスク（KIOSK）」に一冊も並ばない、という前代未聞の異常事態が起きた。同日だけではなかった。異常事態は以後、三ヵ月も続いたのである。「週刊文春」の当時の実売部数は約七五万部、うちJR東日本キヨスクでの売り上げは約一一万部だった。同号から掲載が始まった「JR東日本に巣くう妖怪」と題する連載記事にJR東日本の労使が激しく反発、キヨスクでの「販売拒否」という信じ難い行動に出たのである。

インターネットが普及して、JR駅構内での雑誌の販売がピーク時の一〇分の一となり、キヨスクから雑誌が消える可能性まで取り沙汰される今日では想像の埒外だろうが、当時、週刊誌の部数はべらぼうに多かったし、駅のスタンド販売の影響力も大きかったから、この〝販売拒否事件〟は大騒動となった。

記事の筆者はルポライターの小林峻一《こばやししゅんいち》（一九四一年生まれ）。前年の一九九三年に刊行した『闇の男——野坂参三の百年』で第二五回大宅壮一ノンフィクション賞を受賞している。「JR東日本に巣くう妖怪」は「週刊文春」の取材班とともに約半年間の取材を続け、小林が執筆した連載記事である。第一回は「JR東労組の定期大会を前に、松崎明がこの大会で退任して最高顧問となり、菅家伸が委員長に就任するという確度の高い情報が流れている」という書き出しで始まる。

「JR各社内に流布されている怪文書等からも『革マル＝松崎』の払拭《ふっしょく》には限界がある。JR東労組内の組織分裂動向は菅家の出身地本である仙台から始まり、菅家の出身組合〝鉄労グループ〟によって燻っていることから、松崎は表面上は菅家を委員長として矢面に立て、組織の引き締めを図り『松崎＝革マル』色を薄め、その批判を軽減したいと判断したこと。この情報にはそれなりの説得力があった」として、松崎のもうひとつの顔である革マル派との関わりに詳しく触れている。

第二回（六月三十日号）は「松崎明東労組委員長への重大疑惑」。「ある事件の解決のために経営幹部とともに積極的に裏工作をしていたという事実を、ついに取材班はキャッチした」。ある右翼団体によるスキャンダル攻撃に手を焼いたJR東日本は、その解決に現金を渡す工作をする。その工作を行ったのが、当時の総務部長、花崎淑夫《はなさきよしお》で、現金を捻出したのが松崎明だった、という内容である。「この事件は警視庁捜査四課が知るところとなり、関係者の事情聴取が行われたが、花崎らは固く口を閉ざし、事件は闇に葬られた」。

第三回（七月七日号）は『新幹線置き針事件』秘められた謎」。前述した新幹線妨害事件や置き針事件を詳細に追い、最終回（七月十四日号）は「寄生肥大化した松崎労組」。その中で「ある管理者の打ち明け話」を紹介している。

「万一、反組合的というような見方をされると、組合側からはもちろん、会社側からもやられてしまうんです。組合と会社が一体なんですから。われわれ現場長はお互いの本音を言えず、疑心暗鬼に陥ってしまっているんです。ま、少数の集団が大きな組織を統制する場合、こういうことになってしまうんじゃないですか。かつて革マルが動労に喰い込み、支配するに至ったのもこのやり方だったのでしょう」

＊　　＊

小林ら取材班は五月中旬過ぎから住田会長や松田社長にインタビューを申し込むが、「ある種の意図、目的を持つ取材であるのでインタビューには応じられない」とすべて拒否され、逆に六月に入ると、全国のキヨスクで販売する雑誌の取次業務を行っている「鉄道弘済会」の新聞雑誌部長らが文藝春秋の営業局を訪れ、掲載中止を要請した。以降、鉄道弘済会だけでなくキヨスクを管轄する「JR東日本キヨスク」からも、再三にわたって「掲載中止要請」があった。当然、文春側はこれを拒否した。これに対してJR東日本側は六月十三日、文春側に『車内の中吊り広告の掲出拒否」や「傘下の東日本キヨスクでの販売拒否」「鉄道弘済会と文藝春秋との取引破棄」を一方的に通告する。

この措置に対し文春側は発売翌日の六月十七日、JR東日本と鉄道弘済会を相手取り「販売妨害の禁止」と「鉄道弘済会による契約破棄の無効」などを求める仮処分を東京地裁に申請した。JR東日本も文春を相手取り「批判記事を掲載したまま同誌を販売しないこと」や「続編の掲載禁止」などを求める仮処分を、同じく東京地裁に申請する。東京地裁は七月二十二日、「鉄道弘済会の『週刊文春』に対する販売契約解約通知は無効」と文春側の主張を認め、販売再開を求める仮処分が決定した。ところがキヨスク側は「週刊文春」が配達されてきても荷ほどきをせず、店頭に並べなかったり、並べても読者の目に触れないよう奥のほうに配置するなどの〝販売サボタージュ〟を行い、東京地裁の決定を、事実上無効にする挙に出たのである。

キヨスクでの販売拒否だけではない。JR東日本側は七月四日、文藝春秋や筆者の小林峻一を相手取り一億円の損害賠償と謝罪広告の掲載を求める民事訴訟を東京地裁に起こす。文春側は最終回で痛恨のミスをした。グラビアページで松崎と隣り合わせの佐藤政雄（当時JR総連副委員長）の写真を別人と取り違えてしまったのだ。文春側は翌週号（七月二十一日号）で謝罪文を掲載したが、佐藤はこれを不服として一〇〇〇万円の損害賠償を東京地裁に提訴する。さらにJR東労組も八月一日、連載記事で名誉を傷つけられたとして文藝春秋と筆者の小林に五億一〇〇〇万円もの損害賠償と謝罪文掲載を求める訴えを東京地裁に起こしたのである。

「JR東労組の定期大会で辞任する見通し」と小林が連載の第一回で書いた松崎明は、前述したように水上大会で代議員たちに周到に根回しし辞任をとりやめ委員長に居座っていた。この巨額の損害賠償について松崎は、マスコミの取材に対し「文春の記事はすべてアングラ情報に基づき、事実の検証がない。労組への取材要請もなく、列車妨害と関係があるような書き方をするのは、ためにする攻撃以外のなにものでもない」と息巻いた。

キヨスクでの販売拒否事件は事実上三ヵ月近くも続き、「企業防衛か、言論・報道の自由か」としてマスコミ界に大きな話題を巻き起こす。いうまでもなく日本国憲法では「言論・報道の自由」は保障されている。内容がたとえ意に添わないからと言って、流通を規制し、販売拒否をするのは

〝重大な言論弾圧〟と言ってもよい。JR東日本という日本最大の公共交通機関が、労使一体となって販売を拒否し、巨額な損害賠償を請求するという行動に出たのである。

販売拒否が始まった直後の六月二十六日付日経新聞朝刊で文藝評論家の江藤淳は、「国鉄時代に当局からの要請で、鉄道弘済会の売店の愛称を付けることになり、（当時）専務だったか取締役編集局長だったか、田中（健五）社長が提案した『キヨスク』が採用された」ことを明らかにしたうえで、こう憤った。

「名付け親の会社が発行している週刊誌の販売を、自社に都合が悪いからといって一方的に拒否するというのは、JR東日本も随分大人気《おとなげ》ないではないか。いや、そもそも恩知らずではないか。あれは国鉄時代のことで、JRは（民営化されて）会社になったのだ、義理も人情も〝清算〟済みというなら、そんな横柄な会社がどこにあるだろうか。（略）何を血迷ったのか、臭いものには蓋とばかりに『週刊文春』の販売拒否に出たとは驚いた。総務担当者が焦ったのか、スト体質がこんな形で表に出たのかは知らないが、いい加減に目を覚ましてもらいたい。（略）勝負はすでに目に見えている。勝者は『週刊文春』、敗者がJR東日本である」

マスコミ界のタブー

こうした事態に日本の代表的な出版社である文春側がどう対応するか、読者やマスコミ人の多くが固唾を飲んで見守った。文春側は八月中旬、田中健五《たなかけんご》社長や安藤満《あんどうみつる》専務、堤堯《つつみぎょう》常務などが「現状に手をこまねいているわけにはいかない」と解決の方向を模索しはじめる。田中社長は「圧力に屈するわけにはいかない」と強硬姿勢だったという。八月下旬、安藤専務がJR東日本の取締役総務部長の花崎淑夫に電話して九月十四日、「双方の会社から等距離の場所」で、安藤と花崎の間で最初の話し合いが持たれた。ふたりの会談は計五回。その内容は明らかではないが、最終回が掲載されてから三ヵ月後の十一月十日、文春側は突如、JR東日本労使に白旗を掲げたのである。

同日発売された「週刊文春」（十一月十七日号）は、誌面一ページの三分の二という異例のスペースを割いて「お詫び」記事を掲載する。誰の目から見ても文春側の〝全面降伏〟だった。翌十一日にはJR東日本と文藝春秋の間で「和解」が成立する。

文春側が「六月二十三日号の特集のうちこの記述は事実に反し、JR東日本の名誉と信用を棄損したので取り消します」として「お詫び」したのは次の三点だった。

①「総会屋対策費として十数億円が準備されたという噂も流れ、警察当局は今年の総会シーズンの最大のターゲットとして照準を合わせているというのだ」

②「初代社長に就任した住田正二会長に松崎委員長が突き付けたのは、動労解雇役員の再雇用だった。……その結果、クビなし役員がJR東日本の関連会社社員あるいは非常勤顧問に迎えられているケースが多くなっている」

③「分割民営化後、JR東日本で事故が多発したため、住田社長降ろしが浮上したことがあります……そこで、住田社長、松田常務、松崎委員長は金丸に会いにいき、住田社長の首をつないでもらったのです」

文春側が「事実に反する」として取り消したのは「第一回」に掲載したこの三点についてだった

が、この和解案を知らされた筆者の小林峻一は「苦しい選択を迫られた」という。争点三ヵ所については「記述の一部に多少の弱点があったとはいえ、何もここまでという思いが強かった。和解以外の選択肢も検討してみたが、諸般のリスクを考慮すると、これは断念するしかなかった」（小林峻一『JRの妖怪』イースト・プレス）。「諸般のリスク」のなかでも文藝春秋の「経営上の問題」は大きかったはずである。

JR東日本管内の全駅での「販売拒否」と言えば、熱海から青森に至る東日本全域のキヨスクから「週刊文春」が毎号消えるということである。その期間が長引けば長引くほど、企業経営にとって致命傷となる。企業防衛が優先され「表現・出版の自由」は退けられたのである。「率直に言って和解は緊急避難であったと当時も今も認識している」と筆者の小林は言う。和解後はキヨスクでの販売サボタージュは止んだからである。

文春側が「お詫び」して「取り消した」三点のうち②の〝クビなし役員の再雇用〟については、本書でも実名入りで書いたが、当時、JR東日本の人事課長だった内田重行（故人）は「住田社長は松崎明を信用しており、経営協議会で、住田社長の方から『労働組合の幹部の皆さんも経営の勉強をしてほしいので、子会社の経営陣に入ってくれ』と提案した。これを受けて旧動労時代に解雇された連中がいっせいに入ってきた」（井手正敬『国鉄改革回想録』）と証言している。

他の二点についても、あの時代、鉄道記者の多くはそうした情報が流れていることは知っていた。しかし、それを証明する証拠はあるか、と問われればそれはむつかしい。だが、逆に言えば、四回の連載記事は「第一回」のこの三点を除けば、すべて真実であることをJR東日本労使は認めたということでもある。

とはいえ、この「週刊文春」の「キヨスク販売拒否事件」によって、その後、JR東日本の労使関係の〝異常さ〟に触れることは、マスコミ界でタブー視されるようになっていった。創価学会が教勢を急伸長させていた一九六九年（昭和四十四年）、政治評論家の藤原弘達が池田大作創価学会会長（当時）や創価学会・公明党を批判した著書『創価学会を斬る』の出版をめぐり、著者や出版元への脅迫電話や嫌がらせの手紙が殺到した。さらに公明党・創価学会幹部が田中角栄《たなかかくえい》など有力政治家まで使い出版を差し止めようと画策、広告や流通過程まで介入して出版妨害に及んだことから、メディアが委縮し創価学会への批判がタブーとなった「言論出版妨害事件」を彷彿とさせる結末である。

販売拒否の〝仕掛け人〟

「JR東日本の労使関係についての批判は絶対に許さない」と同社管内のキヨスクから「週刊文春」を三ヵ月にわたって全面排除するという〝平成最大の言論弾圧〟を仕掛けたのは誰か。鉄道弘済会やキヨスクを管轄する「JR東日本キヨスク」に対して強力な圧力をかけられる立場にいたのが、この年の六月に取締役総務部長に就任したばかりの花崎淑夫という人物である。彼がJR東日本社内で「もっとも強硬にキヨスクでの週刊文春の販売拒否を主張した」と言われ、文春側との〝交渉役〟を務めた。

花崎は前述したように「週刊文春」連載第二回目の「松崎明労組委員長への重大疑惑」の登場人物のひとりでもある。記事は「JR東日本をめぐるスキャンダルをネタにある右翼団体が同社と松崎に対して攻撃をはじめたとき、花崎はN代議士を通じてある警察ＯＢの紹介を受け、この男の仲介によって右翼団体に現金を渡して攻撃を中止させた」と記している。同誌はこの記述を「訂正」しておらず、記事には裏付けがあったのだろう。

花崎淑夫は一九四六年（昭和二十一年）、静岡県富士市生まれ。県立清水東高校を経て東大法学部に入学。大学四年で受けた国家公務員上級試験の成績は三十四番だったが、「もっと人と接し、社会に貢献できる仕事」がしたい（「暮らしを変えた立役者」二〇一七年八月三十日付日経ＭＪ）との思いで一九六八年、国鉄を受験、採用された。鉄道マンの基本を現場で経験した後、名古屋鉄道管理局などを経て一九七八年（昭和五十三年）、本社職員局職員課の総括補佐となる。国労、動労などとの交渉窓口であり、このポストに就いていた四年間に当時、動労東京地本委員長だった松崎明と強い接点が出来た。花崎が総括補佐四年めに入ったころ、改革三人組のひとり、井手正敬《いでまさたか》が職員の人事を統括する秘書課長となる。

ある日、秘書課長の井手を警視庁公安部の捜査員が訪ねてきた。

「松崎明と花崎淑夫のふたりは毎晩のように銀座で飲み歩いている。ふたりは銀座で有名人だ。そういう金をあなた方国鉄は勝手に使わせていていてよいのか」

警視庁は〝革マル派の松崎〟を監視するなかで、国鉄幹部の花崎との深い関わりに疑問を感じ、井手に事情を聴きにきたのである。

「そんなことはない。ちゃんと理由があるものしか認めていない」

警察当局は「あのふたりはあまりに派手なので、銀座ではちょっとした有名人になっている。われわれはどういう金がどこから出ているのか追っているのだ」と事情を説明した。「それは私のほうで調べてキチンと対応しますから」井手はそう言って、捜査員に引き取ってもらった。

花崎は職員課の後は国鉄パリ事務所への転勤を希望していたが、さすがに「銀座で毎晩のように松崎と飲み歩いている男をパリに出すわけにはいかない」（井手正敬）。

花崎はこのときのことを前掲の「暮らしを変えた立役者」でこう述べている。


職員局の総括補佐として四年。そろそろ異動となったとき、当時の人事担当の秘書課長から「合理化で大なたをふるい、疲れたころだろう」という慰労の言葉とともに進路希望を聞かれました。「別の世界を見てみたい」と返した私にその後、秘書課長から耳打ちされた内容はパリ転勤。フランス語の勉強のため日仏学院に三ヵ月通いました。家族にも話をし、着々と海外転勤の準備を進めているところに、突如、秘書課長が交代。「あいつは総括補佐時代にやり過ぎた」。新しい秘書課長（筆者注：井手正敬のこと）が私のことをこう評しているという話が漏れ伝わってきました。


一九八三年、花崎が受けた辞令はパリではなく海外技術協力協会への出向だった。当時、国鉄から協会への出向はおもに技術系の人材が送り込まれており、「事務系の私が出向するということは周囲も私自身も『左遷なんだ』と受け止めました」と花崎はいう（同前）。花崎はその二年後にはさらに大阪・天王寺の駅ビル開発会社へと出向先は変わった。花崎にとっては屈辱的な左遷だった。「そうした時代に彼が本気で擦り寄ったのが松崎だった」と井手は言う。

国鉄分割・民営化後の各JR新会社への配属について、当初の秘書課の人事案では、花崎の行先は「JR東海自動車部」となっていた。それを「松崎が聞きつけたのか、花崎が頼み込んだのかはわからない」が、松崎が井手にこう頭を下げてきた。「とにかくいろいろの不祥事があったと思うが、今後、迷惑をかけないから、会社の本流でなくてもいいけれど、JR東日本においてやってくれ」。国鉄分割・民営化は最終段階を迎えていた時期である。動労を当局側の手の内に取り込んでおく必要もあった。井手は一緒に国鉄改革を進めてきた松田昌士に相談する。

松田はそれまで花崎との接点はほとんどなく、彼をよく知る先輩の数人に花崎の人物評を求めたところ、「花崎という男は〝諸刃の剣〟だ。使いこなせれば有能な人物だ」という。これを聞いた松田は「彼の行状の悪いのはわかっているが、この程度の松崎の言い分には付き合いましょうや」。松田には「〝諸刃の剣〟の花崎を使いこなしてみたい」との思いもあったのだろう。花崎はJR東日本の自動車部総務課長となった。「その後、花崎は松崎のエージェントとなり、花崎を通さない限り、松崎の意向が伝わらないようになってしまい、JR東日本ではどうしたって花崎を重用しなければならなくなった」と井手は述べている。

〝JRの妖怪〟松崎明は「消えた週刊文春」問題で言いたい放題（撮影94年／アフロ）

JR東日本発足の二年後、花崎は「関連事業部」の事業開発担当部長となる。このころ、新宿駅東口の駅ビル「新宿マイシティ」（現ルミネ）をセゾングループの堤清二が買収しようとしていた。事業開発担当部長の花崎は、先頭に立って堤グループと対峙し、その計画を阻止した。その実績を住田社長が高く評価し、取締役総務部長に抜擢する。花崎はJR東日本の常務取締役を務めた後、同社の子会社である「ルミネ」の社長に就任。首都圏の主要駅ビルを「ファッションビル」に育て、「暮らしを変えた立役者」(日経MJ)と呼ばれるようになる。花崎はたしかに〝使える男〟だった。

話を「週刊文春」の販売拒否事件に戻そう。事件が収束した一九九四年(平成六年)の暮れから翌新年にかけ「週刊現代」は「文春はなぜ全面降伏したのか」というタイトルで三号にわたって、その総括を掲載した。第一回(十二月二十四日号)で評論家・立花隆は「言論の自由の危機」だとしてこう憤る。

「文春の全面降伏ですよね。屈辱的な謝罪の内容だと思う。それにしても、ああいった形で流通を規制し、販売拒否をするなんていうのは紛れもなく憲法違反です。言論の自由には、言論の流通まで含まれます。それが巨大流通業者の手によって阻害されたという重大事件なのだから、文春は安易な妥協をせずに、正面から争うべきでした。JRの販売力に膝を屈する形で和解したのは今後に非常に悪い前例をつくったと思います。言論の自由の危機といえるでしょう」

これに対し花崎は「キヨスクで何を売ろうが売るまいが自由だ」(九五年一月七日号)と傲然と言い放ち、松崎は「販売拒否はまずかった」(一月十四日号)と述べている。

花崎「私たちは、キヨスクには公共性はない、と思っています。鉄道事業とはまったく別物だととらえているんです。だから、なにを売ろうが売るまいが自由だと思っています。JR(東日本)の子会社であるキヨスクが、自らの意志で文春の雑誌を扱わなかったとしても、それは単なる商習慣の問題ではないですか。(略) われわれは、あの記事が "言論" の範疇に入るとは思っていません。あんな悪意に満ちた報道が言論であるわけがない。（略）今回の措置はすべて妥当だったと考えております。文春側が、不本意ながら屈伏したなどというなら、われわれは断固として和解には応じなかった」

松崎「発売前日の六月十五日、あの記事の載った『週刊文春』を見て、JR東日本幹部のみなさんは激怒したと思いますよ。その瞬間、（理性を超えた）人間としての感情がでてしまったんだと思う。私自身も、その当日は、（販売拒否でも）当然と思いましたからね。しかし、あとでみなさんにいったのは、全部売らないというのはまずかったんじゃないの、あとでいろいろやった（キヨスクでの販売サボタージュ）なら、最初からできたんじゃないの、と。（略）彼ら（JR東日本の経営陣）は非常に優秀な〝官僚〟だと思いますね。防御意識の発達した集団です。ノーというためにいるんじゃないか、と思えるときもありますね。そういう、ある意味での傲慢さがある。結論からいうと、あの方法（販売拒否）はまずかった」

「週刊現代」はこの三回の連載の最後をこう結ぶ。

「たしかに、『流通の自由までも含む言論の自由』を争点に闘いはじめた文春は、なぜか、突如その御旗を下ろした。少なくともこの点が明確にならない限り、『文春は圧力に負けて全面降伏した』という見方はなくならない」

『JRの妖怪』が追い詰めた「リーダー研修」

「キヨスク販売拒否」事件から二年近く経った一九九六年（平成八年）二月、筆者の小林峻一は「週刊文春」での連載をもとに追加取材をし『JRの妖怪――かくて男は巨大組織に君臨した』と題する単行本を「イースト・プレス」から出版する。小林がこの著作でチャレンジしようとしたのは「イデオロギーをめぐる日本最大の戦場だった旧国鉄の一翼を担った『鬼の動労』が果たしてそのイデオロギーを棄てたというのは本当か」という問題意識だった。小林は前年の六月末、松崎に取材依頼とその際の質問状を送った。

質問状は「松崎委員長らの動労は（国鉄分割・民営化の際）劇的な変貌を遂げました。その変貌は額面通りなのか、それとも、なおイデオロギーの後遺症にあえいでいるのか、あるいは、イデオロギーにとってかわるなんらかの理念がほの見えつつあるのか」と問いかけ、①革マルからの離脱について　②分割に際してのいわゆる「松崎のコペ転」について　③JR総連が提起した「スト権論議」について　④いわゆる〝内ゲバ〟についての見解　⑤JR東労組の運営・機構について――など一三項目にわたっている。しかし、松崎から取材は断られ、質問状への返答もいっさいなかった。出版した『JRの妖怪――』についても松崎サイドからの表立った反応はなかったが、まったく予期しない方面にその影響は〝飛び火〟する。

JR東日本は一九九七年（平成九年）一月から三月までの期間に第一回の「リーダー研修」を開始した。「将来の職場のリーダーとなる社員の育成を目的とし、長期的な観点に立った人材を育成する」というのがその狙い。毎年二回に分けて一回に一〇〇人、年間二〇〇人の研修を計画していた。二年目の九八年も二回の「リーダー研修」が実施され、二年間で計四回、四〇〇人が受講する。この研修にJR東労組の松崎会長（当時）が「リーダー研修そのものに問題がある」と激怒し、「研修の即時中止」を求めたのである。その原因となったのが小林の書いた『JRの妖怪』だった。

松崎たち組合側は八月二十七日、「会社が実施した計四回の研修受講者の中からJR東労組に対して批判的な声が出てきた。研修そのものが反組合教育ではないのか」と会社側に迫った。組合側は、リーダー研修受講者に次のような行為があったと指摘する。

「受講者の大卒のひとりが、小林峻一の『JRの妖怪』を読んでみろよ、と他の受講者に渡し、これが受講者の間で回し読みされた。一部の職場では研修を終えた修了者が周囲の同僚たちにこれを読むように勧めた。またリーダー研修受講者と大卒社員が飲み会の席で『東労組衰退のために乾杯』と音頭をとった。彼らは『松崎の言っていることは革マルの言っていることと同じだ』などと言いふらした。JR東労組では、これらの研修参加者に対して『組織破壊者』として厳しい追及を行った」

JR東労組の「リーダー研修即時中止」の要求に九月十日、最初の団交が持たれた。

組合側（東労組）「『JRの妖怪』はわが社にとってまずいものだ。それが外からの攻撃に利用されているとするなら、否定して闘わねばならない。そういう認識が一致しているなら、組合が指摘する前に会社側が行動にでるべきではないか」

会社側「調査しているが、回し読みされたという点については把握できていない」

労使の意見はかみ合わない。

二回目の団交では、リーダー研修の即時中止を求める組合側と「問題点については組合側と議論を重ね、組合側の納得を得たよりよい内容のリーダー研修として今後も続けていきたい」とする会社側が対立、交渉は中断する。組合側はさらに三回目の交渉で「関係者の人事異動と処分の実行」を迫る。「防戦一方の会社側」という構図の中で交渉は一向に進展しない。以下は組合側と会社側の主張の概要である。

組合側「たとえ数名のことであってもリーダー研修修了者の中から反東労組的な動きがでるのは、JR東労組を内部から破壊しようとする輩が作り出す研修であるからだ。反東労組的言動をとる修了者は一部個人的なものではなく、リーダー研修修了者すべてに共通性がある。それらの者の背後には、それぞれ示唆あるいは彼らを肯定的に理解する特定幹部の意図が隠れている。リーダー研修は東日本会社トップの意向に背く結果を確実に生み出している。国鉄改革の功労者、住田会長、松田社長、松崎委員長の偉業を傷つけるような者を放置しておくべきではない」

会社側「調査の結果、関係者たちのなかに思慮の足りない者はいたが、まったく個々人の行為で、横のつながりや背後関係などは浮かんでこない。けっして組織的、系統的な動きではない。思慮の足りない行動にはきびしく注意、指導もした。遺憾なことはいくつかあったが、研修中止に繋がるほど重大な事象とは認識していない。中止ということではなく、リーダー研修の内容に問題があるなら、組合の意見も率直に聞き、議論して修正、完全なものにしていきたいので、交渉もそのための議論に入ってもらいたい」

＊　　　　　＊

労使交渉が続いている最中の九月二十四日、ＪＲ東労組会長・松崎明が盛岡のホテルメトロポリタンで組合員を前に講演をする。

「『ＪＲの妖怪』といわれわれに対する非難、中傷を書かせたのは葛西（ＪＲ東海社長）たちであり、この本は葛西の手先が彼の要求で書いたものである。そういう本をわが社の人事課長ら幹部が、こともあろうに社員に読ませているという事実。これを住田最高顧問（当時）の本と一緒に読ませているのだから『ＪＲの妖怪』を推薦しているわけではない、と小賢しい子供だましみたいなことを言って、なんとか逃げ切ろうという人がいるようだが、私は許さない。認めない」

「この問題に関しては、私は一歩も引かない。リーダー研修のやり方は間違っている。誰が何のためにリーダー研修をやろうとしているのかということを、私は見抜いている。だから『それはほんの地方の一部幹部だ』とか『それはちょっとやり過ぎだった』というそんなクソみたいな弁明に騙される坊ちゃんではない。こういうことを陰に隠れて、こそこそと、しかも週刊文春の四回続いたものだけを抜粋して、回し読みさせるなんて偶然ですか。そんなことをやっている連中がわが社にはいるんだ。あいつは革マル派だ、過激派だとくだらないことを言うな。そういう奴を私は絶対に許さない。断固として戦い抜く」

この松崎講演の二日後の九月二十六日、東京・大井町の「きゅりあん」で開かれたＪＲ東労組主催の政経フォーラム（第一〇〇回）で松田社長が講演する。たぶん、盛岡での松崎発言は耳に入っていただろう。

「松崎明会長と私は労使関係の基礎を作ることについて、かなり激しく議論し、意思をまとめ、この労使関係を作り上げてきた。本音の言える風通しのよい労使関係というものをこの十二年間、作ってきたつもりである。この間、いろいろなところから揺さぶりをかけられてきた。あらぬことを言われながら、それでも堂々と胸を張ってお互いの信頼関係を作り上げてきた。それはいかなることがあっても揺らぐことはない。揺らぐことがないと同時に、その信頼関係を崩そうとか、捻じ曲げようとする者があれば、労働組合だけでなく、会社としても、私が先頭に立って闘う」
「今、研修問題で皆さんの組合と意見が違うということで議論がされている。議論することは結構。議論するために経営協議会があり、団交がある。やったらよい。いかなるトラブルがあっても今までと同じように乗り越え、お互いの切磋琢磨する場を狭くしてはならない。ただもう一度、繰り返す。われわれの作ってきた労使関係というものに、少しでもひびを入れようとする勢力があれば、私だけでなく、松崎会長、柚木委員長（当時）が先頭に立って闘う。だから疑心暗鬼になる必要はない」

松崎明が「断固闘う」と述べた一ヵ月後の十月二十三日、会社側は組合側の要求どおり「リーダー研修の中止」を決定、各支社に伝達した。「リーダー研修中止」を決めたのは「社長判断」だった。「社長判断」の裏には、翌年一月からのリーダー研修への応募者が、組合側の圧力によって激減し「物理的に実施不能」という事情もあったと言われている。しかし、当時の関係者の話を総合すると、松崎が真の〝標的〟にしていたのは、支社の人事課長とか大卒社員の研修受講者のレベルではなく「特定の幹部の意図」だった。松崎のいう「特定の幹部」とは、リーダー研修を推進していた当時の労務・教育責任者である大塚陸毅《おおつかむつたけ》副社長（のちの社長）と清野智《せいのさとし》人事部長（大塚の後任社長）のラインだったといわれる。

交渉記録によると、団交当事者である清野人事部長や彼の部下の教育担当幹部は、組合側に直接名指しされた仙台支社人事課長などを最後まで庇《かば》い続け、悪戦苦闘している。そうしたなかで松崎が「私は許さない」と吠え、松田も「これまでの労使関係にひびを入れようとする者と闘う」とこれに応じ、会社経営において、将来の幹部育成という重要な意味を持つ「リーダー研修」は中止に追い込まれたのである。

このリーダー研修中止の影響は大きかった。「すべての運輸職場で無法がまかり通るようになった」とJRグリーンユニオン新潟地本委員長の鈴木均は前出の著書『何するものぞ!!――』で述べている。東京支社運輸車両部が一九九九年（平成十一年）八月に行った職場の実態調査では「安易な突発休」が多くなり、職場の事務室を組合の事務所として使用し、勤務中に詰め所で組合の檄布、寄せ書き、署名活動などを行い、乗務時に信号喚呼、停止位置確認などの基本動作を行わない者が増えた。「社員が職場を〝業務遂行の場所〟ではなくて、〝組合活動を行なう場〟として、意識の重点を置いているということを物語っている」と鈴木は指摘する。

二〇〇〇年（平成十二年）九月四日昼の「フジFNNニュース」はJR東日本研修センターで行われた一般社員研修の「規律荒廃」ぶりを特集した。報道の内容は、「研修中に死亡事故一件（飲酒して三階の階段手摺りから転落、脳挫傷）、泥酔・急性アルコール中毒等四件、浴場内での排便一件などが発生する。研修にふさわしくない服装（Gパン、半ズボン、ビーチサンダルなど）での参加も目立った」などの事例を取り上げ、「このような研修センターでの不祥事は旧国鉄時代の鉄道学園での研修でも起きなかったことだ。関係者の多くは、管理者が注意しにくい職場実態の延長であると憂慮しており、リーダー研修中止の後遺症である」と指摘した。

第六章

革マル派捜査「空白の十年間」の謎

千葉動労を支援する中核派が放火、猛烈な煙を上げて燃える浅草橋駅。この日、中核派は8都府県で通信・信号ケーブル34カ所を切断した（1985年11月29日／読売新聞／アフロ）

オウムの闇に埋もれた「革マル派アジト」摘発

昭和時代が終わるころから平成時代にかけて、中核派が革マル派を批判する際によく使った用語に「K―K連合」があった。

「中核派の敵である警察当局（K）と革マル派（K）は裏で繫がっており、互いに連携して中核派潰しを狙っている」という意味である。この言葉には、あながち革マル派や警察当局に対する中核派の〝攻撃用文句〟とは言い切れない面があった。警視庁で過激派集団・中核派や革労協の情報収集を主な任務にしているのは公安部公安一課であり、革マル派やJR東労組など労働組合を担当しているのは二課である。当時の二課関係者によると警察トップの警察庁警備局から『危ないのは中核派だ。中核派を重点的に調べろ』という指示があり、革マル派に対する表立った情報収集は控えていた」というのである。

当時、TBSの警視庁キャップや「報道特集」副部長などを務め、その後、フリージャーナリストに転じた川邊克朗は、その著『日本の警察』（集英社）で、治安当局の痛恨のミスにより、革マル派対策に〝空白の十年間〟が生まれ「今ではとり返しようもない」としてこう指摘する。

「日本警察の戦略的ミスとして思い出されるのが（略）、新左翼セクトのひとつである『革マル派』対策である。八〇年代の『中曽根行革』によって労働運動も再編、後退過程に入り、あろうことか公安警察は労働運動を重視してきた革マル派への警戒を解除してしまった。代わって、七〇年代以降、革マル派と陰惨な内ゲバを繰り返してきた中核派や革労協など対立セクトの壊滅に乗り出し、特に（略）、反皇室闘争としてゲリラ活動をエスカレートさせていた中核派をその最大のターゲットとした。（略）この間、革マル派へのあまりの無警戒ぶりに、私は（略）警告したが、居並ぶ警察幹部の反応はかんばしくなかった」

旧動労内では、成田空港建設反対闘争（三里塚闘争）への取り組みをめぐって、成田闘争を切り捨てた主流派の松崎明《まつざきあきら》ら革マル派と、成田闘争を重視する中核派系組合員との意見が対立、中核派の組合員が分離独立して「千葉動労」を結成していた。その後、松崎が動労委員長に就任すると、戦闘的な活動方針を百八十度方向転換し、当局と一体となって国鉄解体に突き進んでゆくのとは対照的に、千葉動労は、猛然と分割・民営化に反対する。

その千葉動労のストを支援していた中核派は、一九八五年（昭和六十年）十一月二十九日未明、首都圏と関西圏など八都府県三三ヵ所で国鉄の信号を切断、あわせて総武線浅草橋駅に放火、まる焼けにするという同時多発ゲリラを起こし、朝の通勤をパニックに陥れた。

旧国労が崩壊寸前に追い込まれた八六年九月二十四日早朝には、首都圏の京浜東北線など二十八ヵ所で通信、ケーブルを切断、ラッシュ時の電車は全面ストップした。さらにこのころ、空港反対闘争や反皇室闘争で、運輸省幹部や皇室関連施設などを標的とした爆破事件やテロを繰り返したことで、治安当局は、中核派に対する捜査体制を強化していく。

一方、〝動労革マル派のドン〟松崎は、〝コペ転〟によって中曽根政権に協力、国鉄分割・民営化を成功に導き、ＪＲ東日本が発足すると、〝労使の蜜月〟路線をぶち上げる。松崎は、金丸信（元副総裁）や秦野章（元法相、元警視総監）など自民党有力議員たちにも積極的に接近、親交を結び、その転向は本物とみられていた。

ＪＲ発足後も続々と怪事件が起き、想像を絶する労使や労労（組合同士）、あるいはＪＲ会社同士の暗闘が繰り広げられていたというのに、その実情は封印されＪＲの内部だけにとどまり世間には伝わらず、治安当局もＪＲ内部の確執を注視することはなかったのである。

こうした状況に拍車をかけたのが一九九五年（平成七年）三月のオウム真理教による地下鉄サリン事件と、この直後に起きた警察庁長官・國松孝次《くにまつたかじ》狙撃事件である。このふたつの事件捜査で警察当局は大混乱に陥り、「革マル派捜査の十年間の空白」は決定的となる。

＊　＊

九五年三月二十日朝の通勤時間帯に、東京都心の地下鉄・霞ヶ関駅を通る複数の地下鉄車内で、オウム真理教の信者が化学兵器の毒ガス「サリン」をまき散らし、死者一三人、重軽傷者約六〇〇〇人という未曽有の大惨事が発生する。オウム真理教は一九八四年（昭和五十九年）二月に麻原彰晃《あさはらしょうこう》（本名・松本智津夫《まつもとちづお》・二〇一八年七月六日死刑執行）が設立したヨガ教室が八九年に宗教法人となり、九〇年の衆議院選挙に麻原らが出馬する（全員落選）など活発に活動、山梨県上九一色村（当時）に教団施設を次々に建設して勢力を拡大してきた。

警視庁は刑事部、公安部、生活安全部など捜査員を動員してその捜査に懸命になっていた矢先の同月三十日朝、今度は警察庁長官の國松孝次狙撃事件が発生する。國松が東京・荒川区の隅田川沿いの私邸マンションから出勤するため、秘書官とともに公用車に向かおうとした瞬間、背後から四発の銃撃を受け、そのうち三発が命中、瀕死の重傷を負った。

警視庁では捜査一課をはじめとする刑事部門は地下鉄サリン事件の捜査に全力をあげており、新たに発生した國松長官狙撃事件に捜査陣を割《さ》く余裕はない。警察庁警備局は対共産党情報の収集機関である公安一課にオウム情報の集約センターを置き、新左翼担当の公安三課に長官狙撃事件の捜査が割り振られる。東京の警視庁では公安部の一課と二課が、オウムのみならず、中核派、革マル派も含めた捜査・情報収集へフル回転を始めた。捜査陣は國松長官狙撃事件について、左右過激派の関与も視野にいれていたのだ。

地下鉄サリン事件が発生した直後、警察庁は「あらゆる法令を適用する」と宣言、公務執行妨害、銃刀法違反、建造物侵入、駐車違反などの法律を駆使して、四月中旬までの一ヵ月足らずで一〇〇人以上のオウム信者を逮捕する。五月中旬になると警視庁捜査一課は地下鉄サリン事件の殺人容疑で教祖の松本を含む信者四一人の逮捕状を取り、五月十六日未明から一斉逮捕に踏み切る。松本が隠れ住んでいると見られた山梨県上九一色村のサティアン（教団の建物）にも大量の捜査員を動員、第六サティアンの三階天井部分で小さな箱型の工作物に隠れていた麻原こと松本智津夫を逮捕した。

地下鉄サリン事件の捜査が一段落すると、捜査陣は國松長官狙撃事件に集中することになり、革マル派、中核派も捜査対象となった。九六年（平成八年）八月十日、警視庁公安部は革マル派のアジトと見られていた東京都足立区綾瀬にあった一〇階建てマンション八階の一室を家宅捜索し、重要資料多数を押収した。

押収品は「革マル派内部資料」「フロッピーディスク」「ノート」「録音テープ」など総数約一四〇〇点。そのなかには「革マル派の組織に関する文書・図表」「党活動に関する文書」「黒田寛一に関する文書」「黒田寛一の肉声テープ」、「松崎明に関する文書」なども含まれていた。

公安二課は、これらの資料を分析した結果、「黒田寛一と松崎明は組織内で『最高指導者』と表現されており、松崎明は黒田寛一と同様、革マル派の組織全般にわたって指揮・指導している。とくに松崎はJR産別組織（JR総連や東労組）では絶対的権限を有し、JR内活動家からは黒田以上に尊崇されている」ことが判明する。また「革マル派の中央労働者組織委員会の中には『トラジャ』と呼ばれるJR出身の常任委員約一〇人がいて、これらの者が『マングローブ』と呼ばれるJR委員会に所属する約一五〇名の指導的メンバーの指導に当たっている」という革マル派中央とJR革マルの実態も明らかになった。


革マル派に関するきわめて重要な情報だったにもかかわらず、当時、この〝摘発劇〟はマスコミに公表されなかったのはもちろんのこと、その後の追跡もほとんど行われず、闇に埋もれる。その最大の理由は、綾瀬アジト捜索の二ヵ月後の十月十五日、共同通信、毎日新聞、産経新聞の三社に郵送されてきた警視庁内部からの匿名の告発文だった。

「國松長官狙撃の犯人はオウム信者の警視庁警察官であり、すでに警視庁ではその身柄を某施設に長期間監禁し取り調べた結果、犯行を自供しているが、警視庁、警察庁最高幹部はこれを隠蔽している」という内容だった。告発文が事実なら警察史上前例のない不祥事である。しかし、警察庁も警視庁も全面的に否定した。

ところが同月二十四日、さらに第二弾の告発文が朝日新聞、TBSなども含めた広範な報道機関に送られてきた。告発文はオウム信者の警察官について詳しく記述しており、今度は各社ともこの告発文を無視できず二十五日の朝刊でいっせいに報じ、大騒ぎとなる。

実はこの警察官（K巡査長）は半年ぐらい前から捜査線上に浮かび、警視庁では事情聴取に踏み切っていた。K巡査長は当初は「長官狙撃の現場にはいたが、実行犯ではなく、支援者だった」と関与を認めたが、狙撃の実行犯であることは否認する。ところが最終的には「私が撃った」と自供したのである。しかし、犯行に使われた銃や犯行を指示した幹部などに関する自供は二転、三転し、供述を裏付ける証拠はなにひとつ発見されなかった。

警視総監の井上幸彦《いのうえゆきひこ》をはじめとする捜査当局は、K巡査長をシロと断定したが、「自分がやった」と自供し続けている以上、外部と接触させるわけにはいかず、警視庁の監視下においていたのだった。だが、この報告を受けていなかった國松警察庁長官は激怒し、警視庁公安部長が更迭《こうてつ》され、十二月三日には井上警視総監も辞任に追い込まれる。公安部内は大混乱に陥り、革マル派の「綾瀬アジト摘発」の公表どころではなくなったのである。

國松長官狙撃事件の捜査は難航し、真相はわからないまま迷宮入りした。

盗聴の革マル——NTTに送り込まれた非公然部隊

長官狙撃事件の捜査が行き詰まり、騒ぎも一段落した一年半後の一九九八年（平成十年）新年早々の一月七日から九日にかけ、警視庁公安部公安二課は革マル派に対する情報収集を本格的に再開し、練馬区豊玉一丁目の雑居ビル内二室にあった革マル派アジトの強制捜査に乗り出した。このアジトの存在は、九六年に「綾瀬アジト」で押収した資料で摑んでいたのである。この「豊玉アジト」に踏み込んだ捜査員たちは、「室内から湧き出てくるおびただしい数量の押収物に目を見張った」（青木理『日本の公安警察』講談社現代新書）という。

「偽造した広島県警の警察手帳、公安調査官の証票、偽造名刺、一万四〇〇〇本にも上る鍵、四〇〇本もの印鑑……。その他にもフロッピーディスク五〇〇枚、ビデオテープ三〇〇本、数え切れないほどのカセットテープに資料、工具類……」

一万四〇〇〇本の鍵のうち七〇〇〇本は使用可能な状態に加工されており、なかには警察庁、警視庁幹部や公安部員の自宅の鍵まであった。また、鍵製造用のシリコン及び型取り、開錠用具なども転がっていた。捜査陣がもっとも驚いたのは、この豊玉アジトで警察無線が広範囲に傍受されていたことだった。

警察庁は警察無線が傍受されないよう当時、音声をそのまま送るアナログ方式から、音声をいったん数字に符号化して送るデジタル方式に急ピッチで切り替え中だった。このデジタル無線の解読には相当高度なコンピュータの技術が必要になる。警察庁は「技術的にも高度で傍受・解読は不可能」と自信を持ったシステムだったが、公安警察の専用無線や警視庁人事一課監察チームの無線まで傍受されていた。人事一課監察チームは不祥事の疑いのある警察官を監視、尾行などによって徹底的に調査するチームである。革マル派はこのチームの無線を傍受し、警察官の不祥事を把握していたことになる。

「豊玉アジト」の押収品の中には①早大の学生部長を務める法学部教授宅の電話を盗聴したとみられる録音テープとその資料　②国労本部書記長の電子手帳の内容を記したメモや国労幹部の会話盗聴の録音テープ　③ＪＲ西労組委員長・矢後希悦《やごきえつ》宅に侵入し盗み出した文書の複写資料　④中核派

メンバーに関するNTT、NTTドコモの顧客データ　⑤警視庁公安部員の住民票や名簿　⑥神戸市須磨区で発生した小学生殺人及び死体遺棄事件（いわゆる神戸児童連続殺傷事件）の検事調書を写し取った文書を記録したフロッピーディスクや室内を盗聴して録音したと思われるカセットテープ——などが含まれており、革マル派が広範囲にわたる盗聴だけでなく、住居や事務所などへの不法侵入を繰り返し、書類や資料などを盗み出していた事実が判明する。

この「豊玉アジト」の摘発は、公安警察の革マル派捜査に大きな転機をもたらした。元共同通信記者のジャーナリスト、青木理は前出の『日本の公安警察』でこう書いている。

（東京・豊玉アジトの）摘発が直接の契機となり、公安警察と革マル派は以後、全面対決状態へと突入する。そして押収資料の分析を進めた公安警察は、次々と明らかになる信じがたい現実と、出遅れた自らの失策にいくたびも息を飲まされることになる。この日の捜索はその序章にすぎなかった。（略）警視庁公安部においては公安二課が革マル派を主な任務の一つとして存在してはいたが、情報収集を本旨と主張する公安警察でありながら、同派に対するアプローチはほとんど行われてこなかったのが実状だった。某県警の警備部幹部はこう打ち明ける。

「九〇年代に入ってから七、八年間は警察庁からも『危ないのは中核派だ。中核を調べよ。革マル派なんてどうでもいい』と指示が出ていた。正直なところ、革マル派に関しては、我々もほとんど手をつけないままの状態だった」

＊　　　＊

豊玉アジトの摘発によって革マル派の広範囲の非合法活動に確信をもった警察庁警備局は、全国でも革マル派の勢力が強いと見られていた一〇の都道府県を重点捜査対象地域に指定、徹底捜査を指示した。九八年四月九日、公安当局は革マル派の警察無線の傍受拠点である千葉県浦安市北栄一丁目の一一階建て、レンガ張りの豪華マンションに辿り着き、強制捜査を行った。マンションの二室にあったアジトは一室が傍受要員の待機場所に使われ、もう一室には警察無線傍受用の無線機一二台、デジタル信号を音声に戻すための再生機一一台、無線機には録音機二〇台が取り付けられていた。無線機のアンテナは一見、見分けがつかないように、ベランダの植木のつるに絡ませるなどの偽装を施していた。捜査員たちが踏み込んだ際も六人の女性が傍受作業を行っている最中だった。このアジトでは女性活動家が日夜、警察無線を傍受していたという。

警視庁公安部はこうした革マル派アジトの捜索で得た押収品をもとに矢継ぎ早に革マル派の追及に乗り出す。同年七月中旬、東京都内で指名手配中の革マル派非公然活動家を逮捕した際、男が運転していた車両の荷台には、工事用ヘルメット、工事用ベルト、各種工具類など電話工事業者が使用する道具類を始め、電話盗聴器具を設置するための器材が多数、積みこまれており、本物の電話工事会社の車両と見間違うほどだったという。公安当局によると「電話盗聴以外にも、住居に侵入して、壁や天井に発信機を仕掛けて、室内における日常会話を盗聴していた」のである。

翌一九九九年（平成十一年）七月八日、警視庁公安部はＪＲ総連・東労組と対立関係にあるＪＲ

西労組委員長・矢後希悦宅に不法侵入しメモや書類を盗み出した事件で、革マル派非合法活動家一名を逮捕した。この不法侵入事件は「豊玉アジト」を摘発、捜査した際、「ダイオキシン報告書」と題した内部機密文書を押収、これをもとに捜査した結果、事件に関与した複数の革マル派非公然活動家が特定されたものだった。

さらに十二月二日には、業務上知りえた顧客データを革マル派に提供していた疑いでNTT東日本東京支店お客様サービス部社員とNTTドコモ設備建設部社員のふたりを窃盗・電気通信事業法違反容疑で逮捕する。

このふたりは一九九七年十二月下旬、それぞれの勤務先の端末機を操作して加入電話や携帯電話の顧客データを出力、印字して盗み出していた。盗み出したデータは革マル派と対立する中核派などの過激派幹部やJR各社の経営幹部、組合幹部ら十数人の発信記録や電話の設置場所、契約者の氏名などだった。ふたりは革マル派の拠点を直接訪れてデータを手渡し、また革マル派の会議にも出席していた。逮捕のきっかけは、豊玉アジトを家宅捜索した際、同派がNTT内部の人間に顧客データを盗み出すよう指示した暗号文書が見つかり、公安当局は顧客データへのアクセス状況を分析してふたりを割り出した。

逮捕されたNTT社員は、元国鉄東神奈川電車区出身で当時の所属組合は「動労」。またNTTドコモの社員は元国鉄大宮機関区出身で所属組合は同じく「動労」だった。国鉄分割・民営化の際、最大の問題が七万人近い余剰人員の「雇用問題」であり、中曽根内閣は各官庁、地方自治体、公共事業体、警察などに率先して採用するよう要請した。その際、松崎明が委員長を務める動労は「組合員の雇用と生活を守る」として組合員の出向や転籍に積極的に協力した。その転籍組が十年

革マル派の浦安アジトから押収された、デジタル波の警察無線を傍受する無線機、デジタル信号を音声に戻す再生機11台、録音機20台など大量の通信機器（共同通信）

あまりの年月を経て、突如、バリバリの革マル派非公然活動家として姿を現したのである。ふたりは動労革マル派がその「潜り込み戦術」によってNTT内に送り込んだ活動家だった。

ふたりに対する論告求刑公判は二〇〇一年（平成十三年）十二月十四日、東京地裁で開かれ、検察側はNTTドコモ社員に懲役四年、NTT社員には懲役三年を求刑し、「ふたりは革マル派構成員としての悪質な確信犯」ときびしく糾弾した。

「革マルの非公然活動家である両名の行為は同派の独善主義にもとづき、内ゲバなどに備えて革マル派の利益だけのために犯行を敢行したものであり、（略）重要な個人情報が革マル派に知られることは由々しき事態である。両名には反省の情はまったくなく、検察側尋問には黙秘を続ける一方で、弁護人の自己に都合の良い質問には滔々と回答する確信犯である。（旧国鉄から）ＮＴＴドコモに移った元動労組合員は革マル派の組織のための非合法活動を続け、革マル派の会議では主賓の扱いを受け、またＮＴＴ社員の方は同派の電通労働者委員会の責任者として重要な役割を担ってきた」

東京地裁は翌年、ふたりに執行猶予付きの有罪判決を言い渡した。

盗まれた取材メモ――『ＪＲの妖怪』著者宅に不法侵入

こうした一連のアジト摘発を受けて一九九九年（平成十一年）一月早々、公安調査庁は恒例の年次報告書「内外情勢の回顧と展望」を発表する。そのなかで「非公然・非合法活動の継続を主張し、攻勢に出る革マル派―治安機関及び対立勢力の情報収集に狂奔（略）―進む　ＪＲ東労組への浸透」として概略、こう記している。

「ＪＲ東労組において、今夏開催の同労組中央本部・地本定期大会で、革マル派系労働者多数が組合執行部役員に就任するなど同労組への浸透が一段と進んでいることを印象付けた。革マル派は今回、非公然・非合法活動の一端を露呈したが、その後も『権力の不正を暴くが故に不当に弾圧されている』と主張し、自らを殉教者に仕立て上げ、ますます独善性、閉鎖性を強めている。現在も指名手配の非公然活動家が組織的支援のもとに潜行している事実をみれば、同派が治安機関との対決姿勢をより強めながら、組織の防衛と勢力の拡大を狙って、様々な反社会的行為を繰り返すものと思われる」

この公安調査庁の「回顧と展望」とならんで警察庁発行の「焦点」（一九九九年通巻二五八号）も

「革マル派——見えてきたその正体」と題して特集を組んだ。特集は「表面上暴力性を隠して、組織拡大に取り組む一方、住居侵入や電話盗聴等の違法行為を敢行し、これに対する警察の摘発や取締活動があたかも正当な政治活動に対する弾圧であるなどと主張する革マル派にスポットを当て、その陰湿な党史や非合法な手段、方法による様々な調査活動等の実態を紹介」するとして、「革マル派とは」「内ゲバで血塗られた党史」「各界各層における組織拡大工作」「荒唐無稽な『権力謀略論』」「陰湿・巧妙な電話盗聴手口」「武器製造非公然アジト」などの項目に分け、多数の表や押収品の写真なども入れて「革マル派の実態」を克明に説明している。

さらにJR問題について「革マル派は、国鉄の分割・民営化に賛成してきたが、昭和六十二年のJR各社発足に伴い、それまでの戦術を転換し新たな闘いの開始を宣言した」として、第一章で記した一九八七年一月一日付の機関紙「解放」の「年頭決意」を分析し、こう述べている。

「同派は党派性を隠して基幹産業の労働組合やマスコミなどに潜入工作を推し進めているといわれ、各界各層での影響力拡大を図っているものと思われる。直接行動を否定するかのように装い、党派性を隠した活動は、組織拡大のための革命戦術と言える。このため同派は、革マル派の実態についての評論や批判を行おうという個人、団体に対しては組織をあげた反論キャンペーンを張るなど、言論封じ込めを図る活動を展開している」

「平成八年にはJR内の革マル派の動向を取り上げた著書『JRの妖怪』の著者、小林峻一氏宅から取材メモやフロッピー等が盗まれるという事件が発生、警察では小林氏宅における窃盗容疑で同派非公然アジト、神奈川県大和市の『大和アジト』を捜索した。また同派は平成七年十二月にはJR東労組と対立関係にあった労組幹部宅に対する電話盗聴事件を起こし、警察では同派活動家ひとりを検挙したほか、同八年八月には国労本部書記長（当時企画部長）宅に対する侵入事件を起こし、警察では同派活動家ひとりを指名手配した」

公安調査庁や警察庁の公式文書にＪＲ東労組と革マル派の関係が初めて登場したのである。当時の運輸省事務次官の黒野《くろの》匡彦《まさひこ》は九九年一月七日の記者会見で「この種の問題で『ＪＲ東労組』という固有名詞が初めて出た。東労組に関する革マル疑惑に関していろいろ噂話は入っていたが、警察庁や公安調査庁がここまで踏み込んだということは、それなりの確信・確証に基づくものだろうから、大変残念という気持ちだ」と遺憾の意を表した。

革マルから「コウノトリ」と呼ばれた警察官僚

革マル派のアジトから出てきた、偽造警察手帳、警察庁や警視庁の幹部や公安部員の自宅の鍵、不祥事を抱える警察官を追及する監察チームの無線傍受の事実……警察の重要な情報がなぜここまで革マル派に筒抜けだったのだろうか。

「革マル派捜査十年間の空白」の時代に、発足したばかりのＪＲ各社では、革マルの支配下にあるＪＲ総連・東労組と新たに生まれたＪＲ連合の対立・抗争が続き、不可解な列車妨害事件や脅迫事件、「週刊文春」のキヨスク販売拒否事件などが相次いだ。これらの事件の背後には「革マル問題」があることは、関係者にとっては周知の事実だった。しかし、ＪＲ総連やＪＲ東労組の「革マル派勢力」はこの「空白の十年間」に着々と組織基盤を固め、ＪＲ東日本という会社の〝裏支配〟

を拡大していった。警視庁公安二課にも人数は少なかったが、JR問題に対する情報収集に当たり「JR東労組内の革マル問題」を把握し、その状況を懸念している捜査員たちがいた。

彼らが入手した情報は、JR発足に伴いJR東日本の監査役に天下りした警察庁出身の柴田善憲《しばたよしのり》に報告してきたという。しかし、会社側がこうした情報に対応することはいっさいなく、「革マル問題」が表立って問題になることはなかった。捜査関係者の間では「柴田監査役が情報操作を行っているのではないか」と疑う者も出てきた。しかし、柴田はかつて警察庁警備局長を務め〝公安捜査の神様〟と呼ばれた人物である。そうした疑いを公然と口にする者はいなかった。

柴田は東大法学部を卒業して一九五五年（昭和三十年）に警察庁に入り、警察庁警備局公安三課長、同公安一課長、警視庁公安部長と一貫して公安部門を歩き、警視庁副総監を経て一九八四年（昭和五十九年）には日本の警備公安警察のトップである警察庁警備局長に就任する。「警察庁長官または警視総監の最有力候補」と目された超大物の警察官僚である。

だが、警備局長となったころから、警視庁副総監時代の女性問題や金銭を巡るスキャンダルを報じる怪文書が各方面にばらまかれ、怪文書をもとにした週刊誌の取材が相次いだ。警視庁が組織をあげて〝火消し〟に回り、スキャンダルは封印された、と言われる。しかし、当時の警察庁長官・山田英雄がこのスキャンダルを知り、柴田は警備局長就任わずか一年後には近畿管区警察局長に左遷される。そして一九八七年（昭和六十二年）四月、国鉄分割・民営化でJR東日本が発足すると、警察庁を追われるように初代監査役のポストに就いた。しかし、警察当局からJR側に彼の不祥事が伝えられることはなかった。

当時を知るJR東日本の関係者によると「東日本の経営者が柴田氏を招いたのは、JR東労組の松崎明らの革マル派対策だった」という。柴田監査役にいちばん期待を寄せていたのが、発足と同時に人事課長となり、革マルと対峙していた内田重行（故人）だった。前述したように内田は松崎によるJR東日本支配を憂慮し、経営側の筋を通そうとして住田社長（当時）や松田常務（同）に再三、諫言《かんげん》したが、松崎と〝癒着〟した経営トップに警戒され、人事課長を外され関連会社などを転々とした後、JR西日本の井手《いで》正敬《まさたか》が京都駅ビル開発の役員で引き取った。内田の柴田善憲に対する期待は大きかったが「就任後、一年もしないうち柴田の態度は一変し、その後は、革マル派の〝ガードマン〟になった」と内田は周囲にこぼしていたという。

柴田はJR東日本のグループ会社「ジェイアール東日本企画」の会長に就任するまでの八年間、監査役を務める。警視庁公安関係者によると、「松崎は偽装転向だ」という情報を入手し、柴田に届けても「松崎の転向は本物だ。JR東日本には治安上の問題はない」と繰り返し、松崎を弁護したという。かつての警察庁警備局長で〝公安のエキスパート〟の発言である。警視庁の現役捜査員もこの発言をひっくり返すには、確実な証拠が必要になる。現場の捜査員たちはJR東労組の〝犯罪行為〟摘発の機会を慎重にうかがっていた。JR東日本の革マル派捜査にも十年余の〝空白〟があったのである。

前述したように警察当局は一九九六年（平成八年）に革マル派非公然アジト「綾瀬アジト」を摘発したのに続いて「豊玉アジト」「浦安アジト」など次々に摘発する。これらの捜索から革マル派の警察無線の傍受や電話盗聴、住居侵入などの実態が明らかになる。「豊玉アジト」から押収した録音テープの中に「警視庁の幹部同士の電話での会話や、警視庁と警察庁のやり取り」が録音されていた。その中の一本に「柴田が警視庁副総監時代、彼のスキャンダルを摑み、取材を申し込んできた週刊誌にどう対応するか、相談している会話が録音されていた」（公安関係者）。

こうした押収物の分析から、柴田善憲は革マル派から「コウノトリ」というコードネームで呼ばれ、彼のスキャンダルが握られていたことが判明する。革マルはこうした情報をもとに柴田を脅し、意のままに動かそうとしたのだろう。これをきっかけに、公安当局は徹底的に柴田の身辺を洗った。捜査関係者によると「革マル派に関する捜査情報は柴田を通じ、ＪＲ東日本当局やＪＲ東労組に筒抜けになっていた」のである。

柴田はＪＲ東日本の監査役、さらにジェイアール東日本企画の会長時代を通じて、警察時代に育てたかつての部下たちをＪＲ東日本に次々と天下りさせた。柴田に次いで監査役となった原田《はらだ》勝弘《かつひろ》（関東管区警察局長）、その後任の監査役、坂東自朗（警察庁交通局長）、本社総務部調査役となった佐藤源和（富山県警本部長）などをはじめ、東京支社、横浜支社など各支社に「総務部調査役」という肩書で送り込まれた警察官僚はキャリア、ノンキャリを含めて二〇人を越える。彼らは六十五歳まではＪＲ東日本本体で、その後も同社の関連会社で七十歳まで勤めた。彼らに期待されていたのは「ＪＲ東日本への革マル派浸透の阻止」だったはずである。しかし、彼らの多くがＪＲ革マル派の〝隠れガードマン〟と呼ばれるようになった。

革マル派中央とJR革マルの対立

公安当局の捜査の目が革マル派に向けられ、公安調査庁や警察庁警備局が革マル派の実態を公表し始めると、その対応をめぐって松崎のJR総連・東労組と、革マル派の本体である、同派の中央政治局との間で意見の食い違いが出始めても不思議ではない。革マル派中央がJR総連・東労組の現場労働者の組合運動の実情を知らず、原則主義を通そうとすれば、同じセクトの仲間だといっても意思疎通を欠くケースも出始める。

二〇〇〇年（平成十二年）に入るとそうした構図を反映したかのような、世間から見れば不可解な事件が相次ぐようになる。警察庁警備局はこの年に起きた一連の革マル派の動きについて「（革マル派中央が）党派色を鮮明にしてJR労組問題に積極的に介入した」年（「平成一二年の回顧と展望」警察庁警備局）と指摘している。

最初の兆候は一月八日に都内で開かれたJR東労組の新年の旗開きだった。この日、革マル派中央は全学連の活動家を動員して、会場周辺で「東労組内で闘っている戦闘的労働者を激励する」と書かれたビラを配り、また十数人が会場に乗り込み、ビラの受け取りを組合員に強要した。革マル派中央はそれまでも機関紙「解放」などによって、JR総連・東労組の活動を高く評価し、陰に陽に支援活動を続けてきた。しかし、あからさまな直接的支援や接触は避けてきたのである。組合トップの地位にある松崎明は「革マル派からの離脱」を世間に公表しているうえ、「JR総連・東労組が労働組合である以上、組合主義の立場から特定の政治勢力と結びついてはいない、というポーズを示す必要があった」ためである。

さらに一月二十九日から三十日にかけて、全国各地のJR社宅に「現代古文書クラブ」という発行者名で「主張」と題したタブロイド版（二〇〇〇年二月一日号）がいっせいに投げ込まれた。内容は松崎明が前年九月に工務職場大集会で行った「革命的気概をもって安全風土の確立を！」と題した記念講演だった。二月初旬には革マル派活動家がJR総連加盟各単組や全国各地のJR職場に押しかけてビラを配布した。

二月三日に開かれたJR総連の中央執行委員会で、数人の中央委員が「革マル派のJR総連支援行動はわれわれにとって迷惑だ」と発言、これを受けて七日に再び執行委員会を開き「組織混乱を意図した一連の組織介入と不審事に対する見解」をまとめ、革マル派の行動を「迷惑である」と決めつけた。

「革マル派を名乗る団体が宿舎へのビラ配布や、『激励』と称して旗開きに押しかける、などの行動が続いている。これについて何人かの中央委員から疑問視や危惧する意見や、常軌を逸した行動に抗議の声が上がった。実際、『古文書クラブ』を名乗った『主張』なる怪文書は松崎講演を無断転載したものであり、これらの配布を『激励、支援』というのは迷惑以外のなにものでもない。それどころか『東労組＝革マル』キャンペーンを助長する行為であり、『支援』ではなく組織破壊でさえある」

これに対して同年二月二十八日付の革マル派機関紙「解放」は「労組への介入ではない！」と題した革マル派全国委員会議長・植田琢磨名の反論を掲載する。後述するが植田は一九九六年（平成八年）十月、黒田寛一の突然の辞任によって二代目議長に就任していた。この論文は三月一日付で発行された二ページの「号外」の一面トップに異例の扱いで再掲載される。この論文に関係者が注目したのは、植田議長自らがJR総連・東労組の内部に「数千人」の革マル派フラクションが存在することを対外的にはっきりと認めたことだった。以下はその要約である。

JR東労組が突如としてわが同盟を非難するキャンペーンを開始した。彼らは、既存の労働組合組織とその外なる党としての同盟との当然区別されなければならないことがらを完全に没却し、この誤謬の上に立ってわが同盟の諸活動を断罪する、という錯誤に陥没している。われわれは六〇年安保闘争以来、戦闘的闘いを続けてきた労働運動の伝統を受け継いだJR総連・東労組の闘いを、側面から援助する種々の闘いを組織し展開してきたのであって、今も繰り広げているのである。

われわれはJR駅頭やJRの宿舎などにおいて、わが同盟の宣伝・煽動のビラを配布するために奮闘してきた。JR東労組のダラ幹どもは、国家権力＝会社当局の破壊活動を跳ね返すのではなく、むしろ逆にわれわれのビラ配布活動を迷惑だという。われわれの配布するビラは迷惑どころかJR労組の活動にとって大いに役立つものであると信じる。既存の労働組合組織の外部につくり出されている革命党であるわが同盟は、あらゆる産別・労働組合の内部で闘っている労働者とともに、JR総連の組織的防衛のために奮闘してきたし、今後もそうである。

たとえ、JR総連というひとつの労働組合の内部で数千人のわが同盟員が活動していたとしても、この労働組合組織が直ちに革命党組織であるとは言いえないのであり、これは自明のことである。JR総連の組合員諸君！　JR総連組織の全国的な強化のための闘いの先頭に起て！　わが同盟は諸君らの闘いの推進とともに歩むであろう。今後もダラ幹どもが忌み嫌う宣伝・煽動のビラを洪水のごとく流し込むであろう。

＊　　＊

こうした目前で展開される革マル派中央とJR総連・東労組との激しい対立に、治安当局はもちろんJR東日本の幹部、社員の多くが対立は本物か、偽装かとその判断に迷った。「ダラ幹ども」と植田議長が吠えるダラ幹が、松崎明らを指しているのかどうか。松崎が党中央を使って他の幹部を追い落とすための〝やらせ〟ではないのか。植田議長の「ダラ幹どもが忌み嫌うビラを洪水のように流し込むであろう」との宣言を裏書きするように、この年の前半は革マル派の活動家がJR総連や東労組の大会などに押しかけ、ビラ撒き行動を活発化した。

四月十六日には「葛西＝大塚体制の粉砕を目指して闘おう」という内容のビラを大量に撒いた。しかしこのビラは「今やわが国で闘える労働組合は動労の戦闘的労働運動の質と伝統を引き継いだJR総連だけである」とJR総連を持ち上げることも忘れてはいなかった。

このビラが撒かれた二日前の四月十四日の各紙夕刊はいっせいに「六月の株主総会で松田社長は会長に退き、新社長には大塚陸毅《おおつかむつたけ》副社長が就任する」と報じていた。この前後、JR東日本の労使に流れていたのは「松田社長は会長に棚上げされ、JR東海の葛西直系である大塚が社長に就任、東日本の経営トップは葛西─大塚派で固められJR総連破壊攻撃が本格化する」という情報だった。新社長の〝本命〟とされる大塚を牽制するために意図的に流された情報だったと見てもよい。

当時を知る関係者によると、松崎らJR総連・東労組は「松田の続投か、花崎淑夫（当時常務取締役）の社長昇格」で動いていたといわれる。

ところが株主総会が近づいた五月に入ると「われわれは大塚新体制を支持し、強靭な労使関係の確立を図る」（ＪＲ東労組東京地本機関紙「東京」五月一日号）と大塚新体制への支持・協力姿勢を鮮明にする。これまで〝蜜月状態〟が続いてきた松田新会長の「大塚新社長支持」の態度が鮮明になったことも、その背景にはあったのだろう。六月二十二日から長野市の県民文化会館で開かれたＪＲ東労組の定期大会には新会長の松田昌士《まつだまさたけ》が来賓として出席、「大塚体制になってもこれまでの労使関係は揺るがない」と挨拶する。

この年前半の革マル派中央とＪＲ総連・東労組とが一見、激しく対立しているような一連の行動も、新たに発足する大塚体制に対して、革マル派の活発な活動を見せつけるデモンストレーションだったのかもしれない。

本物か偽装か――ＪＲ九州労からの大量脱退

「大塚新体制支持」をＪＲ東労組が打ち出した二〇〇〇年（平成十二年）五月二十日、革マル派交通労働者委員会発行のタブロイド判「進撃」（第一号）がＪＲ東日本の各社宅に配布される。この巻頭論文で革マル派全国委員会の植田議長は「ＪＲ諸労組破壊攻撃をハネ返そう」として「労働運動の基本に立ち返れ」と呼びかけた。この中で植田議長は「（ＪＲ総連の）嶋田（邦彦）書記長の寝言《ねごと》に思う」と書き、嶋田書記長を名指しで〝ダラ幹〟呼ばわりした。植田議長は二月の「解放」紙上でも「ＪＲ総連のダラ幹ども」と表現したが、その標的は嶋田書記長だったのである。

革マル派がJR総連・東労組の幹部を本気で糾弾するのならば、真っ先に挙げなければならないのは松崎明だろう。嶋田書記長は松崎の腹心とみられ重用されてきたが、しばらく後のJR東労組副委員長時代、松崎を批判し袂を分かち、辞任する。植田議長が彼の発言を「寝言」と言い切り、「ダラ幹」と呼ぶには、松崎の了解があったとみて間違いない。

相次ぐJR総連内の対立激化を思わせる事件で、さらに世間を驚かしたのはこの年の秋のことである。二〇〇〇年十月五日、JR東労組と同じように革マル派が主導権を握っていると見られていた「JR九州労」（北弘人委員長、九二四人）の七割を超える六五二人の組合員がいっせいに脱退届を出したのである。この日夕、脱退者の代表として小椿次郎（九州労福岡地本委員長）、内川聖司（同熊本地本委員長）、谷川常水（同鹿児島地本委員長）、一万田秀明（同大分地本書記長）の四人が、JR連合傘下の「JR九州労組」（安井俊幸委員長、約一万人）の本部事務所を訪れ、六五二人分の「九州労脱退届」を添えて、敵対関係にあったJR九州労組への加入届を提出した。数日後にはさらに八六人が脱退、脱退者は七三八人と組合員数の八割となり、九州労は壊滅状態となった。

脱退の理由について、彼らの脱退声明文には大意こう書かれている。

「これまで私たちの所属するJR総連・九州労に対して内外からさまざまな批判や指摘がなされ、民間労働組合としてのあるべき姿が問われてきた。私たちは内部から九州労の改革に向けて対決型の労使関係からの脱却・改善を目指し、また独善的な組織運営での職場の引き回しやJR総連の革マル疑惑の解消に奮闘してきた。しかし、その体質は何ら改善されることなく、革マル疑惑が解消されないばかりか、革マルの介入を手引きする者が明らかになるにつれ、私たちの改革の志は不満へと転化・増大していった」

脱退届を受け取ったJR九州労組は、この脱退劇を革マル一流の〝潜り込み戦術〟による九州労組乗っ取りを狙った行動ではないかと疑った。当時、九州労では九州新幹線の開業を間近に控え、新幹線の運転士になりたいという希望者が多く、一般組合員の中には、〝革マル疑惑〟のある九州労にいたのでは不利になるのではないか、と不安を抱えた人たちがいた。この人たちが九州労を脱退してJR連合傘下の九州労組への加入を希望しても不思議ではない。しかし、福岡、鹿児島、熊本、大分の四地本の九州労組合員がこれほど大量の脱退届に同意するには、話し合いにかなりの時間がかかったはずである。

そうした動きは多数派組合の九州労組の組合員の耳にはまったく届かなかった。そこまで秘密は保たれるものなのか。脱退自体が革マル派の偽装ではないのか。脱退届は組合幹部が極秘に集めたと言われているが、脱退届が出されたことを本人が知らなかったケースもあったという。脱退届を受け取った九州労組は同日、大慌てで次のようなコメントを発表する。

「一部革マル派役員による組織支配が指摘されているJR総連・九州労に見切りをつけて脱退し、九州労組の運動を評価し加入の意思を表明したことは、われわれの運動路線の正しさが立証されたもので、一定の評価をする。しかし、加入申請については組織的とも思われる大量脱退の経緯や、九州労組を支えている各級機関役員・組合員の感情問題もあり、クリアーすべき諸問題の分析や解決が必要であることから、緊急中央執行委員会では『保留』扱いとした。今後、組合員の気持ちを尊重しながら慎重に検討する」

組合員の八割もの大量脱退に直面したJR九州労は翌六日、「組織破壊者を弾劾する声明」を出し「首謀者・裏切り者に対しては即刻、組合員権を停止し、脱退は認めず、組合員奪還の闘いを展開する」との基本方針を確認する。松崎会長が率いるJR東労組も同七日、「国鉄改革の苦闘を踏みにじる暴挙を許さず」と次のような声明を出した。

「首謀者どもは脱退の理由を『九州労の独善的な組織運営』『対決型労使関係からの脱却』などとあげつらい、葛西らの下女として生きる道を選んだ。かかる事態はJR総連・JR東労組への敵対行為であり、組織破壊攻撃である。われわれは国鉄改革を推し進めるに当たって、故松下高崎地本委員長を始めとして何人ものリーダーを傷つけられ、虐殺され、失った。この仲間たちの犠牲と苦闘の上にJR総連・JR東労組の旗を振っている。組織破壊者たちよ、覚えておくがいい！　権力者に屈伏と忠誠を誓う者に未来などない。戦争推進集団と共に暗黒の闇に沈むだけである」

「ふつうの企業内労働組合」と自称するJR東労組の声明文としては、きわめて異常とも思える大げさな表現で、革マル派の機関紙「解放」の紙面ではないかと見紛うほどである。

十月二十三日付の「解放」もまた、「中央労働者組織委員会」「交通運輸労働者委員会」の連名で「養殖組合によるJR総連組織破壊攻撃を粉砕せよ」と題した論文を掲載する。この論文では大量脱退の代表者である小椿次郎ら四人を「JR東労組会長（松崎のこと）をなじった裏切り者四人組」と明記し糾弾している。

しかし小椿らが提出した脱退声明文には「独善的な組織運営での職場の引き回し」との表現はあるが、不思議なことに「JR東労組会長」を名指しでなじるような文言はどこにも出てこない。「独善的な組織運営での職場の引き回し」という表現を「松崎批判」と判断したのだろうか。革マル派の最高指導機関である政治組織局にとっては「革マル派は抜けた」と再三、表明してきた松崎明がこの時点でもまだ「守るべき聖域」であることを、図らずも認めているといってもよい。

＊　　＊

JR連合傘下のJR九州労組は、九州労脱退者の一括加入申請は「革マル派特有の潜り込み戦術ではないか」と疑い、「一括加入」を拒否する。九州労組は脱退組を個別審査して、八〇人の加入を認めた。革マル派の疑いを持たれ、加入を拒否されて宙に浮いてしまった脱退組はやむを得ず新たに「JR九州ユニオン」（約五〇〇人）を結成する。委員長には九州労大量脱退を指導した小椿次郎が就任する。九州地区には最大労組の「JR九州労組」と脱退組で組織する「JR九州ユニオン」それに〝抜け殻〟同然となった「JR九州労」の三組合が存立する形となった。

大量脱退が出たJR九州労は当初から「九州ユニオンに吸収合併されるのではないか」と見られていたが、実際、九州労はそのとおりに、一年半後の二〇〇二年（平成十四年）三月九日、福岡市内で臨時大会を開き、同労組の解散とJR九州ユニオンへの合流、加盟を決め、元の鞘に収まったのである。脱退騒ぎはJR九州労組への手の込んだ潜り込み作戦であることが、誰の目にも明らかになった。JR九州ユニオンはただちにJR総連への復帰・加盟を決定、次のような声明を出した。

「私たち九州ユニオンは九州労から多くの仲間を迎えた。一昨年の十月五日、JR労働運動の再生と二一世紀に真の労働組合を残すことを目的とし、まず七三八名が養殖組合である〝九州組合〟に加入するという労働運動史上かつてない決断をし、取り組みを行ってきた。だが、さまざまな妨害と養殖組合幹部、安井・船津（筆者注：JR九州労組の執行部）の裏切りにより『九州労組加入』の道は断たれた。私たちはこの間の職場討議を踏まえ、今大会でJR総連への加入申請を満場一致で決定した」

この声明はJR九州労からの大量脱退が、「偽装脱退」であり「潜り込み戦術」であったことを公然と認めている。〝古巣〟の九州労を「いくら努力しても革マル疑惑が払拭できない」「組織運営が独善的である」「内部に革マルと通じている者がいる」などときびしく批判し、大量脱退したことなどすっかり忘れてしまったような声明は、大量脱退劇そのものが〝大芝居〟だったことを告白しているのも同然だった。

JR東労組OB・坂入充の拉致・監禁事件

不可解な出来事の極め付きは、「坂入充《さかいりみつる》」という人物の監禁、失踪事件だろう。九州でJR九州労の大量脱退騒動が続いている最中の二〇〇〇年（平成十二年）十一月十三日、JR総連は「JR東労組OBの坂入充が革マル派によって拉致・監禁されており、埼玉県警に捜索願を出した」と公表する。そして十六日には「坂入拉致・監禁は革マル派の犯行である」として革マル派を同県警に告発した。奇々怪々としか言いようのない事件の発生だった。

JR総連の発表によると、十一月三日、JR総連発行の雑誌「自然と人間」事務局の坂入充が何者かに連れ去られた。坂入はこの日の朝、仲間たちと一泊の予定で奥多摩に行く、と家族に告げて家を出た。ところが「いつまで待っても待ち合わせ場所に来ない」と仲間のひとりから自宅に電話があった。家族が心配していたところ、昼前に「浅野」と名乗る男から「彼と討論させてもらう。いずれ彼から連絡をしてもらう」との電話があった。「帰してくれるのですね」と電話に出た妻が尋ねると「それは……」と言葉を濁して電話は切れた。

坂入の妻は以前にJR総連の書記をしていた関係もあって、このことをJR総連に電話した。JR総連は坂入の妻と相談して埼玉県警に捜索願いを出した。JR総連では坂入宅に電話をしてきた「浅野」は十月九日に九州労本部事務所に押しかけ「北（弘人・九州労本部委員長）はどこだ」「俺たちが作った九州労を壊されて黙っていられるか」などと罵声、暴言を繰り返した三人のうちのひとりだと見ていた。三人は同本部にいた杉山書記長に暴力を振るい、組合の重要書類を持ち出した。「浅野」はかつてJR発足直前に、国労から脱退し「真国労」を旗揚げして副委員長に就任した「浅野孝」だという。

坂入充の消息は一週間経ってもわからなかったが、十一月十一日になって、坂入の妻宛てに速達が届く。差出人は坂入本人。住所も連絡先も書かれていない不自然な速達で「議論をしている最中なので捜索願いを取り下げてくれ」という内容だった。JR総連は「捜索願いを取り下げさせるために、革マル派に強制的に書かされたもので、九州労大量脱退事件で九州労本部から解雇された女性書記が関与している」と判断したという。

JR総連は十一月十六日午後、都内のホテルで約七〇〇人が参加して「革マル派による坂入拉致・監禁への抗議集会」を開く。これに先立って委員長の小田裕司が緊急記者会見を行った。小田裕司はJR発足直後からJR北海道労組書記長、同委員長を務め、その闘いぶりが松崎に認められ、JR総連書記長、同委員長と駆け上がって来た松崎の〝腹心〟である。小田は事件についてこう説明した。

①　坂入は心臓病を患っており、毎日、ニトログリセリンを飲まないと死んでしまう。四日午後、革マル派が坂入の自宅に薬を受け取りに来たが、張り込んでいた警察官五人はあえて見逃した。

②　JR総連は革マル派とはいっさい関係ない。坂入も妻も革マル派とは関係ない。坂入が革マル派に狙われた理由は、「坂入がJR九州労の集団脱退を仕組んだ」と思い込んでいるからだろう。

③　革マル派機関紙「解放」の十月三十日付紙面に「革マル派を批判した男」として「南雲巴」という名前がでてくるが、その南雲巴と坂入充は同一人物である。

小田委員長はこの記者会見で「革マル派とは関係はない」と言いながらも、革マル派機関紙に執筆している「南雲巴」という人物は坂入充のセクトネームであると公表したのである。つい口が滑ったのか、あえて事実をしゃべったのか。JR総連が革マル派と対立関係にあるのだということを、言外に臭わせたと見るのが自然だろう。

JR総連は「尋ね人」形式で、坂入充の写真や新聞記事入りのビラを作成、東京周辺の主要駅などで配布、一般市民へ坂入捜索への協力を要請した。ビラにはこう記されていた。

「坂入さんはテロ集団、革マル派によって拉致・監禁された。JR総連は暴力によって人命・人権を蹂躙する革マル派の暴挙・蛮行を許すことはできない。坂入さんを一日も早く解放させるために、警察当局への告発を行い、捜索に全力を尽くしている。残念ながらJR総連加盟の九州労は組合員の大量脱退問題で大きく揺れている。そうした混乱に乗じて革マル派は、JR総連OBの坂入さんを拉致・監禁したり、組合活動への執拗な介入を繰り返している。革マル派の意図は読み取れないが、その勢力拡大によって影響力を強めようとしていることは明らかである」

「南雲巴」こと坂入充はこの年の三月三十一日に六十歳で定年退職するまで、JR東日本社員として東京・三鷹駅に在職しており、JR東労組立川支部役員を務め、退職後は目黒さつき会館（旧動労本部）にある松崎明肝いりの雑誌「自然と人間」事務局に再就職した人物である。

第一章で一九七七年（昭和五十二年）六月に起きた「黒磯駅事件」について記したが、当時、国鉄東京北管理局の現地対策班として黒磯駅にのり込んだ宗形明《むなかたあきら》にはこの「坂入充」という名前に心当たりがあった。この事件で懲戒解雇にした組合員ふたりの背後で全体の指揮をとっていた「東京から来た男」の名前が坂入充だったのである。

JR総連が「坂入拉致・監禁事件」を埼玉県警に告発し、「革マル派犯行説」を流し始めたことに〝激怒〟した革マル派中央は、JR総連委員長・小田裕司の埼玉県警への告発を「それ自体妄想でしかない『推測』なるものを唯一の根拠にして『革マル派の犯行』を埼玉県警に告発したことを、われわれ革共同革マル派は怒りを込めて弾劾する。小田がたとえ妄想に取りつかれたのだとはいえ、警察権力に駆け込み、革命的左翼を権力に売り渡すという常軌を逸した行動に出たことを許すことはできない」と激しく非難する。

十二月八日には革マル派中央はＪＲ総連に対して「戦闘宣言」を発した。

「わが党はＪＲ総連執行部並びに九州労の残存北（弘人）執行部を階級的と断罪し、これを打倒することを宣言する。暴かれた九州労組合員の大量脱退問題をイデオロギー闘争の中心に据え、ＪＲ総連内の反党陰謀分子を打倒し、ＪＲ総連党組織の革命的再建のためにわれわれは全力を傾注しなければならない」

この「戦闘宣言」によって革マル派中央は、ＪＲ九州労からの集団脱退騒ぎはＪＲ総連内の〝反党分子〟が仕掛けたものであることを強調し、同時に「ＪＲ総連内のわが党組織」の存在を公式に認めたわけである。一方、「革マル派の存在」を否定し続けてきたＪＲ総連・東労組は「坂入氏は過去、革マル派の運動に関わったが、現在は訣別し、革マル派を批判する立場だった」「ＪＲ東日本には革マル派党員はいない。革マル派の呼びかけに応える者がいればそれを許すわけにはいかない」との見解を公表する。「坂入の拉致・監禁は革マル派によるものだ」と強調することによって、ここでも革マル派中央との対立を際立たせようとしている。

革マル派とＪＲ総連の非難の応酬が続くなか、十二月十七日、報道機関や運輸省幹部に坂入充が書いた「ＪＲ総連委員長・小田裕司君への手紙」と「私は訴える」と題した二通の文書が届く。以下はその要約である。

今回の行動は私の自由意志に基づく行動であり、決して強制されたものではない。私はただ、ＪＲ総連内の仲間と革マル派中央の間に、本来あってはならない対立を解決したいだけなのだ。小田君をはじめＪＲ総連内の一部指導者は、ビラなどで「拉致・監禁された坂入を救出せよ」などと言っているが、あなた方には実はそんな気などないということが、だんだんわかってきた。あなた方にとって私は「革マルとは無関係である」と警察、会社当局に身の証を立てるための道具として利用されていることが、悲しいことだがよくわかる。

ＪＲ総連の指導者が本当に私に会いたいのなら、権力への「告発状」、「捜索願い」などをすべて取り下げ、権力といっさい手を切ることが最低条件である。このことだけは、革マル派同盟員として長くやってきた私の誇りにかけて表明しておきたい。小田裕司名の「告発状」は「革マル派の右犯行を厳しく処罰されたく」となっている。あなたの主観的意図はわからないが、革マル派を処罰したい権力には、その道が開けたということで、権力側にＪＲ総連に介入する絶好のチャンスを与えたことになる。場合によっては松崎会長にまで手が伸びるかも知れない。なぜなら権力は、私の人生に大きな影響を与えたのが（松崎）会長であることを十分承知しているからだ。

小田君、私が長年住んできた革マル組織の、私が微力を尽くし戦闘的労組として育て上げたＪＲ総連が、告発状を突き付けたことに、私は余計なことをしてくれた、と怒っているのだ。直ちに告発状を取り下げることを要求する。

意外な結末

事件発生から九ヵ月あまりが過ぎた二〇〇一年（平成十三年）八月九日、ＪＲ総連は拉致・監禁された坂入充の身柄が戻らないまま埼玉県警への告発状と捜索願いを突然、取り下げた。この日、ＪＲ総連は小田裕司委員長名でマスコミ各社に次のような内容の声明文を出し「告発状と捜索願いの取り下げ」の理由をこう説明した。

「第一に、事件発生から警察の捜査状況は一向に進展していない。それどころか八月に入ってから坂入氏は革マル派に伴われて九州各地の組合員宅を訪問するなど、頻繁に姿を現している。坂入氏は革マル派によって行動を強制され、現段階ではその行動範囲は絞られつつあるが、警察当局は適切な対応をしていない」

「第二に五月二十五日の衆院国土交通委員会で警察庁・漆間《うるま》警備局長は『JR総連における革マル派組織の実態やその浸透状況をついに解明した。JR総連において、影響力を行使でき得る立場に革マル派活動家が相当浸透している』旨の答弁をした。JR総連はこのデタラメな答弁の根拠を明らかにするよう申し入れたが、警察庁は『お答えは差し控える』と回答するのみだった」

「第三に組合員への事情聴取に関しては『JR総連の〝窓口〟を通してから』という取り決めをしたが、警察はそれを無視して家庭訪問を繰り返し、JR関係者に捜査協力を強要した。警察は坂入氏を探すのではなく、組織内の情報収集が目的と断じざるを得ない。JR総連はこれ以上捜索願いと告発を行っていることに意味はないと判断した」

同じ日、坂入の妻も「告発状」や「捜索願い」を取り下げた。そして「組合員の皆様へ」と題し「拉致・監禁の事態は一向に解決しないばかりか、被害者であるJR総連及び加盟組合への警察による捜査ばかりが目に付く。これ以上、皆さんに警察の介入などの迷惑はかけられない」との書簡を公表した。

「拉致・監禁」は被害者の人命にも関わる事件である。だが、JR総連も坂入の妻も、「警察当局が事件捜査に名を借りて、革マル派やJR総連組織内の情報収集をしている」という理由で捜索願いと告発状を取り下げたのである。拉致・監禁事件の〝幕引き〟としてはあまりにも不自然で不可解な行動ではないだろうか。

坂入充はその八ヵ月後の二〇〇二年（平成十四年）四月十三日夕、埼玉県内の自宅に戻ってきた。同十五日、JR総連は「坂入氏の解放に関する見解」を発表する。

「十四日午前、坂入氏夫人から『拉致・監禁されていた主人が前日の十三日夕、自宅に戻って来た、本人は心身ともに衰弱しており、静養させたい』との連絡があった。JR総連は、坂入氏が帰宅したとはいえ、拉致・監禁して心身ともに衰弱するまでに追い込んだ革マル派に対し、その犯罪性を怒りとともに指弾する。ともあれ事件発生から一年半、坂入氏が自宅に戻ったことを全組合員で喜びたい」

「JR総連は革マル派に対して坂入氏の早期解放を求め、告訴、告発や抗議行動など組織の総力を挙げて、取り組んできた。こうした闘いが革マル派を追いつめたのである。革マル派はひとりの人間の自由を奪っておきながら、JR総連にまで階級的というレッテルを貼ってきた。警察による一方的な『捜査協力』の強要と組織介入、JR連合などによる悪辣な『JR総連＝革マル派キャンペーン』などに対しても今後十全な対応が必要であり、いかなる政治党派の支配・介入を許さない」

＊　　　＊

二十世紀最後の年である二〇〇〇年に起きた九州労からの大量脱退事件や坂入拉致・監禁事件な

ど一連の不可解な事件の真相は何だったのか。

拉致・監禁された坂入充（南雲巴）は一九九九年（平成十一年）六月にＪＲ総連・東労組内に秘密裡に結成されたＪＲ労働運動研究会（ＪＲ労研）の事務局長であり、ＪＲ労研の設立目的は「松崎明の思想の実践」にあったのである。革マル派政治組織局員の前原茂雄はその著『連合型労働運動に抗して』（解放社）の中で、その経緯について概略、こう暴露している。

「九州労からの大量脱退の影の立案・指揮者は坂入充（南雲巴）である。ＪＲ総連委員長・小田裕司、同書記長・山下信二、ＪＲ九州労委員長・北弘人と坂入などＪＲ労研中央事務局の一部指導者ら七人が仕組んだものである。平成十二年七月に開かれた九州労研の場で九州労が激しさを増す組織攻撃の中でどう生き延びていくかが議論となった。平成採用の二〇〇〇人中九州労に加入した者はわずか九人しかおらず、五年後には組合員数は半減する。九月上旬にＪＲ総連・小田委員長、山下同書記長、九州労・北委員長と坂入ら労研中央事務局指導部が密談して『養殖組合（ＪＲ九州労組のこと）への潜り込み』という方針を決めた」

つまり、坂入は、松崎率いるＪＲ革マルのなかでももっとも先鋭的な幹部で、九州労組への「潜り込み」作戦の実行部隊だったというのである。また南雲（坂入）の「拉致・監禁事件」について前原はその真相をこう明かしている。

「南雲は九州労の自己解体という階級的犯罪行為を覆い隠し、他産別の労働者たちを蔑視する言辞をまき散らした。彼とは思想闘争をしていたのであり、彼との議論を始めた途端にＪＲ総連は捜索願いを出して思想闘争の継続を困難にし、〝拉致監禁〟などというデマをでっち上げ、思想闘争そのものを否定した。小田たちは南雲とわれわれの論議を一切拒否して、こともあろうに〝拉致監禁〟などと描き上げ、権力まで動員した」

前原の言う〝拉致・監禁事件の真相〟の行間を読めばどういうことになるのだろうか。興味深いことに、小田裕司や坂入充たち一連の事件の首謀者たちの〝ボス〟である松崎明に対する批判は、どこにも出てこない。九州労組への「潜り込み」作戦など一連の事件は〝大失敗〟だったにもかかわらず、その責任追及にはまったく触れていないのである。

「筋書きを書いたのは松崎だ」

この一連の事件の〝筋書き〟を書いたのは「松崎明自身だったのではないか」と推測するのは『Z(革マル派)の研究』(月曜評論社)の著者であるジャーナリスト・野村旗守である。以下は彼の推論である。

松崎は以前から「JR総連の幹部たちが労働貴族化し、革命的気概を失っている」ことを革マル派中央に匂わせていた。松崎は彼の思想を実現する目的で設立された「JR労研」に命じて九州労大量脱退事件を引き起こし、潜り込みが失敗に終わると大慌てを装って「JR労研の連中がクーデターを起こした」と革マル派中央に報告、革マル派中央と謀議して坂入拉致事件を企てる。その際、坂入の身の安全だけは確保するよう要請する。坂入は「JR総連の組織防衛のために、命は保証するから、自己批判したうえで九州労大量脱退事件の首謀者は自分を含むJR労研のメンバーだと自白せよ」と松崎に言い含められたうえで身柄を拘束された。

事件はこうして実行され、革マル派中央とJR総連の対立の構図が世間に明らかになる。当然、警察当局も動き、全国の革マル派のアジトを急襲し、坂入は警察によって無事救出されるだろう。松崎は司令塔を失った革マル派非公然部隊を狩り集め、自らの私兵団を形成、JR総連・東労組の独裁体制を強化していく。これが松崎が描いた筋書きだったのではないか。しかし、松崎のこうした目論見は外れた。告発を受けた警察はJR総連から事情聴取するばかりで、革マル派中央には捜査の手をのばさない。松崎の〝姦計〟により党中央だけが本気だった対立劇（JR総連側からは偽装工作）は、結果的にはものの見事に失敗、JR総連は警察への告発を取り下げ、坂入はひょっこりと自宅に戻った。

後述するが事件の当事者の坂入充は松崎の死去後に出された追悼集『心優しき「鬼」の想い出』に「松崎は自分で正面には出ず、周辺の幹部たちに変革の闘いを促すというわゆる『回し蹴り』の傾向が強く、これに苦しんだ幹部は多かった。松崎は坂入拉致事件さえ最大限活用した」と書き、事件の背後に松崎がいたことを臭わせている。坂入拉致事件の真相が松崎の「回し蹴り」にあったとするなら、野村旗守の推測はきわめて正鵠を射ていた、と言えるだろう。

「構成員は五〇〇〇人」――JR革マル疑惑が国会の場で

革マル派の「豊玉アジト」などの摘発に端を発し、二〇〇〇年（平成十二年）後半に発生した九州労大量脱退事件、坂入充の拉致・監禁事件など、革マル派関連事件の続発は世間の注目を集め、国会の場でも取り上げられる事態となった。その皮切りとなったのが同年十一月七日、参議院の交通・情報通信委員会だった。民主党の山下八洲夫《やましたやすお》議員が質問に立った。

「昨年、公安調査庁が出した『内外情勢の回顧と展望』には『JR東労組への革マル派の浸透が一段と進んでいる』と記述されている。またJR総連下の九州労で大量の脱退者が出たことなどから、革マル派の機関紙『解放』が『九州労四人組によるクーデターを打ち砕け、JR総連労働運動の火を燃え立たせよ。JR総連に結集する組合員諸君！』などと書いている。これはJRの内部に革マル派がいるということを認めていると読み取れ、由々しき問題だと思う。最近の革マル派のJR内組合運動への取り組みはどうなっているのか」

これに対して警察庁警備局長の金重凱之《かねしげよしゆき》（当時）は「平成八年以降、革マル派の非公然アジトを一〇ヵ所ほど摘発した。これらのアジトの一部から押収した資料の分析から、革マル派が国労の役員宅やJR連合傘下のJR西労組役員宅侵入事件で、革マル派非公然活動家を検挙する一方、JR総連・東労組内の革マル派組織の実態について解明を進めている。警察としてはご指摘の労働組合内に革マル派が相当浸透していると見ている」と答弁した。

翌二〇〇一年五月二十五日の衆院国土交通委員会で、漆間《うるま》巌《いわお》警備局長は西村眞悟《にしむらしんご》議員（自由党）との質疑応答で「革マル派のトラジャとマングローブと呼ばれる組織の存在」を明らかにした。以下ふたりのやり取りである。

西村議員「警察庁作成『焦点』の中にも『JR東労組の中に過激派革マルが浸透している』と明確に書かれている。警察は捜査によっていかなる事態を把握しているのか。革マルという組織が本当にJR東労組の中に浸透しているのか否か、各アジトから押収されている資料をもとに概略を説明されたい」

漆間警備局長「革マル派非公然アジト一〇ヵ所を摘発し、その一部アジトから押収した資料の分析により、同派の非公然部門が対立する団体や個人などに対して住居侵入、窃盗、電話盗聴などの違法行為を組織的に引き起こしていたという実態を解明した。またこれにより革マル派が国労役員宅やJR連合傘下のJR西労組役員宅に侵入した事件などの犯人を検挙したところである。こうした捜査活動を通じ、JR総連・東労組内における革マル派組織、いわゆるフラクションの実態や浸透状況についても解明したところである」

西村議員「革マル派は組織内の各産別労働者を指導するための各種労働委員会を設けており、通称トラジャと呼ばれる。それがJR内の労働者を指導しているという。またトラジャの下部組織にマングローブと呼ばれる組織が存在しているという。これは捜査で裏打ちされているのか」

漆間警備局長「ご指摘の事項については捜査で裏付けを取っている」

西村議員「警備局長からJR東労組に対して革マル派が浸透しており、具体的にトラジャという組織があり、さらに下部組織にマングローブという組織が存在することも裏付けられている、との答弁をいただいた。革マル派がJRの組織に相当浸透、というのは組合員の数の割合を言っているのか、それとも組合執行部に革マル派の者がおり、執行部として組合を指導する立場に立っているのか、いずれなのか」

漆間警備局長「JR総連・東労組内において影響力を行使できる立場に革マル派系の労働者が相当浸透していると見ている」

西村議員「具体的にその人物の特定まで捜査で裏付けられているのか」
漆間警備局長「捜査によって、基本的に議員が指摘されたようなことは解明されている」

さらに二〇〇二年（平成十四年）十二月四日の衆院国土交通委員会では玉置《たまき》一弥《かずや》議員（民主党）の質問に奥村萬壽雄《おくむらますお》警備局長（当時）はこう答えている。
「革マル派の労働組合への浸透の意図であるが、革マル派というのは、日本で暴力を使って共産主義革命を起こすことを究極の目的としている組織であり、昭和五十年代初めまでは対立している中核派あるいは革労協との間で陰惨な内ゲバを繰り返し、十数件の殺人事件あるいは数百人の負傷者を出している。その後『まだ革命情勢は到来していない』という認識の下に組織の拡大に重点をおくようになり、その党派性、つまり革マルであることを隠して基幹産業の労働組合など各界各層への浸透を図っており、JR東労組への浸透もその一環であると見ている。革マル派の構成員は約五〇〇〇人いると見ているが、どの組織にどのくらいいるかということは、捜査の手の内を見せることになるので公表は差し控えたい」

警察庁警備局長を務めた金重凱之、漆間巌、奥村萬壽雄の三人とも国会での答弁で「わが国の旅客鉄道輸送の基幹的企業であるJR東日本の最大労組、JR東労組内部への革マル派の浸透に重大な関心を寄せ、警察当局は一貫して揺るぎない捜査を行っている」ことを示したのである。「JR革マル疑惑」はすでに〝疑惑〟ではなく、「事実」として認識されるようになっていた。

第七章　反乱——〝猛獣王国〟崩壊の序曲

松崎の〝腹心の中の腹心〟だった福原福太郎は、『小説労働組合』で松崎と東労組の内幕を暴露する（JR総連委員長当時／読売新聞／アフロ）

抗争のはじまり「東京問題」

「ＪＲの革マル問題」が国会でも取り上げられ、治安当局の目がＪＲ総連・東労組に向けられていることが明らかになると、強固な団結を誇った組織にも動揺が広がり、松崎体制への反発や批判の声が上がり始める。松崎を頂点とする組合内体制派はこれを押さえ込むため批判派を排除しようとする。そうした動きが二〇〇二年（平成十四年）に入ると顕著になってきた。その端緒となったのが、ＪＲ東労組の東京地本で起きたいわゆる「東京問題」である。これまで東労組が会社経営の重要な決定事項に容喙《ようかい》していたことは、オモテに出ることはなかったのだが、「東京問題」は、組合がＪＲ東日本の人事に介入していたことが明らかになった象徴的な事件でもある。

同年二月の人事異動でＪＲ東日本東京支社の営業部課長代理の阿部眞喜雄《あべまきお》が同部担当課長に昇進した。阿部はＪＲ東労組の元東京地本執行委員（旧鉄労出身）である。この昇進人事に松崎明《まつざきあきら》が激怒する。松崎は前年の〇一年（平成十三年）六月、六年間務めた会長職を退き、新たに設けた「ＪＲ東労組顧問」という労働組合としては異例のポストに就いていた。

「顧問」という立場になっても松崎の権威は〝絶対的〟だった。この阿部の昇進問題が「ＪＲ東日本の労使関係」「ＪＲ東労組東京地本の指導部の問題」へと発展し、さらに「石川尚吾《いしかわしょうご》東京地本委員長の辞任」「ＪＲ東日本東京支社長の更迭」までエスカレートしていったのである。この問題を契機に東労組を追われることになる嶋田邦彦《しまだくにひこ》が編纂した『虚構からの訣別――心貧しき者たちへの挽歌』や当時の関係者の証言などによると、その経緯はこうである。

〇二年二月十五日夕、松崎明顧問を囲んで石川委員長、鳴海《なるみ》恭二《きょうじ》書記長らJR東労組の東京地本の幹部と、JR東日本東京支社長の須田征男や組合との交渉窓口である総務部長ら会社側幹部が会食した。阿部眞喜雄の昇進人事は二日前に内示されていたが、この席で会社側はその話にいっさい、触れなかった。ところが二十日になって、「阿部には十三日に営業部担当課長への昇進人事を内示した」と会社側から東京地本へ連絡が入った。

「何だそれは！　十五日の席には俺もいたんだ、なぜ隠していた。会社は俺をナメている」

それを知った松崎は怒り狂った。しかし、東京支社は東京地本側の抗議を振り切ってこの人事を発令し、阿部も受けた。支社課長レベルのこの人事に、松崎はなぜそれほどまでに、いきり立ったのか。

第五章で述べたが、松崎の後継委員長となった菅家伸ら約二〇人が一九九五年（平成七年）九月、埼玉県大宮市内のホテルに密かに集まり、「JR東労組脱退、新労組結成」のための秘密会議を開いた。阿部眞喜雄もこの秘密会議参加者のひとりだった。この会議が東労組から分離独立した新潟の「JRグリーンユニオン」結成に繋がった。この秘密会議の情報が松崎に漏れ、菅家ら五人が首謀者と断定され、東労組を〝放逐〟された。しかし、阿部たちその他の参加者は不問に付されたのである。「〝情状酌量〟してやった阿部を、なぜあえて管理者に昇進させるのだ」というのが松崎の怒りだった。

この問題はさらにこじれる。阿部は五年前の九七年に管理職である「指定職」昇格の発令を受け、「非組合員」の立場になっていた。指定職昇格の際、東京支社の人事課長は、東労組東京地本の鳴海書記長に連絡した。鳴海が「どうしますかねえ」と石川委員長に相談すると、「会社の人事をなんで組合に聞いてくるんだ。会社が勝手にやればいい」と石川は答えたという。その返事を聞いて、東京支社は安心して阿部の指定職昇格を発令した。会社側の認識では「指定職」への昇格のほうがハードルは高いと考えており、「担当課長」の発令が問題となるとは考えていなかった。阿部の人事は抜擢でもなんでもなく、本人の入社年次や能力、実績などからごく常識的な人事だったという。

JR東労組内では、阿部眞喜雄の指定職昇格人事に異議を唱えなかった石川・東京地本委員長に対する批判が高まる。松崎が主宰する学習会「松明塾」でもこの問題が話題となり、「臨時執行委員会を開いて責任問題を議論すべきだ」との声が相次いだ。「臨時執行委員会を開いて議論すれば石川東京地本委員長の責任問題に発展する。五年前の問題まで遡って責任をとってもなんの問題解決にもならない」と、千葉地本委員長の小林克也や横浜地本執行委員の本間雄治らはこれに異を唱えた。

このやり取りを聞いた松崎は「執行委員会を開け。石川は辞任せよ」と一言。JR東労組は、松崎の〝鶴の一声〟で臨時執行委員会を開き、「大宮のホテルでの秘密会議参加者は組合員に対する背信、裏切り行為であり、いったん不問に付した(当時の)決定を取り消す。同時に阿部の昇進・昇格人事を認めた石川東京地本委員長は責任をとって辞任する」ことを決めた。五年も前の人事問題に絡んで石川委員長は辞任に追い込まれたのである。

石川委員長は四月二日に辞任し、副委員長の武井政治が「委員長代行」となった。外部にはきわめて唐突な石川の辞任だった。「石川尚吾は私にとってたいへんかわいい弟子なんだ。東京地本委員長を辞めざるを得ない状況を作ったのは誰なんだ。だから『大塚（社長）に言っておけ』と言ったんだ」と松崎は言う。

石川辞任から一ヵ月半後の六月、東京地本に対応する会社側の須田JR東日本東京支社長が関連会社「東鉄工業」社長に転出する。「石川辞任との相殺人事」だったのだろう。

「〝順法闘争〟で闘う」

JR東労組は同年七月七日から四日間、東京・品川のプリンスホテルで定期大会を開いた。この年は東労組結成十五周年だった。大会三日目の九日、松崎は記念講演を行う。

「残念ながら、私たちは正しい道を歩けば歩くほど、今のお偉いさんから『あの野郎、邪魔者だ、早いうちに消してしまわなければしょうがない』となり、国会でも『松崎という野郎はけしからん奴だ』と言われている。私のどこがけしからんのか。文句があったら国会に呼べ。この十五年間のどこが間違っていますか」

と問いかけこう結んだ。

「今やJR東日本にとって『ニアリー・イコール』論は幻想になった。東京においてあの優れた指導者・石川（尚吾）委員長を辞めさせる事態を作った。JR東日本の今の経営陣は完全に間違っている。『会社のためだ』というけれど、（阿部眞喜雄は）会社のために何をやった？　会社と組合の二人三脚を崩そうとした者を立身出世させておいて、何が会社のためなのか。労働組合は大事だ、JR東労組は大事だ？　大事なら大事にしてくれ。今日は会社の責任ある人もいるから言っておくが、石川委員長をあすこまで追いやっておいて、涼しい顔をしているような経営陣は絶対に認めない。私なりに闘い抜くから。これは国鉄改革に対する裏切りだ。JR東日本に対する背信だ。大塚社長を許さない。社長によく言っておけ！　労働組合がないがしろにされ、裏切られたら闘わざるを得ないではないか。私がJR東労組にいると、とんでもないことになるから、顧問も辞め一組合員として正義のために闘うことにする」

JR東労組東京地本も同十四、十五日の両日、結成十五周年大会を同じプリンスホテルで開く。この大会で委員長代行から委員長に選任された武井政治も怒りを露わにする。

「東京地本が抱えている問題の第一は労使関係の問題です。会社はJR東労組の組織破壊者を優遇したのです。この行為は国鉄改革の否定であり、会社幹部自らが労使協力関係を破壊することに他ならない。この間の私たちの努力や職場で奮闘している組合員を足蹴にする行為は絶対に許せない」

ふたりの挨拶を聞けば、JR移行十五年にしてようやく住田―松田時代からの〝労使蜜月〟関係に綻《ほころ》びが生じはじめたことが明らかだろう。二年前の二〇〇〇年（平成十二年）六月に大塚陸毅《おおつかむつたけ》が社長に就任、清野智《せいのさとし》が副社長となり、かつての住田―松田時代の「ニアリー・イコール」の労使関係からの〝脱出〟が静かに進められていた。松崎はそれを敏感に感じとり、「ニアリー・イコールは幻想になった」と述べ、武井の「会社側の労使関係の破壊を許さない」という激しい攻撃となったと見てもよい。

住田、松田に次いで三代目社長のポストに就いた大塚は、一九六五年（昭和四十年）に国鉄に入り、国鉄最後の総裁となった杉浦喬也《すぎうらたかや》の秘書役として分割・民営化を推し進めた。大塚は井手正敬《いでまさたか》ら「改革三人組」の同志であり、経理局調査役だった大塚を「総裁秘書役」に強く推薦したのは「改革三人組」だった。JR発足後は東日本の人事部長となり、常務時代には、人事部長の清野智とともに労務問題を担当する。しかし、住田―松田体制の下で松崎の「ニアリー・イコール論」に乗った労使関係が推し進められており、ふたりは「労使関係の正常化は時間をかけて軟着陸するしかない」と〝その時〟の到来を待ち続けていた。

「東京問題」が起きると松崎は「会社は俺をナメている。誰も謝りに来ない」と周囲に繰り返していたという。かつては松崎が吠えれば、会社はすぐに頭を下げに飛んできたのであろう。渦中の人物、阿部眞喜雄（東京支社営業部担当課長）は同九月一日の人事異動で「JR東日本メカトロサービス」へ出向となる。担当課長に昇進後、わずか五ヵ月という異例の短期間だった。大塚社長は松崎たちの〝挑発〟には乗らず、少し時間をずらして松崎らの要求を受け入れ、JR東労組との〝全面対決〟を避けたのである。

＊　　＊

一方、松崎はこの講演で〝宣言〟したとおり、この大会後「JR東労組顧問」を辞任する。しかしそれは定期大会での発言を実行したという〝見せかけ〟であり、すぐにJR東労組の最重要拠点である東京、横浜、大宮、八王子の四つの地方本部に新たな「顧問職」を設け、各地本の顧問に就任した。JR東労組顧問というポストも労働組合としては異例だったが、東京周辺の四地本顧問というのは、実質的には東労組顧問と権限に変わりはない。規約上は「顧問は大会または中央執行委員会での承認と委嘱が必要」ということになっていたが、「俺は四地本の顧問になる」という松崎の意向を誰も止められなかった。

プリンスホテルでの定期大会終了後の慰労会の席で松崎は阿部眞喜雄の昇進人事について「会社による組織破壊者への優遇人事」だとして「会社の姿勢は許せない。問題解決のために組織が半分になることも覚悟して〝順法闘争〟で闘おう」と言いだした。

〝順法闘争〟とは昭和四十年代から五十年代にかけて、旧動労などがとった過激な闘争戦術のひとつで、〝順法〟の名のとおり「定められた運行上の手順を、ゆっくりと時間をかけて完全に実施」する。たとえば、列車運転時にカーブや駅など速度を落とす区間がある場合、規定で定められた以上に速度を落として列車を遅らせたり、「線路上に障害物を発見した」「危険を感じた」という理由で、列車をいったん停止させる。すると、過密ダイヤの大都市周辺では列車の遅れが積み重なり、時間とともにダイヤは大混乱に陥るという〝スト戦術〟である。まるで国鉄時代に逆戻りしたかのような発言だが、はたして松崎は本気だったのかどうか。これが経営陣の耳に届けば大きな脅しになると考えたのかもしれない。同時に組合幹部の反応も試したのだろう。

慰労会も終わって数名の本部役員が酒を飲みながら夕食を取っていた場で、中央執行委員（組織・研修部長）の阿部克幸が「順法闘争などできっこない。労使関係を課題にして順法闘争などやったら、世論の反発にあい、それこそ組織が破壊されてしまう。俺は順法闘争はやらない」と発言した。この発言はすぐに松崎の耳に届いた。〝ご注進〟した者がいたのだろう。

「阿部の小僧っ子は順法闘争を否定しただって！　阿部の野郎、許さねえ」

松崎は口汚く罵り、東京地本の執行委員たちを前に「東京地本は順法闘争はできるよな」と委員長を辞任したばかりの石川尚吾に問いかけた。石川は即座に「できます」と答えた。こうして阿部克幸の「順法闘争はできない」という発言は「松崎や東京地本の執行部を批判・中傷した」として大きな問題となっていく。

JR東労組の定期大会から四日後の〇二年七月十四日、阿部眞喜雄の人事問題をめぐって松崎明と大塚陸毅（JR東日本社長）の〝トップ会談〟が開かれる。当然、会社側には松崎の「順法闘争発言」は伝わっていただろう。「この席で大塚社長は謝罪した」と松崎はたびたび発言し、側近たちも「会社側は完全に屈伏した」と吹聴する。「社長は石川委員長辞任に至る経過は会社の誤りだった、そのようなことは再びしない。組合組織を裏切るような者は出世させない。お詫びするとはっきり言ったんだ」（十月十六日の「かんり部会臨時委員会」での松崎発言）

しかし今回筆者の取材に対し大塚は「謝罪はしていない」ときっぱりとこの松崎発言を否定したが、前述したように、阿部眞喜雄は時期をずらして関連会社に出向となり、会社側は松崎の抗議を事実上、受け入れている。松崎が激怒したのは「社長が謝りに来ない」ということであり、大塚社長が「謝った」ともとれる発言をしたということで、この問題に幕を引いたのである。大塚社長体制のもとで、住田・松田時代とは違い「ニアリー・イコールの労使関係」が過去のものとなりつつあることを、松崎は実感していたのだろう。

「この組合を創ってきたのは俺だ」

ＪＲ東労組中央執行委員、阿部克幸の「順法闘争などできっこない」という松崎への批判に加えて、本部委員長選任をめぐる思惑の違いが、ＪＲ東労組内の松崎体制派と松崎批判派の本格的な確執の始まりとなる。

当時、ＪＲ東労組の委員長は四代目の角岸幸三《かどぎしこうぞう》だったが、すでに一期二年目を終え、二期目に入っていた。角岸に代わって委員長最有力候補と目されていたのが、新潟地本出身で委員長代理（筆頭副委員長）を務めていた嶋田邦彦である。この嶋田について阿部克幸が専従者会議で「なぜ、松崎さんは嶋田さんを委員長にできないのか。嶋田さんは委員長の資格もあるし、内外にも十分、認知されている。嶋田さんを突き放す松崎さんにどんな権限があるのか」と発言し、この発言もまた同席者の口から松崎に伝わった。

阿部は松崎の「順法闘争の提起」にはっきりと反対の意思を表明し、怒りを買っていた。松崎とその側近たちは相次ぐ阿部の批判的発言を「嶋田委員長を実現し、松崎勢力の排除を狙っている。また順法闘争という松崎の提起に反対するのは、会社経営陣に取り込まれている証拠である」と判断する。このころ、ＪＲ東労組内では嶋田筆頭副委員長の存在感が高まり、「嶋田を中心とする労組幹部と経営側の信頼関係が深まっていた時期」と言われていた。

七月三十日、松崎は角岸委員長を呼び、「嶋田邦彦と阿部克幸には問題がある。嶋田の委員長代理と阿部の組織・研修部長を剝奪する」と告げた。角岸委員長は翌三十一日の本部企画会議に松崎の指示をそのまま持ち込んで決定する。嶋田はナンバー２である「委員長代理」を解かれ、筆頭副委員長からヒラの副委員長に格下げされる。阿部も組織・研修部長ポストを外された。

松崎は十月十六日に東京・芝の弥生会館で開かれた「かんり部会臨時委員会」でこう述べている。ちなみに「かんり部会」とは、民営化後は助役など現場管理者も組合員になったので、そういう幹部社員の部会を新たに設けたのである。

「松崎がなんで顧問なんだ、顧問反対、という意見がふたつの地方本部から上がってきているようで、察するに『松崎よ、去れ』という皆さんがいるらしい。そういう雰囲気が出てくると、私は余計にどんどんやる〝たち〟なんだ。本部の中にも『役員でもないくせに余計なことを言うな』と言ってくる人もいる。しかし、私は役員であろうとなかろうと、全世界に向かって発信しているわけだし、『役員じゃないから黙っていろ』というのは官僚的な言い方だ。そんなのに私が従うわけはない」

「私自身（委員長に就任してから）十五年も経つと、どんなにきれいごとを言っても、ダラ幹の垢が相当溜まっているんですよ。俺より溜まった奴が本部には何人かいるんじゃないか。ひでえのがいるからな。そういう連中は辞めてもらおうと思っていますからね。当然のことでしょう。垢が溜まっちゃってね。会社と適当にやってね。（略）俺はこの組合を創ってきたと思っているから、それを足蹴にされたら黙っていられるかい。（松崎は）役員ではないから発言権はない？　ないたってあるさ」

この発言はJR東労組の顧問を辞任し、その下部組織である東京地本など四つの地方本部の顧問となった松崎が、いぜんとして東労組全体の人事権までその手中にしていることを示している。そこには「俺がこの組合を創ってきた」という〝創業者〟としての強烈な自負心が剝き出しになっている。

幹部八人の辞任

この発言から二週間が過ぎた十月三十一日、嶋田邦彦をはじめ中央本部で反松崎派と見られていた中央執行委員の八人が、そろって辞表を提出する。ＪＲ東労組は十一月三日には緊急執行委員会を開いて「辞任届」を受理し、「役員の補充は当面、行わない」ことを決めた。

辞任したのは嶋田邦彦（中央執行委員会副委員長）のほか関根一義（同）、阿部克幸（中央執行委員、組織・研修部長）、本間雄治（同、情宣部長）、小林信一（同、労働平和環境資料センター所長）、神田浩一（中央執行委員）、宮坂隆義（同、業務部長）、百瀬篤志（中央執行委員）の八名。

嶋田邦彦たち八人はなぜ辞任届を出し、ＪＲ東労組と訣別したのか。嶋田は前掲の『虚構からの訣別――』のなかで「辞任は苦渋の選択だった」として、その理由をこう記している。

「私たちは十月三十一日辞任の道を敢えて選択した。それは共通基盤のない中で、執拗に繰り返されるデマ・中傷・組織混乱に対する無指導、そして決定的にはこれまでの人間関係が完全に破壊されている中で一方の当事者である私たちが辞任することによってこの問題に終止符を打ち、これ以上の組織混乱を防がなければならないと考えたからである。これは決定的な組織分裂を回避するためのぎりぎりの判断であった」

嶋田は辞任届を角岸委員長に手渡す際、「一方の当事者として分裂回避のために辞任を決意した」と告げた。角岸は「じゃあもう一方の当事者の俺にも辞任しろと言うことか?」と聞き返した。「私は自分の全体重をかけて自分で判断した。委員長は委員長自身が判断すればいいことだ」。角岸は辞任届を受け取りながらこう言った。

「嶋ちゃん、分裂はしないよな」

「何をいっているのですか、分裂回避のために辞任したのですよ」

この年の七月ごろから松崎は、青年部中央常任委員会などで「嶋田・阿部は身も心も権力に売った」と発言し「嶋田や阿部(克幸)を敵と思え。彼らとの闘いは階級闘争だ」とまでエスカレートしていった。松崎が「階級闘争」と規定した瞬間から嶋田、阿部は「打倒の対象」となったのである。七月から九月にかけての段階では「嶋田・阿部を敵として闘い、排除する」という松崎明の「方針」のもとでの闘いとなり「議論の共通基盤はなくなっていた」と嶋田は振り返っている。辞任した嶋田は会社に籍を持たない〝首なし役員〟であり、JR東労組を〝解雇〟され野に下り、他の七名は「専従解除」となって、JR東日本の出身職場に復帰した。

* *

この本部役員の大量辞任事件についてJR東労組はなぜかすぐには公表せず、二週間が過ぎた十一月十五日付の機関紙「緑の風」(三三八号)で八名の辞任を小さく掲載した。しかし、辞任にいたった経緯についてはいっさい触れていない。

その理由のひとつには八名が辞表を出した翌日の十一月一日、浦和電車区で七名の組合員が警視庁公安部に逮捕され、松崎の自宅なども家宅捜索を受けるという東労組にとっては驚愕の事件が発生したということもあったのだろう。この事件については後述するが、あまりのタイミングの一致に、松崎らは「辞表を提出した八名は、この事件を警察当局に事前に知らされていたのではないか」との強い疑念を抱いた。

松崎はJR東労組が本部役員の大量辞任を公表した二日後の十一月十七日午前、長野県・戸倉上山田温泉で開かれた「東労組かんり部会」で役員辞任事件についてこう〝弁明〟する。

「嶋田は次期委員長の予定だったんですよ。有能ですし六十五歳ぐらいまでは委員長や顧問をやってもらおうと思っていたし、内諾はしていたんですよ。今回の事件で後ろで糸を引いている者がいるんです。はっきりしているのはふたりです。私と同じ名前の『松崎さん』(松崎嘉明・元新潟地本委員長)と『福原さん』(福原福太郎・元JR総連委員長)ですよ。はっきりしているのはこのふたり。松崎さんなんか九州に行って講演し、『松崎(明)は気が狂った』だとか『乱心した』と言っているんですよ。何人からも聞いているから、問い質すと、絶対にそんなことは言っていない、というんです。証人はいっぱいいるのにね」

幹部八人の背後に黒幕がいるというのである。さらに同日夕、東京・中野で開かれた「JR十五年記念――どさん子集会」に出席、こんな発言をする。その内容はまさに常軌を逸していた。

「最近、辞めていった八人のグループに私はついに気ちがいにされてしまった。そのグループから言われたことは『松崎は最近、気が狂った』そうである。私は今までと変わっていない。私の気が狂っていると、十五年間の(歴史を持つ)この組合はおかしいことになる。『松崎なんて奴は六十歳を過ぎてまで、まだ、組合運動をやっている。役員でもないのに余計なことをやっている。あんなのはただのクソジジイだ。組合員からすればあの人は神かもしれないが、引き際が悪く狂ってしまった。組合員にはわからないかも知れないが、単なるクソジジイである』と言うのだ。冗談じゃねえ。俺はクソジジイじゃない。気ちがいと断定することは、その人の人格を殺すのと同じことである。分かっているのか」

神になった松崎明

年が明けた二〇〇三年（平成十五年）一月二十三日、JR東労組中央執行委員会は「八人の中央指導部の辞任に対する見解」を発表する。後に「一・二三見解」と呼ばれ、「松崎明の〝神格化〟を図った」とされるこの「見解」は、その最後を次のように締めくくり、事態の沈静化を図った。

「将来にわたって盤石なJR東労組を松崎前顧問と共につくること、これがJR東労組の基本的な組織戦略である。われわれは松崎前顧問を組織外の人だとは思っていない。JR東労組の育ての親であり、紛れもなくJR東労組の重鎮である。今でも労働運動の第一線で闘っていること、卓越した洞察力と的確な判断、そして陰に陽に実践的なアドバイスをしてくれる松崎前顧問は『余人をもって代え難い存在』である。この評価を否定し『ぶら下がり』というなら、それは明らかに見解の相違であって、そのように思っている者とは、闘うしかないことを明らかにしておく」

JR東労組執行部はこの「見解」で松崎明に対する〝絶対的忠誠〟を誓い、顧問も退いた松崎を「余人をもって代え難い存在」として、これを否定する者とは「闘う」と宣言したのである。JR

東労組にとって松崎は批判することも許されない「絶対的権威者」となった。平成時代の日本の「ふつうの労働組合」では起こり得ないことがJR東労組で起きたのである。

八名の辞表提出の翌日、警視庁公安部によって浦和電車区で七人の組合員が逮捕された（詳しくは後述）。この「浦和電車区事件」について松崎は、「一・二三見解」発表から一月も経たない二〇〇三年二月十六日のJR東労組大宮地本での「顧問就任講演」で「辞任した『八人組』が警察の捜査の手引きをした」と決めつけたのである。

「嶋田は（JR東労組の）書記長をやってきたんだよ。そして筆頭の副委員長だよ。阿部は組織部長をやって事実上のナンバー4だよ。私ははっきり申し上げる。十一月一日に浦和電車区にガサが入ることを彼らは知っていた。だから急きょ、理由も書かない辞任届を出さざるを得なかった。いわゆる『東京問題』は会社側が組合の組織破壊をした者を優遇し、我が組合を裏切ったことを意味する。彼らは会社と仲良くしていくのだから、会社と一緒になって松崎を放逐しようと意思統一したのだ。大宮地本の顧問就任に対して、それをやるのは規約違反であり認めるわけにはいかない、とわざわざ文書で抗議してきたのは千葉地本委員長の小林克也だ。地本の顧問になったって得することは何もないよ」

松崎はこの講演で、「裏切り者の八人組」は実は千葉地本委員長（本部副委員長）の小林克也を入れた「九人組」である、と断定的に述べたのである。小林は辞任した嶋田ら八名の支持を表明しており、松崎の矛先は小林にも向けられていた。この松崎発言前日の二月十五日の千葉地本定期大会で小林は「東京の人事問題に端を発した本部役員の資質問題」について経過を説明、八名を辞任に追い込んだ松崎ら主流派を批判し、「私に対しても辞任せよという意見もあるが、進退については組合員の皆さんにお任せする」と発言、これを受けて千葉地本は「組織をあげて小林委員長を擁護する」と申し合わせていた。

五年前の一九九八年（平成十年）、松崎はJR東労組の不安定要素が強い地方本部の組織強化のため、優秀な人材を厳選して地方に〝落下傘降下〟させた。このとき、千葉地本に送り込んだ人物が小林克也である。千葉地本は一九七九年（昭和五十四年）、旧動労内の中核派、中野洋《なかのひろし》らが成田空港建設反対闘争をめぐって松崎ら革マル派と意見が対立、分離独立して結成した「千葉動労」の牙城だった。松崎は当時、小林を高く評価し、中核派の影響が強い千葉地本に送り込み、小林はその期待に応えて実績を上げた。

「その小林を切ろうとしている」と見た千葉地本の組合員たちは小林を守ろうとした。これがまた松崎の逆鱗に触れたのである。JR東労組は〇三年四月十日の臨時中央執行委員会で千葉地本委員長・小林克也の「千葉派遣解除」を決め、さらに「千葉地本委員長の辞任勧告」と、その勧告に応じない場合、「本部副委員長の執行権の停止」を決定する。小林は本部から派遣された「千葉地本委員長」であり、本部副委員長の執行権が停止されれば自動的に千葉地本委員長は解任となる。小林は東労組の勧告には応じず、全面的に抵抗したため、東労組は同月十二日に再び臨時執行委員会を開き、小林の「執行権停止」という強権発動に踏み切る。「小林は嶋田一派のスパイとして本部執行委員に留まっていた」として断罪されたのである。

「組合専従解除」となった小林は同月二十一日付けで出身職場の高崎車掌区に戻ることになった。

JR東日本高崎支社はすぐさま、八王子支社管内の立川駅ビル（JR東日本商業開発会社）に出向を命じたという。二〇〇四年（平成十六年）六月十一日から開かれたJR東労組定期大会で小林の除名処分が正式に決まった。松崎は自分に反旗を翻す者を許さず、徹底的に粛清《しゅくせい》し排除していったのである。

＊　＊

それにしても、なぜ松崎らは〝内部の敵〟と見た「嶋田グループ」をここまで激しく追い込んでいったのだろうか。JR革マル問題を追い続けていた宗形明《むなかたあきら》は、この「嶋田グループ排除」に関するJR東労組役員の「内部文書」を入手していた。松崎の意を汲んでJR革マル派の側近たちが、その配下を指導するためにまとめた文書である。

それによると、松崎と東労組主流派は、小林を含む嶋田グループとの闘いを「階級闘争」として位置付け、「打倒の対象」として嶋田グループを排除したのである。以下はその「内部指導文書」の要約である。

松崎前顧問は九人組を排除するために「積極攻撃型組織防衛論」と「統一と団結論批判」の論理を適用した。まず「積極攻撃型組織防衛論」であるが、これは二つの意味を持つ。一つは敵対矛盾として現れた「浦和電車区事件」に対する闘いは、「積極攻撃型組織防衛論」からしてまったく正当な闘いであること。二つ目は九人組も敵対矛盾であるから、「積極攻撃型組織防衛論」を適用し、嶋田一派とそれを支持する奴らは絶対に許さないという闘いを展開すべきだ、と提起している。「統一と団結論批判」は「積極攻撃型組織防衛論」の根拠となっているもので、嶋田一派とそれを支持する奴らは「敵」である、ということを明らかにしている。
松崎前顧問は九人組との闘いは「階級闘争として位置付ける」と提起している。階級闘争においては「変革の対象か」「打倒の対象か」の二者択一である。前顧問は九人組に対して「変革の対象」ではない。残念ながらそれは諦める」と提起しており、「打倒の対象」という表現は使っていない。だが、我々は「階級闘争として位置付ける」という前顧問の心中を察しなければならない。つまり、「打倒の対象」でしかないのである。その認識と決意が問われている。

第二章で詳述したように、松崎明の「戦略・戦術論」の基本にあったのは、「統一と団結の否定」であり、同時に「積極攻撃型組織防衛論」だった。「統一と団結」論を否定し、組織の中に巣くう「階級闘争の敵」を素早く見定め、先手を打って攻撃することによって、敵を排除し、組織を防衛する。嶋田邦彦ら「九人組」の排除にもこの「戦略・戦術論」が貫かれていたことをこの「内部指導文書」は明白に示している。

捜査員二〇〇人で七人を逮捕

JR東労組筆頭副委員長・嶋田邦彦ら八名が辞任届を提出した翌日に発生した「浦和電車区事件」について、松崎が「嶋田らは警視庁公安部の捜査を事前に知っていた。彼らが捜査の手引きをしたのだ」と決めつけたことはすでに述べた。公安当局は革マル派のアジト摘発によって、「革マル派がＪＲ総連・東労組に相当浸透している」ことは摑んでいたが、「犯罪事件」として初めてＪＲ東労組組合員の逮捕に踏み切ったのが、この「浦和電車区事件」である。

二〇〇二年（平成十四年）十一月一日早朝、警視庁公安部は「組合の指導に従わなかった組合員に組合からの脱退と退社を強要した」という「強要罪容疑」で、ＪＲ東労組大宮地本副委員長・梁《やな》次邦夫《じくにお》ら七人の自宅で大がかりな家宅捜索を行い、七人をそのまま逮捕・連行した。七人の逮捕とほぼ同時刻、東京・新宿の東労組本部にも二〇〇人もの捜査員を動員して大がかりな家宅捜査を行った。その後も捜査範囲は拡大し、捜索個所は五三ヵ所に上った。

事件の発端は被害者の運転士（ＪＲ東労組組合員）が対立労組である「ＪＲグリーンユニオン」の組合員といっしょにレクリエーションのキャンプに参加したというきわめてささいなことだった。だが、ＪＲ東労組はこの運転士を「組織破壊者」であると決めつけて激しい攻撃を加え、東労組から排除すると同時に、退社に追い込んだのである。

警視庁公安部は七人を逮捕した翌日の二日から浦和電車区の組合員たちへいっせいに聞き込み捜査を始める。十一月十二日には事件に関連して、埼玉県内の松崎明の自宅の家宅捜索が行われ、さらに十四日には松崎が講演を終えて乗り込んだ自動車の車内捜索が二時間にわたって行われた。松崎はこの時期、浦和電車区のある東労組大宮地本の顧問も兼務していた。

この種の容疑での逮捕や大がかりな家宅捜索は異例のことであり、マスメディアもいっせいに報道する。十一月二日付の読売新聞朝刊を引用する。

警視庁公安部は一日、JR東日本の運転士に嫌がらせして退社に追い込んだとして、同社労働組合「東日本旅客鉄道労働組合（JR東労組）」の大宮地方本部副執行委員長で、過激派・革マル派幹部のJR東日本社員、梁次《やなじ》邦夫容疑者（53）ら同労組組合員と元組合員計七人を逮捕、JR東労組中央本部（東京都渋谷区）など三十数か所を捜索した。

公安部の調べでは、梁次容疑者らは昨年一月から六月下旬にかけ、JR東日本浦和電車区の運転士で、同労組員だった男性（当時二七歳）に対し、組合の指示に従わなかったことなどを理由に、少なくとも十五回にわたり、数人から三十人で取り囲み「お前、組合やめろ」「嫌になって会社をやめたくなるほどやるからな」などと、執ように脅迫し続け男性を退社に追い込んだ疑い。

梁次ら七人の逮捕直後の十一月六日の衆議院内閣委員会で西村眞悟議員（自由党）がさっそく、この事件を取り上げ「事件の概要」を問い質した。奥村萬壽雄《おくむらますお》・警察庁警備局長（後に警視総監）はこう答えている。

「JR東労組の組合員である七名の被疑者が同じくJR東労組の組合員である被害者に対して、『JR東労組と対立する他の組合のメンバーと行動を共にした』ということに言いがかりをつけ、『JR東労組の組織破壊者である』と決めつけた。平成十三年の一月から六月の下旬までの間、集団でこの被害者を脅迫して同人を同じ年の二月末に本人が所属しているJR東労組から脱退させるとともに、その後七月末までにJR東日本そのものを退職させたという強要事件である」

「今回の被疑者の中に警察が革マル派活動家と見ている者がひとりおり、他の者も被害者を脅迫する過程で『俺は革マルだ』というような発言をしている。警察としては平成八年以降、革マル派のアジトの摘発を行い、押収した資料の分析から、ＪＲ総連・東労組内における革マル派の実態解明を進めている。今後ともＪＲ東日本という公共交通機関の労働組合における極左暴力集団・革マル派の動向に重大な関心を払っていきたい」

奥村警備局長の答弁にある「革マル派の活動家と見ているひとり」とは、大宮地本副委員長の梁次邦夫であり、読売新聞の記事も梁次を「過激派・革マル派幹部」と断定している。逮捕された梁次らは「全員起訴」となり、三四四日間もの長期拘留後、翌二〇〇三年（平成十五年）十月十日に保釈された。

ＪＲ東労組は「無実・でっち上げによる逮捕・起訴・長期拘留に対し、完全無罪獲得まで団結して闘う」との声明を出す。梁次ら七人は保釈後、ＪＲ東労組の全面支援を受けて拘留期間の「三四四日間」に語呂を合わせた「美世志会《みよし》」を結成、徹底抗戦をはじめる。異例の長期拘留になったのは、七人の被告全員が事件の〝核心〟部分について完全黙秘したためと言われている。

＊　　＊

「浦和電車区事件」の第一回公判は〇三年二月二十五日、東京地裁で開かれる。被告側は全員、無罪を主張したが、検察側は、被害者Ｙ氏が退社に追い込まれていく一部始終を、冒頭陳述で以下のように明らかにした（要旨）。

Ｙの乗務終了後、被告らはＹを追いかけ、職場通路で取り囲み、二時間にわたって「組合をやめろ、会社をやめろ、この会社にいる必要はない。目障りなんだよ」「俺たちは革マルだ」「俺は手を出さないが東労組には言葉の暴力がある」「これで終わったと思うな、お前を見るたびにやってやるからな」などと言って脅した。
それでも仕事を続けるYに「お前と一緒に仕事はできない」と自分から「やめる」と言わせるように追い詰めた。連日の執拗な脅迫にYが「仕方がないから組合は脱退する」と言うと、被告らの目の前で脱退届を書かされた。被告らは「組合をやめるだけでよいのか。それで終わりか。今後も職場で追及する」とYに迫った。Yは恐怖と不安で「このまま乗務を続けると事故を起こしかねない」と三月末まで会社を休むことにした。
Yはこの間の被告らの行為を上司の電車区長に打ち明け、休暇を延長したいと要請した。区長がYと東労組との関係修復をとりなした結果、Yは内勤職場で勤務を再開するが、被告らはここでもイジメを続行した。六月末、Yは内勤職場で勤務中、被告らから「お前がいると組織が混乱する。いい加減に身の振り方を考えろ」と脅迫された。乗務もダメ、内勤職場もダメと言われ「もはや退職せざるを得ない」と考えるようになった。

同年九月十九日の第八回公判では、被害者・Yが勤務していた浦和電車区の当時の区長、副区長が証人として出廷、検事の尋問にこう証言した。動員されたJR総連・東労組の関係者たちが傍聴席に陣取る法廷で、現場管理者としてきわめて勇気ある証言だった。

区長「Yは自分の意志で組合を脱退したのではなく、何とか組合との関係を修復したいと言っていました。自分としてはYが継続して勤務してほしい、と思いましたが、Yは転勤したいと言ってきました。転勤の可能性があればそうしてやりたいと思いましたが、実際には転勤は難しいと思いました。Yは学校に入るため休職したいとも言ってきましたが、それは浦和電車区から離れたい口実だと思いました。七月十三日にYから退職願いを受け取りました。Yの退職理由は東労組の攻撃によって、仕事に就けない状態になったことだと思います」

副区長「二月十三日にYが『ボーナスを返上したいのだが、どうしたらいいでしょうか』と相談に来ました。『ボーナスは組合が勝ち取ったものだ。裏切り者は返せ』と言われて私に相談に来たのです。組合員がそこまで言うのかとそのとき、思いました。ボーナスは会社が社員に支払うもので、組合の組織には関係ありません。東労組が勝ち取ったものだからもらう資格がない、などというのはまったくおかしい。『返す必要などない』と私はYに言いました。すでに東労組を脱退し、組合員でもないYに対して、会社をやめるまで攻撃を続けた。組合員が退職を迫るなどあってはならないことです。Yには会社に残ってほしいと考えていました」

JR総連・東労組は東京地裁で公判が開かれるたびに、一二〇〇人前後の組合員を大量動員して九〇枚限定の傍聴券を確保する。組合員の関心が高かったというより、一般市民を裁判傍聴から排除する手段でもあったのだろう。公判終了後には報告集会を開くなど組織をあげて大がかりな支援活動を展開した。「冤罪・浦和電車区事件」と銘打った広範囲な外部支援組織も発足させた。七人の被告については、保釈後、梁次邦夫を大宮地本副委員長に復帰させたほか、すでに退職しているひとりを「中央本部組織担当書記」として東労組で雇用し、そのほか全員を「本部執行委員（担当部長）」としてJR東労組で丸抱えにした。

会社側の「是々非々」発言

浦和電車区での「組合脱退・退職強要事件」の裁判は、延々と回を重ね、四年の歳月を経て二〇〇七年（平成十九年）二月二十一日、五六回目の公判で検察側の「論告求刑」が行われた。「革マル派メンバーと見られる数人が共謀し、団体の威力を示しながら、JR東労組からの脱退、JR東日本からの退職を強要したきわめて悪質な事件」として、七人の被告全員に対し懲役二年〜三年の実刑を求めるきびしい求刑だった。被告側の弁護人は「警視庁公安部がJR東労組の弱体化を図るため、原告Yのウソをもとに作り上げた冤罪事件である」と改めて主張した。

JR総連・東労組はこの日の論告求刑公判に約二五〇〇人の組合員を動員して、シュプレヒコールを繰り返し、都内主要駅では早朝からビラ配りを行った。

この年、JRは発足二十年を迎えていた。

JR総連は六月三日から二日間、水上温泉で定期大会を開く。この大会はJR発足二十年記念大会として、お祝いムードの「シャンシャン大会」となることが期待されていた。だがJR総連にとっては、大きな痛手となる異変が生じていた。一年前から「総連脱退」を表明していた「JR九州ユニオン」を、この大会で「除名処分」にしたのである。

二〇〇〇年（平成十二年）にJR総連傘下の「JR九州労」から組合員が大量脱退し、JR連合傘下の「JR九州労組」への加入を一括申請したが、九州労組はこれを革マル派の〝潜り込み戦術〟と疑い、加入を拒否、宙に浮いた組合員は九州労と再合体し「JR九州ユニオン」を結成したことは、第六章で述べた。その九州ユニオンが前年の定期大会で「JR総連からの脱退」を表明していた。「脱退に当たって」という声明はこう述べている。

「現在のJR総連は『異論・反論』、『様々な組合間の交流を認めない』という異常な姿を曝《さら》け出している。私たちはJR総連とJR九州ユニオンという『産別・単組』の関係を断ち切り、『産別・単組関係のあり方』『労働組合とは』『仲間とは』という課題に向かって新たに道を切り拓いていくことを選択した」

JR総連は脱退を思い止まらせるべく説得工作を続けてきたが、JR九州ユニオン側の脱退決意は揺るがず、工作に失敗した総連側は脱退を認めず、先手を打ってこの大会で〝除名処分〟に踏み切ったのである。この結果、四国に続いて九州でもJR総連傘下組織は完全に消滅した。組織人員争いでJR連合に差をつけられているJR総連にとっては、「除名処分」にして〝メンツ〟を保つしかなかった。

この大会でJR総連委員長の小田裕司は、一ヵ月半後に迫った東京地裁での「浦和電車区事件」一審判決を意識して、「司法、政治の反動化の中で、判決はきびしいものが予想される。われわれは浦和電車区事件の完全無罪を勝ち取るまで、諦めずに闘いを貫徹する」と挨拶する。これに対して来賓の挨拶に立ったJR東日本の常務取締役（総合企画本部副本部長）、冨田哲郎《とみたてつろう》（後に社長）はこう述べた。

「浦和電車区事件については、事実関係については司法の場で明らかにされるものと考えており、慎重にその推移を見守っていく立場である。職場秩序に関わることであり、『是々非々』の立場で対応する必要がある、と考えている。当社は大きな社会的使命を持った企業であり、常に社会から注目を浴びる存在である。会社、社員一人ひとりが常に緊張感を持ち、社会の視線やコンプライアンス、倫理観を持ちながら行動することが求められていることを、自戒しておかなければならない」

「ふつうの企業」ならきわめて常識的な原則を述べた冨田発言だったが、この発言に対して組合員から罵声やヤジが飛び交った。その後の質疑、討論でも冨田発言に対する批判が相次いだ。

「頭にきた。もっとヤジればよかった。JR総連として冨田発言に対する見解を明確にすべきだ」

「美世志会への激励集会を浦和電車区で行おうとしたら、区長が『業務に支障をきたす』として拒否した。こんなことが現実に起きており、JR東日本でも東海や西日本のように施設管理権が厳しくなっている。是か非かと言えば、会社側に是など全くない」

「職場では組合の掲示が一方的に剥がされたりする問題が発生している。組合の力が弱くなれば崩されてくる。会社がおかしくなれば、変えていかなければならない」

最後に総括答弁に立った伊藤憲治副委員長はこう締めくくった。

「残念だが、九州ユニオンの問題には断を下さなければならなかった。浦和電車区問題ではJR東日本の対応（冨田発言）には大いに問題があると考えており、不当な対応についてはJR東労組と連携を取りながら一緒に闘っていく」

この組合員たちの罵声やヤジ、そして数々の発言は、会社側がこれまで組合に〝支配〟されてきた現場での管理権を取り戻すべく、着々と動き出していることの裏返しでもある。

　ＪＲ総連の定期大会に続いて七月一日から四日間、横浜でＪＲ東労組の結成二十年記念大会が開かれる。こちらも「シャンシャン大会」とはほど遠い大会となった。

　石川尚吾委員長（東京問題で東京地本委員長を解任されたが〇四年に東労組委員長として復活）が「国鉄改革から二十年。しかし、二十年前に戻ったような事象が散見される。浦和電車区事件は十七日に判決が出るが、不当な有罪求刑であり、勝利は間違いないと思うが司法状況は予断を許されない」と危機感を露わにすると、続いて立ったＪＲ総連の小田裕司委員長は「総連大会の来賓としてＪＲ東日本の冨田常務が出席して『浦和電車区事件については是々非々で対応する』と挨拶した。これは警察権力の弾圧に会社が与《くみ》する態度で、断じて許されない」と声を荒らげて報告した。

　小田委員長が「冨田常務の是々非々発言」に触れると「ナンセンス」の声が飛び交い、「警察権力の弾圧に与するもの」というくだりでは「そうだ」「そうだ」の声がいっせいに湧いた。こうした雰囲気の中で、来賓挨拶に立ったＪＲ東日本社長の清野智は会場を見渡しながらこう述べた。

「会社も発足してから二十年。東労組の努力や国民の支えがあってここまで来た。国鉄改革の原点を忘れてはならない。組織は気の緩みでダメになっていくものだ。常に謙虚に、世の中の基準にも目を向けなければならない。浦和電車区事件については、先ほど冨田常務の発言に対する批判が出たが、公判の推移を見守るのは、常務だろうが社長だろうが、当然のことである。さらに言えば、社会人としての質を兼ね備えているのであれば、改めるべきは改める姿勢が必要なのではないか」

　小田委員長の「冨田発言報告」にヤジを飛ばしていた組合員たちは、清野社長の断固とした「冨田発言是認」の挨拶に、ヤジを飛ばすどころかシーンと静まり返った。

戦後生まれ（一九四七年九月）の清野智は、七〇年（昭和四十五年）に東北大学を卒業して国鉄に入った。JR発足後はJR東日本の本社人事課長、人事部長などを務め、JR発足二十年を前にした二〇〇六年（平成十八年）六月、会長となった大塚陸毅の後任として四代目の社長に就任した。大塚、清野とも旧国鉄時代は「改革三人組」の同志として国鉄改革に協力してきた若手改革組の一員だった。初代社長の住田正二《すみたしょうじ》、二代目の松田昌士《まつだまさたけ》も顧問に退き、JR発足二十年目にして「是々非々の労使関係」を目指す大塚―清野時代がやって来たのである。

清野発言は二週間後に迫った東京地裁での「浦和電車区事件」判決に対する会社側の決意表明でもあった。

「全員有罪」判決と解雇処分

二〇〇七年（平成十九年）七月十七日に開かれた第六〇回公判で東京地裁は「浦和電車区事件」の「第一審判決」を下した。

七人の被告全員が「懲役一年執行猶予三年」から「懲役二年執行猶予四年」までの有罪判決である。判決文は「原告Yの証言はすべて信用できるが、各被告の証言はすべて信じがたい」と述べており、JR総連・東労組の全面的敗訴だった。被告の支援団体である美世志会は、判決を不服として即日、控訴した。

JR東日本の社内では、有罪判決を受けた六人（被告七人のうち一人はすでに退社）に対する「社内処分」の噂が飛び交った。「職場規律を乱したというのが処分理由なら、一律の処分ではなく、その濃淡によって差をつけるだろう」というのが大方の見方だった。しかし、八月三十日に会社が発表した処分は、有罪判決を受けた六人の社員全員に対する「懲戒解雇」である。

「会社施設内で当社社員に対して行った行為は『強要の罪』に当たるとして有罪判決を受けた。その行為は職場秩序を著しく乱し、また、会社の信用を著しく失墜せしめたものであり、社員としてきわめて不都合である」というのが処分理由だった。「懲戒解雇」は社内処分としては最も重い〝極刑〟である。清野社長ら会社側は、かつて〝癒着〟とまで言われた労使関係にはっきりと区切りをつけ〝是々非々〟路線を歩き始めていた。

JR総連・東労組は「不当処分だ」と激しく反発、「完全無罪と職場復帰を勝ち取るため、組織を挙げて戦い抜く」との抗議声明を出した。

「当たり前の組合活動を政治的に『強要罪』とデッチあげた一審判決は、労働組合の組織と運動の破壊を狙った国策捜査を追認したものに過ぎない。六人が職場秩序を著しく乱したり、会社の信用を失墜させた事実はない。法曹界の常識である『係争中の裁判は推定無罪』が大前提であり、まだ最終結論は出ていない。それなのに会社は全員解雇処分を強行した。断じて認めることはできない」

松崎は「JR東日本会社による大弾圧」だとして、こう述べた。

「判決は被告人席にも届かないほど弱々しい声で言い渡されたそうである。無実であり、無罪でしかない人間に『有罪』を告げるのは、多少でも良心のある人間にはさぞかしつらいことであったろうと同情したくなるくらいだったと聞く。ところで、JR東日本会社は『待ってました！』とばかりに全員を懲戒解雇処分にした。日本の裁判制度は三審制であることは小学生でも知っている。最終判決である最高裁の判決が確定するまでは『推定無罪』が三審制の意味するところである」

「デッチ上げ事件で七人が逮捕される数日前の十月二十六日に、大塚社長（当時）と辞任した嶋田邦彦や小林克也などでゴルフをし、（浦和電車区）事件を知らされていた、と言われている。事件の前日までに嶋田一味は全員『辞任』した。そして段取りよく行われた嶋田講演では『彼らは全員クビですからね』と実に見事な〝予言〟を行ったのである。実に的確なものである。ゴルフを終わって、見事な予見を与えられたと見る人もいる。私も当然そう見る」（「われらのインター」〇七年十月十五日号）。

猛獣王国

「浦和電車区事件」の結末を述べるために話を急いだが、もう一度、事件発生直後まで時計の針を戻そう。

二〇〇三年（平成十五年）三月、旧動労時代から松崎の腹心として松崎体制を支え、JR総連委員長も務めた福原福太郎《ふくはらふくたろう》が『記録「国鉄改革前後」――労組役員の備忘録から』を自費出版、「国鉄改革をともに担った仲間たちやJR総連の各組織」に限定的に贈呈した。

福原は一九六一年（昭和三十六年）に高崎工高を卒業後、町工場の工員などを経て国鉄新潟支社に入り、動労の組合員として組合活動を始めた。動労新潟地本書記長を経て、国鉄分割・民営化に当たっては松崎委員長の下で本部書記長として、動労の方向転換（いわゆる〝コペ転〟）の〝裏方〟を務めた。JR発足後は鉄道労連（後のJR総連）書記長となり、その後、JR総連委員長を三期務めた、松崎の〝腹心中の腹心〟である。彼の著書は、分割・民営化前後の苦労話を日記風にまとめたものだが、その「まえがき」が松崎の逆鱗に触れた。福原はこう書いている。

深刻なのは、この日本労働運動のなかの良心的労働組合であるＪＲ東労組で八人に及ぶ中央本部役員が昨年十月末辞任したことをめぐる組織問題である。警察は八人の辞任というＪＲ東労組内の不協和音をみすかして弾圧（筆者注：浦和電車区事件のこと）したことが予測できる。さりとて、八人が警察の手先などではありえない。このことを混同することは、それこそＪＲ東労組の弱体化をねらうものの思惑にはまってしまうことになる。問題は八人がなにゆえに辞任したのかということである。一月に本部が出した「見解」（一・二三見解）（略）について啞然としたのは（松崎を「余人をもって代え難い存在」とした）最終項である。世の中や組合員に理解が得られるとはとても思えない内容だと思う。（略）この組織問題への対応はＪＲ東労組が前進していくのか、否かの分岐になると思う。

福原のこの「まえがき」は松崎を中心とする〝本部派〟の見解とは真っ向から対立するものだった。福原はこの記述によって、松崎ら本部派に「組織破壊者」のレッテルを貼られ、嶋田邦彦ら辞任した八人の〝黒幕的存在〟と位置付けられ、彼に対する執拗な攻撃が始まった。同年五月の連休が過ぎる頃から、高崎市内の福原の自宅の郵便受けには、同一内容の返却理由を記した文書を挟んだ贈呈本が、次々と投げ込まれた。文書にはこう書かれていた。

「本部役員八名辞任に対する見解は、私たちと相違しています。私たちは、八名を小林克也氏を含めて『黒九人組』と規定しています。この本の情熱と苦闘を受け止めつつも、『まえがき』における文章を受け入れるわけにはいきません。返却します」

*　　*

福原福太郎に対する嫌がらせや攻撃が続く中で翌二〇〇四年一月、今度は「九人組」の筆頭でJR東労組副委員長だった嶋田邦彦による「嶋田たちのホームページ」が突如、ネット上に開設され、「反松崎本部派」としての言論活動を開始する。「東労組を組合員の手に取り戻すため」を正面に掲げ、「労働組合は個人崇拝をしてはいけない」「労働組合は暴力を肯定してはいけない」との表題で組合員にこう呼びかけた。

「ごく一部の役員を除いた多くの組合員には、中央執行委員会が行っている組織運営のデタラメさの細部が知らされていない。規約・規則の無視、多数派をいいことに陰湿なイジメなど、それは挙げればきりがない。今や中央委員会批判は『反本部＝反JR東労組』であるとして反論・異論の封じ込めに必死になっている。その切り札が『制裁』ということだ。その行きつく先が『八人組』とその同調者は『異物』であり、排除しなければならないとする思惑がミエミエなのである」

これを手始めに次々と松崎本部派への批判を繰り返した。

たとえば「組合費を使ってまで組合手帳を作る謎？　組合員の希望ではない」との見出しで「組合手帳が作られたのは〝偉大な人〟（筆者注：松崎を指す）の指示であり、その理由は敵である会社の社員手帳を組合員が活用していることに大層ご立腹だからである。そして十月三十一日（筆者注：八人組の辞任）を『背信を忘れない日』にどうしてもしたかったからである」と記す。

松崎は組合手帳に「背信を忘れない日」を書き込ませただけではなく、中核派や革労協との内ゲバで殺されたJR総連・東労組の幹部たちの命日を「偲ぶ日」と記載させた。

たとえば水戸地本組織部長・加瀬勝弘の命日の二月八日は「加瀬を偲ぶ日」、高崎地本委員長・松下勝の命日の三月三日は「松下を偲ぶ日」、JR総連総務部長・田中豊徳が殺された十二月二日は「田中を偲ぶ日」などと設定し、それを組合手帳に明記させたのである。嶋田は「『偲ぶ日』をただただ政治的に利用する卑劣漢」としてこう批判した。

「定期大会で本部派は『松崎明・前顧問の否定はJR東労組十六年の運動の否定である』とも言い切り、改革過程で殺され傷ついた仲間たちを含め、国鉄改革を担った多くの組合員の努力を、個人崇拝の狂気によって消し去ったのではないか。その舌の根も乾かぬうちに『偲ぶ日』の設定とはご都合主義と言わずして何と言うのか？」

JR東労組は「嶋田たちのホームページ」に対し、機関紙「緑の風」（五月十五日付）で「定期大会で満場一致で確認された『組織の総団結を勝ち取る』方針に、公然と悪罵を投げかけ、組織混乱を拡大し、JR連合などからの組織破壊攻撃に供する悪意に満ちた情報を、外部から流し続ける『嶋田たちのホームページ』を断じて許すわけにはいかない」との正式見解を公表する。

このホームページは五月下旬、忽然として消え、四ヵ月近くが経った九月に入ると今度は「猛獣王国」と名付けられた反松崎本部派のホームページが新たに出現する。

「残念ながらこの組合にとって大事なのは、『総団結』ではなく、『相談決』で運営できる組織を維持することなのだ。〝彼《か》のお方＝創始者〟に相談して決めたことに、文句を言わずに従う組合員がいればいいということだ。力が弱まったわが組合に、会社も権力もほくそ笑んでいるよ」（九月六

日）

と松崎体制を皮肉った。「猛獣王国」は、松崎に〝盲従〟する本部派を揶揄するものと見られ、「猛獣らしく生きるために」「猛獣たちの叫び」「偽善者たちの蛮行」などと言った〝組合員の本音〟を次々と掲載する。そして十月中旬には「嶋田たちのホームページ」がリニューアルして再び登場、「猛獣王国」を補強する形で松崎本部派への批判を展開した。

福原福太郎の反撃「魚は頭から腐る」

「東京問題」に端を発したＪＲ総連・東労組役員たちの内部抗争は時間の経過とともに激しさを増し、両者の和解は絶望的となっていく。

そんな最中の二〇〇五年（平成十七年）六月一日、谷川忍著『小説　労働組合』が出版される。紫色を基調にした、装丁もしっかりした表紙のハードカバー、二二六ページの単行本だが、出版社は記されていない。自費出版の形で、奥付には著者「谷川忍」の経歴を簡単にこう記している。「高校卒業後、いくつかの職を経て、二十三歳で国鉄職員となる。職場の青年部役員をふりだしに、四十年余を労働運動に生きる。二〇〇三年、一切の労働組合役職を辞任する」。

この本を読んだＪＲ関係者たちは、誰もが「谷川忍」は、元ＪＲ総連委員長、福原福太郎のペンネームであると直感した。その内容は「すべてフィクションである」と断っているものの、辞任した「八人組」に理解を示したことで、松崎の逆鱗に触れた福原福太郎の「反撃の書」であることは、誰の目にも明らかだった。最初のページは次のような書き出しで始まる。

「魚は頭から腐ると言う。すべての組織も同じだが、労働組合では尚更である。日本社会は、いつからか、戦争の匂いが漂いはじめた。今こそ労働者のための労働組合が必要なときだ。なのに、労働運動は声も姿もみえない状況にある。なにがそうさせたのか。幹部による労働組合の御用化と私物化策動を、労働者の無関心が許したからだ。このままでは、労働組合は労働者から見捨てられる。そのとき、日本社会は、かつての暗黒の道に入り込むだろう」

「小説」と断っているため、登場人物や組織名はすべて仮名になっているが、JR総連・東労組のそれぞれの時代の役職に当てはめればすぐに特定できる。たとえば松崎は「大元」、福原は「鈴木」、JR総連委員長の小田裕司は「軽部」、「八人組」の嶋田邦彦は「田山」、JR東海労委員長から鉄道福祉事業協会理事長になり、松崎の〝金庫番〟と言われた佐藤政雄《さとうまさお》は「武藤」、JR総連は「鉄道連合」、鉄福事業協会は「鉄道協会」、さつき会は「椿会」などという具合である。物語は福原がJR総連委員長を辞した二〇〇一年（平成十三年）二月ごろから、「東京問題」で嶋田邦彦ら八人が辞任し、内部対立が頂点に達する二〇〇五年までの四年間に、松崎がどう発言し、どう行動したかを「小説風」に記録した〝暴露本〟と言ってもよい。

福原が強く指摘しているのは「松崎はJR総連・東労組の組合員の誰もが批判できない傲慢な組織のカリスマになってしまった」ということであり、「いつから、なぜ、今のように悲しいほど変わってしまい、こんなにも傲岸不遜なカリスマになってしまったのか」ということを、具体的な事実に沿いながら証言している。以下、仮名の部分を実名に戻して、福原が訴えているこの本の骨子に触れておきたい。

「三十余年も前から松崎を師と仰いできた」と福原は言う。福原が旧動労の中央執行委員会で松崎明に出会ったころ、ふたりとも三十歳をすぎたばかりだった。松崎はすでに有名な労働運動家であり、松崎の理論は別にして、その人間味あふれる人柄に福原は惚れた。労働運動の何たるかを知らない福原は、以来、松崎に教えを乞い、そのたびに松崎への憧れと信頼は増していった。松崎が旧動労の委員長に就任すると、福原はその腹心として書記長となる。松崎の労働運動家としての力量は群を抜いていた。彼の演説や行動は、多くの組合員を惹きつけた。組織の中での評価が高まるにつれ、組織外でも独自の人脈を築いていった。会社幹部はもちろんのこと政界、官界、経済界、芸能界やマスコミ、果ては右翼にまで及んだ。

国鉄分割・民営化でJR各社が発足、松崎が全国でも最大組織のJR東労組の委員長に就任した時、彼は集会などで組合員を前にこう繰り返した。「オレはもともと傲慢な性格だ。間違いも犯す。その時は遠慮しないでどしどし注意してほしい。それがオレのためになり、組織と組合員のためにつながる。労働運動の前進にとってきわめて大切なことだ」。旧動労以外からJR総連に結集したリーダーたちは松崎の謙虚で飾らない素直な態度に驚いた。組合員は国内外で活躍する松崎の大物ぶりを知らされるにつれ、尊敬の念をはるかに超えて崇拝するようになっていった。松崎は「JR総連・東労組の松崎」ではなく「松崎のJR総連・東労組」となった。

しかし、そのころから理性で抑えていた傲慢不遜な地金が、時にふれ登場するようになった。松崎は、自戒していた地金があらわになっても、次第に自覚できない体質になっていた。意見を言ってくる者がいなくなった。松崎に面従腹背している側近たちは、自己保身のために、意識して松崎をカリスマに仕立て上げ、自己の利益のために利用した。ついに松崎は個人ではなく、組織そのものになった。組織には綱領や規約があるが、松崎の見解がより重視された。組織が個人の所有物になったのである。組織の体質はリーダーの資質によって決まる。いかに高邁な理論をもっていても、資質に欠けるリーダーがトップになっている組織は、組織の中に自浄作用がなければ堕落していく。

そして福原は松崎の「組合資金の流用」疑惑についてもこう指摘する。

松崎は自らが君臨しているJR総連や東労組、さらに関連会社の資金を、あれこれ理由をつけてはいるが、私的に流用している。松崎が恒常的に使用している国内外にある別荘のうちいくつかは、松崎が指示して建築をさせたが、松崎の所有ではなくJR総連や東労組の関連会社の所有としてある。やがて佐藤政雄を中心に松崎の息子を関連会社の社長にしようとする動きが出てきて、労組出身でもない息子を社長に据えたのだ。このことが公私混同の領域をこえ松崎の組織私物化の象徴として組織内外で批判され始めた。

福原は作中で、辞表を出してJR東労組を去って行った嶋田邦彦（元JR東労組筆頭副委員長）にも「田山」という仮名でこう語らせている。

「これほどの人物がなぜ、ここまで変わり果ててしまったのか。自分が犯した組織の私物化の内容が、明らかにされるのを恐れ、隠し続けようとしたのが一番の理由だろう。なぜ、彼は組織資産を私的に流用するところまでやってしまったのか。松崎は唯我独尊となり、『功労者であるオレだけは、何をやっても許される』と思うようになってしまったからだろう。松崎の不幸は組織の総大将でありながら、イデオローグであり、参謀であったことである。組織内で絶対権力者への階段をあがるにつれ、かつての人間的魅力は消え失せ、傲慢な猜疑心の権化のようになってしまった」

福原や嶋田は松崎が組織の資産を私的に流用していると見ていたのである。

＊　＊

この本の出版に最も驚愕したのは、松崎とその周辺だった。JR総連・東労組の内実を、長い間松崎体制を支えてきた側近から赤裸々に暴露されると、その対応を検討するには、かなりの議論の時間が必要だったのだろう。「国鉄改革を完遂し、JR労働運動の今後に責任を持つ有志一同」という長い名前で『小説　労働組合』の筆者、福原福太郎に「公開質問状」が届いたのは、九ヵ月後の二〇〇六年（平成十八年）三月二十八日のことである。「『小説　労働組合』はフィクションの形式を装っているが、筆者は福原であることを疑うものはいない」として、「公開質問状」の宛先は「谷川忍こと福原福太郎殿」となっており、福原をこう糾弾する。

「私たちの結論は、『何という破廉恥な』という憤激で一杯である。『小説　労働組合』は、貴方に関わってきた国鉄労働運動、JR労働運動を恣意的に改竄し、反動勢力や警察権力に与する犯罪行為以外の何物でもない。谷川こと福原よ！　私たちは貴方の裏切りを見過ごすことはできない」

そしてこう締めくくっている。

「あなたは『権力の手先にされ追放された』とし、それはカリスマ・松崎とその側近が『組織を私物化し、警察にその事実を隠蔽し続けるために、都合の悪い者を葬るため』とし、『目的のためには、法や社会常識、組合規則も無視して、あらゆる手段で攻撃…盗聴や尾行、そして盗撮などCIAまがいの行為をするなど恐ろしいことをする』と述べている。しかし、それは全くの嘘偽りでしかない。（略）あなたが労働運動を始めて以来、最も良き指導者であり、同志でもあった松崎明氏への悪意に満ちた、聞くに堪えない偽証の数々はどこを探せばでてくるのか。『小説　労働組合』は労働組合史上、絶対に許されない最悪の汚点である。直ちに撤回・回収を行うべきである」

「公開質問」を行った「有志一同」は柴田光治、佐藤政雄、船戸秀世、小田裕司ら松崎の側近一五人が名前を連ねているが、松崎明の名前はない。郵送でこの文書を受け取った福原は「公開質問への公開質問」を四月六日付で送りこう反論した。

「文書は公開質問となっており、有志一五名は私と公開討論をしたいと申し込んできました。だが、有志の中に松崎明氏が入っていないのはなぜですか。松崎氏と私が討論することによってのみ、多くの組合員の疑問も払拭でき、組織と運動の前進につながると思うからです。討論は一部の限定したメンバーや場所ではなく、公開された討論とすることは望むところです」

しかし、この公開討論の要求に対する返答はなかった。福原は同年九月末、『「小説　労働組合」発刊以後』と題した小冊子を出し、「『小説』発刊の目的」をこう記している。

「十有余年にわたり最高幹部の一人として参画してきたJR総連（東労組）が、次第に一人の人物と、その側近達によって、組織、運動、資金が私物化されていった。その事を指摘された彼等は、私物化の現実が暴露されることに恐怖し、異論や意見をいうものを統制し、組合員の資格を剥奪するに至った。もはやこの組織に民主主義は消滅した。心あるものは少数派であったが、怒りと危機感を抱き、なんとしても組合員の組織へ再生させなければならないと立ち上がった。（略）その苦難に満ちた闘いは今もつづいている。最高幹部の一人であった私は、組織の堕落に不明だったとはいえ一端の責任があった。（略）組織の私物化を超克するたたかいは、先ず、組織の私物化の現状を明らかにし、その現実の背景と本質を暴き出すことが必要であった」

松崎明の「業務上横領疑惑」が浮上し、警視庁公安部が本格的な捜査に乗り出すのは、三ヵ月後の二〇〇六年十二月のことである。

注：三一三～三一四ページ、「JR十五年記念——どさん子集会」の「講演記録」より引用した松崎氏の発言に、「気ちがい」などの表現があります。現在の人権意識では差別的かつ不適切な表現ですが、当時の事実を正確に伝えるため原文のままとしました。

第八章

警視庁、「松崎捜査」へ

成田空港で西岡研介記者らに囲まれ横領疑惑について
質問に答える松崎明（04年11月30日／西岡研介撮影）

四日間八十時間の家宅捜索

二〇〇二年（平成十四年）六月二十一日、東京駅八重洲口付近でJR総連の役員三人がJR東海の助役を取り囲み、暴行を加えるという事件が発生した。この事件を捜査していた警視庁公安部は、翌二〇〇三年（平成十五年）六月十二日、「目黒さつき会館」内にあるJR総連本部、財団法人「日本鉄道福祉事業協会」（鉄福事業協会）、「さつき企画」、「鉄道ファミリー」や、同協会理事長の佐藤政雄《さとうまさお》（元JR東海労委員長）の自宅など十数ヵ所を「暴力行為処罰に関する法律」違反容疑で家宅捜索を行った。さらに三ヵ月後の九月二十五日には鉄福事業協会や、協会が品川区内の銀行に持っていた貸し金庫などを同じ容疑で捜索する。JR総連・東労組は前年十一月に起きた「浦和電車区事件」での組合員七人の逮捕で、大揺れに揺れている最中である。

佐藤政雄は旧動労時代から松崎の「忠実な腹心」として知られ、JR発足後はJR東海労組委員長に就任するが、少数派の動労系組合員を率いて分離・独立しJR東海労を結成したことは前に述べた。自宅を捜索された佐藤はその後、〝松崎の金庫番〟としてJR総連・東労組の〝資金プール機関〟である鉄福事業協会の理事長に収まっていた。JR総連の賛助団体である「さつき企画」はJR東日本の社員向けの商品などを販売しており、当時は松崎明《まつざきあきら》が唯一の株主であり、代表取締役は松崎の長男・篤《あつし》だった。警視庁はこの一連の家宅捜索で、多数の経理帳簿を押収する。この経理帳簿の分析などから松崎の「業務上横領容疑」が浮上したのである。

二〇〇五年（平成十七年）十二月七日の朝、警視庁公安部は「松崎らJR総連の関係者が組合の運営資金を私的に流用した疑いがある」としてJR総連本部、東労組本部、埼玉県内の松崎の自宅などへ大がかりな一斉捜索に入った。福原《ふくはら》福《ふく》太郎《たろう》が『小説　労働組合』を出版した六ヵ月後のことだった。その日の各紙夕刊やテレビはいっせいに「業務上横領容疑で家宅捜索」と報じた。朝日新聞（十二月七日付夕刊）を引用しておこう。

全日本鉄道労働組合総連合会（JR総連）と東日本旅客鉄道労働組合（JR東労組）の元幹部数人が、JR総連の内部組織の資金を流用した疑いがあるとして、警視庁は7日午前、総連本部（東京都品川区）と東労組（渋谷区）など十数ヵ所について、業務上横領の疑いで家宅捜索を始めた。JR東労組元会長の松崎明氏（69）やJR総連元幹部らの自宅も捜索を受けている模様だ。公安部の調べなどによると、元幹部らは2000年ごろ、JR総連の内部組織が管理する資金を私的に流用した疑いが持たれている。

JR総連は「いわれなき容疑で、絶対にあり得ない」と否定している。

この家宅捜索は四日間、八十時間以上をかけた徹底したもので、捜査が終了したのは十二月十日の深夜だった。警視庁ではこの種の業務上横領事件では、刑事部捜査二課が担当するのがふつうだが、この一連の捜査は公安部公安二課が中心となって乗り出したのである。

警視庁公安二課の主たる任務は革マル派など新左翼の情報収集にある。「JR総連やJR東労組には過激派組織・革マル派が相当に入り込んでいる」と見る公安部が、業務上横領容疑の捜査によって、JR総連内の革マル派の実態解明に真の狙いがあったと見てもよい。十一日付産経新聞は、〝捜査終了〟をこう報じている。

警視庁公安部は十日深夜、JR総連の関係者がからむ業務上横領容疑の関係先として七日に着手したJR総連事務所などが入る「目黒さつき会館」(東京都品川区)の家宅捜索を終了した。捜索は八四時間を超す異例の長時間となり、関係資料一四〇〇点を押収した。

押収資料はJR総連や関連団体の名簿、会計資料など。資料の選別や確認に時間がかかったという。ほかの関係先十数ヵ所はいずれも七日中に捜査を終えた。同日の押収資料は計約八〇〇点だった。

調べではJR総連や傘下のJR東労組の元幹部ら四人が二〇〇〇年四月、JR総連の関連口座から約三〇〇〇万円を着服した疑い。JR総連は「容疑はでっち上げで、労働組合を否定する歴史的な弾圧だ」としている。

＊　＊

JR東労組は警視庁が家宅捜索に着手した十二月七日、中央執行委員会名で「強制捜査に断固抗議する」として捜査に対する「声明」を発表すると同時に、JR総連は同日付で警察当局に対する「糾弾文」を公表した。

この「糾弾文」で松崎側は、「業務上横領容疑」をでっち上げだとして、容疑の中身を自ら具体的に説明し、次のような奇妙な反証を試みる。

「警視庁公安二課は、被疑者とされる松崎明氏の個人的資金の受け渡しに、JR総連と加盟単組が設立した国際交流推進委員会の国際交流基金の口座を、一時的・便宜的に使用したことを、『業務上横領』としているが、これはでっち上げ以外のなにものでもない」と述べ、「松崎は沖縄に別荘を持っていたが、それを鉄福事業協会に五一〇〇万円で売却し、その金を国際交流基金の口座に二回に分けて預け入れ、その口座から引き出した金でハワイに別荘を購入した」との「説明文」を同月九日に出した。

この「説明文」によってJR総連は、一労働組合の幹部である松崎明が国内外に高価な別荘を所有し、その売買取引のために公的な「国際交流基金」の口座を一時的・便宜的に使用したことを認めたのである。松崎の腹心だった福原福太郎はこう指摘した。

「(その)事実は、違法か否かをいうまえに、その行為それ自体が労働組合の幹部として、道義的にも倫理的にも不正であり不当であり、決してやってはならない犯罪的行為である」(『「小説 労働組合」発刊以後』)

JR東日本本社では家宅捜索が始まった二日後の十二月九日、清野智《せいのさとし》副社長(当時)、冨田哲郎《とみたてつろう》常務(同)を始め、人事部長以下次長、課長とすべての支社の総務部長が集まって極秘裏に「緊急総務部長会議」が開かれた。会議は事件に対する意思統一を図るのが目的だった。その席で清野副社長は「今後は松崎逮捕ということも腹において考えてほしい。大事なことは現場での動揺をおこさせないことだ」などと訓示し、冨田常務も「楽観できない状況であり、安全をしっかり守ってほしい」と付け加えた。これまでも、JR総連・東労組問題に関連して、世間の非難を浴びるような事態が起きると、〝原因不明〟の列車妨害が続発したことを、経営陣の多くは身を持って感じていたのである。

「週刊文春」と西岡研介記者

警視庁の強制捜査終了から五日後の十二月十五日に発売された「週刊文春」（十二月二十二日号）は、家宅捜索終了を待ち構えていたかのように「JR東労組の〝ドン〟松嵜明が組合費で買った『ハワイ豪華別荘』」との大見出しで、業務上横領容疑の具体的内容を五ページにわたって掲載する。今でいう〝文春砲〟の炸裂だった（筆者注：松嵜明は、松崎明の戸籍上の表記）。

「週刊文春」は十一年前の一九九四年（平成六年）六月、ノンフィクションライター・小林峻一《こばやししゅんいち》による連載記事「JR東日本に巣くう妖怪」を連載、これに対してJR東日本は管内のキヨスクでの全面的販売拒否という「言論弾圧」に乗り出し、文春側は「お詫び」を掲載して〝全面敗北〟するという屈辱的な思いを味わっていた。この記事の筆者、西岡研介は文春が「十一年前の雪辱を果たした記念すべき記事だった」と当時を振り返る。

西岡は一九六七年（昭和四十二年）生まれの当時三十八歳。同志社大学卒業後、神戸新聞社に入社、阪神淡路大震災や神戸連続児童殺傷事件などの取材を経験し、二〇〇一年（平成十三年）に「週刊文春」の記者となった。「週刊文春」のキヨスク販売拒否事件が起きたのは西岡が神戸新聞の記者時代だったが、彼もまた「平成の言論弾圧事件」として切歯扼腕していたのである。西岡は警視庁が強制捜査に乗り出す一年近く前から松崎の「業務上横領疑惑」について精力的に取材を進めていた。記事の核心部分を要約する。

松崎が購入したという別荘は、ハワイ州最大の島・ハワイ島の西岸に位置し、有数の高級リゾート地として知られるコナの中心、カイアル・コナにある会員制ゴルフクラブ「コナ・カントリークラブ」に隣接する高級コンドミニアム。広さは約三〇〇平方メートル、居住スペースは約一七〇平方メートルで浴室がふたつ、寝室は三つもある豪華なもの。松崎はこのコンドミニアムを二〇〇〇年（平成十二年）四月、三一万五〇〇〇ドル（当時の日本円で約三三〇〇万円）で購入した。このコンドミニアムには松崎の長男で「さつき企画」代表取締役を務めていた篤の家族も住んでいた。篤は当時、コナ市内のショッピングセンターでフラワーショップを営んでいたが、この店の購入資金も松崎が一括振り込んだという。

松崎が所有していた別荘はこれだけではなかった。ハワイ島でコナ市の反対側の東側に位置するヒロ市でも本人を含む家族名義で庭付き一戸建て住宅を所有していた。総面積は約九〇〇平方メートルで、約一三〇平方メートルが住宅部分。浴室はふたつ、寝室は三室。オーナーには松崎のほか夫人と長男・篤、そして長女が名を連ねていた。松崎はコナのコンドミニアム購入の一年前にこの物件を一七万五〇〇〇ドル（約二六三〇万円）で購入していた。警視庁の強制捜査を機に「週刊文春」が取材した時点では、コナのコンドミニアムは依然として松崎が所有していたが、ヒロの別荘は二〇〇五年（平成十七年）三月に三〇万五〇〇〇ドル（約三二〇〇万円）ですでに売却されていた。

松崎は国内でも家宅捜索が入った埼玉県・小川町の自宅マンション以外にも東京・品川区の「目黒さつき会館」から徒歩六分の品川区内の高級マンションにも広さ約六三平方メートルの一戸を購入していた。このマンションの販売価格は売り出し時のパンフレットによると、一戸約三五〇〇万円〜六七〇〇万円で、最多販売価格帯は五七〇〇万円。このマンションもヒロの別荘が売却された一ヵ月ほど前に売却されていた。松崎からこのマンションを購入したのは、松崎の側近で、当時、JR東労組の中央執行委員だったHという女性だった。西岡は記事でこう述べる。

「松崎とそのファミリーが所有している資産は不動産だけでも優に一億円を超え、さらに過去には沖縄にも別荘を持っていたことがある。これが果たして労働者の権利と生活を守る労働組合幹部のあるべき姿なのか」

JR総連・東労組はさすがに十年前と違ってこの「週刊文春」を、JR東日本に圧力をかけて駅キヨスクからいっせい撤去するという行動に出るだけの力はなかったのだろう。それでもただちに電車内の車内吊り広告を拒否し、文藝春秋と筆者の西岡記者を相手取って名誉棄損などの訴訟を東京地裁に起こした。裁判は地裁、高裁とも文春側が勝訴する。

＊　　＊

西岡研介が革マル問題に関心を持ち取材を始めたきっかけは、文春に移籍して二年目の二〇〇二年（平成十四年）六月に東京駅八重洲口でJR総連幹部らがJR東海の助役に暴力を振るった事件で、警視庁が翌〇三年九月にJR総連本部や鉄福事業協会などを家宅捜索したことにあった。この事件に興味を抱いた西岡は、警視庁公安部や警察庁警備局の幹部に積極的な取材を続ける。そのなかで警視庁公安部がJR総連や鉄福事業協会の家宅捜索によって「不明朗な資金の流れ」をつかみ、「これらの資金は松崎が以前から所有しているハワイの別荘購入に当てられていたと見て捜査を進めている」との情報を得る。警視庁はすでにICPO（国際刑事警察機構）を通じてFBI（米連邦捜査局）にも協力を要請、〇四年（平成十六年）五月にはハワイに捜査員を派遣していた、との事実も摑んだ。

西岡は〇四年七月末、こうした情報を上司である「週刊文春」編集部デスクの新谷学（後に編集長）に報告、本格的に取材したいと伝えた。編集部はすぐに松崎の〝横領疑惑〟取材を本格的に進めることを決め、ふたりの記者を西岡の応援につけた。西岡らは日本の調査会社を通じて、米国の調査会社に松崎が所有するハワイの資産調査を依頼した。八月末に同調査会社から、「松崎がハワイ島のコナとヒロ両市に別荘を所有し、ヒロ市には『さつきプランニングUSA』という会社を設立している」との報告が入った。取材班はすぐに応援記者をハワイに派遣し、松崎が別荘を取得した経緯などを確認する。

西岡たち取材班はさらに公安関係者などに取材を続け、鉄福事業協会が所有する群馬県嬬恋村《つまごいむら》、沖縄県今帰仁村《なきじんそん》、宮古島の三ヵ所にある保養施設も実質的には松崎の所有となっていることを確認する。西岡は同年十一月三十日朝、ポーランドを旅行中だった松崎が成田空港に帰国するのを待ち構え、インタビューを敢行した。「週刊文春」の取材は着実に進行したが、九月末の家宅捜索以後、警視庁公安部の動きはなぜかピタリと止まり、取材結果の記事掲載のタイミングを失し、取材班はいったん解散せざるを得なかった。


それから一年間、西岡は「週刊文春」編集部の通常業務を行いながら、治安当局の松崎捜査の動きを追い続けた。

二〇〇五年（平成十七年）四月二十五日、ＪＲ西日本の福知山線脱線事故が発生し、死者一〇七

人、負傷者五六二人という大惨事となる。JR総連、JR東労組、JR西労はすぐさま、「国鉄改革三人組」のひとり、井手正敬《いでまさたか》が社長時代から進めてきたJR西日本の経営体質、とくに運転士に対する「日勤教育」に問題があると、井手顧問（当時）を標的に脱線事故責任追及の大キャンペーンを始める。これは、一九九一年（平成三年）、絶頂期の松崎が主導して開いた「国際鉄道安全会議」にJR西日本の労使がともに参加を拒んだことへの〝怨念〟が激しい批判となって噴きだしたと見てもいいだろう。西岡は「事故と革マル派との関係」を取材しようとするが、JR総連、JR西労に「取材拒否」された。

福知山線事故への配慮もあって、そのタイミングを見計らっていたのだろう、警視庁公安部が動きだしたのが師走に入った十二月七日。ようやく「業務上横領容疑」で松崎やJR総連、JR東労組などの強制捜査に踏み切ったのである。四日間の同公安部の家宅捜索が終了した直後の十二月十二日夜から十三日未明にかけて、西岡が一気に書き上げたのが「週刊文春」に掲載された「JR東労組の〝ドン〟松嵜明が組合費で買った『ハワイ豪華別荘』」だった。

「テロリストに乗っ取られたJR東日本の真実」

西岡の取材はこれで終わったわけではなかった。「この記事だけでは『JR革マル派問題』の本質に迫ることはできない。問題は日本最大の公共交通機関に革マル派が浸透し、労働組合を支配しているという事実だ」と思い続ける西岡は、この問題を追及する連続キャンペーンのチャンスを狙っていた。小林峻一の「JR東日本に巣くう妖怪」の〝続編〟である。「週刊文春」の新谷学デスクにも相談し、それまでの取材結果を生かす道を模索した。西岡は「週刊誌」での連載に拘っていた。

しかし、文藝春秋にとって一九九四年（平成六年）の「キヨスク販売拒否事件」の〝後遺症〟は予想以上に大きかった。すでに西岡記事に対する名誉棄損訴訟も進行中である。「週刊文春」での連載は不可能だ、と西岡は判断するしかなかった。さんざん悩んでいた西岡に、偶然にも週刊誌での連載のチャンスが訪れる。旧知の講談社の編集者、加藤晴之が、「週刊現代」の編集長に就任することが決まったのである。加藤もまた「JR革マル問題」や「JR東日本の異常な労使関係」がマスコミのタブーになっていることに疑問を抱いているひとりだった。加藤は書籍編集者として、西岡に「JR東日本の革マル問題」についての出版を熱心に勧めていた。西岡はそれまで取材してきた「JR革マル問題」の連載を条件に、二〇〇六年（平成十八年）四月一日、「週刊現代」編集部への移籍が決まる。

西岡は四ヵ月近くをかけてこれまでの取材を補強し、同年七月二十九日号から半年間、二四回にわたって「テロリストに乗っ取られたJR東日本の真実」を連載する。「政界・財界・官界・マスコミ界を巻き込む平成ニッポンに残された最大にして最後の禁忌《タブー》。一日の利用客一六〇〇万人、社員六万五〇〇〇人を擁する『世界最大級の公共交通機関』は、盗聴、盗撮、住居侵入から殺人まで目的のためには手段を選ばない非合法集団に、いかにして侵されていったのか。われわれ乗客の生命すら脅かされかねないその病巣を抉《えぐ》る」がその総リードである。

第一回は「現役最高幹部『命をかけた内部告発』」というタイトルで、JR東日本の「革マル派支配」の実態をひとりの〝最高幹部〟の証言によって描き出している。第二回は「元運転士が語る『私が革マル派から受けたおぞましい嫌がらせ』」、第三回は「これが革マル派の〝運転士狩り〟だ」。四回目は「ついに『置き石事件』発生　乗客の生命が『人質』にされた！」。第五回は「独占告白　奥島孝康《おくしまたかやす》早稲田大学前総長『革マル派とのわが闘争』」として「なぜＪＲのトップたちは革マル派に立ち向かうことが出来ないのか」と奥島元総長に語らせている。八回目は「松崎明は『一億円超資産』を『横領』で作った」である。〝テロリスト〟と真正面から決めつけられ、次々と繰り出される「渾身のルポ」に松崎らの拒絶反応は目に見えていた。

「週刊現代」編集部では加藤編集長以下、西岡の取材を全面的に支援する体制がとられた。連載第一回からＪＲ東日本の子会社である「ＪＲ東日本企画」から電車の中吊り広告掲載拒否が講談社に伝えられた。連載が始まると、松崎やＪＲ総連・東労組は集中的に訴訟を乱発する作戦に出た。西岡によると、連載開始から一ヵ月後にはＪＲ総連・東労組側が筆者の西岡と講談社を相手取り、名誉棄損で東京地裁に提訴、さらに二ヵ月後には松崎明本人が「名誉を傷つけられた」として損害賠償訴訟を起こす。

この松崎本人の提訴と前後して、ＪＲ東労組を始めＪＲ総連傘下の各単組に所属する全国の組合員が「『週刊現代』の記事によって精神的苦痛を被った」などとして、各地の裁判所に次々と訴訟を起こした。北は北海道から南は山口県まで全国二五都道府県におよび、提訴日は八月末から十一月に集中、総計で五〇件に達した。ＪＲ総連・東労組や松崎本人からの訴訟には弁護士がついているが、その他の訴訟は弁護士などの代理人を立てない「本人訴訟」で、「一人当たり一〇〇万円の慰謝料を払え」というものだった。JR東労組やJR東海労は機関紙やホームページなどで「損害賠償を求め続々提訴！」「『週刊現代』を追い詰めろ！」などとキャンペーンを続けた。

松崎明はこうした訴訟乱発に対し、同年十二月九日の「戦争を許さない女たちのJR連絡会全国集会」の特別講演で、自信たっぷりに演説している（大意）。

「『週刊現代』か講談社にお願いして来年いっぱいくらい（連載記事を）続けてもらいたいと思うのですよ。こっちは裁判をやって必ず勝つんだから、多くやってくれればやってくれるほど、いただくお金が多いんだから。この間も国際会議のメンバーのフィリピンとかアメリカとかいろんな方々に、俺は一億二〇〇〇万円損害賠償裁判をやっているから、必ず勝つから、そしたら全部あなた方に渡すからね、と言っておいた。額が多いほうがいいけれど一億円はいかないよね。でも、全額やると言っちゃったから。これでは足りなくなるので、今度は埼玉県の地方裁判所に別の訴訟をやろうと思っているんです。別口でまた取らないと足りないので、（訴訟を）やろうと思うのです」

いったいどこまで本気だったのだろうか。

訴訟の嵐のなかで、西岡はこの連載に手を加え、連載終了後の二〇〇七年（平成十九年）六月、講談社から『マングローブ　テロリストに乗っ取られたJR東日本の真実』を出版する。このルポは連載中に「編集者が選ぶ雑誌ジャーナリズム賞」を、書籍になって「講談社ノンフィクション賞」を受賞するなど、読者には高い評価を受けたが、組織的な訴訟の乱発は十年前の「週刊文春」のキヨスク販売拒否と並ぶ「平成時代の大言論弾圧事件」といってもよいだろう。

JR総連や松崎は「週刊現代」での連載を「名誉棄損」として提訴したが、東京地裁はその大部分を「真実であると信じる相当の理由があった」（真実相当性）として松崎らの訴えを退けたが、第四回目の「ついに置き石事件発生」のなかで「JR八高線で六〇個の置き石が置かれた」ことについて「JR総連がおこなったことをうかがわせる資料は見当たらない」として、東京地裁はJR総連、JR東労組それぞれに二二〇万円の支払いを命じた。筆者の西岡は「『置き石事件の犯人は誰かわからない』と記事では書いているが、これを『オウム真理教の自作自演の犯罪にたとえたことが、事実上、JR総連の犯罪という事実を適示した』というのが、東京地裁の判断だった」と今でも残念がる。この松崎側の訴訟乱発はマスコミ界にとっては「触らぬ神に祟りなし」という風潮をさらに高め、JR東労組と松崎明に関する報道を一段と自粛する雰囲気を強めた。

証拠隠滅と偽装工作

JR総連・東労組の〝資金プール機関〟は旧動労の解散とともに発足した「財団法人・日本鉄道福祉事業協会」（鉄福事業協会）であり、それをコントロールする組織として「さつき会」が作られたことは第三章で述べた。「さつき会」の規約のひとつには「鉄福事業協会への事業協力と意見具申」と明記されている。「さつき会」の初代会長はJR東労組委員長だった松崎明であり、松崎を別格として二代目以降は現職のJR総連委員長がその職に就くことになっていた。『小説　労働組合』を書いた福原福太郎が二代目会長だった。

二〇〇三年（平成十五年）九月二十五日に警視庁公安部が、「さつき会館」へ踏み込んで会館内のJR総連本部などの関係箇所へ家宅捜索を行った際、鉄福事業協会の経理帳簿類が押収された。このときの鉄福事業協会理事長は元JR東海労委員長で松崎の腹心・佐藤政雄で、「さつき会」の会長は四代目委員長の小田裕司である。慌てた鉄福事業協会は急遽《きゅうきょ》、三回もの臨時総会を開き、捜査への対応を協議する（規約では総会開催は年に一度、と定められている）。警視庁が鉄福事業協会などへ本格的な家宅捜索に踏み切るのは前述したように二年半後の二〇〇五年（平成十七年）十二月七日のことである。こうした事態を予測して鉄福事業協会が〝疑惑隠し〟のために、組織の内部固めをした状況が『小説　労働組合』には生々しく描かれている。

二〇〇四年（平成十六年）二月末の「冷え冷えとした日」に開かれた鉄福事業協会の臨時総会は佐藤理事長が病気療養中のため、副理事長の小田裕司さつき会会長（JR総連委員長）が挨拶に立つ。「小説」では、その場面はおよそこう描かれている（前章と同じように文中の仮名は実名にする）。

「昨年来、わが協会に警察が捜索に入り、多くの帳簿類を持ち去った。以降、松崎明氏に横領、脱税の疑惑がかけられている。監督官庁からの運営改善指導の期限も近づいている。これまでも協会の運営は、評議員会の決定にもとづいて行なってきた。言うまでもなく、断じてやましいことはしていない。しっかり意志統一をはかりたい」

臨時総会には役員のほか評議員会のメンバーも出席するが、従来は各単組（JR東労組やJR西労など）の地方本部（地本）代表も含まれていた評議員会は、この総会から単組代表だけに切り替えられていた。地本代表は評議員会メンバーから排除されたのである。これによって松崎の組織私物化を批判している新潟地本の代表などは参加できず、会議は効率的になった。総会の内容も組合員に漏れることもなくなった。

臨時総会終了後、「さつき会」の総会となった。さつき会事務局長の「会計報告と対策」という議題が用意されていた。事務局長の報告には参加者全員が唖然とした。

「小田会長の指示でさつき会の資産状況を整理してきた。結論を一言で言えば破綻そのものである。なぜ破綻したのか。その原因は誰にも分からない。帳簿類も不備で保管も運用もキチンとされていない。ただ支出金だけが必要の都度、引き出されている。誰が何に使ったのかも分からない。資料もないので具体的に調べるのは不可能である。個人貸付も多いが、そのなかには死亡した会員も何人かいる。これは棒引きする以外にない。さつき企画と社員七人に貸し付けている分は返却を求めていく」

無責任極まりない内容の報告は、次の言葉で締めくくられた。

「最後に重要な点について確認しておきたい。さつき会の現状は以上であるが、疑惑は一切ない。さつき会運営でご苦労された松崎さんや佐藤（政雄）さんら先輩に敬意を表しておきたい」

事務局長は不安そうに会場を見渡しながら言った。

「疑問、意見はありますか」

参加者は顔を見合わせるばかりで、だれ一人挙手をする者はいなかった。出席していた松崎の側近のひとりが「異議なし」と叫んだ。さつき会の総会は終わった。

＊　　＊

この『小説　労働組合』の記述が真実だとすれば、「さつき会」はその資産が〝だれか〟によって引き出されているにもかかわらず、その資料もなく、「解明不能」との結論を出し、出席者全員がそれを了承し、全員の「意志統一」を図ったことになる。この福原の記述はどこまで真実なのか。長年の〝松崎ウォッチャー〟宗形明《むなかたあきら》は、福原の「小説」に描かれた鉄福事業協会の臨時総会の「会議資料」と、その後に開かれたさつき会総会の「会議資料」を密かに入手し、所持していた。

鉄福事業協会の「会議資料」によると、この臨時総会の開催日は二〇〇四年二月二十七日。会場は目黒さつき会館。表紙の上部に「取扱注意」の印が押されている。この会議資料に記載された「役員名簿」によると、役員は、理事長・佐藤政雄、副理事長の小田裕司、角岸幸三など一三名。「いずれも知る人ぞ知る、といった松崎周辺の〝有名人〟ばかり」と宗形は指摘する。

「評議員名簿」には、北海道から九州までのJR総連傘下の労組役員の名前が並んでいるが、いずれも単組代表ばかりであり、地本代表者はひとりもいない。もちろん、それまで「松崎による組織の私物化」を批判してきた新潟、長野両地本の代表者はいない。この日の臨時総会は「松崎本部派だけの会合といっても過言ではなく、最初から決まっていた〝出来レース〟だった」と宗形は断言する。

「小説」にもあるように、鉄福事業協会の臨時総会に引き続き、さつき会総会が開かれた。「総会資料」には「さつき会の財務状況等に関する中間報告」が添付されている。当時のさつき会会長は小田裕司（JR総連委員長）であり、事務局長は四茂野修《よものおさむ》だった。四茂野は東大出身（中退）の理論家で『「帝国」に立ち向かう』（五月書房）という著書もあり、JR総連副委員長も務めた。四茂野事務局長が行った「中間報告」の最後には「さつき会財政運営に関する意見」が記載されている。

「役員体制の不備という条件もあり、明瞭性を欠く会計処理がなされてきた。資金の支出や運用に際し、会計の全貌を知る者が誰もいない状態のまま、必要に迫られた処理が行われてきた。また、その後の会計処理もずさんで、帳簿類が未整理であったばかりか、各種預金口座の便宜的な使用により、収支や資産状態がきわめてわかりにくい状態にあった。これらを厳く反省し、最後の段階まで、明朗な運営と処理を心がけなければならない。しかし他面、動労解散処理を長期にわたって献身的に担ってくれた先輩諸氏の苦労には頭が下がるものがあった。これまでの調査を通じて、さつき会規則や法令に違反する行為が一切認められなかったことは言うまでもない」

四茂野事務局長はずさんな会計処理、帳簿類の未整理、預金口座の便宜的使用に起因する収支や資産状態の実態把握の困難性などがあったことを認めながらも「規則や法令に違反する行為はなかった」と断言し、そのうえ松崎ら先輩諸氏の苦労に謝辞まで述べているのである。常識では考えられないことだが、こうした「会議資料」からみても、福原福太郎が『小説　労働組合』で書いていることは、事実そのものだと見てもよい。

急遽開かれた鉄福事業協会の臨時総会やさつき会の総会は、関係者の口裏合わせをし、警察当局が狙う松崎の「業務上横領容疑」の〝証拠隠滅〟を図る謀議だった、ともいえるだろう。事実、警視庁公安部は四日間にも及ぶ家宅捜索で大量の関係書類を押収しながら、「松崎逮捕」の決定的証拠をつかむことは出来なかった。まさに「ずさんな経理処理、帳簿の未整理、預金口座の便宜的使用」などが、松崎逮捕への大きな障害になったのである。

この日の鉄福事業協会の「会議資料」には「財団法人　日本鉄道福祉事業協会事業のご案内」が

付け加えられていた。「ご案内」には群馬県嬬恋村《つまごい》、沖縄県今帰仁村、同宮古島の三ヵ所に鉄福協会の保養施設があり、「組合員ならだれもが利用できる」という案内がなされている。かつては松崎が所有していたものを、鉄福事業協会が買い取ったとされる物件である。この「ご案内」によると、これらの保養施設は、あたかも組合員ならだれもが利用できる、という体裁をとっているが、それまでは組合の中枢にいた幹部の多くも知らなかったという。警察当局の大規模な家宅捜索によって、これらの保養施設建設の経緯や資金などにメスが入ることを懸念して、先手を打った〝偽装工作〟と見てもよい。

二〇〇七年（平成十九年）十一月三十日、警視庁は「ハワイにあるリゾートマンションの購入費に充てるために二〇〇〇年四月、業務上保管していたJR総連の国際交流基金三〇〇〇万円を横領した」として松崎明を東京地検へ書類送検する。しかし同年十二月二十八日には嫌疑不十分で不起訴処分となった。

業務上横領事件は財産的損害を受けたしかるべき立場にある被害者の協力が必要であり、とくに法人組織を舞台にする場合は、会計帳簿などについて精緻な分析が必要になる。当時の事情をよく知る公安担当者は、

「組合関係者からの内部通報もあって、家宅捜索に踏み切ったが、会計帳簿がきわめて杜撰《ずさん》で、松崎の関与を示す具体的な証拠書類は発見できず、また内部通報者も報復を恐れて、起訴後の法廷での証言を拒否した。たとえ松崎を逮捕・起訴しても、周辺の口裏合わせもあり、公判維持は難しいと判断した」

と今でも地団駄を踏んでいる。

「JR東労組を良くする会」の記者会見

「週刊現代」で「テロリストに乗っ取られたJR東日本の真実」の連載が始まる一ヵ月ほど前の二〇〇六年（平成十八年）六月十一日、高崎市内の群馬音楽センターでJR東労組の定期大会が開かれた。大会開始直前に「JR東労組を良くする会」（以下「良くする会」）を名乗る一〇人が弁護士とともに訪れ、賛同者二〇〇〇名の署名入りのJR東労組に対する要望書を提出した。

「要望書」提出の代表者として、小林克也（元JR東労組本部副委員長兼千葉地本委員長）、本間雄治（元東労組本部執行委員）、峰田尚男（元長野地本委員長）、齋藤藤俊（元新潟地本委員長）、内谷仁（元東京地本執行委員）五名の名前が記されている。五名のなかで本間雄治は四年前の二〇〇二年（平成十四年）十月末、松崎本部派に反旗を翻し、辞任した「八人組」の一人であり、小林克也もこれに同調し「九人組」として松崎の逆鱗に触れたことは前章で述べた。この「良くする会」には小林、本間を始め当時の辞任組を中心に、反本部派の主勢力である長野、新潟、横浜、千葉各地本の組合員が加わっていた。

「良くする会」は周到な準備を進めて来たのだろう、十日後の六月二十一日には「良くする会」を母体としてただちに新組合「ジェイアール労働組合」（略称・JR労組）を旗揚げする。都内で開かれた結成大会には約一〇〇人の新組合員が集まり「私たちは個人崇拝を排し、真に組合員のための労働運動の探求・創造を目指す」など五項目の綱領を定め、新組合への賛同を呼びかけた。委員長には本間雄治が、書記長には小林克也が就任、阿部克幸ら「八人組」とその同調者たちが執行部体制の中心となった。組合としての規模は極めて小さかったが、組合員として加入したのは平成時代の若い入社組が多かった。

JR労組を立ち上げた「良くする会」は「週刊現代」の連載が世間の話題を呼んでいる最中の二〇〇六年（平成十八年）八月三日、都内の「山の上ホテル」で記者会見を行い、「利用者の皆様へ」と題する「結成趣意書」を配布した。

「私たち『JR東労組を良くする会』は、皆様の安全や労組会員の健全なる労働環境構築によって、時代錯誤的自己中心思想を振りかざし中央集権的労組運営を目指す、東労組中央執行部に疑問を抱いた労組一般会員により組織された労組内組織改革派の団体です。私達ポッポ屋は鉄路を走る汽車に憧れ、夢を持って入社したJRは、会社そのものと言うより労組内の人間関係により職場内が淀み、権力抗争と自己保身に汲々とする夢とは程遠い世界でした」

およそこんな書き出しで始まる「趣意書」は「良くする会」が目指していくものとして次の五項目を挙げている。

① 乗客に迷惑をかける「スト権」の行使を凍結し、利用者とJR東日本、そして我々労働者が話し合いによって構築していく民主的労働運動を目指す。
② 現在、東労組本部執行部が行動の支柱としている「革マル思想」を排除し、より民主的で公平な労組運営を目指す。
③ 現在の東労組の不透明な会計状況を改変し、より透明で明朗な労組会計に改善する。

④　外部の第三者に「行動の正当性評価」を審査してもらい、内部だけで判断できない部分は利用者も交えた意見交換により、適切で正当な判断の出来る「真っ当な労働組合」に改革する。

⑤　利用者あってのＪＲ東労組であるとの教育を徹底し、「事故発生」を防ぎ、利用者の安全を最優先事項に行動する新時代の労組を目指す。

この「結成趣意書」で「良くする会」は「東労組本部執行部の行動の支柱は革マル思想である」と断言し、世間に公表したのである。「良くする会」はこの趣意書の新聞広告掲載も検討したと言われる。だが、結果的には新聞広告は掲載されなかった。表向きには「料金面で折り合わず、『良くする会』側が諦めた」と言われたが、新聞社側がＪＲ総連・東労組の反発や訴訟を恐れたという見方が強かった。

暴露されたＪＲ革マル派の内部構造――「マングローブ」と「トラジャ」

「良くする会」はさらに十月十日、再び記者会見を開き、ＪＲ東労組本部を相手どり「情報公開請求訴訟」を東京地裁に起こしたことを明らかにする。同時に「ＪＲ革マル派四三人のリスト」と「ＪＲ革マル派分析三角図表」（三六五ページ）と呼ばれる解説資料を付けて「革マル派の秘密組織による東労組支配の実態」を公表した。これらの資料は、本間雄治ら「良くする会」のメンバー数人が、かつてＪＲ総連・東労組内部における革マル派秘密組織の幹部として自ら活動してきた体験に基づいて作成したもので、JR総連・東労組の実態を真正面から暴露したものだった。この〝捨て身〟の暴露戦術に「革マル派との関係はすでに切れている」と言い続けてきた松崎らJR総連・東労組への衝撃は極めて大きかったのだろう。「良くする会は組織破壊集団である」として、ただちに参加者や賛同者などへの処分を始める（委細は後述）。

公表された「JR革マル派四三人のリスト」は、A4判六枚にJR東労組やJR総連などの現役幹部二七人のほか元幹部や書記などの実名、現在の役職、経歴がびっしりと書き込まれている。個人情報でもあり実名は伏せるが、その中から何人かの具体例を要約しておこう。それぞれの経歴や私生活にいたるまで細かに記されている。

A「東京大学革マル派出身。旧動労時代からのプロパー書記。JR総連執行副委員長で、マングローブの一員。妻も旧動労時代からの学生革マル派出身の書記で、JR貨物の書記などを歴任し、現在はJR総連書記。子供なし。目黒さつき会館の隣、五反田のマンションに居住（かつての松崎の部屋の真下）。本を出版、事実上の執筆は業務上の書記にやらせており、印税、売り上げを私物化していると思われる。外国人記者などの間では松崎より大物との説もある」

B「マングローブの一員。ユニバーシティーの校長先生と呼ばれ、マングローブの責任者と思われる。目黒さつき会館4Fに常駐。妻は入院中。JR東海執行副委員長などを歴任、東海労組の分裂時の責任者。坂入事件でトラジャとの連携の下、坂入奪還を中心的に担ったと言われている」

C「JR東労組中央本部執行委員長。新潟県上越市出身。旧国鉄田端機関区出身で松崎の愛弟子。マングローブの一員。子供はJRに就職。東京地本の業務部長、書記長、執行委員長を歴任。漢字

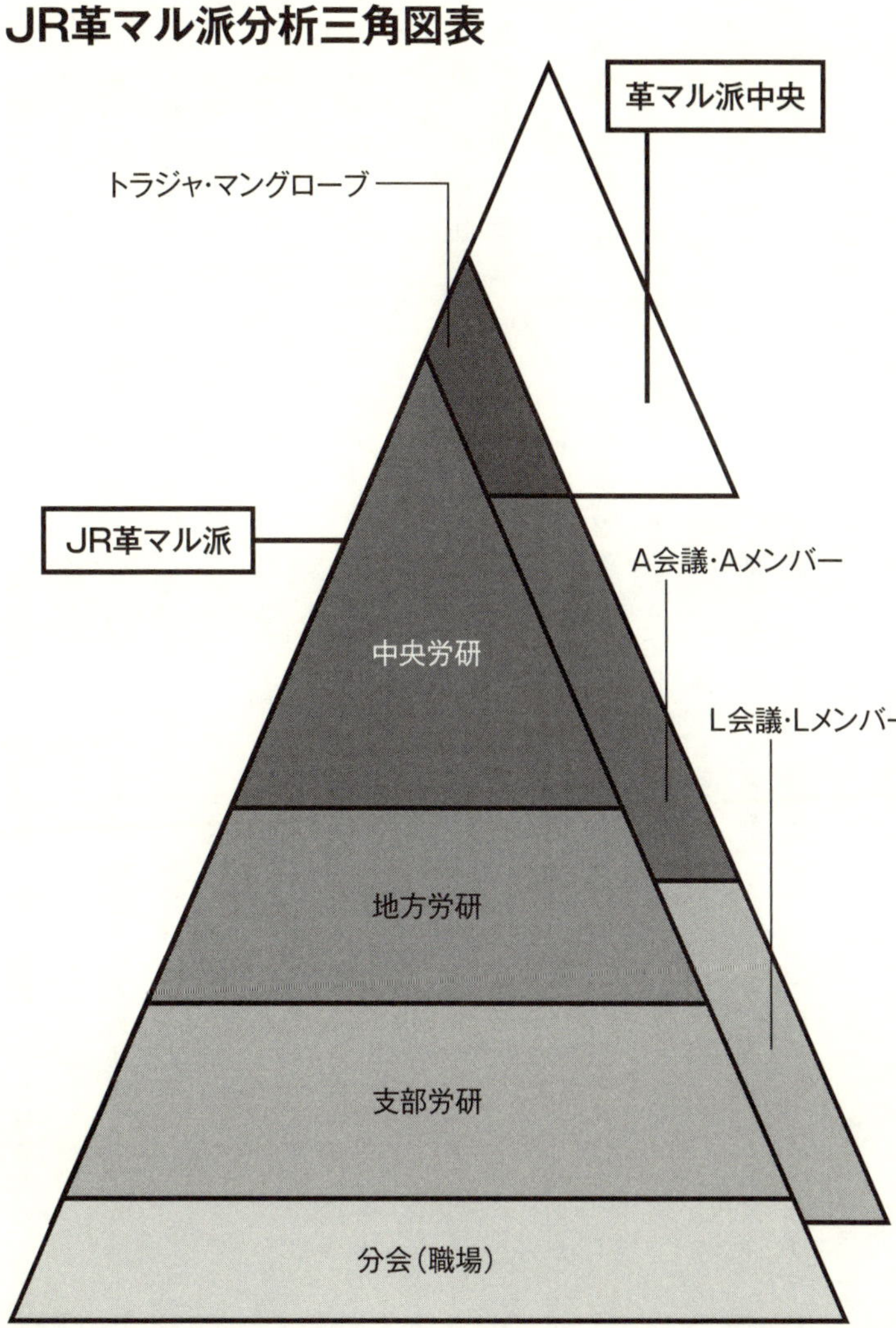

「JR東労組を良くする会」が公表した、革マル派中央とJR革マル派の内部構造

の読み間違い、間違った言葉を平然と挨拶などでつかうため、組合員からバカにされる一幕をよく目にする」

D「早稲田大学革マル派出身（吉永小百合と同窓なのが自慢）。動労時代から連続してプロパー書記。松崎に憧れて独身を貫いている。松崎の講演テープなどを文章化することが主な仕事。松崎の講演料、原稿料名目での金の管理、運営の一切を仕切っている。現在は五反田の松崎のマンションを妹と共同名義で購入し居住していると言われる」

「革マル派の秘密組織による東労組支配の実態」によると、JR内の革マル派には「トラジャ」「マングローブ」と呼ばれるメンバーが存在する。「トラジャ」（筆者注：インドネシア山中に住む原住民族）は、旧国鉄時代に解雇された者などを中心にして、JR発足時にJR各単組に移行せず、「職業革命家」として革マル派中央に属し各単組の指導や学習を行う者である。一方、JR総連や各単組には「マングローブ」（同：熱帯、亜熱帯の河口の泥地に育つ植物）と呼ばれる同盟員が数人から数十人規模で存在し、同盟員予備軍の「Aメンバー」を指導している。「マングローブ」は「目黒さつき会館」の四階に常駐している者がその頂点で、各地方には存在しているところと、存在しないところがあるという。

「マングローブ」は全体のメンバーを把握し、カンパを革マル派中央に集金、上納する。また、「A会議」に出向いて指導し、「Aメンバー」の中から同盟員をピックアップする。その方法はAメンバーの個別学習会や議論を行い、課題を設けてレポートを提出させ、それをめぐって議論することを通じて同盟員へと意識を高めていく。この方法がそれぞれのレベルで行われており、マングローブは別名「ユニバーシティー」などとも呼称される。組織形態・組織実態も組織防衛上から秘匿性が高く、横のつながりはない。すべてが組織の縦＝ピラミッドの上下関係でつながっている。

Aメンバーによる会議が「A会議」で各地方に計二十数個あり、一つの会議は一〇人から二〇人で構成される。組織防衛上から横のつながりは秘密で、交流は基本的には禁止されている。そのためその会議に所属している者にしかAメンバーはわからない。AメンバーはL会議と呼ばれるLメンバー（Lは革マル派機関紙「解放」のこと）の学習会をひとつ以上持って、革マル派の文献などを使って学習会を開き、「JR労働運動を真面目にやろうとしている者たちの集まり」である「労研」の指導や組合運動上の問題などを議論する。

「労研」は全国組織で、単組ごとに中央労研・地方労研・支部労研がある。運転職場などでは職場単位でも労研が存在する。労研メンバーは職場活動や組合役員としての活動などから総合的に判断され、入会の決意を促される。この組織から多くの組合役員が輩出され、中央会費、地方会費、分会会費などが定期的に集められる。革マル派のフラクション的な位置づけで、資本主義の矛盾、労働者階級の階級的立場などをマルクス・レーニンなどの文献や松崎明の文献などから学ぶ。

*　　　*

「良くする会」のひとりで、「JR革マル派組織の実態」を公表した本間雄治は、北海道出身。一九七七年（昭和五十二年）四月、高校を卒業して旧国鉄に入り、旧動労の組合員として組合活動を始めた。動労委員長に就任した松崎明が北海道を訪れた際、本間は三日間にわたって松崎のボディガードをかねて行動をともにする。「中核派に〝殺害宣告〟を受けている松崎委員長の身に万一のことがあってはならない」と必死の思いで任務を果たした。その後、国鉄分割・民営化に伴う広域配転で東京勤務となる。一九九五年（平成七年）までは東京地本の所属だったが、組合活動の実績が松崎に認められ、翌九六年に横浜地本が発足するとその書記長に就任、二〇〇二年にはＪＲ東労組の中央執行委員となった。

しかし、このころから松崎の独善的な言動に疑問を抱くようになり、率直に批判したところ、松崎に「嘘つきグループの一員に加わった」と非難され、ＪＲ東労組のなかで徹底的に干されるようになったという。本間は二〇〇九年（平成二十一年）三月三日、「浦和電車区事件」の「梁次邦夫原告裁判」の被告側証人として東京地裁に出廷し、「松崎と革マル派との関係」などについて、さらに赤裸々な「陳述」を行っている（以下要約。ちなみに「梁次邦夫原告裁判」とは、「浦和電車区事件」の容疑者七人を裁く本筋の刑事法廷とは別の、東労組側が提訴した民事裁判のこと）。

「私はかつてＪＲ各社の労働組合の中の革マル派組織であるマングローブの一員でした。ＪＲ東労組などＪＲ各社の労働組合に革マル派の活動家が相当数いて、組合員の中から革マル派に理解を示す者を作り出し、同派に同調する者を育成し、最終的には革マル派の同盟員に育てる活動をしていたのは公然の秘密でした。そのような活動の第一段階として、組合員のなかで意識が高いと認められた者たちに、革マル派の機関紙である『解放』を購入させ、その学習会を行うことによって革マル派の考え方を学んでいきました。この学習会に参加するメンバーは組織防衛のためとして本名ではなく、お互いにペンネーム（筆者注：セクトネームのこと）で呼んでいました」

「革マル派はＪＲ東労組に所属する労働者から、毎月カンパを集めていました。教職員ら他産別組織では、給料に対するカンパの割合がキッチリ決まっていましたが、JRの場合、最低でも一人当たり月々三〇〇〇円をカンパしろということでした。Aメンバーでは上位の者は月に二五〇〇円、下位の者は五〇〇〇円のカンパをしていました。私は月に二五〇〇円でした。ボーナス時にもカンパを集めていましたので、私が書記長を務めていた横浜地本だけでも月々のカンパは約四〇万から五〇万円、ボーナス時で約二〇〇万円〜三〇〇万円に上りました。『解放』は年間購読で約一万七〇〇〇円の年払いでした。カンパは職場単位―支部単位―地本単位でそれぞれ集められ、地本単位の『財務担当者会議』が月一回、目黒さつき会館の地下で開かれていました」

本間はさらにこう証言する。

「松崎氏はその主宰する学習会（筆者注：松明塾）を年数回、伊東さつき会館で開いていましたが、そのとき、同氏は『自分（松崎）は革マル派を作ったひとりであること。自分の実践を理論化したものが革マル派理論であること。革マル派中央がおかしくなっていて、正当な革マル派はわれわれであること。革マル派理論を正当に受け継ぎ、新たな革命党を建設する必要があること。そのための労働運動面における実践が必要であること』などを語っていました。四茂野修氏（筆者注：東大出身の理論家）が講師として来たこともありました」

「JR東労組内では松崎氏が絶対的権限を有していましたが、金銭的な側面でも絶対的でした。たとえば『さつき企画』という会社は、旧動労などで解雇された人たちの再就職先という目的で設立されたのですが、松崎氏の息子で、JRとは何の関係もない篤氏が同社の社長になったのです。同社の株主は松崎氏一人ですから公私混同の極みです。また鉄道福祉事業協会という関連団体があり、この組織が各所に保養所を持っていることは、JR東労組の役員をしていた私も知りませんでした。後になって同協会は『誰でも利用できる保養所』というパンフを作成しましたが、実際には松崎氏とその取り巻きだけが、そこを利用しており、私たちにはそのような保養所があることは、まったく知らされていませんでした」

本間の陳述によると、「松崎が秘密の保養所を持つことは中枢部では当然のこと」と考えられていた。その理由は「最高指導者である松崎と対立する党派（中核派、革労協）や国家謀略部隊から守ることにあった」という。そして「荒唐無稽かもしれないが、革マル派に囚われていた組織にとって、それが当然であり、正しいことだと思っていた。松崎だけが使用する車（ボルボやベンツ）の費用は四〇〇〇万円にのぼり、ボディガードと言われる人たちの人件費は組合の総務経費で負担していた」と本間は証言している。

まるで共産主義の独裁国家のようなことが、松崎の周辺では平然と行われていたのである。

「JR東労組を良くする会」の徹底した〝暴露戦術〟にJR東労組は、二〇〇六年（平成十八年）十一月二十日に臨時中央委員会を開いて対応を協議する。「良くする会は組織破壊集団である」と断定して、①JR東労組への要望書に署名した者は翌二〇〇七年一月十日までに中央本部に撤回の意思表示をすること。それまでに撤回しなかった者は組織破壊者と判断する　②要望書に署名した者は、機関役員として認めない――ことを決めた。

要望書への署名を最後まで撤回しなかった者は一〇四名いた。二月十四日の定期中央委員会で、「良くする会」の中心メンバーと見られる一七人を「除名処分」とし、期限までに署名を撤回しなかった一〇二人に対しては当面の間、組合員権の一部停止、執行権の停止、組合事務所への立ち入り禁止などを決め、本格的な制裁検討のための「制裁委員会」の設置を決めた。

革マル派議長・黒田寛一の死

「週刊現代」で「テロリストに乗っ取られたJR東日本の真実」の連載が始まり、「JR東日本を良くする会」が発足した直後の二〇〇六年（平成十八年）八月十二日、革マル派議長の植田琢磨《うえだたくま》が新宿区内で記者会見し、「革マル派の創設者で初代議長の黒田寛一《くろだひろかず》が六月二十六日に埼玉県春日部市の病院で死去していた」と公表する。死因は心筋梗塞、七十八歳だった。JR総連・東労組では〝独裁・専制化〟する松崎明に対する反発が噴き出し、革マル派組織の内情が次々と暴露されていたころである。第二章で革マル派創設者の黒田寛一と副議長・松崎明の関係について詳述したが、JR発足以降二十年、この間ふたりの関係はどう変化していったのか。

黒田寛一は死去する十年前の一九九六年（平成八年）八月に突如、創設以来続けてきた革マル派議長の辞任を申し出ている。この辞任要請を受けて革共同二〇回大会で、黒田の辞任を認め、新議長にそれまでまったく無名だった植田琢磨を選出した。この事実は同年十月十三日の「ハンガリー革命四〇周年革共同政治集会」で公表された。革マル派創設者の黒田がなぜ辞任したのか。そして植田琢磨とは何者なのか。黒田はこの集会に「辞任・躍出に際してのメッセージ」という一文を寄せている。このメッセージは辞任理由には直接的には触れていないが、それを臭わせている部分がある。

「襲いかかる謀略の嵐と敵階級の――労組ダラ幹や企業経営者どもをも活用した――陰険で悪辣な攻撃をわが党の組織力と機動力を十全に発揮してはねのけ（略）なければならない。『胸にストンと落ちない』などという俗人的言辞を弄することは、内部思想闘争と共産主義者としての絶えざる自己変革の放棄を告白するに等しい（略）。わが革命的共産主義運動は、労働組合運動の展開の延長線上にあるわけではない。だから、一人前の組合活動家になることが直ちに革命的労働者になるというような考え方を是認することはできないのである」（『革マル派五十年の軌跡』第三巻）

このくだりは「辞任の弁」に託した組合指導者への批判とも読み取れる。とくに「わが革命的共産主義運動は労働組合運動の延長線上にあるわけではない」という一言は、直接名指しはしていないが、JR労働運動を指導する松崎明に対する婉曲的な批判なのではないか。黒田辞任の背景には、黒田の革マル派中央と松崎のJR革マル派との間に激しい確執があったと言われる。

＊　　＊

治安当局などによると、黒田辞任にいたる発端は一九九二年（平成四年）から一九九五年にかけて起きたいわゆる「沖縄革マル派の組織問題」にあった。

この時期、革マル派は天皇陛下の沖縄訪問反対や米軍基地反対闘争に力を入れていたが、組織問題をめぐって革マル派党中央、沖縄革マル派、JR革マル派が三つ巴となった「革マル派結成以来最大の危機」といわれる大混乱が起きたという。この混乱の背景にあったのが、JR発足後のJR東労組の「松崎路線」の評価をめぐって、革マル派内部で意見の対立が生じたことだと見られている。革マル派はもともとその発足当初から、理論を重視する全学連エリート中心の党中央と、理論より実践を重視する松崎の国鉄産別（つまり動労）指導部との間に、ある種の対立があった、といわれる。

一九九二年といえば「四月上旬　同志黒田が完全失明」（『革マル派五十年の軌跡』同）した年である。この年ＪＲ総連・東労組の松崎らが提起した「スト権確立とスト権の委譲」問題をめぐって、ＪＲ西労組、東海労組などとの対立が深まり、五月には「ＪＲ連合」が発足している。当時、黒田が指揮する革マル派中央は、松崎らＪＲ革マル派の「組合主義的傾向」を払拭しようとしていた。

一方、ＪＲ総連・東労組は松崎の方針に従って、活動の中心は「あくまでも産別労働組合」だった。黒田の「完全失明」は、革マル派中央と松崎のＪＲ革マルとの間に〝力学の変化〟をもたらしたのであろうか。松崎のＪＲ革マルはこのころから革マル派中央への攻勢を強めている。

黒田寛一死去発表の際に配信された写真
（共同通信）

沖縄との交流も、ＪＲ革マルは沖縄県内の労働組合との交流を中心に進めようとした。沖縄県の革マル派委員長は「松崎路線」を支持し、労働組合を中心に本土との交流を進めた。革マル派中央はこの沖縄革マル派の方針を全面否定する。

これが発端となって沖縄県委員長はそのポストを解任され、党中央から派遣されたメンバーに軟禁状態にされ、責任を追及された。きびしい〝査問〟に、身の危険を感じた委員長は、革マル派組織から逃亡を図った。革マル派中央は新たな指導部を沖縄県に送り込むが、沖縄県委員会の指導部の大半は、党中央から派遣された指導部に反発、収拾のつかない事態となった。

事態収拾のため、黒田は、松崎明がJR発足時に革マル派中央に送り込んでいた旧動労出身の「トラジャ」ふたりを沖縄に派遣する。そのひとりは「坂入充拉致・監禁事件」に登場する浅野孝だったという。このふたりも、沖縄委員会の指導部に同調し、「反革マル派中央」の動きに加担するようになる。ふたりを通じて、革マル派中央内のJR出身「トラジャ」もこの動きに同調し、さらにJR内の革マル指導部もこの動きを支持した。

JR内革マル派は一九九三年（平成五年）十一月から十二月にかけて「党中央がJR東労組と沖縄県革マル派との交流を妨害したこと」への抗議として、東労組本部だけでなく東京地本、新潟地本、高崎地本などが相次いで機関紙「解放」の「購読拒否」や「年末ボーナスカンパの凍結」を決め、さらに九四年に入ると「カンパ上納停止」を決定する。JR東労組の「カンパ上納」や『解放』購読」は、革マル派の財政を支える大きな柱である。松崎は、革マル派中央の資金源を断つ〝兵糧攻め〟の挙に出たのである。

黒田寛一は混乱の責任をとって「沖縄問題の棚上げ」を表明、九四年六月六日付の機関紙「解放」は、JR東労組の定期大会に合わせたように「労働運動の展開上の偏向について」と題して、党中央の指導の過ちを全面的に認め、二面見開きのスペースを割いて、こう自己批判している。

「萎靡《いび》沈滞しきった労働戦線の現状をラディカルに突破するためには、従来のような運動づくりのスタイルを抜本的にあらため、資本と直接的に対決し、『さし違える』という構えが必要であることが、一部の指導的メンバーによって一時的ではあれ提起された。（略）指導部内で組織討論もされずに、いやむしろこの討論を拒否して『私見』として提起されたほどのこの提起に、中央指導部は九三年（平成五年）七月以降に、ようやく自己批判し組織内闘争を開始したのであった」

「かの提起がただちに全面的批判の対象にされずに放置されたということは、指導的メンバーの思想性の脆弱さ・理論水準の低さ・政治的感覚の鈍磨・革命的気力の衰弱・精神的怠惰などにも関係しているといってよい。（略）すべての労働者党員は、一時的かつ部分的に実行された反組織的な急進主義的誤りを許した、というこの痛苦な現実をかみしめ、一刻も早く組織の現在的危機を可及的すみやかに打開するために奮闘するのでなければならない」

革マル派中央がここまで激しい言葉を使って、黒田寛一を中心とする「指導的メンバー」を批判するのは極めて異例のことであり、この論文は革マル派中央指導部が「松崎路線」に全面的に屈伏したことを示している。この「自己批判」のタイミングを見定めたかのように松崎は、一九九五年（平成七年）に入ると本格的な事態収拾に乗り出し、JR総連や東労組内の革マル派に「機関紙『解放』を購読し、カンパや会費を納めるよう」二度にわたって指示し、年末に騒ぎはやっと収まった。

これが翌九六年八月の「黒田議長辞任表明」に繋がり、無名の新人・植田琢磨の「議長就任」となったという。

公安当局では当然「植田琢磨」という人物についても情報収集に取り組んだ。しかし、「植田」

という人物は表舞台に登場したこともなく、まさに謎の人物だった。その本名が「新田寛」とわかったのは十年以上も経った二〇〇七年（平成十九年）一月のことである。警視庁公安部が、偽名を使って荒川区のマンションを契約していたという「有印私文書偽造」の疑いで植田のマンションを家宅捜索し、その実名は「新田寛」であり、かつて九州で電気系の仕事をしていたらしい、ということがわかった。しかし、それ以外の情報はまったくなかった。

一連の騒ぎによって松崎は、革マル派創設時から「尊敬する師」でもあった黒田寛一を超えて、事実上、革マル派中央さえ自由に操ることのできる「絶対権力」を手に入れたと言えるだろう。この沖縄問題を契機にして、福原福太郎や本間雄治らがきびしく指摘する「松崎明の独善的な組織運営と組織の私物化」が始まったと見てもよい。かつて「反スターリン」をかかげた松崎が、JR東日本の〝暴君〟スターリンと化していったのである。

松崎の告白

革マル派中央はJR総連・東労組の松崎明の〝取り巻き連中〟を「労組ダラ幹ども」と呼び、彼らの「面従腹背ぶり」を批判することはしばしばあっても、松崎を直接、批判することはなかった。同じように、松崎もまた自分を裏切り、反逆するかつての同志たちに聞くに堪えない罵詈雑言を浴びせることがあっても、黒田寛一に対する直接的な批判はどの著作や発言にも見られない。

そんな松崎が黒田寛一と革マル派中央に対して表立った批判を口にしたのは、二〇〇八年（平成二十年）四月に発行された『松崎明秘録』（同時代社）である。この本はノンフィクション作家・宮崎学が「聞き手」となり、同年二月にインタビューしたものである。黒田は二年ほど前に死去しており、松崎はこれまで遠慮してきた「黒田批判」を口にしても差し支えない時期と判断したのだろう。

宮崎学は終戦直後の一九四五年（昭和二十年）十月、京都・伏見の暴力団の〝親分〟の家に生まれ、貧乏な幼少期を過ごした。一念発起して早稲田大学に入学すると日本共産党に入党、学生運動に明け暮れ、後に共産党を除名される。その後、週刊誌の〝トップ屋〟となり、自伝でもある『突破者』（南風社）などを出版する。学生時代から「革マル派の実態」にも精通していたのだろう、宮崎は松崎の〝本音〟を巧妙に引き出している。

「（黒田の）革共同（革マル派と中核派に分裂する前の組織）の中で、労働運動をこうしようとかああしようとかという議論はなかったんですか」

という宮崎の問いかけに松崎はこう答えている。

「いやあ、労働運動なんかわかるやつが（革共同のなかには）一人もいないんですよ。（略）だから、私が勝手にやるということになっていった。ところが、ある時期になってくると、その労働運動が分からない連中が私を攻撃してくるようになった。あいつは『シャミテン（社民転）』したとか、組合主義者だとか、大衆迎合の危機煽り屋だとか、いろいろとケチをつけ始めるんですよ。革マル派ができて全学連でやってきた連中が組合の中に入ってきて、事実上の『反松崎』のフラクションをつくりはじめたわけですよ。彼らは革マル派の理論をそのまま受け入れない松崎はおかしい、と言ってさかんに画策した。そうなるともう喧嘩ですね、当然。空疎な理論闘争のようなものはやったけど、私は彼らから労働運動についての指導などというものは一回も受けたことはありません」

「黒田さんの運動理論、反スターリニズムの大衆運動の推進のしかたに関わるもの、あるいは『組織論序説』のような大衆運動と組織建設の関係に関わる一連のもの、そういうものの展開は、多分に私の実践を材料にして、基礎づけ理論づけたという面がかなりあるのではないかと私は思っているんですよ。（略）だから、黒田さんと私とは複雑な関係なんですよ。『反松崎』フラクの連中も、私の後ろには黒田がいるようだと分かっている。また、黒田もそれを十分に利用している。だから、この『親分』は、平気で『反松崎』を煽りながらね、そして一方では収めていくと、煽っておいて、こっちの命令で収めさせる、という具合。いゃあ、いろいろやってましたねぇ」

宮崎は続いてこう松崎に聞く。

「松崎フラクは公然たる組合の核だった。それに対して、反松崎の革共同フラクはあくまでも裏の党派的なものだったということですね」

松崎は「そうですね」とこれを肯定した後、「我々は初めから『松崎組』だった」とこう述べている。

「（組合方針にイチャモンをつけてくる）元をたどれば、例の『親分』、クロカン（黒田寛一）からだったんじゃないですか、多分（笑）。でも、その「親分」は私の前ではそういう姿は全然見せませんよ。革マルには政治局のもとに労働者組織委員会というのがありましてね。共産党でいえば労対ですかね。（略）ところがその委員会は基本的に全部学生上がりなんですよ。その連中が、労働現場や組合のことなんか分からないくせに、生意気なことを言ってくるんですよね。（略）そういうものに従っていた他の労働組合では、ものの見事に壊滅していったわけでしょ。（略）だけど私は彼らの方針を無視して別の方針でやった。（略）党からの指導は無視ということです。だって、指導されたら敗けるに決まっていますからね、そんなことやるわけない。だから、やっぱり我々は初めから『松崎組』だったんでしょうね」

松崎はさらに別のくだりで、黒田との関係をこうも語っている。

「革マル派は、俺のことを、シャミテン（略）だとか、何だかんださんざんレッテルを貼ってね、攻撃した。そんなことから、そんなことというなら、俺はあんたたちの言うことは聞かない。俺は一人でやるからと宣言することになる。（略）しばらくするとね、黒田寛一さんの指令がやってくる。『あれはマズかったよ』と。こっそりと詫びを入れてくるわけですよ。ほんとは、俺に対する攻撃も黒田さんがやらせてるんですよ。私に言わせれば、トップが知らないでね、私に対して何かできるわけがないんですからね」

このような松崎の公然とした〝黒田批判〟に対して、革マル派中央は、反論もいっさいせず「異常とも思える沈黙を守った」と〝松崎ウォッチャー〟宗形は、前置きして、

「その沈黙の代償はなんらかの方法による『活動資金』の継続的な提供だったのではないでしょうか。党中央は〝花〟（JR革マル派）を捨て〝実〟（活動資金）を取り、『松崎明秘録』の刊行を暗黙に了承した。一方、松崎はそもそもの始まりから革マル派中央とは相容れない『松崎派（組）』であったということを公知のものとしたんでしょう」

と推測している。

「バカは死んでも直らない」

松崎明は「業務上横領容疑」で警察当局の大規模な家宅捜索を受ける一年前にＪＲ東労組関連の顧問職もすべて退き、二〇〇四年（平成十六年）の年末には、ＪＲ総連・東労組の関連団体として「国際労働総合研究所」（国際労働総研）を設立、その会長職に納まっていた。

同研究所の理事長には城石靖夫（元ＪＲ総連副委員長）、監事には四茂野修（ＪＲ総連執行委員、旧動労本部調査部長）が就任する。城石は旧動労で初代青年部長の松崎の後を継いで青年部長を務め、四茂野は東大出身の理論家。主任研究員となった大久保孟は七代目の旧動労青年部長である。同じく主任研究員の小西富士雄はＪＲ九州労の大量脱退事件の際にはＪＲ九州労の事務所に乗り込み幹部を罵倒し「革マル派の革命理論」で武装することの重要性を説いた人物だった。国際労働総研の中心人物は、松崎が革マル派副議長としてその勢力浸透を図った旧動労時代からの腹心で固めたことになる。

国際労働総研は、松崎への強制捜査などの影響で、しばらくは〝開店休業〟の状態だったが、騒ぎも一段落した二〇〇七年（平成十九年）八月、雑誌「われらのインター」を創刊する。鉄道労働運動を始めとする労働運動全般、社会運動をめぐる国内外の各種の問題を、この雑誌で追及していこうという月刊誌である。「われらのインター」と名づけたのはたぶん、松崎明自身だったのだろう。松崎が副議長となった「革マル派」は、トロッキーらが作った「第四インターナショナル」（略称第四インター）の流れを汲むことは第二章に記した。古稀を迎えた松崎の心の中に「いざ闘わん、いざ、奮い立て、いざ、ああインターナショナル、我らのもの」という、若きころに歌ったあの革命歌「インターナショナル」（インター）の歌声が蘇っていたのかもしれない。

「世界の国々からのレポート、検討すべき課題についてのレポート、国内外の出来事、政治・経済に関する情報、喜び、悲しみ、可笑しみなどもいろいろ触れてみたい」

こう意欲を示す松崎は、毎号、「巻頭言」を担当、〝言いたい放題〟と言ってもよいくらいの「歯に衣着せぬ言論活動」を展開する。そのために新しい万年筆まで用意した。「何が正しいのか？何が間違っているのか？　それはなぜか？　実践をつうじ、歴史的経験を通して明らかにしていきたい」というのが松崎の決意だった。

創刊号の「巻頭言」は「『バカヤロウ』は『馬鹿野郎』と書く」で始まる。以下はその〝さわり〟の部分の抜粋である。

バカヤロウも大バカヤロウもいろいろ見てきた私としては、「バカは死ななきゃ直らないー」とうなる広沢虎造の浪曲ではないが、昔からバカはいたんだなと思う。それにしても私は「バカは死んでも直らない」と信じている。だから私は頭は悪くてもバカにはなりたくないと思っている。子どもの頃、オフクロに「明は利口な割にバカだな」と言われたのを覚えている。どんなバカだったのかは定かではない。ただ小利口に振る舞えなかったことだけは事実である。（略）

「会社のため」と言いながら実は自分のためにだけに血道をあげるお偉いさんは小利口者。そんなお偉いさんにすがりついて立身出世をひたすら考え、組合の委員長に何がなんでもなるんだと突っぱねる「崇高」な御仁もいた（筆者注：JR東労組元副委員長、嶋田邦彦のこと。嶋田は自著『虚構からの訣別』で松崎の書いた『仇花と崇高な心』を批判した）。「崇高」な精神で立派な組合を壊し、分裂させるなどというのは大バカヤロウなのであろう。死んでも直らないし、十年も二十年もその「崇高」な名を残すことになる。（略）

若きプロレタリアートの血は今も燃え続けてはいるが、日本プロレタリアートの階級的組織化は進んでいない。世界の労働者の国際連帯、インターナショナリズムも未だしの感である。敗北と沈滞の中から、冷厳な現実から私たちは学び、出発しなければならない。私たちはリコウモノにもバカヤロウにもなれないし、ならない。労働者としての魂があり、正義があり、世の中を変えようという情熱がある。国内外の労働者・市民と手をつなぎ、好戦屋や死の商人と闘い、民主主義の大義を実践しようと思う。

第二号（同年九月号）は「浦和電車区事件」の被告七人を集めた特集座談会で、テーマは「やってないことを、やったとは言えない！」。このなかで松崎は「今のＪＲ東労組本部は〝ダラ幹〟だ」と苛立ちを隠せない。

俺が一番悔しいのは早く宣伝カーを出して組合歌をガンガンやれと、そんなことはいくらだってやれるじゃないかと。それが全然駄目なんだよな。本部のダラ幹め！　とそれ以降、思っているんだ。要するに、闘っている人の立場に立っていない。判決に対する抗議文もＪＲ東労組のが一番駄目ですよ。申し訳ないけど抗議文になっていない。権力はこの組織を潰すためにやって来たのだから、別にこの人達じゃなくても良かったのだから、そういう攻撃に対して組織は我がものとして受け止めるということが出発点。国家の弾圧に対する怒り、それが終始貫徹されていないと。会社がどうだとか、激しくやると警察がどうだとか。国家の意志に対して、当たり障りなくやろうというその姿勢が、俺には許せない。（抜粋）

第三号（同年十月号）では、井手正敬、松田昌士《まつだまさたけ》、葛西敬之《かさいよしゆき》の「国鉄改革三人組」をバッサリ切って捨てている。かつて「同志」と呼びほめそやしていた松田も含めて。

立派な経営者は日本にも数多くいた。残念なことに「国鉄改革三人男」ともて囃された御仁の中にはそのような立派な人はいない。二枚舌くらい、朝メシ前だ。目的のためには手段を選ばずと言うが、そんなことはない。目的のためには常に手段を選んでいるのである。人間が小心であり、小物であればあるほど、狡賢《ずるかしこ》さが要求されるものである。そうでなければ本物にはかなわないからである。（略）「三人男」における国鉄改革とはまさしく立身出世の手段そのものだったことを暴露する事実であった。その後の「悪政」は必然の道であった。（抜粋）

松崎の「われらのインター」を舞台にした〝言いたい放題〟を心配した後輩のJR東労組の幹部に松崎はこう怒鳴ったという。

「俺が誰に言っているかわかるか。いいか、労組の幹部は俺の言っていることに責任はないんだ。俺が勝手にやってるんだ。だから、松崎は激しいことをどんどん言ってるけど、あれと自分は関係ねえって言えばいいじゃないか。全部同じじゃなきゃいけねえなんて、どうしてそう思うんだ」

（『松崎明秘録』）

ＪＲ総連やＪＲ東労組など組合関係の顧問もすべて退いた松崎にとって「われらのインター」は唯一の発言の場となっていた。「会社に向かってものを言うときに、間接的にやることもある」（同前）と松崎は述べており、直接、会社に物申す機会は事実上なくなり、すでに過去の人となっていた。かつての同志たちも次々と松崎を批判して彼のもとを去った。松崎の組合や会社に対する〝影響力〟は日に日に衰えを見せ、「われらのインター」を舞台にした発言ももはや〝犬の遠吠え〟でしかなかった。

第九章

「D型もD民同へ涸谷に」——漂泊する鬼の魂

松崎家の菩提寺「高済寺」にある松崎明の墓。戒名は「敬峰明詠信士」

最後の賭け——元秘書を参院に

二〇〇八年（平成二十年）二月、松崎明《まつざきあきら》は息苦しくなることがたびたびあり、診察を受けると「間質性肺炎」であることがわかった。肺炎という場合は気管支もしくは肺胞内に起こる炎症を指すが、間質性肺炎は肺胞と毛細血管を取り囲む「間質」と呼ばれる組織に生じる病態で、呼吸困難や呼吸不全を引き起こす。しかし、松崎はみんなの前では「気管支喘息だ」と言って、病名を隠した。健康オタクの松崎は、以前から続けている民間療法の〝尿療法〟を信じて、朝一番の尿を採取して飲用していた。この療法にどんな効能があったかは不明だが、松崎にはたとえどんな反対があろうと、己の信じたことを押し通して実行するという性癖があった。彼の側近たちの間にも、松崎を見習ってこの尿療法が広まった。

松崎が間質性肺炎でその活動に衰えが見えはじめたころ、日本の政局は混迷を極めていた。自民党の安倍晋三、福田康夫の二人の首相は立て続けに一年で自ら表舞台を降りた。これ以降、「総理一年」が常態化し、首相の権威は失われ、自民党に対する国民の失望感は高まっていく。福田康夫は退陣に先立って首相公邸で麻生太郎と極秘に会談、総裁選を同年九月二十二日に実施することを決めた。この総裁選には麻生のほか、石原伸晃、石破茂など五人が立候補、事前の予想どおり麻生が圧勝し、首相の座についた。

しかし、この麻生内閣は一年間ほどしかもたなかった。二〇〇九年（平成二十一年）八月三十日に行われた総選挙で、野党第一党の民主党が三〇八議席を獲得、大勝したのである。自民党は選挙前の三〇〇議席から一一九議席に落ち込むという歴史的大敗を喫し、結党以来、初めて衆院第一党の座を譲った。

同年九月十六日、民主党代表・鳩山由紀夫《はとやまゆきお》が首相の座に就く。民主党、国民新党、社民党の三党の連立政権だった。民主党幹事長となったのが選挙大勝の立役者だった小沢一郎《おざわいちろう》である。

しかし、政権交代を実現しながら、未熟さゆえの混乱がすぐに始まる。「選挙に勝つことに全力投球していたため、政権交代を実現した後の具体的な政権運営方法をどうするかについてまったく手つかずの状態にあったからだ」（後藤謙次『平成政治史3』岩波書店）。新政権の滑り出しは予想以上に順調だったが「皮肉にも鳩山は自ら発した言葉によって徐々に追い詰められていく」（同前）ことになる。

ことの発端は、沖縄の米軍普天間飛行場の移設計画について鳩山が「県外移設を前提に計画を見直す」と表明していたことである。ゲーツ米国防長官は「日米で長い時間をかけて、いろんな選択肢を検討した。これまでの合意に従って着実な実施が必要だ」と鳩山に釘を刺した。鳩山発言は日米間に不協和音を生み出す。同年十一月十三日、オバマ大統領が来日、日米首脳会談が行われ、鳩山は後々まで語り草となる「トラスト・ミー（私を信じてほしい）」と訴えたが、これが外交面での大きな障害となっていく。

追い打ちをかけたのが幹事長の小沢一郎の政治資金をめぐって公設秘書が「政治資金規正法違反容疑」で逮捕されたことだった。鳩山政権が発足してわずか三ヵ月後のことである。年が明けた二〇一〇年（平成二十二年）一月十三日、東京地検特捜部は小沢事務所の家宅捜索に入り、小沢の政治資金管理団体を利用した私的な蓄財容疑が世間の批判を浴びる。

この年の七月十一日には参議院選挙が予定されていた。民主党は小沢幹事長のもとで選挙準備を進めていたが、鳩山発言と小沢の政治資金の問題で状況は極めてきびしかった。松崎はこの政治的混迷をJR総連・東労組の劣勢を挽回し、〝松崎体制〟の立て直しを図るチャンスと捉えた。

そして自分の意のままに動かせるJR総連出身者を、参院選での民主党の比例公認候補として送り込む決断をする。民主党が大勝した衆院選では労組出身の代議士八人が生まれたが、そのほとんどが中道政党の旧民社党に籍があった元同盟系労組の出身者である。「JR総連傘下の組合員が全力で支援すれば、比例区での当選は可能」と松崎は読んだ。

松崎の元秘書で専用車の運転手だった田城郁（共同通信）

松崎が候補者として選んだのがJR東労組の政策調査部長・田城郁《たしろかおる》（当時五十歳）である。田城は栃木県宇都宮市の出身。小山工業高専を中退し、映画俳優を志して東映演技研修所に入所するが、俳優の道は断念、一九七九年（昭和五十四年）に国鉄職員に採用され電車運転士となった。松崎が動労東京地本委員長として〝鬼の動労〟の先頭に立って大暴れしていた時代である。

田城は松崎に憧れて組合運動に飛び込み、JR発足後はJR東労組池袋支部長などを経て、松崎委員長の秘書となる。「委員長秘書」の仕事の最大の務めは、松崎専用車の運転手であり、言いかえれば松崎の〝ボディガード〟である。松崎の信任を受けた田城は二〇〇一年（平成十三年）にはJR総連の特別執行委員としてパキスタンに派遣され、JR総連海外協力部長としてアフガニスタン難民の支援活動に従事する。一度は俳優の道を歩もうとしたそのマスクが、女性の浮動票を稼げると、松崎は判断したのかもしれない。

民主党の公認候補として田城郁が名乗りをあげると、同じナショナルセンター「連合」に加盟しているJR連合が田城公認に猛反対する。当時、JR連合の組合員数は七万八〇〇〇人（対前年比二〇〇〇人増）、JR総連は六万九〇〇〇人（同一〇〇〇人減）で、JR連合が一万人近く多い最大産別組織となっていた。JR連合もJR総連のどちらも組織として民主党（当時）を支持していた。JR連合は「民主党に擦り寄るJR総連の意図にいっそうの警戒を！」として政府・民主党に要望書を提出する。

「『推薦議員懇談会』を立ち上げるなど最近のJR総連の動きを見れば、民主党や国政との関わりを強化しようとしている彼らの目的は明らかである。政府はこれまで『革マル派は組織拡大に重点を置き、党派性を隠して基幹産業の労働組合等各界各層への浸透を図っていくものと見られる』と認定してきたが、今後も革マル派とJR総連の関係について、いっそうの警戒心を持つよう強く求めたい」

民主党内で田城の応援団となったのが、当時の民主党副代表で同郷の山岡賢次だった。山岡はそれまでの選挙でJR総連の支援を受けて当選し、六一人が名を連ねるJR東労組推薦議員懇談会の代表世話人を務めていた。山岡は当初、自民党から出馬したが、小沢一郎が新生党を結成して以来、彼と行動をともにしてきた。自民党脱党組から旧社会党員まで同居し、一枚岩とはいかない民主党選対本部内でも「田城の公認には『連合』内でも異論がある」との反対論は強く、公認決定は先延ばしとなっていた。民主党は同年三月三日、ようやく夏に予定されている参院選の第一次公認候補八七人を発表する。田城郁も比例区の公認候補のひとりに含まれていた。幹事長の小沢一郎は、山岡に田城郁の来歴を聞くと、「白い猫でも黒い猫でもいいじゃないか。票がとれるなら」と言い放ち、この一言で田城の公認が最終的に決まったという。

田城は公認が決まると、すぐさま郷里の栃木県宇都宮市に「民主党比例区第七八総支部長」として選挙事務所を開設する。田城の参院選出馬に素早く反応したのが、同じ栃木県選出の自民党衆議院議員、佐藤勉である。彼は四月二十七日付で「革マル派によるJR総連及びJR東労組への浸透に対する質問主意書」を衆議院議長に提出する。佐藤は麻生内閣では警察当局を所管する国務大臣である国家公安委員長を務め、警備当局を通して「革マル問題」にも精通していた。佐藤の「質問主意書」がきっかけとなって、再び国会の場で「JR東日本の革マル問題」が相次いで取り上げられることになる。

田城郁の参院選出馬は、松崎明の思惑とは違って、沈静化していた「JR総連・東労組内の革マル問題」に再び油を注ぎ、自民党の集中砲火を浴びることになったのである。結果的に見れば松崎の「戦略・戦術」の〝最後の誤算〟だったと言えるだろう。

鳩山内閣の答弁書

佐藤議員の「質問主意書」は次の六項目にわたっていた。

①　平成十一年（一九九九年）版の警察庁広報誌「焦点」に、革マル派は「平和で自由な民主主義社会を暴力で破壊、転覆しようと企てている反社会的な集団であり、治安を脅かす要因になっている」と記されている。革マル派の社会的な危険性とJR総連・東労組を始めとするJRの労働組合への浸透と影響力の行使の実態と、その目的について明らかにされたい。

②　JR総連・東労組には現在も革マル派が相当浸透し、同派幹部が多数存在していると見てよいか。また、JR東労組の元委員長や会長を歴任した松崎明氏は現在も革マル派最高幹部であると見てよいか。

③　革マル派については平成十八年（二〇〇六年）の政府答弁書で「JR総連及び東労組という公共機関の労働組合における革マル派の動向について、公共の安全と秩序の維持の観点から重大な関心を払う」と回答しているが、今後想定される革マル派の活動とその危険性について警察の認識を問う。

④　警察庁出版の平成二十一年（二〇〇九年）の「警備情勢を顧みて」によれば、「革マル派が相当浸透していると見られるJR総連及び東労組」と書かれているが、その見解は今でも変わらないか。

⑤　警視庁が平成二十年（二〇〇八年）二月十八日の東京地検に送致したJR総連の関連団体である日本鉄道福祉事業協会の元理事長（筆者注：佐藤政雄《さとうまさお》のこと）に関わる業務上横領被疑事

件の内容を明らかにされたい。

⑥　革マル派組織が将来的に国政の場への浸透を企図する動きや懸念はあるのか、見解を明らかにされたい。

佐藤議員の「質問主意書」に対して五月十一日、鳩山由紀夫首相名での「答弁書」が出された。もちろんこの「答弁書」は閣僚全員が署名する「閣議決定」を経ており、鳩山内閣の公式見解である。「衆院議員佐藤勉君提出革マル派によるJR総連及び東労組への浸透に関する質問に対する答弁書」にはこう記されている。

「①から④まで及び⑥について

日本革命的共産主義者同盟革命的マルクス主義派（以下「革マル派」という）は、共産主義革命を起こすことを究極の目的としている集団であり、これまでも火炎びんの使用等の処罰に関する法律違反事件や、対立するセクトとの間で殺人事件等、多数の刑事事件を引き起こしている。革マル派は将来の共産主義革命に備えるため、その組織拡大に重点を置き、周囲に警戒感を抱かせないよう党派性を隠して、基幹産業の労働組合等各界各層への浸透を図っており、JR総連及び東労組組合内には、影響力を行使し得る立場に革マル派活動家が相当浸透していると認識している。

今後も革マル派は、組織拡大に重点を置き、党派性を隠して基幹産業の労働組合等各界各層への浸透を図っていくものと見られる。

なお②の後段（松崎明は今も革マル派の最高幹部か）のお尋ねについては、今後の警察活動に支障を及ぼすおそれがあることから、答弁は差し控えたい。

⑤について

お尋ねの件については、財団法人日本鉄道福祉事業協会の元理事長（佐藤政雄）が、同協会のため業務上預かり保管中の金員を、自己の用途に充てる目的で横領した嫌疑で、警視庁が平成十九年二月十五および同月十九日に関係個所に対する捜索を実施し、証拠物を差し押さえたものと承知している。また、この警視庁が行った捜索及び差し押さえについて、ＪＲ総連等が、東京都及び国を被告とする国家賠償請求訴訟を提起しているものと承知している」

この鳩山内閣の「答弁書」は歴代の自民党政権が国会の場で警察庁警備局長などを通じて一貫して認め続けた「ＪＲ東日本の革マル問題」を、民主党政権も完全に踏襲した形で認めたのである。②の後段部分の「松崎明は現在も革マル派最高幹部であると見てよいか」についてのみ「今後の警察活動に支障を及ぼすので答弁を差し控える」としているが、これはこの種の事柄に対する常套的答弁であり、「警察当局はこの事実を認めた」ということを暗に意味している。また⑤のやりとりによって、警視庁は松崎明の業務上横領だけでなく、松崎の〝金庫番〟佐藤政雄についても業務上横領容疑で立件しようとしていたことが明らかとなった。

ＪＲ総連とＪＲ連合が全面戦争

参議院選を前にしてこの鳩山内閣の「答弁書」は田城郁の民主党公認と絡んで、関係各界に大きな衝撃を与えた。ＪＲ総連は五月二〇日、武井政治委員長名で「この『政府答弁書』を利用して民主党の公認候補となった田城郁に対する誹謗・中傷が行われている」として民主党選挙対策委員長・石井一宛てに「『政治活動への妨害』に対する要望書」を出した。

ＪＲ内で対立関係にあるＪＲ総連とＪＲ連合はどちらも民主党の支持団体である。ＪＲ総連から「政治活動妨害に関する要望書」を受け取った民主党もその対応に頭を抱えたのか、この要望書に対する応答はなかった。民主党による松崎明の腹心・田城郁の公認は、この公認に激しく反対してきたＪＲ内の対立組織、ＪＲ連合と、田城をかつぐＪＲ総連との〝全面戦争〟に発展する。

ＪＲ連合は五月二十六日、会長の坪井義範名でＪＲ総連の武井政治委員長宛てに次のような内容の「公開質問状」を出した。

鳩山内閣の「政府答弁書」が指摘する通り、革マル派は「共産主義革命を起こすことを究極の目的としている極左暴力集団」である。同派の活動家が貴労組及びＪＲ東労組内の影響力を行使し得る立場に相当浸透していることは、わが国の治安の問題としてきわめて由々しきことであり、決して看過することのできない事態であると考える。今回の答弁書を受け、貴組合は直ちに革マル派の浸透の実態を解明し、その排除に取り組むべきである。そのことが貴組合に求められる社会的要請であり、組織としての責務である。

以上の認識に基づき以下について貴組合の見解を求める。

鳩山内閣が閣議決定した「ＪＲ総連・東労組内に革マル派活動家が相当浸透している」などとする答弁書に対する貴組合の見解を明らかにされたい。

また、この答弁の内容を否定するものであれば、その理由を明らかにされたい。

この「公開質問状」に対してJR総連は六月一日付で武井政治委員長名の「返答」を出すが、それは次のような素っ気ないものだった。

「貴組合は私たちJR総連及び加盟単組に対し悪意に満ちた様々なデマキャンペーンによる攻撃を繰り返してきた。特に角田（修作）前会長が警視庁公安二課長と飲食を共にし、国家権力と連携して意図的な組織破壊攻撃をかけてきたことは周知の事実である。今回の公開質問状もその延長線上のものであることは明白であり、『回答』の要を認めない。貴組合のこのような行為は、参院選での連合推薦候補である田城郁の選挙闘争に対する許しがたい妨害であり、糾弾する」

JR連合ではこの「返答」には「政府答弁書」に対する見解が示されていないとして、六月四日、再度の「公開質問状」を出した。

①政府答弁書に対する貴組合の見解を明らかにされたい。貴組合への革マル派の浸透が事実無根だとするならばその根拠を明らかにされたい。
②政府答弁書の内容が事実無根だとするなら、政府に抗議を行う意思はあるのか。
③政府答弁書の内容について貴組合の見解を求めることが、なぜ民主党及び連合が取り組む参議院選挙活動の妨害になるのか説明されたい。

この「再公開質問状」に対してJR総連は完全に沈黙。JR連合が回答期限とした六月十四日まで回答はなかった。

最後の講演

松崎の側近、田城郁の参院選立候補がなければ、ＪＲ総連やＪＲ東労組内の「影響力を行使し得る立場に浸透した革マル派」の問題がこれほど世間の耳目を集めることにはならなかっただろう。

こうしたなかで、松崎は「間質性肺炎」の発症に苦しみながらも二〇一〇年（平成十八年）五月二十三日、福岡市の博多第三偕成ビルで開かれた「松崎明氏（動労最後の委員長）を囲む」と銘打った「九州動労同窓会」に出席した。参院選は事実上、佳境に入っており、この九州動労同窓会も「動労の伝統を継承する田城郁を参議院に送る闘いの意思統一をする」ことが狙いでもあり、九州一円から旧動労ＯＢ一七〇人が出席した。

司会者に促されて演壇に上がった松崎は、

「今、私はちょっと気管支が悪いんです。気管支喘息なんです。かつて『松崎は頭が悪いから機関士になれない。だから機関助士なんだ』と、そういわれましたが、そうじゃないですよ。機関士になれなかったから気管支炎なんだ。そんな具合であります」

とみんなを笑わせながら、病気の告白をする。病名は医師に宣告された「間質性肺炎」ではなく、表向きには「単なる気管支喘息」だった。この日の体調も思わしくなかったのだろう、ときおり、せき込みながらそれでも一時間半近くしゃべり続けた。この講演が表立った場での松崎の最後の講演となったが、田城郁を国会に送り出す松崎の〝本音〟が透けて見える。

「俺は日本の労働運動に責任を持っている最後の指導者だと思っている。これまではだよ。これからは武井（政治、当時のJR総連委員長）もいるし、いろんな人がずっとやっているんだけどさ。日本の労働運動は産業報国会になっちゃったでしょ。今の内閣には労働運動出身者が八人いるでしょ。同盟出身の人がほとんどなんですよ。だからそんなにうまく行かない。悔しい、悔しいけどさ、ここで鳩山内閣を支えようよ。（鳩山内閣は）おそらく基地問題で大きな失敗をすることになるでしょう。だから民主党を変えるために田城を当選させることに意味がある」

「ここまでくると、もちろん憲法を守るということはあるが、民主党の腐った奴らと断固たる闘いをする。そのために田城が必要だと思うんだ。俺が『たしろ』なんて（呼び捨てにして）偉そうなことを言ったって、奴がバッジを付けちゃったらさ、奴の方が偉いに決まっている。でももちろん俺は『たしろ』と言うよ。当たり前のことでしょう。議員だからってでけぇ面されたらたまらない（笑）。民主主義を守るためにバッジをつけろ。それ以外にバッジをつける意味はない、と思います」

この日の松崎講演は、参加者が旧動労時代の松崎派OBが中心の〝同窓会〟とあって、松崎の話は田城郁の応援から、自分の人生を振り返りながら、〝裏切り者〟に対する遠慮のない罵倒となった。松崎の表舞台での最後の講演でもあるので、その「さわり」の部分をいくつか紹介しておこう。病魔で身体が思うようにならない彼の〝苛立ち〟が伝わってくる。

「組織の力は強大でなければならない。皆さんと一緒に創ってきた動労は日本労働運動の最強の部隊でした。その最強部隊が世界に冠たるものであったことは疑いのない事実です。その魂はJR総連に引き継がれ脈々と生き続けています。こういう労働組合の存在を許さないというのは、いつも、どの権力も、考えることです」

「最近では『週刊現代』が二十四週間にわたって『あいつは横領した』『組織を私物化した』とずいぶん宣伝をしてくれた。その時にわが仲間であるべき人が、福原福太郎の『小説　労働組合』をあちこちにばら撒いて『松崎は逮捕される』などと集会で叫んで喜んだ。かつての同志が先頭に立ってやった。質の悪いのは〝元革マル〟だ。こういう連中が権力の手先になった。これが現実の問題です」

「権力者は直接の弾圧とともに、常に内部から懐柔する。内部に腐敗分子、スパイ分子を作りあげる、動労の労働運動の歴史を見ても、等しくこの法則は貫徹されている。例外はあり得ないのです。そういう不幸な歴史の完結形態が九州における今日の状況です。（略）『松崎は逮捕される』『松崎は横領した』と敵権力の攻撃の真っ最中にそういうことを言うやつに、労働者の良心が一片でもあるのか？　あると言うならば見せてもらいたい」

「浦和電車区事件だって冤罪でしょう。その浦和の仲間が『逮捕されて当然だ』と言ったのが、あの福原一派なんだ。嶋田一派なんだ。その連中が九州労をぶっ壊したんだ。そいつらと闘わないで、なんで『日本の平和』とか『民主主義』とか語ることができるんですか。闘わない平和なんてないですよ。闘わないで日本の労働運動を守ろう？　だったらそれをぶっ壊した奴と闘え！　闘わないで、その連中とも仲良くやりましょう？　冗談じゃねえ。そんな奴と仲良くできるなら、勝手に仲良くやればいい」

「九州動労同窓会」への参加を最後に、松崎の動静は途絶え、入退院を繰り返しているのではないか、との噂が飛び交った。しかし、ＪＲ総連やＪＲ東労組は松崎の病状悪化への不安を振り払うように、田城郁の当選に向けて組織をあげて取り組んだ。

選挙戦が熱を帯びている最中の二〇一〇年（平成十八年）六月二日、鳩山首相は民主党両院議員総会で辞任を表明する。鳩山は一ヵ月ほど前の五月四日、沖縄を訪問し仲井真弘多《なかいまひろかず》知事に頭を下げてこう言った。

「沖縄県外という話もなかったわけではないが、日米同盟や抑止力の観点からすべて県外というのは現実的には難しい。沖縄に負担をお願いしなければならないと言う思いできた」「最低でも県外」発言を撤回し、「県内移設」を明言したのだった。この発言が決定打となって鳩山は辞任に追い込まれる。政治資金問題で窮地に立っていた小沢一郎も幹事長を辞任した。

六月四日、菅直人《かんなおと》が民主党の新代表に、新幹事長には枝野幸男《えだのゆきお》（現・立憲民主党代表）が選ばれた。菅が首相に指名され、菅内閣が発足したのは参院選を一ヵ月後に控えた六月八日のことである。鳩山政権はわずか九ヵ月で幕を閉じたが、菅新首相はとりあえず鳩山内閣の閣僚はそのまま継承する。七月には参院選挙を控え、さらに九月に開かれる民主党大会で正式な代表選挙が予定されていたためである。

菅内閣のもとで七月十一日に行われた参議院選挙はゴタゴタ続きの民主党の大敗に終わる。菅首相は「改選議席五四以上」を目標に掲げていたが、改選議席数から一〇議席も少ない四四議席にとどまる。改選前三八議席の自民党は五一議席に増え、改選第一党となった。民主党は非改選の六二議席と合わせても一〇六議席に減少し、議席総数は与野党が逆転、再び衆参ねじれ国会に戻ったのである。

ＪＲ総連を基盤として立候補した田城郁は一一万三四六八票を獲得する。民主党比例候補は一六人が当選したが、田城はその一四位で当選を果たした。松崎の念願がかなって、ＪＲ総連が初めて国会内に議席を持ったのである。

枝野幸男と革マル派

だが、民主党大敗のなかでの田城郁の初当選は、松崎明の思惑とは裏腹に、自民党などの「過激派・革マル派の追及」に拍車をかける。その動きに火をつけたのが参院選挙後の七月十七日発売の月刊誌「新潮45」である。

同誌は「枝野幹事長が交わした『魔の契約』参院選を仕切った〝クリーン幹事長〟と極左暴力集団とのただならぬ関係」との見出しで、民主党の幹事長に就任した枝野幸男が一九九六年（平成八年）の衆議院選挙に際して、ＪＲ東労組大宮支部委員長（大宮地本副委員長）の梁次《やなじ》邦夫《くにお》と結んだ「『第四十一回衆議院議員選挙』立候補予定者の推薦に関する覚書」を暴露していた。記事は枝野に対し「松崎明の運転手を務めた〝側近〟の田城郁が民主党公認で当選し、国会の場に登場したことについて、徹底した情報公開をし、国民を納得させる説明をしてほしい」と迫っている。

梁次邦夫は、前述したように〇二年十一月の「浦和電車区事件」で、「強要罪」容疑で警視庁公安部に逮捕された七人のなかの〝キャップ格〟。浦和電車区事件は一審、二審と敗訴し、最終審が進行中だった。梁次はＪＲ革マル派の中心人物のひとりであり、松崎明が梁次の結婚媒酌人をつとめたと言われる。

一方の枝野幸男は、栃木県宇都宮市の県立宇都宮高から東北大学に進学、大学卒業後、司法試験に合格し弁護士となった。一九九三年（平成五年）の衆院選挙で細川護熙《ほそかわもりひろ》率いる日本新党の公募候補として埼玉五区から立候補、〝日本新党ブーム〟の追い風を受けて初当選を果たす。

一九九六年（平成八年）九月に民主党の結党に参画した枝野は、同年十月に予定されている衆院選では、そのまま埼玉五区からの出馬を決めていた。国会議員は二期目の選挙がいちばん難しいと言われる。ましてやこの衆院選は、小選挙区制が導入されて初めての選挙であり、枝野は埼玉県とは縁もゆかりもない落下傘候補である。枝野は組織を持つ労働組合の支援を得て、一票でも多くの票をと考えたのだろう。新年のJR総連の「旗開き」に出席して〝リレートーク〟に参加したり、四月にはJR総連が主催する「JR十年の検証集会」に出席するなど、JR総連との関係を深めていた。

選挙を前にした八月二十四日に枝野がJR東労組大宮支部と交わしたという「覚書」は、A4サイズ、ワープロで作成され「枝野幸男氏とJR東労組東京地方本部とJR東労組大宮支部は、推薦にあたり、次の通り覚書を取り交わします」として次のような項目が並べられている。

1、立候補予定者は、JR東労組東京地方本部とJR東労組大宮支部が提示する下記の項目について確認する。
　①　わたしは、JR総連及びJR東労組の掲げる綱領（活動方針）を理解し、連帯して活動します。

②　わたしは、地域に密着した交通網拡充のため全力を挙げて取り組みます。
③　わたしは、平和憲法、とりわけ憲法九条を守り、恒久平和を希求する運動に全力を挙げて取り組みます。

2、JR東労組東京地方本部とJR東労組大宮支部は選挙活動について協力する。

3、JR東労組東京地方本部とJR東労組大宮支部および立候補予定者は、本覚書にもとず《ママ》き、誠実に履行する。

覚書の最後には「JR東労組大宮支部執行委員長　梁次邦夫」と「衆議院議員選挙立候補予定者枝野幸男」が自筆で署名し捺印している。

枝野と梁次の関係が話題を巻き起こしていた八月三日、衆院予算委員会で自民党の平沢《ひらさわ》勝栄《かつえい》議員の〝爆弾質問〟が飛び出す。

平沢議員は東大卒業後、警察庁に入り、同庁警備局などで、過激派問題を担当した元警察官僚。一九九六年の衆議院選で自民党の公認を受け東京一七区から出馬、初当選したベテラン議員である。東大生時代には後に首相となる安倍晋三の家庭教師を務めた。

平沢は、佐藤勉議員（自民党）の「質問主意書」に答えた鳩山内閣の「答弁書」をパネルにして、「ここには過激派集団の革マル派は将来の革命に備えるため、各界各層へ浸透を図っており、JR総連及び東労組には影響力を行使し得る立場に革マル派が相当浸透していると認識していると書いてある。民主党はこの組織から参議院の候補者を公認で出した。ということは、革マル派と皆さん方は深い関係が出来てくるということになりませんか」

と質問する。これに国家公安委員長の中井洽《なかいひろし》が「JR東労組と革マル派の関係については、革マル派が相当浸透していると認識しているのは事実です」と答えると、平沢はもう一枚のパネルを取り出した。

枝野幹事長と「JR東労組大宮支部委員長・梁次邦夫」が結んだ「立候補予定者の推薦に関する覚書」である。平沢はこのパネルを指しながら菅首相に質問する。

「これを見て下さい。ここにJR東労組支部の執行委員長と書いてありますが、この人は革マルの幹部と見られている人です。この人と立候補に当たって（枝野幹事長は）こんな覚書を交わしているんです。皆さん方が『革マル派が相当浸透している』と言っている組織が掲げる綱領（活動方針）を『理解し、連帯して活動します』と言っているのです。要するにその意向通りに動くということじゃないですか」

「ちなみに、この労働組合から枝野幹事長は四年間にわたって四〇〇万円ほどの資金提供も受けているんです。この執行委員長はその後、逮捕されたんですが、その逮捕は不当だ冤罪だという集会が開かれ、そこに枝野幹事長が行かれて一時間ほど話もしているんです。皆さん方が、革マル派がものすごく浸透しているという組合の候補者を立て、幹事長がその組合と覚書まで交わして選挙応援をもらっている。総理、党代表としてどう考えているんですか」

菅首相はこう答えている。

「労働団体あるいは一般の各種団体と一般的な意味で政策協定や確認書を取り交わすということは、これはたぶん、自民党でもあり得ることだと思います。そういう意味で党の議員や候補者がご指摘のような団体と特別の関係があるとは承知していません」

この答弁で平沢が満足するはずはなかった。

「承知していないと言っても、これはもう周知の事実なんです。革マルと民主党、どういう関係なんですか。党の代表として総理、しっかりしてください」

平沢ら自民党の民主党政権への激しい追及はこれで終わらなかった。

テレビ放映された国会追及

参議院選挙で大敗した民主党は九月に入ると二週間にわたる代表選挙に突入する。代表選は首相となった菅直人と前幹事長の小沢一郎の一騎打ちとなった。九月十四日に実施された代表選で、勝利宣言をしたのは菅直人だった。新しい執行部は幹事長に岡田克也が就任、枝野は幹事長代理となった。同月十七日、菅改造内閣が正式に発足した。

これを待ち構えていたかのように十月一日には佐藤勉議員が四月に続いて二度目の「質問主意書」を菅内閣に提出する。佐藤は「ＪＲ総連及びＪＲ東労組の幹部役員であった田城郁氏が参院議員となったが、政府の認識に立てば、革マル派が国政への浸透を企図しているとの懸念を持たざるを得ない」として、次の点を問い質した。

①　田城議員は革マル派創設者のひとりでＪＲ東労組の委員長、会長を務めた松崎明氏の運転手や側近を務めていたとされるが、政府の認識をうかがいたい。また田城議員は、革マル派の影響が及んでいる人物であるという可能性は否定できるのか。

②　前回（四月）の「主意書」で指摘した業務上横領被疑事件（以下、横領事件）にJR総連、JR東労組及び鉄道福祉事業協会等に浸透する革マル派グループが関係している可能性はあるのか。

③　警視庁による横領事件の捜査において田城議員が平成十九年（二〇〇七年）二月に警視庁の家宅捜査を受け、証拠物の差し押さえを受けたという事実はあるのか。

④　田城議員は松崎明氏らと共に、警視庁が行った捜査及び差し押さえで、東京都、国を被告とする国家賠償請求訴訟（以下、国賠訴訟）を提起し、その原告になっているという事実はあるか。

⑤　国賠訴訟の一審判決では横領事件に関連してJR総連の関連団体である鉄道福祉事業協会の公金の一部（三五八万円）が田城議員の個人名義の預金口座に振り込まれ、私的な用途（マンション購入の手付け金の補助）に費消されていると認定されているが、そうした事実はあるのか。

前述したように佐藤勉議員は自民党・麻生太郎内閣で、国家公安委員長を務めており、「革マル派問題」の〝専門家〟でもあった。この日の「質問主意書」の内容は、警察当局が長年の捜査によってすでに把握している事実ばかりであり、菅内閣が否定することは出来ないことを、充分織り込み済みだっただろう。

十月十二日に出された菅内閣の「答弁書」は、「質問書」の①については「個人に関する情報なのでお答えできない」。②、③についても「個別具体的な事件における捜査機関の活動にかかわる事柄であるので答弁は差し控えたい」と答えている。これは質問書の内容を事実上「肯定」したことでもある。④、⑤については、事実関係について次のように説明、これに対しても事実であることを認めている。

「国賠訴訟はJR総連ほか二七名が警察当局の捜査令状の請求、執行並びに裁判所の同許可状の発付は違法であるとして、国及び東京都に対し、損害賠償を請求した事案だが、その原告の中に田城郁という氏名が含まれている。同訴訟の一審判決は、原告らの請求には理由がないとしていずれも棄却。原告らは同判決を不服として控訴したが、控訴審判決はいずれも棄却した。現在、JR総連、鉄道福祉事業協会など三名が上告中であり、田城郁ほか二四名の請求については控訴審判決が確定している。この一審判決でご指摘の『被疑者名義の預金口座から、田城郁の個人名義の口座に入金された』との事実が認定された」

佐藤議員の「質問主意書」に対する政府の「答弁書」が出ると、これを受けた形で平沢勝栄議員が十一月八日、衆院予算委員会で質問に立ち、再び田城郁の「革マル問題」を取り上げ、政府を追及する。以下は菅改造内閣で新たに国家公安委員長に就任した岡崎トミ子とのやり取りの概要である。

平沢「いろいろなテロをやってきた革マル派について民主党内閣は共産主義革命を起こすことを究極の目的としている極左暴力集団だと言った。そして、今はテロはやっていないが、いろんな団体とか組織に浸透しようと考えているということを、答弁書で答えた。この革マル派の中で、たとえば元ＪＲ東労組の松崎明さんは、革マル派創設者のひとり、最高幹部のひとりと見てもよいか」

岡崎「幹部のひとりと思っている」

平沢「松崎明さんが革マル派の幹部のひとりというのはたいへんなことだ。その運転手をしていた側近中の側近が、今、民主党の参議院議員の田城郁さんです。岡崎大臣、ご存知か」

岡崎「個人情報に関することなので、コメントは差し控える」

平沢「極左暴力集団の革マル派の最高幹部の側近中の側近が民主党の公認で、今、参院議員をやっている。これは民主党の中に革マル派が浸透しているということではないか」

岡崎「国会議員は国民に選ばれた。いずれにしても警察は、もし違法行為が行われれば、あるいは行われるおそれがある場合には、必要な情報を収集して、法に基づいて厳正に対処する」

平沢「数年前、警視庁が革マル派の関係した横領事件で家宅捜索をやった。そうしたら、田城議員や松崎明さんは一緒になって国と東京都を国家賠償法で訴えた。一緒にまだ活動しているのだ。それでも関係ない、国民から選ばれたからよいのだ、というのか」

岡崎「その問題については報告を受けていない」

平沢「国家公安委員長、しっかりしてください。これでは国民が不安になるばかりだ。よく調べておいて下さい」

岡崎「先ほどの松崎氏に関する答弁は、革マル派創設時の幹部のひとりであると訂正する」

平沢「創設時でも今でも変わらないという見方は多いが、それは重要な問題ではない」

これらの国会での議論はテレビで全国に中継された。松崎明は劣勢になってきたＪＲ革マル派の立て直しのため、田城郁を国会に送り込んだのだった。しかし、それが裏目に出て、自民党の反発を受け、「JR総連・東労組内における革マル派の存在」を広く知らせる結果となった。

松崎の死

田城郁の参院選出馬とその当選によって、JR総連や松崎の革マル派との関係が国会などで大きな話題となっていた二〇一〇年九月ころから、松崎の消息はばったり途絶える。恒例だった「われらのインター」での松崎の「巻頭言」も消えた。「ハワイで療養中」「東北地方の温泉で治療中」などといった情報が飛び交ったが、松崎は病状が悪化した九月中旬から都内の城西病院に入院、闘病生活を続けていた。「間質性肺炎」は、初めは喘息のような症状でせき込むことが多いが、やがて高熱が出て咳はひどくなり、呼吸困難となって治療も難しいと言われている。松崎も病床で激しい咳と闘い続けた。

栃木県宇都宮市に近い自治医大病院へ転院した十月ころから病状は急激に悪化する。このころ、病床で詠んだ句がある。

D型もD民同へ涸《かれ》谷《だに》に

すでに松崎は死期の近いことを自覚していたのだろう。「涸谷」は冬の季語。水が干上がっている谷の様子をいう。松崎が牽引車となって進めて来た「闘う動労型労働運動」はすでに水源も枯れ、流れ落ちる水もない岩屑が転がる涸れ谷となろうとしている、という無念の思いを詠んだものであろう。その原因を作ったのは自分自身であることを、松崎は果たして気づいていたのかどうか。

松崎は小、中学校のころから句作に親しみ、旧国鉄、JR時代を通じて句会に参加してきた。十一月末になると、いったん、退院して自宅療養をする。家族との別れの一時退院だったのだろう。

冬服に変え退院豚カツうまし

これが最後の句となった。松崎は病状が急変し、再び入院した自治医大病院で、十二月九日午後十一時すぎ、波乱の生涯を閉じた。七十四歳だった。通夜、告別式は同月十一、十二日、松崎が生まれ育った埼玉県東松山市高坂にある松崎家の菩提寺である曹洞宗「高済寺」で近親者により営まれた。

妻・光子は翌年春、本堂裏手の一角に墓所を買い、「松嵜明」の墓を建立する。墓石には「明」の一字が大きく刻み込まれた。たぶん松崎自筆の文字だろう。戒名は「敬峰明詠信士」。家庭内での松崎は〝暴君〟どころか家族思いの「明るい」夫であり、父であったのだろう。

松崎の死はJR総連とJR東労組に大きな衝撃を与える。彼の後継者と目された人物の多くは、批判を許さない〝絶対権力者〟となった松崎に反発して辞任したり、あるいは敵対者として排除され、彼のもとを去っていった。周囲に残った幹部たちは、〝絶対的忠誠〟を誓った〝松崎チルドレン〟ばかりだと言っても過言ではない。

年が明けた二〇一一年（平成二十三年）二月十五日発行の「われらのインター」は「松崎明追悼号」だったが、その内容には松崎亡き後の組合運営への不安と焦りがにじみ出ている。「追悼　松崎明さんの魂に捧げる」と題した「巻頭言」の筆者は「編集部一同」となっており、その後の集団指導体制を暗示している。「巻頭言」の一節に彼らはこう書いている。

肉体を離れた松崎明さんの魂は、今も私たちの周りを漂い、何かを語りかけている。本誌に掲載された「D型もD民同へ涸谷に」の句は、私たちの胸に突き刺さり、その傷は今も疼き続ける。「俺のことじゃない」と言って目をそらすのはよそう。

松崎さんの創りあげた動労型労働運動の伝統は、国鉄民営化の試練やその後の激しい弾圧に耐え、未来に受け継がれるはずだった。それが今、ややもするとかつての輝きを失い、岩屑の転がる涸れ谷のような日本労働運動の現状に埋没しようとしている。病の中で松崎さんの心を苛《さいな》んだこの深刻な危機感を、その一部ではあれ共有しながらも、私たちはまだ、この流れを断ち切るに至っていない。

松崎さん、私たちは二〇一一年をあなたの精神を受け継ぎ、広め、あなたのやり残した闘いを一歩先に進める年にすることを誓う。あなたの魂が歩んできた闘いの道のりをもう一度自ら辿り、激動する時代への組織的な考察を深め、内外の英知を結集し、労働組合の生き生きした姿を再び蘇らせるために、私たちは力の限りを尽くす。

松崎さん、あなたの鬼の魂は、私たちの魂に溶け込み、いつまでも赤々と燃え続けるだろう。

革マル派中央は松崎明の死にはいっさい触れず、機関紙「解放」も沈黙したままだった。松崎の生涯を誉めそやすわけにも、批判するわけにもいかず、JR革マル派の動向を見守るしかなかったのだろう。革マル派と長年対立し、内ゲバを繰り返してきた革労協の機関紙「解放」は、「われわれは松崎を殲滅できなかったことの悔しさを嚙みしめながら革マル解体の追撃にたつ」（二〇一〇年十二月十五日付）と記し、中核派も「前進」（二〇一一年一月一日付）で「カクマル松崎の死は、分割民営化以来の積もりに積もった労働者の怒りを堰を切って解き放つものだ」と書いた。

革労協の「解放」紙はさらに二〇一一年八月十五日付から三週連続で「松崎明の絶望死とJR総連革マルの危機」と題した論文を掲載する。その第一回めの「JR総連革マルの破産と松崎の死」は、松崎の詠んだ「D型もD民同へ涸谷に」を次のように解釈している。革マル派と敵対する組織であることを勘案しても、一面の真実をついているのではないか。

松崎の死は、松崎―JR総連革マルの総破産のすえの絶望死であった。（略）死を目前にした松崎を襲った絶望感は「深刻な危機感」といったものではすまされなかった。松崎が生涯かけて作ってきた動労型労働運動が、いまは水が干上がった冬枯れの涸れ谷のように衰微し、かつて豊かな水がとうとうと流れ下った緑なす渓流の面影はすでにないという絶望感を詠っている。（略）松崎が、開始されたJR東日本労政の転換を察し絶望して詠んだ句だ。いまJR総連革マルはJR東日本資本から使い捨ての危機にある。（略）JR東日本はこの間、JR東労組の反撃力がなくなっていることを見透かしており、かさにかかった攻撃を重ねている。（略）この危機を生んだのは、ほかならぬ松崎自身だ。

JR東日本の逆襲

松崎の死後一ヵ月も経たない二〇一一年（平成二十三年）一月初め、松崎の死を反転攻勢の機会とみたJR東日本の清野智《せいのさとし》社長―冨田哲郎《とみたてつろう》副社長のラインは、「新人事・賃金制度」を組合側に提案する。

内容は、これまであった「助役職」（管理職前の職階）を「主務職」とし、主務職以上については、会社側の評価によって駅長などの管理職に就かせ、それによって賃金に格差をつけ、さらに「マイ・プロジェクト」（小集団提案活動）と名づけた自己啓発活動の積極的導入を進める、などというものだ。会社側はこれらの提案は、「社員の意識変革が目的」と説明したが、本当の狙いは経営権への介入を許した労使関係をふつうの労使関係に改めはじめたと見てもよい。会社側にとっては、松崎の死が本格的に新たな労務政策を進める大きな転機となったのである。

一九五一年（昭和二十六年）生まれの冨田哲郎は、一九七四年（昭和四十九年）に東大法学部卒業後旧国鉄に入り、分割・民営化後はJR東日本に入社、人事部門や企画部門を中心に歩いたエリート社員で、二〇〇〇年（平成十二年）六月、取締役（総合企画本部経営管理部長）に就任する。「浦和電車区事件」判決の際、清野・冨田のコンビで、組合に対し「是々非々」主義を宣言し、有罪判決が出ると、すぐさま被告全員を懲戒解雇にして、組合との対決姿勢を鮮明にしたことは前に触れた。二〇一二年（平成二十四年）四月には、冨田が社長に、清野は会長に就任することになる。

「すでに松崎さんの病が重くなり入院した前年の九月ごろから会社の組合に対する攻勢が強まっていた」とJR東労組元委員長の石川尚吾《いしかわしょうご》は「われらのインター」(二〇一一年二月十五日発行)の「座談会」でおよそ次のように述べている(要旨)。

「突如として会社側の労働組合運動への規制が顕在化したんです。たとえば、組合員が転勤時に『お世話になりました』という意味でお菓子を職場においていく。これを職場の掲示板で知らせたら『組合活動だ』『はずせ』と会社が言ってくるんです。日勤職場では午後五時半以降は助役がいないから、会議室は(組合に)貸せないと会社は言うんです。人間として常識的な行為を知らせる掲示まで職場での組合活動だとして規制する。今まででは考えられません。まるで七〇年代の〝マル生《セイ》〟当時かと錯覚します。これが国鉄改革をともにした労使関係なのかと思いませんか」

こうした会社側の動きを東労組元副委員長の古川建三はこの「座談会」でこう分析する。

「会社は最終的には会社側の力を前面に出していかなければだめだ、という認識に立ちつつある。要するに組合員の選別をしてくる。今までは組織丸抱えで対応するという発想だったけれども、それはもう無理だ。したがって会社に協力する人を抱き込もうという発想で、会社はくると思います。会社に協力する人、協力しない人を選別する。そういう形で攻撃してくる。会社はこれから攻撃の質を変えてくる、というふうに見ておいたほうがいい。彼ら会社首脳部は、会社の力で労政を変える、という判断に立ちつつあるのではないか」

＊　＊

松崎の死を契機に、国会での「JR革マル派浸透問題」の追及も再燃する。

二〇一一年の新春早々、菅首相は就任からわずか半年で二度目の内閣改造に踏み切った。発端となったのが法相・柳田稔と官房長官・仙谷由人《せんごくよしと》のとんでもない失言だった。柳田の失言は「私はこの二十年間、実は法務関係の職務には一度も触れたことはない。法相はいいですね。『個別の事案についてはお答えを差し控えます』『法と証拠に基づいて適切に』の二つを覚えておけばいいんですから」であり、仙谷は自衛隊を「暴力装置」と表現したのだった。この二つの失言に自民党の攻撃が激しくなり、菅首相は内閣改造に追い込まれた。

この改造内閣で、内閣の要である官房長官に仙谷に代わって起用されたのが枝野幸男である。二月十日、衆院予算委員会で「JR総連及びJR東労組への革マル派浸透問題及びJR総連からの政治献金問題」に関する集中審議が行われる。

おもな質問者は自民党の平沢勝栄議員。前年の八月三日、十一月八日に次いで三回目の質問に立った。もちろん〝標的〟になったのは官房長官の枝野幸男である。平沢は前年の五月十一日に鳩山由紀夫首相名で出した「政府答弁書」に当時、行政刷新担当大臣として枝野が署名していることを確認した上で質問を始める。以下はふたりのやり取りの概略である。

平沢「あなたはJR東労組大宮支部委員長と『JR総連及びJR東労組の掲げる綱領（活動方針）を理解し、連帯して行動する』との覚書を交わしたとき、JR総連・東労組が革マル派の影響下にあることを知っていたのか」

枝野「選挙に当たって、労働団体に限らずさまざまな団体と政策協定を交わすことはよくある話で、JR総連なども連合加盟の産別のひとつと思っている。革マル派の影響下にあるという事実は知らなかった」

平沢「JR総連、東労組との会合や大会にあなたはしょっちゅう行っていますね。あなたが覚書を交わした相手は浦和電車区事件で逮捕されている。『逮捕は冤罪だ』という集会にもあなたは出席している。あなたはまさに革マル派の浸透を政府答弁書で認めたJR総連、東労組と一体になって活動しているのだ」

枝野「ご指摘の集会について詳細は記憶していないが、私も弁護士なので、一般論として法的手続き等について依頼されて講演したことはあるが、それ以上のことについては記憶はない」

平沢「JR東労組の中で革マル派として活動していた一部が『JR総連・東労組には革マル派が大勢いる』と〝四三名リスト〟を公表したことがある。そのリストに名前を公表された方は裁判に訴えた。裁判は進行中だが、そのなかでJR総連・東労組は『平成十一年（一九九九年）十二月からは革マル派との関係を断っている』と述べている。逆に言えば、それまでは革マル派との関係があったことを自ら認めているわけだ。平成十一年以降、革マル派組織は存在しなくなったというのも、非常に矛盾点があるが、官房長官（枝野）が覚書を交わした平成八年の時点では、まだ革マル派の組織が存在していたことを、彼らも認めている。あなたはそれを知っていたのか」

枝野「当該裁判自体、知らないので何とも答えようがない」

平沢「あなたにはJR総連、東労組から計七九四万円の資金が渡っているが、そのうち四〇四万円は、平成八年から同十一年末までの四年間に受け取っている。革マル派が活動していたと自ら認めていた期間に、あなたは資金を受け取り覚書を交わしている。おかしくはないか」

枝野「昨年五月の政府答弁書のとおりの認識は共有しているが、平成十一年以前のことについて私は存じ上げない。ＪＲ東労組とは連合加盟の一単産の範囲内で付き合っている。それぞれの組織の中の構造については知らない」

平沢「知らなかったとしても、後で結果的に分かったわけであるから、それに対してけじめをつけるのが筋だ。本来なら全額返すべきだ。そんなことは知らなかったということでは通らない。あなたは利用されているのだ」

ここから平沢の質問は、枝野が浦和電車区事件での警察当局の捜査を「捜査権の乱用」ときびしく追及した問題に移る。枝野ら民主党の代議士五人の呼びかけで二〇〇五年（平成十七年）十二月十六日、警察庁警備局や厚生省、法務省などの担当官を集めて「ＩＬＯ（国際労働機関）が出した勧告に対するヒアリング」を行った。警視庁公安部が松崎明を業務上横領疑惑で強制捜査に乗り出した九日後のことである。このヒアリングは「ＩＬＯが浦和電車区事件などで警察当局が押収した資料が返納されておらず、速やかに返却を要請すべしと勧告した」ことに関連して開かれた。

その席で警察庁の担当者は「浦和電車区事件で押収した資料は、裁判所の審査があり捜査令状の範囲で押収したものだ」と主張し、松崎の業務上横領容疑についての質問には「現在捜査中なので詳細は控える」と述べた。これに対して枝野は、ＪＲ総連・東労組の立場に立って「（押収物の）一件、一件について裁判所は判断していない。警察には前科がある。浦和電車区事件では、事件に関係のない『連合浦和地協』の組織図など関係のない資料まで押収している。これは捜査権の乱用だ」ときびしく警察当局を追及した。

平沢はこの際の「ヒアリング議事録」を手にこう追及した。

「あなたはヒアリングの前にJR総連の意向を聞いてから、警察庁など各省庁の担当者を呼んでいる。議事録をみると、あなたはJR総連と一体となって現在進行形の警察捜査に圧力をかけている。状況を聞くのではなく『警察の捜査がおかしい』と言っているのだ。これが『圧力じゃない』といえるのか」

枝野はこう答えている。

「配布資料（議事録）にあることについて詳細な記憶はない。一般的に言ってさまざまな案件について、政府としての考えや行動について国会議員の広い意味の国政調査の見地から役所に質問することは多々ある。それに先立ったこういうことがわからないから、とヒアリングで尋ねることを国民の皆さんから伺うことは特別なことだとは思っていない。私自身、法律家のひとりであるので事実関係についてヒアリングするが、圧力にならないよう厳に注意したい」

枝野官房長官は「記憶にない」「知らなかった」を連発して平沢の追及の手を逃れたのである。

松崎明の〝八つの遺訓〟

JR総連・JR東労組主催の「松崎明さんを偲ぶ会」は二〇一一年（平成二十三年）三月三日、東京・品川区のグランドプリンスホテル新高輪「飛天の間」でJR総連関係者など約二〇〇〇人が参列して盛大に行われた。

二十三年前の一九八八年（昭和六十三年）三月三日に中核派との内ゲバで殺された松下勝（当時、

JR東労組高崎地本委員長）の告別式が高崎市中央体育館で行われたが、この告別式は労使共催でJR東日本の住田社長以下会社幹部も総出で参列した。しかし、「松崎明さんを偲ぶ会」に参加した会社側幹部は、常務取締役ひとりだけだったという。

弔辞を読んだのは元外交官で作家の佐藤優、『松崎明秘録』で聞き手だった作家の宮崎学や、元東大名誉教授・戸塚秀夫ら外部の〝友人〟たち六人と、JR東労組代表の元委員長（当時顧問）の石川尚吾である。もちろん会社側代表の弔辞はなかった。

佐藤優の弔辞は「松崎さん、あなたは天才です。天才のやることはときどき、飛躍する。だからわからない。時代状況が本当にきびしいときに、また資本の力が圧倒的に強いなかにあって、攻撃をかけてきたときに、突っ込めというのは簡単です。しかし、突っ込んだあとの犠牲者は……。一歩、二歩退くということ、これが本当の勇気だと思うのです」と松崎の〝指導〟にちょっぴり疑問を呈した。

最後に弔辞を読んだ石川尚吾は「キャップ！」と呼びかけこう述べた。

「キャップが詠んだ『D型もD民同へ涸谷に』の思いをとても重く受け止めたいと思います。そして民同でもなく、革同でもない、新しい労働運動としてのD型（動労型労働運動）を提起され、実践してきた歴史を、発展させていきたいと思います。きびしい提起を遺言として受け止めます。本当にありがとうございました」

参加者には追悼集『心優しき「鬼」の想い出』（松崎明追悼集編集委員会）が配布された。この追悼集にはポーランドの映画監督のアンジェイ・ワイダ、クリスティナ夫妻も「追悼文」を寄せている。ワイダ監督によると、彼がポーランドに「日本美術技術センター」の建設を計画したとき、日本円で一億円近い資金不足が明らかになった。これを知った松崎はJR総連傘下の組合員を動員して募金活動に奔走、それをきっかけに交流が始まったという。この他に鈴木邦男、常石敬一、宮崎学、戸塚秀夫、佐藤優など晩年に親交のあった著名人ら一五人が「追悼文」を寄せている。

また「仲間・後輩から」として、JR総連傘下の組合員やOB三三四人から寄せられたそれぞれ原稿用紙一枚分（四〇〇字）の「松崎さんとの思い出話」が掲載されている。その大部分が生前の松崎明の生涯の〝光〟の部分に焦点を当て、賞賛、感謝、悲嘆などで埋め尽くされている。そのなかでただひとり、「真っ正面からの思想闘争を望む」と題した異質の追悼文を書いているのが坂入充（南雲巴）である。坂入は前述したように、一九九七年の黒磯駅事件の〝黒幕〟であり（第一章）、二〇〇〇年に起きた「JR東労組OB拉致監禁事件」（第六章）で拉致監禁された当事者である。坂入はこう記す。

松ツァンは最高の理論で武装していたばかりか、何人も魅了せずにはおかない天性の持ち主であった。運動面での指導も天才的で、国鉄時代には機関助士廃止・マル生反対の闘いや国鉄改革運動を領導した。また、二〇〇〇年の革マル派中央によるJR東労組OB坂入充拉致問題さえも最大限に活用した。

しかし、これほどのお方であっても、過ちに気づかず袋小路に陥ちこんでいる幹部たちへの対応には難点があった。過ちを犯した幹部たちそれぞれの思想水準に下り立ち、変革し、引き上げる努力は十分であったとは思われない。自分は正面にでず、周辺の幹部たちに変革の闘いを促すという、いわゆる「回し蹴り」の傾向が強かったからだ。これで苦しんだ幹部たちは、松ツァンが亡くなったいま、何を考えているだろうか。

我が師、松ツァンの永眠に際し、私は今後の指導者たちに、こうした手法は絶対に取らないように望む。

松崎に対する痛烈な批判である。追悼文集の編集者たちはそれを承知でこの一文を掲載したのだろう。「過ちを犯した幹部たち」とは福原福太郎や本間雄治、小林克也など「嶋田グループ」を指す。また拉致事件の背後に松崎の存在があったことも、婉曲に明らかにしているのである。

＊　＊

「D型もD民同へ涸谷に」という句は、たしかに死を目前にして詠んだ〝無念の句〟であった。かつての「戦闘的動労運動」は、過去に同志であった者たちの裏切りや、世間の反発、治安当局の攻勢、などによって〝涸れ谷〟となってしまった。松崎は、彼の遺志を継いでJR総連・東労組の運動を後世に残すため具体的な「遺訓」の類は残さなかったのだろうか。

旧国鉄の東京北鉄道管理局労働課補佐時代の一九七七年ころからJR発足以降も一貫して「松崎明と革マル問題」を追い続け、それがライフワークともなった宗形明《むなかたあきら》は「松崎は革マル派党中央及び〝松崎チルドレン〟たちに然るべき指導を遺したに違いない」と確信し、取材を続けたが、それに類するものは発見できなかった。

宗形は「自分が松崎だったら……」という立場に立って、彼の「遺訓」を推測した。「推測とはいえ十分な裏付けと自信がある」という「松崎の遺訓」は次の八項目である。

一、会社に「労政変更」だけは絶対にさせてはならない。
二、国鉄改革時の「松崎・動労のコペ転」を範とせよ（革マル派組織の維持・拡大こそ第一義）。
三、今は暗黒時代。嵐のときに登山する者は馬鹿者である（国労崩壊がよい例）。
四、革命の志を捨てず、ひたすら耐え忍んで、時節の到来を待て。
五、たとえ「御用組合」と批判されようと、党中央への資金源として機能すれば、今はそれが正義である。
六、思想教育を怠るな。現場長の「かんり組合」に広く深く根を下ろせ。
七、革命への〝志〟さえ堅持すれば、暗黒・嵐の時代に会社に従うのは恥ではない。
八、上記の事柄を銘記し、「最大多数組合の座」を死守せよ。

この八項目の「遺訓」を後継者たちが継承していけるのかどうか。これが松崎明亡き後のJR革マルの組織を存続できるかどうかの分岐点になる、と宗形は考えた。だが、「ナンバー2を絶対に作らない男」には、もはや「遺訓」を伝える者はいなかったのだろう、と宗形は今、思う。

終　章　三万四五〇〇人の大脱走

JR北海道では2011年、特急列車「スーパーおおぞら14号」がトンネル内で脱線・炎上して乗客・乗員79人が負傷（5月27日）、室蘭線の特急列車から煙が噴き出し（6月6日）、運転士の居眠り運転（6月8日）など不祥事が続発する。写真は、トンネルから引き出された「スーパーおおぞら」（朝日新聞）

亡霊

天皇陛下の退位が決まり「平成の終焉」が一年後に迫った二〇一八年（平成三十年）春、JR総連・東労組に激震が走った。

同年二月中旬すぎからJR東労組からの脱退者が激増し、約四万七〇〇〇人（二月一日現在）だった組合員数は三ヵ月半後の六月一日には一万四〇〇〇人まで落ち込んだのである。この間の脱退者数は実に三万三〇〇〇人に上る（二〇一八年十月末現在、脱退者三万四五〇〇人、組合員数一万二五〇〇人）。JR東労組の組合員数はあっという間に三分の一に激減し、同労組は崩壊の危機に追い込まれてしまった。松崎明《まつざきあきら》死してまる八年。JR総連・東労組の〝終わり〟が始まったのである。

JR東日本でいったい、何が起きたのか。

発端は春闘での賃上げをめぐってJR東労組がスト権を確立し、ストを構えたことにあった。幸か不幸か交通ストライキがすっかり過去の〝遺物《レガシー》〟となった平成時代の終わりに、組合がストに突入するようなことになれば、世間のきびしい目が労使双方に向けられるのは必至である。しかし、会社側は一歩も引かず、三十年余にわたり労使紛争を防止する〝安全弁〟となっていた「労使共同宣言」の〝失効〟を組合側に通告する。

それを押し戻しストに突入する力量は、東労組にはすでに残っていなかった。会社側の攻勢の前に組合は分断され、組合員の多くがJR東労組から抜け落ちていった。

松崎の死の翌年に時計の針を戻そう。二〇一一年（平成二十三年）三月十一日午後二時四十六分、マグニチュード九・〇の巨大地震が東日本を直撃する。激しい揺れの後に巨大津波が岩手、宮城、福島の三県を中心に襲来した。死者・行方不明者は二万人に迫る。制御不能に陥った東京電力福島第一原子力発電所の大事故が追い打ちをかけた。

時の首相は民主党の菅直人。菅は自ら陣頭指揮を執ろうと、自衛隊のヘリで福島第一原発に飛んだり、東電本店に乗り込んで、幹部を怒鳴りつけるなどの行動をとり顰蹙《ひんしゅく》を買う。政権内にも「菅が指揮官では大震災を乗り切れない」と〝菅降ろし〟が始まる。震災後五ヵ月余で菅内閣は倒れ、九月二日、同じく民主党の野田佳彦《のだよしひこ》が首相に就任した。

しかし、消費税増税を打ち出した野田政権は不安定で、民主党内では分裂騒ぎが相次ぎ、野田は就任後一年三ヵ月で衆院解散に踏み切った。二〇一二年（平成二十四年）十二月十六日に行われた総選挙で、自民党は二九四議席を獲得、公明党の三一議席を合わせると三二五議席という圧倒的多数で政権を奪還した。民主党は結党以来最低の五七議席に落ち込み、野田内閣は総辞職する。同月二十六日の特別国会で自民党総裁の安倍晋三《あべしんぞう》が首相に選任された。自民党史上初の〝返り咲き首相〟の誕生だった。自公両党は三年三ヵ月ぶりの政権復帰である。

安倍政権は翌二〇一三年（平成二十五）年七月の参院選挙でも大勝を収める。平成時代に入って繰り返された首相交代劇にようやくストップがかかったのである。その一方で野党は分裂を繰り返し、細分化し弱体化、自民党による「一強多弱」政治の時代となる。

こうした政治状況の激変は、JR東日本の労使関係にも大きな影響を与える。強力な自民党政権をバックに、会社側にとっては長年の懸案だったＪＲ総連・東労組内の革マル派一掃に向け大きなチャンスがめぐってきたのである。

松崎の死去直後から会社側は新たな「人事・賃金制度」を導入したり、社員の自己啓発運動を積極的に進め始めていた。その矢先に発生したのが東日本大震災である。ＪＲ東日本の路線も、福島、宮城、岩手県の沿岸部を中心に鉄道が寸断され甚大な被害を受けた。三年近くにわたってこの復旧工事に全力を投入したＪＲ東日本は工事がヤマ場を越えると、改めて組合対策に着手する。

その第一弾となったのが二〇一四年一月にＪＲ東労組東京地本に提案した「京浜東北線・根岸線および横浜線の乗務員基地の再編成計画」である。この計画は四月には横浜、大宮両地本にも提案された。

それまで首都圏を走る京浜東北線、根岸線、横浜線、相模線の運行は、運転士が所属する浦和、蒲田、東神奈川の三つの電車区と下十条運転区、車掌が所属する浦和、蒲田、東神奈川の三つの車掌区の計七ヵ所で担当していた。

会社が打ち出した「再編成計画」の骨子は、①蒲田の電車区と車掌区を解体し、新たに設ける「大田運輸区」（担当する主な線区は、京浜東北線）とする　②東神奈川の電車区と車掌区は新たに設ける「相模原運輸区」（同・横浜線）と「横浜運輸区」（同・京浜東北線）に再編する　③浦和電車区と浦和車掌区はそれぞれ「さいたま運転区」「さいたま車掌区」とし、下十条運転区を廃止する――というものである。これにともない東京、大宮、横浜の三支社にまたがって、運転士と車掌の大幅な支社間異動を行うという計画である。

計画の直接の目的は要員の適正配置にあったが、もうひとつの狙いは運転区と車掌区を新たな

「運輸区」に統合することによって、運転士と車掌の〝垣根〟を取り払うことにあった。運転士も車掌もJR東労組に所属しているが、運転士は旧動労系の影響が根強く残り、一方の車掌はもともと営業系。旧国労や旧鉄労の流れを汲む組合員が多い。会社はこの両者を融合させて旧動労系の力を薄めることを狙っていた。

JR東労組はこの再編計画に猛反発する。組合員たちが「異動したくない」と訴えているというのが表向きの反対理由だったが、組合側も会社の真の狙いを読み取っていたのだろう。だが、会社側は一歩も引かず、組合との対立は強まっていく。

会社側は、組合の頭越しに東京支社管内の全運転士、車掌を対象に説明会を開き、さらに廃止が予定されている下十条運転区では、運転士一人ひとりに個人面談を実施するなど、〝組合抜き〟に一方的に準備を押し進めた。松崎明が声高に主張した「労使対等論」は完全に過去のものとなっていた。「組合員への説明や面談は組合を通してやるべきだ」と反発を強めたJR東労組では東京地本執行委員会が「ストライキの戦術行使も辞せず」と確認する。しかし、東労組中央執行委員会では東京地本の「スト提起」に反対論が強く、採決には持ち込めなかった。「乗務員基地再編計画」は終始、会社ペースで進められ、二〇一五年（平成二十七年）十一月、労使交渉は合意にいたる。

* *

しかし、この交渉で終始、先手を取り続けて再編計画を実行に移した会社側と、常に後手に回ったJR東労組執行部との間には大きなしこりが残り、労使の対立は決定的なものになる。JR東労組は二〇一六年（平成二十八年）十月から十二月にかけて「全組合員による〝一票投票〟を行い、八二・三パーセントの賛成で「スト権」を確立する。この「スト権」の狙いは「スト権を通年で確立し、組合の指令でいつでも闘える体制を構築する」ことにあった。二十五年前の一九九一年（平成三年）に松崎明が「国鉄清算事業団に残る一〇四七人の雇用」に反対して「通年でのスト権確立」を提起し、これに反発するJR西労組、東海労組などがJR総連を脱退、JR連合を結成した。JR東労組はこうした失敗を忘れたかのように、「いつでも闘える体制作り」のために「通年のスト権」を確立したのである。

この「通年のスト権確立」に続いてJR東労組は、翌二〇一七年二月の臨時大会では会社に「定額ベア」を要求する「代議員による直接無記名投票」を実施し、九六パーセントの賛成で「格差ベア反対」に限定したスト権を確立する。JR東日本の賃上げは、二〇一二年四月に導入した人事・賃金制度で、定期昇給を等級（職制）ごとに金額で管理する「所定昇給額」を新設し、これがベースアップの算出基礎額となっている。等級には当然、勤務年限や勤務実態の評価なども含まれる。JR東労組はこの算定方法では、毎年の賃上げのたびに組合員の昇給格差が拡大していく「格差ベア」だと批判し、すべての社員一律に同じ金額のベアを配分する「定額ベア」を要求し、さらにそれを将来的にも実施することを約束するよう求めていた。

JR東労組が「昭和時代」に舞い戻ったように、二年連続で「スト権」を確立した背景には何があったのか。警察庁警備局が毎年まとめている「治安の回顧と展望」（平成二十九年度版）はこう記している。

「革マル派が相当浸透しているとみられるJR総連及びJR東労組は六月にそれぞれ労組結成三十

年の記念大会を開催し、労組結成から現在までの三十年を振り返り『いつでも闘える組織』の堅持を掲げるなど、引き続き、革マル派創設時の副議長である松崎明元JR東労組会長（故人）が提唱した労働運動理論の継承を、傘下組合員に対して呼びかけた。またJR東労組の組合員らによる組合脱退及び退職強要事件（筆者注：浦和電車区事件）について、JR総連及びJR東労組は、裁判の終結後も、同事件を『えん罪事件』、『組織破壊攻撃』と訴え、これらを『打ち砕く』ための組織強化を呼びかけるとともに、同事件で組合員が逮捕されてから十五年目となる平成二十九年十月三十日には都内で集会を開催した」

国鉄分割・民営化によってJR総連・東労組が生まれてから三十年を迎え、組合幹部たちの頭の中には、松崎明が提唱した「闘う労働組合」の〝亡霊〟が蘇っていたのである。

二〇一八年の春闘が始まると、JR東労組中央執行委員会は「格差ベア反対のスト権確立」を背景に二月九日、「全組合員一律の定額ベースアップと格差ベアの永久的根絶」の方針を確認する。そして「二月二十八日までに指名スト対象職場を決め、三月五日までに指名スト対象者を選出する」との「闘争準備指令」を出した。

これに対し会社側は同月十六日、冨田哲郎《とみたてつろう》社長が「社員の皆さんへ」と題したメッセージを出し、全社員に対し「ベアに対する考え方」をこう説明した。

「ベアは、物価上昇を踏まえた生活保障とともに、生産性向上に対する社員の努力への配分を基本的な考慮要素として、これにベテラン或いは若手への重点配分などの時々の社会状況に応じた施策的要素を加味し、毎年度の経営状況を勘案して、労使間の議論を経て決定するものです。このような取扱いは、企業一般でみられるもので、決して当社に特別なものではありません。（略）（組合の要求する）入社間もない若手と経験値の高いベテランのベアが常に同額でなければならないことは、実質的に公平を欠く結果を招来しうるものであり、（略）会社は到底認めることはできません」

会社側の「考え方」を組合の要求する「定額一律ベア」の拒否、と受け取ったJR東労組は、二月十九日「全組合員による本来業務以外に対する非協力の形式による争議行為を実施する」という内容の「争議行為の予告」を行った。会社と組合は会社発足直後から「労使共同宣言」を結び、「ストライキによらず平和的手段で紛争を解決する」ことを労使で確認し合ってきた。組合の「争議行為の予告」は、JR東日本発足以来、初めての異常事態である。

「労使共同宣言」の失効宣言

会社側は翌二十日、「これまで社員が一丸となって築き上げてきたお客さまの信頼に背くもの」と「争議行為の中止」を組合に申し入れた。組合側の出方によっては列車の運行に支障が出る事態も予想される。

冨田社長はこの日、首相官邸を訪れ菅義偉官房長官、杉田和博副長官（警察庁出身）に会い、一連の経過を説明、「組合との全面対決もあり得る」という会社側の決意を伝える。官邸側も二年後に迫った東京五輪を前に〝鉄道事故〟を全力で阻止する必要に迫られていた。「JR総連・東労組の革マル問題」はこれまでもたびたび国会で取り上げられており、官邸サイドも冨田社長の「闘う決意」を支持し了承した。

ＪＲ東労組から組合員の大量脱退が始まったのはこの前後からである。大量脱退はまず管理部門から始まる。その波は現場にも広がり、現場管理職組合員はもとより若手組合員も相次いで脱退を始めた。全員が脱退した職場も多く、職場は大混乱に陥った。脱退者は最初の一週間足らずで一万人近くに膨れ、以後も急ピッチで増え続ける。慌てた東労組は「会社は職制や地位を利用して、なりふり構わぬ異常な組合脱退強要を行っている。ブラック企業の極みであり、団結権を侵害する不当労働行為を許さない」などと会社を強く批判した。これがまた会社側だけでなく、組合員の反発も買った。

組合員の脱退が相次ぐ中で二月二十三日、ベアに関する第一回の団体交渉が開かれた。この団交後に予期せぬ事態が発生する。

ＪＲ東労組中央本部は団交終了後、①会社側はベースアップを実施するにあたって、これまでベアの算出基準にしてきた「所定昇給額」にはこだわらない　②会社側が「ベアの要素」として今春闘で新たに明らかにした「生産性向上分」については、その算出にあたって「所定昇給額」にこだわらない　③会社側がベアの要素としている「物価上昇分を考慮した生活維持向上分」は、誰にも等しく配分する——の三点で会社側と合意した、と発表したのである。これが事実なら会社側は団交初日から大幅譲歩をしたことになる。同中央本部は翌二十四日には「闘争解除指令」を出し、会社に「指名スト・非協力闘争は実施しない」と通告する。

驚いたのは会社側である。組合のいう「三点合意」などには達していなかった。会社側によると、ＪＲ東労組は「団交中の会社側発言の一部だけを切り取る形で、三点で合意したと発表した」

のである。冨田社長は直ちに「社員の皆さんへ」と題した社員へのメッセージを出し、組合側の〝ウソ〟を強く非難した。

「二十三日の団交ではベアの基本認識について意見の一致は見られていない。組合はベア問題に関する会社の主張を承知しながら、明らかに事実に反する見解を喧伝した。また、組合の主張を貫徹するため、団体交渉が尽くされていない段階で、争議行為に訴えることを機関決定し、具体的に指令した。これは会社発足以来三十年間労使で維持してきた『労使共同宣言』の趣旨・精神を一方的に否定し、その有効性の基礎である信頼関係を失わせた状況を招来したと言わざるを得ない。会社はこのような認識に立ち、今後の組合との労使関係において何事にも是々非々の対応をしていく考えである」

＊　＊

そして二十六日、冨田社長は会社発足以来、JR東労組との間で結んできた「労使共同宣言」の〝失効〟を宣言する。

「貴組合は明らかに事実に反する労使間の交渉内容に関わる見解を喧伝したのみならず、争議行為を予告したことは、まさに、会社との間の信頼関係を破壊し、『労使共同宣言』の趣旨・精神を否定した。貴組合の行動に鑑みれば、労使共同宣言は既に失効したものとみなさざるを得ない」

文言は「失効」だが、「労使共同宣言」の事実上の〝破棄通告〟であり、会社側から組合に〝宣戦布告〟を突き付けたことになる。

JR東日本では会社が発足した一九八七年（昭和六十二年）八月、当時の東労組委員長・松崎明との間で最初の「労使共同宣言」を締結して以来、二〇〇一年（平成十三年）八月の「二十一世紀労使共同宣言」まで四度にわたって「労使共同宣言」を結んできた。その内容は「ストライキによらず平和的手段で紛争を解決することを、労使で確認しあったもの」である。

「労使共同宣言」は、旧国鉄時代の末期、葛西敬之《かさいよしゆき》ら職員局の若手キャリアの改革派たちが組合の〝暴走〟に歯止めをかけ分割・民営化のスピードを上げるために、二度にわたって当時の組合側に提示したのがそもそもの始まりである。〝コペ転〟を遂げた当時の動労はこれに応じ、調印しなかった国労は排除され、自滅していった。しかし、JR東日本が発足して松崎明の主導で会社側と結んだ「労使共同宣言」は、「労使対等論」に立つ組合側が逆に「対決が生じるような強硬策は取るな」と会社側を牽制することに比重があった、と見てもよい。会社側も「組合をヘタに刺激して紛争状態に入ることを避ける」という労使宥和を優先し、組合と対立する施策を避けてきたのである。

これを最初に打破して「是々非々」の立場を打ち出したのが、「浦和電車区事件」で有罪判決を受けた被告を「全員解雇処分」にした当時の労務担当常務の冨田哲郎だったことは第七章で記した。冨田社長は四月一日付で会長に退き、後任社長には副社長の深澤祐二《ふかさわゆうじ》が就任することになっていた。冨田は社長時代最後の仕上げとして「労使共同宣言の失効」という形で長い間の〝労使癒着〟に完全に終止符を打ったのである。

「労使共同宣言」の失効を宣言した会社側は三月に入ると「事実に反する喧伝の中止、情宣物の撤去・削除、誤った情報の訂正と組合員への周知」などを相次いで申し入れ、組合との対決姿勢を一段と強めた。

これに対してJR東労組の一二地方本部のうち東京、八王子、水戸の三地本が「会社は組織ぐるみで組合脱退を強要している」と各労働委員会へ「不当労働行為救済申し立て」を行い、会社への批判を繰り返した。しかし、その他の九地本は強硬姿勢を崩さない中央本部や東京など三地本と次第に距離を置き始めて分裂の様相が強まる。それにつれて三月中旬ごろから一般組合員の組合脱退に拍車がかかった。三月十五日時点での組合脱退者は二万人を突破していた。

JR東労組は賃上げ交渉の回答指定日を三月十四日としたが、「労使共同宣言」失効を宣言した会社はこれに応じず、二日遅れの三月十六日、「基本給に〇・二五%を乗じた額を加える。定期昇給後の平均改善額は一三二八円となる」などの内容の回答を出した。基本給は年齢や職務等級などにより格差があり、この回答は組合のいう事実上の〝格差ベア〟である。回答を受け取ったJR東労組は同月三十一日、「所定昇給額を算出基礎にしないベアを勝ち取った」とこれまた事実に反する総括をし、会社側にあっけなく〝屈服〟する形で妥結する。

二〇一八年の賃上げ交渉が残したものは、多くの組合員の組合からの〝逃走〟であり、それに伴う組合の〝分裂〟だった。JR東労組には一二の地方本部（地本）があるが、

①実力ストを主張し「会社側による不当労働行為からの救済申し立て」を行った東京、八王子、水戸の三地本

②三地本の行動を批判し、組織分裂の原因をつくった東労組役員の総退陣を求める秋田、盛岡、仙台、大宮、横浜の五地本

③当初からスト発動に批判的で会社との協調路線を主張した長野、新潟、千葉の三地本

④全組合員が脱退し、東労組と別組合結成を目指す高崎地本

という四つのグループに分裂する。

死の直前に松崎明が嘆いたように「動労型労働運動」は完全に〝涸れ谷〟と化していた。

「春闘は大敗北だった」

こうした分裂の中で四月十二日午後、東京・東陽町の「ホテルイースト21」でJR東労組の臨時大会が開かれる。この大会ではスト戦術を遂行し組合員の大量脱退を招いた強硬派の東京、八王子、水戸の三地本の責任がきびしく問われ、中央執行委員長の吉川英一（東京地本出身）の退任と、三地本選出の執行委員一五人中一四人の更迭《こうてつ》が賛成多数で決まる。吉川委員長と副委員長の宮沢和弘（同じく東京地本出身）は制裁処分となり、執行権停止、組合員権の一部停止の緊急措置が決定し、三地本の発言権は完全に排除された。また、三地本が出していた「会社の不当労働行為に対する提訴」を取り下げることも決まった。JR東労組は攻勢を強める会社側に対して「全面降伏」し、〝恭順〟の意を表したのである。

JR東労組は六月十三日、さいたま市文化センターで定期大会を開き、新執行部を選出する。書記長だった山口浩治（大宮地本委員長）が新執行委員長に就任、副委員長には吉川委員長の解任後、委員長代行を務めていた村田俊雄（大宮地本書記長）、書記長には加藤誠（大宮地本総務財政部長）が就き、大宮地本が実権を握る体制となった。「実力スト」を主張した東京、八王子、水戸地本のメンバーは執行部から排除され、二六人の新執行部のうち会計監査のひとりだけとなった。

新委員長に就任した山口浩治は「今年の春闘は大敗北であり、春闘の闘争方針が組合員の大量脱退の理由になっている」と総括し、「格差ベア永久根絶方針の誤り」「ストライキ戦術行使についての誤り」をきびしく指摘した。東労組内で春闘をめぐりどんな議論がなされたのか、山口はその経緯を具体的に述べている。以下はその概略である。

「吉川前委員長は第一回の春闘中央闘争委員会で『格差ベア永久根絶を掲げる』『所定昇給額を算出基準にすることを根絶する』『満足な回答を得られなければスト戦術を実施する』と提起した。しかし、その二週間後には同委員長から『会社は永久根絶という回答はしないだろう』という見解が示され、『確立したスト権を行使する準備に入る』という提起がなされた。スト戦術行使を背景にして、格差ベア根絶を図るという目的と手段が逆転し、会社と対立することが前面に打ち出されたのだ。『格差ベア根絶』方針は明らかに誤りであった」

「スト戦術の行使は二月八日の戦術会議で具体的スケジュールが提起されたが、一二地本がスト戦術行使に入ることに合意していたわけではない。組合員は『スト権確立と行使は別』『行使するときは改めて議論を行う』と認識していた。中央本部はこうした実情を無視して吉川委員長の問題提起のもとに突き進んだ。二月十九日のスト戦術行使の予告を決めたのは同月八日の戦術委員会だが、まったく議論は行われておらず、検討したのは同月十五日で、吉川委員長がその内容を決めた。議論する前にスト予告をしたのだ。会社はこれまでまったく引く姿勢を見せなかったが、吉川委員長は『会社が引こうとしているのに、なぜこちら側が引くのか』と私たちに檄を飛ばした。会社との力関係を見誤っていたということであり、スト戦術も誤りだった」

続発する事故

ＪＲ東労組が二月初めにスト戦術を打ち出してから、組合から脱退者が相次ぎ、六月一日時点で東労組の組合員数は、約一万四〇〇〇人までに激減したが、逆にいえば会社側の攻勢の中で、まだ一万四〇〇〇人の組合員が残った、ともいえるだろう。なかでもスト戦術に拘った強硬派の東京、八王子、水戸の三地本にはその半数近い七三四二人がＪＲ東労組に留まっているのである。警察当局では「松崎の〝遺志〟を受け継ぐ一〇〇〇人近いＪＲ革マル派の〝中核部隊〟がこの三地本を中心に依然として残っている」と見ている。

ＪＲ東日本とＪＲ革マルの〝最後の決戦〟はまだ始まったばかりなのかもしれない。

ＪＲ東日本はこれらのグループが会社側幹部を〝組織破壊者〟として攻撃したり、事故多発に繋がるおそれがあるとして警戒感を強めた。

四月十二日夜、福島県郡山駅では留置線に停車中の二両編成の列車が無人のまま動き出し、約五〇〇メートル離れた機関車に衝突、列車前輪にはめてあった鉄製の輪止めがふたつとも外されていた。同月十九日、二十四日には横浜市内の新子安駅のトイレでトイレットペーパーの燃えかすが発見される。二十五日には内房線の車両内のトイレで同じようにトイレットペーパーの燃えかすが見つかった。五月十二日夜には埼玉県川口市内の宇都宮線で線路内に自転車が投げ込まれ、下り普通電車が約三時間もストップした。また東海道線や武蔵野線で外部からの侵入が難しい乗務員室の扉内側に、硬いものでたたかれたようなへこみが計約五〇ヵ所見つかった。

JR東日本によると、東労組がスト戦術を打ち出した二月初めごろから、首都圏各線での不審な事故が増え始めていた。二月に二〇件だった発生件数は三月には約五〇件、四月には約一五〇件、五月には約二一〇件と右肩上がりに増えた。事故は首都圏だけでなく、岩手県や長野県など管内全域に及ぶ。

JR総連・東労組がスト権確立、スト権委譲の方針を打ち出し、それに反発してJR西労組、東海労組など箱根以西の組合との対立が深まった後の一九九三年（平成五年）にも、同じような不審な事故が東海道新幹線などで相次いで発生したことは第五章で述べた。いずれも犯人は特定されなかったが、今回の事故もJR東労組のスト体制を確立したころから頻発し始めたのである。

治安当局は「内部犯行を疑わざるを得ない事象も発生している」としており、JR東日本では主要駅や車両基地などにとりあえず監視カメラ約一万台を設置、その後も順次設置箇所を増やし監視体制を強めている。また警備員や社員による巡回体制も強化した。また本社や現場の管理職数百人は二月下旬から防犯用の端末携帯を常時持ち歩き、イザという時に備える体制を取っている。

JR東労組を脱退した組合員三万四五〇〇人はJR連合系など他の組合に加入する動きはほとんどみられない。東京総合車両センターなどに所属する車両系社員が「JR東日本鉄道労働組合」（新鉄労）を結成したが、組織人員は三〇〇人前後。高崎地本管内では「JR東労働組合」（JRひがし労）が結成されたが、加入人員は百数十人規模と見られ、大きな動きとはなっていない。JR東日本社員の組合加入率はJR東労組の残留組を中心に二五パーセントを切った。「平成時代入社」の若手社員には組合アレルギーが強く高額の組合費を払うことへの抵抗感も強く、組合離れが急速に進行、「組合不要論」の声も高まっている。
会社も新たな組合を作れば、新組合とJR東労組の対立が起こり、職場が混乱するのは必至と見ており、脱退者を母体とする新組合結成の見通しは立っていないようだ。その代わりに各職場に生まれたのが「社友会」（社員会）という親睦組織である。四月末に期限切れとなった「三六協定」（労働基準法三十六条に基づく時間外・休日労働に関する協定）は、各職場に生まれた「社友会」との間で締結を進めた。

松崎明が最後の〝発言の場〟として心血を注いだ国際労働総研の雑誌「われらのインター」は、二〇一八年二月号の誌面で「一年後の二〇一九年二月号で『終刊』にする」と公表した。編集部は「読者の皆様へ」と題して、「創刊号」に松崎明が記した「若きプロレタリアートの血は今も燃え続けてはいるが、日本のプロレタリアートの階級的組織化は進んでいない。（略）敗北と沈滞の中から、冷厳な現実から私たちは学び、出発しなければならない」を引用し、こう訴えている。

松崎さんが亡くなった後、私たちは（この思いを）受け継いで、本誌の発行を続けてまいりました。（略）今振り返ってみると、忸怩《じくじ》たる思いが残ります。「敗北と沈滞の中から学び、出発しなければならない」状況は今も変わっていませんし、「何が正しいのか？　何が間違っているのか？　それはなぜか？」の問いに、明確な答はまだ出ておりません。（略）この問いに答を出すのは、これからの運動を担っていく若い世代の皆さんだろうと思います。

「われらのインター」は予告より半年早い二〇一八年八月号で「繰り上げ廃刊」となった。JR東労組からの組合員の大量脱退によって、読者が急減し国際労働総研の資金力にも大きな影響を与えたのだろうか。「われらのインター」の廃刊は事実上の〝松崎世代〟の引退宣言でもある。〝妖怪〟と呼ばれた男・松崎明の〝呪縛〟からJR東日本が「完全に解放される日」は、〝日本の失われた二十年〟どころか平成まるまる三十年間をかけて、ようやく近づいてきたということなのだろう。

現役社長が自殺――JR北海道問題

JRのなかには今でも「革マル派が支配する」といわれる組合と「労使共同宣言」を結び、宥和路線を歩んでいる会社がある。民営化以来、最大の経営危機に陥っているJR北海道である。同社ではJR総連傘下のJR北海道労組（北鉄労・組合員五六〇〇人）が組織率九割以上を占め、JR北労組（組合員四四〇人）、国労北海道（同五〇人）などを寄せ付けない圧倒的な組織力を維持している。

北鉄労は二十年以上も前から、JR連合傘下のJR北労組など他労組との「平和共存否定」の方針を掲げ、組合員に対して他労組の組合員との交流をいっさい禁じ、他労組の組合員に仕事も教えず、職場での挨拶も交わさない。

この北鉄労を長年、取り仕切ってきたのが、〝北鉄労のドン〟と呼ばれる元委員長の佐々木《ささき》信正《のぶまさ》である。佐々木は、一九九九年（平成十一年）から十年間にわたって同労組委員長を務め、この間、JR総連副委員長のポストにも就いた。佐々木は松崎の〝腹心〟であり、松崎がJR東日本で築き上げた労使関係を、北海道で忠実に再現したといってもいいだろう。今も同労組顧問としてJR北海道の労使関係に大きな影響力を発揮している。松崎が死去した際には「キャップは『天国で』今日も『講演会』ですか?」と次のような「追悼文」を「われらのインター」(二〇一一年二月十五日号)に寄せている。

(略)権力サイドに攻撃され、命を狙われ続けて五〇年余、気持ちの休まることもなく労働運動に邁進してきた松崎さんは「肺の疾患」が原因とは言え、間違いなく身体の機能を国家の攻撃によって蝕まれてきたことを否定出来るであろうか? その意味で「師」は国家によって殺されたんだと僕は思う。壮絶な死だったのだ。(略)私は茫然自失のなかで、立ち上がり進むつもりです。(略)私はこれまでキャップの指導を受け、一緒に活動できることが無上の喜びでした。肉体が消えるということは考えられませんでした。でも、この現実を受け入れざるを得ないからには、「松崎イズム」を自分なりに考えて、奮闘していくことを誓います。

佐々木信正はこの「追悼文」で、「師」である松崎明の「遺志の継承」を誓ったのである。
佐々木の「追悼文」が「われらのインター」に掲載された三ヵ月後の二〇一一年五月二十七日、JR北海道石勝《せきしょう》線《せん》のトンネル(占冠《しむかっぷ》駅と新夕張《しんゆうばり》駅間)内で特急「スーパーおおぞら一四号」が脱線・炎上、死者は出なかったものの乗客・乗員七九人が負傷した。さらに六月六日には室蘭線の特急列車から煙が噴き出し、同月八日には千歳線の運転士の居眠り運転が発覚、同月十四日には石勝線追分駅構内で信号機の誤表示が見つかるなどの事故が続く。連続して発生する事故に国土交通省は六月十八日、ＪＲ北海道に対して「事業改善命令」を出し、九月中旬までに「改善措置報告書」を提出するように求めた。

そうした混乱が続くなかで同年七月二十一日、ＪＲ北海道は札幌中央労働基準監督署から、社員の時間外労働に対して「三六協定違反」の是正勧告を突き付けられる。「三六協定」とは労働基準法三六条に基づく「時間外労働に関する労使協約」のことで、同基準署によると、本社計画部門で労使協議を得ないまま過去三年間にわたって三六協定を超える残業をさせていたという。この「三六協定違反」問題をきっかけに、北鉄労は会社側との対決姿勢を鮮明にした。労基署が問題にした本社計画部門の社員は、ほぼ全員が北鉄労の組合員だが、組合側はそれまで問題にしていなかったと言われる。組合のきびしい糾弾に会社側は同年九月七日、常務取締役の島田修（現・ＪＲ北海道社長）名で「三六協定違反に対するお詫び」を発表、頭を下げた。

この「お詫び」から五日後の九月十二日、ＪＲ北海道社長・中島尚俊《なかじまなおとし》が失踪し、六日後に小樽市の海岸沖で遺体となって発見される。会社幹部や社員あてに遺書十数通が残されており、社員あての遺書にはこう書かれていた。「三六

中島尚俊JR北海道社長は遺書十数通を残して自死を遂げる（朝日新聞）

協定違反で皆さんに多大なご迷惑をかけ、真っ先に戦線を離脱することをお詫びします。『お客様の安全を最優先にする』ということを常に考える社員になっていただきたい」

中島社長の自殺の真因は今も謎のままである。その一因に、JR北海道の労政の立て直しに取り組もうとして北鉄労との確執があったという見方は、今も消えていない。筆者はJR北海道が「三六協定違反に対するお詫び」をする際に、会社側と組合側が交わした「合意文書」を入手した。この合意文書に記された「社長メモ」を読むと、中島社長の〝苦悩〟が垣間見える。「合意文書」は『五・二七事故』及び『三六協定違反』を中心とする今日までの貴重な『労使協議』の経過を活かし、今後の取り組みに引き継ぎ、実行するために以下について合意した」で始まる。冒頭には「社長メモ」として、中島社長が「自己批判」し、組合側に陳謝した具体的な内容が、次のように記されている。

① 「三六協定違反」をめぐる貴組合への背信行為および「コンプライアンス違反」については、弁解の余地はなくあげて会社の責任である。深くお詫びするとともに再発防止はもちろんのこと、時間外労働の常態化解消への努力と仕事のあり方や適正な要員配置を目指し、誠意をもって協議していく。（略）

② 国交省から求められている「命令」および「指示」への報告内容について、貴組合とは十分な議論を尽くせずかつ、議論の進め方について不信感を与えたことについてお詫びする。（略）今後の実行段階において貴組合からの貴重な「緊急提言」を含め、この間の「安全経営協議会」「団体交渉」等で示された意見を安全風土づくり、企業体質改善、労使信頼関係

の再構築に活かしていく決意である。（略）

③労使信頼関係の回復と再確立は、何にも増して重要であり、「労使対等」「車の両輪」「運命共同体」論にもとづき、社長が前面に立って貴組合とのコミュニケーションを図り、国鉄改革直後の真の労使関係を再現するために努力する。今後、社長―委員長、総務部長―書記長、専任部長―交渉部長を基本とした関係を深め、信頼関係を醸成していくこととする。

（傍点筆者・以下略）

この「社長メモ」によると、中島社長はJR北海道労組に対し全面的に〝白旗〟を掲げただけでなく、この三項で、「国鉄改革直後の真の労使関係（筆者注：ニアリー・イコールの労使関係）を再現するための努力」を組合側に約束している。中島社長は三十年前のJR東労組委員長・松崎明と住田―松田時代への回帰を迫られていたのである。この合意文書は、組合側からその原案が提示されたと言われており、関係者の多くが、その背後に北鉄労顧問の佐々木信正の〝影〟を感じ取っていた。

妖怪はまだ徘徊している

「お客様の安全を最優先に」という中島社長の〝遺志〟を無視するかのように、二〇一二年（平成二十四年）二月二十九日に函館線で普通電車が脱線、四月二十六日には江差線で貨物列車の脱線事故が発生する。これに追い打ちをかけるように、翌一三年（平成二十五年）、函館線で特急「北斗二〇号」（四月八日）、同「スーパーカムイ六号」（五月五日）、同「北斗一四号」（七月六日）、石勝線で特急「スーパーおおぞら」（七月十五日）などで出火事故が相次いだ。九月七日にはＡＴＳ（自動列車停止装置）の操作ミスによって列車が非常停止したことを隠すため、運転士がＡＴＳをハンマーで破壊するという不祥事も発生した。

さらに九月十九日には函館線大沼駅構内で貨物列車が脱線したが、この事故で大沼保線管理室の保線員がレールの異常を把握しながらも一年近く放置していたことが判明する。こうした事態に国交省鉄道局は「特別保安監査」に乗り出した。この監査によって同保線管理室はレール異常を放置したばかりでなく、その事実が発覚しないようデータを改竄《かいざん》し、国交省に虚偽のデータを提出していたことが判明する。実際には基準値の約二倍に当たる四センチ近いレールのズレを、長期にわたって放置していたのである。国交省は「悪質性が高い」と判断し、刑事告発に踏み切った。しかし、ＪＲ北海道はＡＴＳを破壊した運転士を「出勤停止十五日間」という軽い懲戒処分で済ました。なぜこれほど悪質な行為が〝軽い処分〟で済まされたのだろうか。

国交省の「特別保安監査」が続くなかで年が明けた二〇一四年（平成二十六年）一月十五日のことである。今度は二代目社長で当時、相談役だった坂本眞一が失踪、同日、厳寒の余市港で遺体が発見された。三年足らずの間に社長経験者がふたりも入水自殺するという異常事態が発生したのである。

坂本眞一の自殺の真因も謎のままだが、彼が自殺するほぼ一ヵ月前、「日経ビジネス」記者の吉野次郎は札幌市内の自宅マンション前で坂本にインタビューしている。

「中島さんは組合問題に悩んで自殺したということは考えられませんか」

という吉野記者の質問に、坂本は、答えた。

「それはわかりませんし。組合の問題はどこの会社にもあるんだろうけれど、何が原因だったか……。もし組合問題で追い詰められて自殺したと考えているのでしたら、それは思い過ごしです」

さらに「ＪＲ北海道はどこで経営を間違えたのでしょうか」という問いかけには、

「私の口からそのことについては言えません。皆、一生懸命頑張っていますから……」

とだけ答えて、粉雪が舞うなかを重い足取りで自宅に消えた。その後ろ姿を目で追いながら吉野記者は「第一線を退いたとはいえ、坂本さんは今なお、重い荷物を背負っている」と感じた。坂本の遺書は見つかっていない。

ＪＲ北海道は旧国鉄時代から赤字路線をもっとも多く抱え、ＪＲ発足当初から政府は六八〇〇億円の「経営安定基金」を投入、赤字路線の損失を埋め合わせてきた。しかし、その後の金利低下で運用益が減り、年間約四〇〇億円前後の営業赤字が続いている。同社は道内全路線の約半分の一三区間が単独で維持できないとして、このうち五路線五区間の廃止を決めた。こうした事態に国交省は二〇一八年七月、今後二年間に四〇〇億円の財政支援を行うことを決定したが、人口減と過疎化が進む北海道で鉄道網をどう維持していくのか、その結論が出たわけではない。

ＪＲ北海道の経営難や続発する事故を伝える単発ニュースはあっても、その異常事態の深層に迫る調査報道は皆無といっていい。かつてマスメディアのタブーとなったＪＲの妖怪・松崎明の〝亡霊〟はいつまで北の大地を彷徨《さまよ》い続けるのだろうか。

あとがき

「松崎明とJR革マル問題」はJR発足から三十年余にわたってマスコミ界ではタブー視されてきた。本文中にも記したが一九九四年（平成六年）、小林峻一氏の「JR東日本に巣くう妖怪」で最初にこの問題に挑戦した「週刊文春」はJR東日本管内での「キヨスク販売拒否事件」で屈し、それから十二年後、二四回にわたる「テロリストに乗っ取られたJR東日本の真実」の連載で、この問題に挑んだ「週刊現代」は、五〇件という〝訴訟の嵐〟に見舞われる。平成時代最大の言論弾圧事件であり、それが長い間、マスコミ界の〝トラウマ〟になったのである。

私は二〇一七年三月に出版した『昭和解体――国鉄分割・民営化30年目の真実』（講談社）でも、国鉄が消滅し、JRが発足した時点で擱筆《かくひつ》した。そこまでで五〇〇ページを超す膨大な量になったこともある。しかし、私自身の心の中にはやはり、現役の記者時代にこの問題をタブー視してきた過去への拘りがあったのではなかったか。この書を書き終えたとき、編集を担当してくれた加藤晴之氏は「続編もあるのでしょうね」とポツリとつぶやいた。その一言は私の心に突き刺さった。私が「逃げた」と彼は思ったのではないか。このとき、私はいずれ「平成時代のJRの真実」を書こうと心に決めた。

加藤氏は本文で記したように「週刊現代」の編集長として、文藝春秋にいた西岡研介記者を講談社に迎え入れ、「テロリストに乗っ取られたJR東日本の真実」を担当した当人である。五〇件もの訴訟を受け、それを跳ね返した事後処理がいかに大変だったか、私にも容易に想像がつく。私自身、新聞社生活の前半は社会部記者として、国鉄分割・民営化問題をはじめ多くの事件・事故取材を続け、社会部を離れた後半は管理部門に配転となり、十五年にわたって「労務・人事」を担当した。新聞社とJRではその規模は比較にならないが、発足したJR各社の経営再建問題はもちろん、JR東労組の委員長としてJR総連の〝カリスマ〟となった松崎明という人物を中心とした「労使関係」には、強い関心を抱き続けた。

しかし、残念ながら現役の記者時代からこの問題に触れることを自ら避け、タブー視してきたのではなかったのか。新聞・雑誌にとってキヨスクでの駅売りは長い間、販売上、大きな比重を持ち、「週刊文春販売拒否事件」がマスコミ界の自主規制を生んだことは否定できない。さらに記事をめぐる訴訟事件ともなると、当事者を含め物心両面からその負担はきわめて大きい。そうした事情を〝言い訳〟として、私も長年にわたってJR革マル問題からあえて目を背けてきたのである。そのことへの苦い思いと強い反省が、この書を執筆する強い動機となった。

国鉄改革で「改革三人組」として手を携えたJR西日本の井手正敬、JR東海の葛西敬之は松崎明の〝革マルの本性〟を見抜いて、いち早く訣別したが、松崎の力量と手腕をJR東日本の経営改革に〝活用〟しようとしたJR東日本の松田昌士は、松崎との〝癒着〟が批判されるほど濃密な関係となる。それが、発足したばかりのJR東日本での「労使関係の安定」に寄与したことは否定できない。松田社長以降の経営陣は「時間をかけて革マル派の牙を抜く」という方針を貫き直接の対決を避けてきたが、その結果、松崎明の影響から脱するのに三十年以上もの長い時間が必要となったのである。

国鉄分割・民営化に際して、松崎と彼が率いた旧動労のいわゆる〝コペ転〟は明らかに偽装であり、松崎はJR東労組委員長として全国組織のJR総連も牛耳り、〝革マル派の組織論〟を駆使してJR発足後の労働運動の主導権を奪取していく。松崎が対外的に表明した「革マル派からの転向」はまさに「世の中を欺くため」であって、彼はマルキストとして「革命家」の信念を生涯、貫き通した。それを否定することはむしろ、松崎明という稀有な人物に礼を失することになるだろう。状況に応じて使い分ける軽妙な弁舌とにこやかな「優しい鬼」の笑顔は、多くの労働者を惹きつけ、昭和から平成時代にかけての組合指導者として一級の人物であったことに間違いはない。しかし、歯向かう者たちに見せた裏の顔と、批判者を罵倒する〝鬼の声〟は、彼らを恐怖に叩き込み、その後半生は組織を私物化し批判を許さない〝暴君〟となった。

私は生前の松崎明という人物について、旧国鉄時代から多くの関係者に取材してきたが、直接会って話を聞いたことはない。しかし、彼は自ら多くの著書を著し、また折々の講演や組合大会での挨拶、演説などの記録もたくさん残している。松崎は自らを語るのにきわめて多弁であり、敵を攻撃するのにきわめて饒舌《じょうぜつ》な人物であった。そこには、彼の思想や人間のかたちが集約的に表現されている。私はそうした松崎の〝肉声〟を、出来る限り忠実に再現することによって、〝妖怪〟と言われた松崎明の実像に迫りたいと思った。

「平成」という時代は「戦後昭和」からの脱却を目指したにも関わらず、結局はその清算も総括も、実質的には成し得ず、戦後昭和の〝影〟を三十年にわたり引き摺り続けた時代だったのではないか。それが象徴的に表れたのが「JRの裏面史」だったと言えよう。「天使と悪魔」というふたつの顔を持った男・松崎明は戦後昭和の〝影〟のなかを彷徨い続けた〝妖怪〟だったと結論づけるしかない。

終章の執筆にかかったころ、経営不振に陥っていた日産自動車を立て直し、二十年近くも社長・会長として君臨してきたカルロス・ゴーンが東京地検特捜部に逮捕されるという異例の大事件が起きた。この事件で思い出したのが昭和四十年代の同社で〝日産の天皇〟〝影の社長〟と呼ばれるほどの絶対的権力を握った組合指導者・塩路一郎のことである。

塩路は、総評内で全国最強の労働組合だった全日本自動車産業労働組合日産分会に対抗して結成された第二組合の「日産自動車労組」組合長となり、さらに自動車総連会長などを長きにわたって務め、当時の川又克二社長と手を握って〝蜜月関係〟を築き、JR東日本の松崎と同じように人事権や管理権を実質的に手中に収め、絶対的な権力をふるい専横を極めた。

「自動車業界のドン、塩路一郎の野望と危機」（一九八一年七月）を四回にわたって連載し、塩路の行状を暴露したのは、これまた「週刊文春」だった。経営者としてのゴーンと、組合運動家としての塩路は対極にあるとはいえ、独裁権力者として日産自動車に君臨、品川区内の7LDKの大邸宅に住み、乗用車は日産の最高級車プレジデント、自家用の豪華なヨットに美女を侍らし、「労働貴族」の名をほしいままにし、世間の顰蹙《ひんしゅく》を買った。

過激な労働運動を展開した新左翼の松崎明と、「御用組合」の塩路一郎とは、思想も行動も異にしていたが、昭和から平成にかけての労働組合運動で組織を私物化したふたりの人物の人生模様に、共通項を感じるのは筆者だけだろうか。民主的であるはずの組合、そして会社を舞台に「権力は腐敗する」という古くて新しい問題が繰り返されたのである。

＊　＊

この書の当初の構想は、松崎明が死去した第九章で筆を擱《お》くつもりだった。しかし平成時代も残り少なくなった平成三十年春の賃上げ交渉で、会社側がＪＲ東労組と全面対決に踏み切る決意を見せ、「労使共同宣言」の〝失効〟を宣言するという新しい事態が発生、「現在進行形」の問題に踏み込まざるを得なくなった。現在進行中の「時事問題」は現役記者の領分であり、私如き〝老兵〟が出る幕ではない。しかし、その事実と背景を十分に論評したメディアがきわめて少ないことを強く感じた。ＪＲ革マル問題は松崎死して八年も経過したのに、今もなおタブー視されているのだろうか。

この書の執筆に当たり、多くの人たちから松崎明に関する証言と資料の提供を受けた。とくに旧国鉄時代から四十年以上にわたり「ＪＲ革マル派と松崎明」を注視し続けてきた〝松崎ウォッチャー〟の第一人者、宗形明氏からは、彼が収集した膨大な一次資料だけでなく、彼が取材した多くの事実を提供していただいた。宗形氏の全面的な協力がなければこの本は成り立たなかっただろう。心から感謝する。また、私が国鉄記者クラブに常駐していたころ、国鉄民放クラブに籍を置いていた福田博幸氏（ラジオ関東）はその後、「日本生活問題研究所」の理事長として「日生研リポート」で「ＪＲ革マル問題」に健筆を振るってきた。彼からも収集した資料の多くを提供していただいた。今はノンフィクションライターとして独立した西岡研介氏にも、多くの的確な助言をいただいた。彼らこそ松崎明という〝妖怪〟と、恐れることなく闘った〝戦士〟たちである。

このほかにも私が国鉄担当記者だったころからの旧知の旧国鉄関係者やJRの現役社員、警視庁担当記者時代に取材でお世話になった公安担当者など、多くの関係者から証言や資料を提供していただいた。しかし、そのお名前を記すことはかえってご迷惑を生じるケースもあるだろうことを懸念し、あえて省略させていただくことにした。この書を書き終えた今、私自身が長い間囚われてきた〝妖怪の呪縛〟からようやく解き放たれた感がしている。最後になったが、この本の出版にご協力いただいた皆様に心から感謝申し上げます。

平成三十一年三月

牧　久

松崎明 関連年譜（1927〜2010）

松崎明・革マル派・国鉄・JR関係	西暦（和暦）	世の中の動き
10月20日 **黒田寛一（革マル派議長）、埼玉県秩父町（現・秩父市）に生まれる（黒田家は2代続く医師）**	1927（昭和2）	
2月2日 **松崎明、埼玉県比企郡高坂村（現・東松山市高坂）で精米業を営む父・登喜治と母タネの間の6人きょうだいの末っ子として生まれる**	1936（昭和11）	2月26日 「昭和維新」を標榜する青年将校に率いられた陸軍部隊が反乱（2・26事件）
	1941（昭和16）	12月8日 日本軍、ハワイ真珠湾空襲、マレー半島上陸、日本対米英宣戦布告
4月 **松崎、高坂国民学校入学**	1942（昭和17）	1月18日 ベルリンで日独伊軍事協定調印
暮れ **黒田寛一、東京高校尋常科4年時、結核発症（のちに同校中退、54年、視力が衰える）**	1943（昭和18）	
11月 **中国戦線従軍中に結核にかかった松崎の長兄・暁が東京・世田谷の陸軍病院で死去。享年21**	1944（昭和19）	7月21日 米軍グアム島に上陸
2月9日 **松崎の父・登喜治、病死。享年72**	1945（昭和20）	8月15日 昭和天皇、終戦の詔書放送。9月2日、降伏文書調印
1月31日 GHQマッカーサー元帥、2・1ゼネスト中止命令 6月5日 「国鉄労働組合」（国労）発足	1947（昭和22）	5月3日 日本国憲法施行
4月 **松崎、新制の高坂中学に入学、3年生で生徒会長に選ばれ、野球部ではキャプテンに**	1948（昭和23）	12月20日 国鉄など国営企業の争議権（スト権）禁止などを盛り込んだ、公共企業体労働関係法（公労法）公布
6月1日 公共企業体「日本国有鉄道」発足。公労法、定員法施行 7月5日 下山事件。初代国鉄総裁・下山定則が出勤途上で行方不明、翌朝、遺体が発見される	1949（昭和24）	7月4日 マッカーサーが「日本は共産主義阻止の防壁」と演説 10月1日 中華人民共和国成立を宣言、毛沢東が国家主席に就任

年	松崎・国鉄関連	社会
	7月15日　三鷹事件。無人電車の暴走、死者6人 8月17日　松川事件。東北本線松川駅付近で列車転覆、死者3人 12月7日　政府が公労法施行後はじめて、国鉄の賃金アップの仲裁裁定を拒否	11月3日　湯川秀樹博士にノーベル物理学賞。日本人初の受賞 12月7日　蒋介石の国民政府が首都を台北（台湾）に移す
1950（昭和25）	7月11日　日本の労働組合のナショナルセンター、「日本労働組合総評議会」（総評）結成	6月25日　朝鮮戦争勃発
1951（昭和26）	4月　**埼玉県立川越工業高校入学。このころ日本共産党の下部組織・民主青年団（民青）に加わる** 5月23日　**「国鉄機関車労働組合」（機労）結成大会**	9月8日　米サンフランシスコで、対日講和条約調印、日米安保条約締結 10月16日　日本共産党五全協「武装闘争の具体化」始まる
1953（昭和28）		7月27日　板門店で朝鮮戦争休戦協定調印
1954（昭和29）	3月　**川越工業を卒業。国鉄入社試験に合格したが自宅待機を命ぜられる**	3月1日　ビキニ環礁水域で米水爆実験、第五福竜丸被曝
1955（昭和30）	3月　**臨時雇用員として採用、松戸電車区に配属。2ヵ月で、品川客車区に転属され、さらに品川電車区に配転となる** 5月20日　東海道新幹線の生みの親、十河信二が国鉄総裁に就任 7月　**松崎、このころ共産党に入党**	7月27日　共産党、第6回全国協議会（六全協）でそれまでの武装闘争路線の放棄を決め、過激な運動から一転、「民族解放民主革命」に路線を変更 10月13日　左右に分裂していた社会党が再統一 11月15日　自由民主党結成。与党・自民党、野党第一党・社会党という戦後政治「55年体制」はじまる
1956（昭和31）	9月18日　東海道本線、全線電化完成 11月　**正規の国鉄職員となって、尾久機関区へ配属。機労に加入**	2月24日　ソ連（現ロシア）の第一書記に就任したフルシチョフがスターリンの秘密報告（スターリン批判） 10月23日　ハンガリー動乱。反政府暴動にソ連軍出動
1957（昭和32）	3月　**松崎、機関助士科の試験に合格、機関助士になる** 7月10日　**国鉄新潟闘争（〜16日）。国労の抜き打ち職場大会でダイヤが大混乱。松崎、現地、国労新潟地本を訪問**	1月31日　石橋湛山首相、病気のため岸信介を首相代理に指名 2月25日　岸信介内閣成立 6月19日　岸首相が訪米、アイゼンハワー大統領との会議で日米新時代強調

西暦（和暦）	松崎明・革マル派・国鉄・JR関係	世の中の動き
1957（昭和32）	9月27日　黒田寛一、雑誌「探究」創刊。新左翼組織である「日本トロツキスト連盟」結成。12月1日に、「日本革命的共産主義者同盟」（革共同）と改称	11月18日　毛沢東がモスクワで「東風は西風を圧す」と演説
1958（昭和33）	1月　このころ黒田寛一と出会い、日本共産党からの離党を決意 7月27日　革共同から、「関東トロツキスト同盟」が分裂（革共同第1次分裂） 11月1日　特急「こだま」の運転開始。東京―大阪間が6時間50分に	5月28日　全学連大会（〜31日）で執行部、共産党中央と対立、学生党員、72名が除名処分に 6月12日　第2次岸内閣成立 12月10日　共産党を除名された島成郎ら全学連幹部、「共産主義者同盟」（ブント）を結成
1959（昭和34）	6月　松崎、機労東京地本尾久支部に青年部を結成、副部長に就任 7月24日　機労、「国鉄動力車労働組合」（動労）と改称 8月29日　黒田寛一、本多延嘉とともに、「日本革命的共産主義者同盟全国委員会」を立ち上げる（革共同第2次分裂）。9月20日、機関紙「前進」を創刊	3月28日　社会党、総評、原水協など日米安保改定阻止国民会議を結成 4月10日　皇太子・美智子妃結婚パレード。テレビ視聴者推定1500万人 9月26日　伊勢湾台風、死者5041人
1960（昭和35）	6月4日　新安保条約批准阻止闘争。国労、動労始発から午前7時までのストに突入 7月11日　松崎の生地・高坂に近い埼玉県小川町の印刷所の娘、船戸光子と結婚する。松崎24歳、光子は23歳 9月23日　革共同全国代表者会議で、黒田寛一が初代議長に就任。マルクス主義青年労働者同盟結成を決定	1月19日　渡米した岸首相ら全権団、日米新安保条約・地位協定調印 1月25日　三井三池炭鉱労組、全山無期限ストに突入 5月19日　深夜、政府・自民党、衆議院に警官隊を導入、新安保条約を単独強行採決 6月15日　全学連主流派、国会に突入、樺美智子死亡
1961（昭和36）	8月15日　動労、第1回青年部全国委員会、松崎が初代部長に選出される	11月27日　創価学会・池田大作によって公明政治連盟結成（64年に公明党と改称）
1962（昭和37）	5月3日　三河島事故。常磐線三河島駅構内で発生した多重事故で、死者160人	4月26日　全労、総同盟、全官公の二五組合（一四〇万人）が全日本労働総同盟会議（同盟会議）結成

	9月23日　第3回革共同全国委員会総会（～24日）。議長・黒田寛一、書記長・本多延嘉、副議長・松崎明。黒田と本多の対立はじまる 11月30日　「新国鉄労働組合連合」（新国労、鉄労の前身）結成	10月22日　米ケネディ大統領、ソ連のミサイル基地建設に対し、キューバ海上封鎖声明（キューバ危機）
1963（昭和38）	**2月8日　黒田、「革命的共産主義者同盟革命的マルクス主義派」（革マル派）を作り、革共同は、革マル派と、本多延嘉の中核派に分裂（革共同第3次分裂）** **9月11日　東京・紀尾井町の清水谷公園で中核派など四派連合の250人の集会に、革マル派150人が押しかけ乱闘となる。「内ゲバ事件」（セクト同士の暴力・襲撃事件）はじまる** 11月9日　鶴見事故、死者161人、重軽傷120人 **12月13日　尾久機関区、ストライキに入る。松崎ら6人の組合幹部、威力業務妨害の容疑で逮捕**	2月24日　60年安保闘争当時、全学連唐牛委員長らが右翼の田中清玄から資金援助を受けていたことが暴露される 8月21日　南ベトナム全土に戒厳令。ゴ・ジン・ジェム政権に反対の学生数千人が逮捕される 11月22日　ケネディ米大統領、ダラスで暗殺 12月17日　朴正熙、韓国大統領に就任
1964（昭和39）	**8月　尾久機関区を統合した田端機関区の動労支部長に松崎が就任。動労内に政策研究会（政研）発足** 10月1日　東海道新幹線開通 **11月24日　母・タネ死去、享年68**	4月1日　観光目的の海外旅行自由化 4月28日　日本がOECDに加盟。先進資本主義国入り 10月10日　東京オリンピック開会式 11月9日　池田勇人首相辞任、佐藤栄作内閣発足
1965（昭和40）	9月24日　全国152駅に「みどりの窓口」開設 10月1日　白紙ダイヤ改正。主要幹線で特急列車大増発	5月28日　昭和40年不況。山一證券に対する日銀特融を田中角栄蔵相と宇佐美洵日銀総裁が記者会見で発表
1966（昭和41）	3月5日　旅客運賃31・2％の大幅値上げ 4月26日　春闘で、私鉄大手10社、国労、動労など公労協・交通運輸共闘統一、「戦後最大のスト」	2月21日　早大、学費学館闘争で学内に機動隊を導入、早大生203人逮捕 5月16日　中国、文化大革命始まる
1967（昭和42）	3月31日　国鉄当局、「輸送方式の近代化」による「機関助士廃止」を含む5万人合理化提案 4月10日　国鉄の電車保有台数が一万両を突破。世界一の電車保有数に	4月15日　社会党、共産党推薦の美濃部亮吉が東京都知事に当選。首都東京に初の革新知事の誕生 8月　社会党左派の社会主義協会が太田派と向坂派に分裂

松崎明・革マル派・国鉄・JR関係	西暦（和暦）	世の中の動き
4月1日 当局と国労、「現場協議に関する協約」締結（7月1日実施） 5月11日 **松崎、動労関東地方評議会事務局長に就任** 9月9日 **「一人乗務」に反対する動労、国労とともに「順法闘争」に入る** 10月20日 新国労、単一組織「鉄道労働組合」（鉄労）に	1968（昭和43）	6月15日 東大で医学部学生らが安田講堂を占拠（翌69年1月19日、警視庁機動隊によって封鎖解除） 10月21日 新宿駅騒乱事件。「国際反戦デー」で学生らが新宿駅占拠、放火して734人逮捕
5月25日 **動労、「順法闘争」開始、30日にストに突入、3325本が運休** 7月2日 **松崎、動労・東京地本の書記長に就任** 10月31日 **国労、動労、17時間の長時間スト。翌朝妥結** 12月13日 **国鉄当局、国労、動労のストに対し、解雇66人（うち動労39人）など3万1202人（うち動労2万1580人）の大量処分**	1969（昭和44）	1月 南ベトナム派遣の米軍が最大規模の55万人に 5月26日 東名高速道路、全通 7月20日 アポロ11号、月面着陸に成功 8月 藤原弘達氏の著書『創価学会を斬る』をめぐり創価学会・公明党による言論出版妨害事件発生 9月3日 ベトナム民主共和国の国家元首、ホー・チ・ミン死去
4月11日 全国23ヵ所の動力車区で生産性研修開始。生産性向上運動（マル生）のはじまり 8月3日 **革マル派学生の海老原俊夫（東京教育大）が中核派の拠点である法政大学六角校舎の地下に連れ込まれ殺害される**	1970（昭和45）	3月14日 大阪府吹田市で日本万国博覧会開幕 3月31日 赤軍派学生、日航「よど号」をハイジャック 11月25日 三島由紀夫、市ヶ谷の陸上自衛隊駐屯地（現・防衛省）で割腹自殺
1月 国労の「反マル生運動」キャンペーン始まる 4月27日 「全国鉄施設労働組合」（全施労）結成 10月11日 国鉄総裁、「マル生」問題で陳謝。同月23日、職員局長更迭ほか18名処分 10月20日 **鉄労、組合員10万7000人に（鉄労の組織人員のピーク）** 11月2日 **動労・国労、国鉄当局と「紛争対策委員会」設置（反マル生闘争、組合側の圧勝）**	1971（昭和46）	2月22日 成田空港公団が第1次強制代執行に着手。3月6日に反対派の「砦」排除を終了、逮捕者467人 6月17日 日米「沖縄返還協定」に調印 7月9日 キッシンジャー米大統領補佐官が秘密裏に中国（中華人民共和国）を訪問 8月15日 ニクソン米大統領、金ドル交換停止などドル防衛策を発表（ニクソンショック）

1972（昭和47）	3月15日　山陽新幹線、岡山まで開業 4月3日　**動労、運転保安要求で無期限ATS闘争に突入**	2月19日　連合赤軍の5人が長野県浅間山荘に立て籠もり機動隊と銃撃戦 7月7日　『日本列島改造論』がミリオンセラーになった田中角栄が総理に（田中内閣発足）
1973（昭和48）	4月24日　上野駅、大宮駅、新宿駅など38駅で順法闘争による電車遅延に怒った帰宅途中の乗客が暴徒化 4月27日　全交通・公労協、春闘ゼネストに突入。新幹線も初参加 8月24日　**松崎、動労・東京地本の委員長に就任**	9月　東京の物価、前年比14・5％の異常高騰 10月17日　OPEC6ヵ国、原油公示価格を70％値上げ（第1次オイル・ショック）。その後原油価格4倍に。トイレットペーパー買い占め騒動、狂乱物価
1974（昭和49）	3月31日　**札幌市で動労内の反主流（共産党系）組員が、全動労を結成** 4月11日　**春闘史上最大のゼネスト。国労、動労は96時間の長時間スト（国鉄初の全面運休）** 7月7日　**参院選、社会党から出馬した動労・目黒今朝次郎が86万5000票を集めて当選** 9月5日　新幹線「ひかり号」で食堂車の営業開始 10月1日　旅客23・2％、貨物24・1％の運賃値上げ	7月7日　参議院選挙で田中自民党に「金権選挙」「企業ぐるみ選挙」と強い批判 8月15日　韓国朴正熙大統領狙撃事件、大統領夫人死亡 10月10日　『文藝春秋』11月号に評論家・立花隆の「田中角栄研究―その金脈と人脈」が掲載される 11月26日　金脈問題で田中首相退陣表明。三木内閣発足（12月9日）
1975（昭和50）	3月10日　山陽新幹線博多開業 3月14日　**中核派最高指導者・本多延嘉（当時41歳）が埼玉県川口市内の自宅で就寝中、武装した革マル派十数人に襲撃され死亡** 3月16日　**中核派、松崎ら革マル派に〝報復宣言〟。この年、中核派は革マル派を21人殺害する** 11月26日　**国労、動労など公労協が「スト権スト」に突入、国鉄全線が8日間・192時間にわたりストップ**	3月19日　警視庁、中核派・革マル派の内ゲバ抗争に非常事態宣言 4月30日　サイゴン陥落、ベトナム戦争終結 5月7日　日本政府、南ベトナム臨時革命政府を承認 6月3日　佐藤栄作元首相死去。16日国民葬 12月1日　三木首相、「スト権スト」中止を要求する政府声明を出す
1976（昭和51）	1月31日　国鉄当局、「スト権スト」に対して、解雇15人を含む5405人（戒告以上）の処分を通告 3月　国鉄、昭和50年度の純損失9147億円、累積赤字は6・7兆円に	2月4日　米上院外交委多国籍企業小委員会でロッキード献金事件が表面化 7月27日　田中角栄前首相、ロッキード事件で逮捕

西暦（和暦）	松崎明・革マル派・国鉄・JR関係	世の中の動き
1976（昭和51）	11月6日　旅客50・4%、貨物53・9%の大幅運賃値上げを実施	9月9日　中国・国家主席毛沢東、死去。10月6日、江青ら「四人組」逮捕と英紙が報道 12月23日　総選挙大敗の責任をとって三木内閣総辞職
1977（昭和52）	**2月11日　革マル派、革労協の最高指導者・中原一（本名、笠原正義・当時36歳）を殺害** **6月　黒磯駅職員2名の懲戒解雇は不当だとする、動労などが「黒磯闘争支援共闘会議」結成、裁判闘争へ**	3月3日　新右翼の野村秋介らが経団連襲撃 9月28日　日本赤軍が日航機をハイジャックしダッカ空港に強行着陸。政府は超法規的措置で、拘留中の赤軍派など9人を釈放、身代金600万ドルを支払う
1978（昭和53）	**7月3日　動労が貨物安定輸送宣言** 10月2日　全国ダイヤ改正で、国鉄史上初めて貨物列車キロを削減（6500km） 11月3日　山口百恵の歌う「いい日旅立ち」のキャンペーン開始	3月　昭和54年度予算での国債発行額が15兆2700億円、一般会計の4割を占める 5月20日　新東京国際空港（成田空港）開港式 12月7日　大平正芳内閣、発足
1979（昭和54）	**3月30日　動労、千葉地本が分裂して、中核派の中野洋ら千葉動労を結成**	1月1日　大平首相、一般消費税の80年4月導入を示唆（赤字国債の発行残高は82兆3000億円に）
1980（昭和55）	10月1日　全国ダイヤ改正で国鉄史上初めて旅客列車キロ3万kmの削減 **9月22日　動労、小谷昌幸本部教宣部長が目黒駅近くの路上で襲撃され重傷（革労協が犯行声明）**	5月30日　大平首相、衆参同日選挙の遊説中に倒れ、翌日虎の門病院に緊急入院。6月12日、死去。享年70 6月22日　衆参同日選挙で自民党圧勝。7月17日　鈴木善幸内閣発足。中曽根康弘、行政管理庁長官で入閣
1981（昭和56）	5月1日　国鉄が経営改善計画、職員を7万4000人削減し35万人体制をめざす「後のない経営改善計画」を運輸相に提出、5月21日に運輸大臣認可	3月16日　第2次臨時行政調査会（第2臨調、会長・土光敏夫）初会合
1982（昭和57）	1月23日　朝日新聞が「夜行寝台特急列車（ブルトレ）乗務のカラ出張ヤミ手当問題」を報じる **2月　国労、動労、全施労などが、国鉄分割・民営化に反対する「国鉄改革共闘委員会」を設置。松崎、「国鉄分割・民営化の狙いは組合の破壊にある」と発言** 3月15日　名古屋で寝台特急「紀伊」が衝突事故	6月8日　ロッキード事件で政治家被告の橋本登美三郎元運輸相と佐藤孝行元政務次官、受託収賄で有罪判決 7月30日　第2臨調、国鉄分割・民営化の基本答申提出 10月12日　鈴木善幸首相、退陣を表明 11月27日　第1次中曽根内閣が発足。閣僚20人中、田中派から6人入閣

年	国鉄・労働組合	社会
	6月23日　東北新幹線開業（大宮―盛岡） 11月15日　上越新幹線開業（大宮―新潟）	12月7日　政府、「国鉄再建対策実施本部」を設置（本部長・中曽根首相）
1983 （昭和58）	1月27日　青函トンネルの先進道抗が貫通、本州と北海道が海底下でつながる 9月7日　**山梨県・石和温泉で動労東京地本定期大会。松崎、「悪天候の日に山に登るのは愚か者」と挨拶、組合方針の方向転換を暗示**	3月14日　第2臨調最終答申を提出 6月10日　国鉄再建監理委員会（委員長・亀井正夫住友電工会長）発足 10月12日　東京地裁、ロッキード事件で田中角栄に懲役4年、追徴金5億円の実刑判決。田中側控訴
1984 （昭和59）	12月22日　井手正敬、松田昌士、葛西敬之ら改革派を締め出した国鉄の「秘密役員会」、独自の再建案「経営改革のための基本方策」をまとめ、25日から自民党三役らへの口頭説明に奔走	7月12日　自民党代議士の三塚博が分割・民営化を主張する『国鉄を再建する方法はこれしかない』発売、ベストセラーに 8月10日　国鉄再建監理委員会「第2次緊急提言」で「分割・民営化の方向」を正式に表明
1985 （昭和60）	3月14日　東北・上越新幹線上野開業 3月15日　経営計画室筆頭主幹・松田昌士、北海道総局総合企画部長へ転出 4月9日　国労、「辞めない、休まない、出向かない」の「三ない運動」開始 6月25日　**松崎、動労委員長に就任。「国鉄が愛されない限り、労働組合も支持を得ることも愛されることも不可能だ」と挨拶、方針の大転換はじまる** 8月7日　国鉄、余剰人員対策推進本部を設置、事務局次長に葛西敬之職員課長 11月29日　中核派が、国鉄の線路の通信・信号用ケーブルを切断、浅草橋駅などに侵入し放火。1000万人以上に影響 11月30日　**国鉄当局、雇用安定協約を動労、鉄労、全施労と締結。国労、全動労と無協約に**	2月27日　田中角栄脳梗塞で東京逓信病院に入院 4月1日　日本電信電話（NTT）、日本たばこ産業（JT）発足 7月26日　国鉄再建監理委員会、「国鉄を6つの旅客会社と貨物会社に分割・民営化する」最終答申 8月7日　政府、中曽根総理を本部長とする国鉄余剰人員雇用対策本部を設置 8月12日　日航機、群馬県御巣鷹山山中に墜落、520人が死亡 9月22日　日米英仏西独の主要5ヵ国蔵相・中央銀行総裁会議がドル高是正で合意（プラザ合意） 12月28日　第2次中曽根内閣の第2回改造内閣発足、運輸大臣に三塚博
1986 （昭和61）	1月13日　**当局と動労、鉄労、全施労が「労使共同宣言」締結、国労は拒否**	1月27日　中曽根首相が再開国会で「戦後政治の総決算」を改めて強調

西暦（和暦）	松崎明・革マル派・国鉄・JR関係	世の中の動き
1986（昭和61）	3月10日　松崎、政治評論家・屋山太郎との対談。「鬼の動労はなぜ仏になったか」（「文藝春秋」4月号） 4月13日　国労から集団脱退した1200人が「真国鉄労働組合（真国労）」を結成 7月8日　京都で開かれた鉄労の全国大会で、松崎明“コペルニクス的転換”演説 7月18日　動労、鉄労、全施労、真国労が「国鉄改革労働組合協議会」（改革協）結成 8月27日　改革協、当局と「第2次労使共同宣言」を締結 9月1日　真国労や動労の幹部が住む国鉄宿舎6ヵ所が鉄パイプを持ったグループに襲撃され、1人死亡、8人が重軽傷。警察当局は中核派の犯行と断定 10月10日　国労、伊豆・修善寺での第50回臨時大会。分割・民営化への対応で内部分裂	1月31日　円相場急騰、1ドル191円台に、8月20日には152円55銭を記録 4月26日　ソ連チェルノブイリ原子力発電所で大事故 6月2日　中曽根首相、突如衆議院を解散（「死んだふり解散」） 7月6日　衆参同日選挙で、自民党衆議院304議席の圧勝（参院でも73議席を獲得） 7月22日　第3次中曽根内閣、発足。運輸大臣に橋本龍太郎就任 9月30日　国土庁が7月1日現在の基準地価公表。東京23区では商業地が40％、世田谷区、目黒区などの高級住宅地は平均60％以上の異常な高騰 10月28日　国鉄改革関連8法案衆議院で可決（11月28日、国鉄改革関連8法案参議院で可決成立）
1987（昭和62）	1月16日　動労臨時大会。松崎「労使協調でなく、労使対等の協力体制」を宣言。こののち民営化されたJR東日本の経営に介入していく 2月2日　動労、鉄労など4組合が合流して「全日本鉄道労働組合総連合」（鉄道労連）結成 2月23日　動労副委員長・佐藤政雄、ヘルメット姿の一団に襲撃され重傷。中核派が犯行声明 2月28日　旧国労主流派が鉄産労連結成 3月3日　東日本旅客鉄道労働組合（略称は東鉄労、後にJR東労組）発足。委員長に松崎明就任 3月14日　JR西労組、発足。委員長に大松益生就任 3月31日　日本国有鉄道法廃止、国鉄消滅	1月1日　北京の天安門広場で学生数百人がデモ、警官隊が規制。16日に胡耀邦党総書記が学生デモ続発をめぐる混乱の責任をとり辞任 4月22日　民営化されたNTT株、318万円の高値を記録 5月3日　兵庫県西宮市の朝日新聞阪神支局を覆面男が散弾銃で襲撃。記者1人死亡、1人重傷 6月26日　日本の外資準備高が西独を抜き世界一へ 7月4日　自民党竹下登グループ、田中派から独立し「経世会」結成 9月22日　昭和天皇が宮内庁病院に入院し手術。慢性膵炎と発表。10月7日退院

	4月1日　東日本旅客鉄道株式会社（JR東日本）、以下、西日本、東海、九州、四国、北海道各旅客会社、日本貨物鉄道会社が発足 5月18日　**細田智（動労東京地本拝島支部委員長）が襲撃され重傷。中核派が犯行声明** 7月2日　鉄労、志摩組合長ら、鉄道労連脱退を決めるが、同月12日、鉄道労連脱退を撤回 8月7日　**松崎委員長とJR東日本・住田社長「労使共同宣言」を締結** 8月29日　**嶋田誠（東鉄労津田沼支部副委員長）が襲撃され重傷。中核派が犯行声明** 10月30日　**荒川一夫（東鉄労田端支部員）が革労協の襲撃により重傷（96年2月に死去）**	10月2日　自民党総裁選。安倍晋太郎、宮澤喜一、竹下登が立候補、中曽根総裁に白紙委任 10月19日　ニューヨーク証券取引所ブラックマンデー。下落率22・6%、史上最大規模の世界的株価大暴落。翌日、東証ほか、アジアの各市場に連鎖 10月20日　中曽根裁定で自民党総裁に竹下登 11月6日　竹下登内閣発足。宮澤副総理、蔵相 12月31日　東京円相場1ドル121円台、1人当たり国内総生産（GDP）米国抜きOECD諸国中第5位、国債発行残高150兆円を突破
1988（昭和63）	3月3日　**松崎の後継者と目されていた松下勝（高崎地本委員長）が自宅でヘルメット姿の数十人に襲われ死亡。中核派が「次は松崎だ」と犯行声明** 3月13日　青函トンネル開業（青函航路廃止） 4月10日　本四備讃線（瀬戸大橋）開業 8月　**東鉄労（JR東労組）、組織率75%を達成** 8月8日　**「力あわせ夢語る八・八大集会」（東鉄労とJR東日本の共催）で松崎委員長、「労使協議会」を設立、「経営方針」「人事」「設備投資や価格などの決定」について労使で協議すると演説** 12月11日　**JR総連、有力国会議員らへ総額3億円ものバラ撒き（政治資金規正法違反）計画発覚**	1月15日　韓国政府、前年11月29日の大韓航空機爆破事件は北朝鮮の金正日書記の指令によるテロと断定。蜂谷真由美こと金賢姫が犯行を認め記者会見 7月5日　中曽根前首相、安倍晋太郎自民党幹事長、宮澤喜一蔵相の各秘書へ、リクルートコスモス社の未公開株の譲渡が発覚（リクルート事件） 9月19日　昭和天皇重体に（下血を繰り返し年末にかけて十数回危機的状態に）
1989（昭和64）（平成元年）	2月15日　**東鉄労からJR東労組へ略称を変更** 2月8日　**加瀬勝弘（JR東労組水戸地本組織部長）、襲撃され死亡、中核派が犯行声明**	1月7日　昭和天皇、崩御。皇太子明仁即位、平成と改元（翌8日施行） 2月13日　東京地検特捜部、リクルート江副浩正前会長を贈賄容疑で逮捕

西暦（和暦）	松崎明・革マル派・国鉄・JR関係	世の中の動き
1989 （昭和64） （平成元年）	4月　**旧動労の〝首なし役員〟（解雇され組合専従になった者など）をJR東日本の関連会社の役員に就任させるよう住田正二社長に申し入れ、その第一号、小室義信が盛岡ターミナルビルの取締役に就任** 6月1日　**全日本鉄道労働組合総連合会、略称を「鉄道労連」から「JR総連」に変更** 11月21日　組合のナショナルセンターである総評、解散。40年の歴史に幕。日本労働組合総連合会（連合）が78組織、組合員800万人で結成（官公労組も合流） 12月2日　**JR総連総務部長・田中豊徳が革労協に襲撃され死亡**	4月1日　3％の消費税導入 4月25日　竹下首相、退陣表明。翌26日、青木伊平秘書自殺（6月2日に、宇野宗佑が首相に） 6月4日　中国、天安門事件。天安門広場を占拠中の学生、市民を戒厳軍が武力で制圧。死者多数 7月24日　宇野首相、参院選惨敗と女性問題で退陣表明、後継首相は海部俊樹 11月9日　ベルリンの壁崩壊 12月2日　地中海マルタ島でブッシュ米大統領、ゴルバチョフソ連共産党書記長が東西冷戦の終結を宣言 12月29日　東証大納会の日経平均株価、史上最高値3万8915円を付ける
1990 （平成2）	6月19日　**JR総連定期大会で、福原福太郎委員長、「加盟各単組はJR総連にスト指令権を移譲すること」を提案。JR西労組などが猛反発** 10月30日　**JR東労組、JR東日本共催の「国際鉄道安全会議」。JR西日本などが参加をボイコット**	3月27日　地価暴騰に対して、大蔵省（橋本龍太郎蔵相）が不動産業向け融資の「総量規制」実施を決定 8月2日　イラク軍がクウェートに侵攻 10月3日　東西ドイツ統一
1991 （平成3）	2月19日　JR西労組・大松委員長、JR総連脱退を宣言。旧動労系役員が反発 5月1日　**湯原正宣（JR東労組水戸地本組織部長）、中核派に襲撃され重傷（翌92年死亡）** 5月14日　信楽高原鉄道列車衝突事故。死者42人、重軽傷614人 7月4日　JR西労組、JR総連脱退 8月11日　**佐藤政雄、JR東海労を結成、委員長に。9月11日JR総連に加盟**	1月17日　湾岸戦争勃発。アメリカを中心とする多国籍軍、イラク空爆 1月24日　政府、湾岸戦争への追加支援策として多国籍軍への90億ドル（約1兆2000億円）の拠出などを決定（総計で135億ドルを提供） 2月24日　湾岸戦争地上戦に突入。イラク軍敗走 2月26日　多国籍軍がクウェート市内を完全解放 5月15日　東京・芝浦に巨大ディスコ「ジュリアナ東京」開業

	8月12日　都内ホテルで葛西敬之JR東海副社長を盗撮した写真や電話のやりとりを記録した文書がJR関係者、新聞各社などに届く 9月14日　**JR東海労「JR東海の社会的信用を回復し、当たり前の労働運動を目指す大集会」を開催** 11月9日　**JR東海労、27項目の要求を掲げ、ストの構え（同月20日にスト権を確立）** 11月12日　JR東日本副社長・松田昌士、JR東日本労使の「経営協議会制度」を自賛、東海、西日本の労務政策を批判する 11月15日　JR東海労組、JR総連脱退を決定 11月30日　JR九州労組、JR総連からの脱退を決定 12月6日　JR西労組と西日本鉄産労が正式に合併、新体制の西労組委員長に矢後希悦が就任 12月21日　**旧動労系の石津兼久ら「JR九州労」結成**	6月3日　雲仙普賢岳噴火、火砕流で死者・行方不明41人 6月20日　野村證券が大口投資家らへ160億円の損失を補填していたことが明るみに 6月29日　礼宮・川嶋紀子が結婚、秋篠宮家創設 10月14日　証券・金融不祥事で橋本蔵相が引責辞任 11月5日　宮澤喜一内閣発足 11月28日　日蓮正宗大石寺、創価学会に破門通告 12月25日　ゴルバチョフ大統領辞任、ソ連崩壊
1992（平成4）	2月9日　**JR東海労、葛西敬之副社長の辞任要求を決議** 3月　評論家・屋山太郎、「マフィア化するJR東日本労組」（「THIS IS 読売」4月号） 3月7日　JR四国労組、JR総連を脱退 3月14日　東海道新幹線「のぞみ」運行開始 4月16日　**JR東労組、屋山太郎と発行元の読売新聞社を相手取り、総額2200万円の慰謝料を求める訴訟をおこす** 4月下旬　**革マル派議長・黒田寛一が完全失明** 5月18日　JR総連を脱退した、JR西労組、東海労組など〝箱根以西〟の労組が新たな全国組織「JR連合」発足させる。加盟組合員7万5000人 6月24日　JR西日本社長に井手正敬が就任	2月14日　東京佐川急便事件。政界にヤミ献金をバラ撒き、指定暴力団稲川会系企業などに多額の融資や債務保証をしていた渡辺広康東京佐川急便前社長ら4人を東京地検が特別背任容疑で逮捕 3月16日　日経平均株価終値、2万円割る（8月11日には1万5000円割れ） 6月9日　参院本会議、PKO法案可決、野党13時間8分の牛歩戦術 8月27日　金丸信自民党副総裁、東京佐川急便からの5億円献金を公表、辞意表明。東京地検の「金丸代議士を罰金20万円の略式起訴」に世論が反発 9月17日　PKO協力法に基づき、自衛隊のカンボジア派遣部隊第一陣出発 11月3日　米大統領選挙、民主党クリントンが当選

松崎明・革マル派・国鉄・JR関係	西暦（和暦）	世の中の動き
2月12日 **JR東労組が沖縄で全地本委員長会議を開催** 6月10日 東海道新幹線、岐阜県関ヶ原町付近の上り線で列車妨害事件発生 6月29日 JR東日本社長に松田昌士が就任。住田正二は会長に 8月19日 **天皇陛下の沖縄訪問、米軍基地反対闘争方針などをめぐり、現地の沖縄革マル派とJR革マル派が、革マル派中央と対立** 8月27日 **中村辰夫（JR貨物労組役員）、埼玉県深谷市の自宅で襲撃され、死亡。革労協が犯行声明** 8月28日 またも列車妨害事件。「のぞみ303号」が異常音を発し、運転士が急ブレーキをかけ停車 10月26日 JR東日本の株式が上場 12月12日 仙台の旧鉄労系200人の組合員がJR東労組を脱退、「JR東日本新労組（東新労）」を旗揚げ	1993（平成5）	3月6日 金丸信自民党前副総裁を脱税容疑で逮捕 4月23日 天皇、皇后が沖縄を訪問 5月4日 カンボジアPKOで現地に派遣された文民警察官・高田晴行警部補、武装集団に襲撃され死亡 6月9日 皇太子・小和田雅子、結婚の儀 6月18日 宮澤内閣不信任案可決、衆議院解散 6月29日 ゼネコン汚職（仙台市長逮捕）。以降94年4月まで、東京地検特捜部の代議士逮捕など摘発がつづく 7月18日 総選挙で自民党223議席で過半数割れ。社会党70議席で惨敗。新政党55議席、日本新党35議席、さきがけ13議席と躍進。日本新党、さきがけ両党が非自民党政権への参加を決意 8月5日 総選挙での過半数割れの責任をとり宮澤内閣総辞職。非自民連立の細川護熙内閣発足（8月9日）。「55年体制」の崩壊 9月25日 村山富市、社会党委員長に就任
5月26日 **黒田寛一革マル派議長、辞意を表明。革マル派内で松崎が事実上、トップに** 6月13日 **「JR東日本キヨスク」などJR東日本側、文藝春秋に「週刊文春」の「車内中吊り広告の掲出拒否」「キヨスクでの販売拒否」「鉄道弘済会と文藝春秋との取引破棄」を通告** 6月17日 **JR東日本、文藝春秋に「批判記事を掲載したまま同誌を販売しないこと」「続編の掲載禁止」を求める仮処分を東京地裁に申請。文春側、JR東日本と鉄道弘済会を相手取り「販売妨害の禁止」などを求める仮処分を東京地裁に申請**	1994（平成6）	1月29日 細川・河野トップ会談で政治改革関連法案合意。3月11日、小選挙区比例代表制を盛り込んだ政治改革関連4法公布 4月8日 細川首相が辞意表明。連立内閣が分裂状態に。同28日に羽田孜内閣、少数与党で発足 6月21日 細川前首相を佐川急便グループからの1億円借り入れ問題で証人喚問、疑惑否定 6月28日 松本サリン事件。長野県松本市で有毒ガス散布、7人死亡 6月30日 羽田内閣が総辞職（6月25日）して、村山富市を総理とする自民・社会・さきがけ連立内閣発足

7月4日　JR東日本側が文藝春秋、小林峻一氏に対し1億円の損害賠償と謝罪広告を求め東京地裁に提訴 7月22日　東京地裁、文春側の主張を認め、販売再開を求める仮処分を決定 11月10日　「週刊文春」（11月17日号）で、「お詫び」記事を掲載。翌11日、JR東日本と和解成立 12月23日　新潟旧鉄労系組合員1000人が東労組を飛び出し、「JRグリーンユニオン」結成		7月8日　北朝鮮、金日成死去
6月20日　松崎、JR東労組委員長を辞任、新たに設けたポストの会長に就任。後任委員長は、菅家伸（旧鉄労系） 6月28日　葛西敬之、JR東海社長に就任 **9月15日　菅家委員長が「組合分裂を謀議した」という〝大宮会議〟に出席。出席した菅家ら5名が東労組を除名** **11月28日　一石祐三（JR東労組本部情宣部長）が横浜の自宅付近で襲撃され重傷。中核派が犯行声明**	1995（平成7）	1月17日　阪神・淡路大震災。死者6432人、家屋全壊11万7489棟 3月20日　地下鉄サリン事件。死者13人、重軽傷者約6000人 3月30日　警察庁長官の國松孝次狙撃事件 4月19日　円相場、1ドル79円台の戦後最高値 5月16日　警視庁、山梨県上九一色村のオウム教団施設などを強制捜査、教祖・麻原彰晃を逮捕 9月4日　沖縄で米海兵隊員ら3人が12歳の女子小学生を集団強姦。反米・反基地運動が燃え上がる
2月　小林峻一『JRの妖怪――かくて男は巨大組織に君臨した』を出版 **8月10日　警視庁公安部、革マル派アジトの東京・綾瀬のマンションを家宅捜索** **8月24日　枝野幸男、JR東労組大宮支部・梁次邦夫（のちに浦和電車区事件で有罪）と衆院選挙の推薦を取り付ける「覚書」を交わす。**同日、JRグリーンユニオンと東新労、組織を統合 10月8日　JR西日本の株式が上場 **10月13日　革マル派、創設者・黒田寛一が議長辞任、後任議長に植田琢磨の就任を公表**	1996（平成8）	1月11日　村山首相が退陣し、橋本龍太郎内閣が発足 4月12日　橋本首相とモンデール米駐日大使が、普天間基地返還で合意 9月9日　菅直人・鳩山由紀夫が新党結成で合意。新党名は「民主党」に内定 10月15日　共同通信、毎日、産経の3社に「國松長官狙撃の犯人はオウム信者の警視庁警察官で犯行を自供している」という匿名の告発文が届く 12月17日　ペルーで日本大使公邸人質事件、発生

松崎明・革マル派・国鉄・JR関係	西暦（和暦）	世の中の動き
4月3日　山梨実験線でリニアモーターカー走行試験開始 10月1日　北陸新幹線、長野まで開業 10月8日　JR東海の株式が上場	1997（平成9）	4月1日　消費税5%に引き上げ 5月27日　神戸市須磨区で小6男児の切断頭部発見。6月28日、被害児童の顔見知りの14歳中学生男子逮捕 11月　三洋証券、北海道拓殖銀行、山一證券が経営破綻
1月7日　警視庁公安部公安2課、練馬区豊玉1丁目の雑居ビル内2室にあった革マル派アジトを強制捜査 **4月9日　警視庁公安部、革マル派の警察無線の傍受拠点、千葉県浦安市のアジトを摘発。捜査員が踏み込んだ際も女性6人が無線傍受中だった** **8月27日　JR東労組、『JRの妖怪』（小林峻一・著）の回し読みが行われたと、会社の「リーダー研修」の中止を要求。10月23日、「リーダー研修」中止** 10月22日　国鉄清算事業団、解散	1998（平成10）	1月18日　大蔵省・日銀に対する過剰接待汚職事件。東京地検特捜部が関係者を逮捕 2月7日　長野冬季オリンピック開催 8月17日　ロシア財政危機、ルーブル暴落。これを受けてLTCMが破綻危機 7月30日　参院選で自民惨敗（12日）、橋本内閣退陣、小渕恵三内閣が発足 10月23日　日本長期信用銀行が破綻、一時国有化 12月13日　日本債券信用銀行が破綻、一時国有化
4月14日　リニアモーターカー、山梨実験線で最高速度552km／hを達成 **7月8日　警視庁、JR総連・東労組と対立関係にあるJR西労組委員長宅に不法侵入し書類を盗み出した事件で、革マル派非合法活動家1名を逮捕** **12月2日　警視庁、NTT東日本東京支店サービス部社員とNTTドコモ建設部社員を逮捕。中核派やJR各社の幹部らの発信記録や顧客データを革マル派に提供していた容疑**	1999（平成11）	1月1日　EU11ヵ国が単一通貨「ユーロ」を導入 8月11日　速水優日銀総裁がゼロ金利政策を導入 10月5日　小渕首相、自民、自由、公明で連立政権 10月18日　日産カルロス・ゴーンが、村山工場など車両組立工場3ヵ所、部品工場2ヵ所を閉鎖、全世界でのグループ人員2万1000人削減するなど大リストラを断行（日産リバイバル・プラン）を宣言
2月28日　革マル派植田琢磨議長、JR東労組とJR総連の幹部を批判 6月23日　JR東日本、松田昌士が会長に、社長に大塚陸毅が就任（清野智が副社長）	2000（平成12）	4月1日　介護保険制度がスタート 4月2日　小渕首相が脳梗塞で緊急入院、内閣総辞職（4日）。森喜朗内閣発足（5日）

年	JR関連	社会
	10月5日　JR総連傘下の「JR九州労」から、652人の組合員がいっせいに脱退 11月3日　JR総連が、東労組OBの坂入充が革マル派に拉致されたと、埼玉県警に捜索願を出す 11月7日　参議院で、金重凱之警察庁警備局長が「JR総連・東労組内に革マル派が相当浸透している」と答弁	7月1日　金融庁誕生。旧大蔵省・金融監督庁・金融再生委員会などの業務を引き継ぐ（財金分離）。そごうグループが民事再生手続開始の申立て 9月29日　みずほフィナンシャルグループが発足。日本初の銀行持株会社
2001（平成13）	4月9日　田中節警察庁長官、「革マル派がJRをはじめとする基幹産業に潜入している」と指摘 5月25日　「JR東日本革マル問題」について、衆議院国土交通委員会で、で西村眞吾議員（自由党）と漆間巌警察庁警備局長とが質疑応答 6月24日　松崎明、JR東労組会長を辞任。新たに設けた、同労組顧問に就任 8月13日　JR総連と坂入充の妻、坂入充の捜索願を取り下げる。翌02年4月14日、坂入充、自宅に戻る 11月18日　JR東日本「Suica」サービス開始 12月24日　JR東日本に、国労から分離独立した新組合「JR東日本ユニオン」が旗揚げ。委員長に、新井修一・旧国労中央執行委員が就任。25日、JR連合に加盟	1月6日　省庁再編で内閣府と12の省庁体制に 1月30日　中内功がダイエーの取締役を退任 4月26日　小泉純一郎内閣発足。竹中平蔵が経済財政担当大臣に就任 9月11日　アメリカ同時多発テロ。ニューヨークの世界貿易センタービルや国防総省にハイジャックされた旅客機が突入、約3000人が犠牲者に 10月7日　アメリカ、イギリスなどとアフガニスタン（タリバン政権）を攻撃 11月10日　WTO（世界貿易機関）に中国加盟承認
2002（平成14）	4月2日　JR東労組・石川尚吾東京地本委員長、「東京問題」の責任を松崎顧問に問われ辞任 6月21日　東京駅・八重洲口付近でJR東海の助役が、JR総連の役員三人に暴行される 7月10日　松崎明、JR東労組顧問を辞任。新たに、東京、横浜、大宮、八王子の各地本に設けた顧問職に就く 7月14日　「東京問題」をめぐり松崎明と大塚陸毅の〝トップ会談〟 10月14日　松崎主宰の学習会「新塾」発足 10月31日　JR東労組の嶋田邦彦、阿部克幸のほか6人の幹部がそろって辞表を提出	5月28日　経団連と日経連が統合、日本経団連が発足。初代会長に奥田碩トヨタ会長 5月31日　日韓共催ワールドカップ・サッカー大会開催（〜6月30日） 9月17日　小泉純一郎首相が訪朝。金正日総書記が日本人拉致を正式に認める 10月15日　北朝鮮拉致被害者の蓮池薫・祐木子さん夫妻ら計5人が一時帰国。家族と再会

西暦（和暦）	松崎明・革マル派・国鉄・JR関係	世の中の動き
2002（平成14）	**11月1日　浦和電車区事件。警視庁公安部、組合員に退社などを強要、脅迫したとして、「強要罪」容疑で、JR東労組大宮地本副委員長・梁次邦夫ら7人を逮捕**	
2003（平成15）	**1月23日　JR東労組中央執行委員会、松崎顧問の神格化を図ったといわれる「1・23見解」を発表** 4月24日　内田重行・元JR東日本人事課長、京都駅ビル構内の階段で転落、死亡 **5月11日　松崎主宰の「新塾」を「松明塾」に再編** **6月12日　警視庁公安部が、東京駅八重洲口の助役暴行事件で、JR総連本部、日本鉄道福祉事業協会、同協会理事長の佐藤政雄（元JR東海労委員長）の自宅など十数ヵ所を家宅捜索。9月25日も関連の家宅捜索**	3月20日　イラク戦争はじまる 4月1日　日本郵政公社発足 4月16日　産業再生機構発足 4月28日　日経平均株価が7607円88銭の大底をつける 5月17日　政府がりそなホールディングスに対し1兆9600億円の公的資金注入を決定、実質国有化（りそなショック）
2004（平成16）	**1月　JR東労組・嶋田邦彦元副委員長が「嶋田たちのホームページ」を立ち上げ、松崎体制を批判する言論活動を開始** **6月11日　辞任した「嶋田グループ」を支持した小林克也・前千葉地本委員長を除名** **9月　新たな反松崎派のホームページ「猛獣王国」がネット上に開設** 10月23日　上越新幹線「とき325号」時速200km走行中に中越地震発生し脱線するも死傷者なし **12月30日　「国際労働総合研究所」設立、松崎、同会長に就任**	1月9日　自衛隊、イラク派遣開始 2月27日　東京高裁でオウム真理教教組・麻原彰晃（本名・松本智津夫）に死刑判決 5月22日　小泉首相、再度訪朝し金正日と会談。蓮池さん夫妻ら5名は、小泉首相とともに帰国。曽我ひとみさん家族3名は、7月18日に帰国 10月23日　新潟県中越地震。直下型地震で震度7、死者68人
2005（平成17）	4月25日　JR西日本・福知山線で脱線事故。運転士をふくめ死者107人、負傷者562人 **6月1日　元JR総連委員長・福原福太郎、谷川忍の名前で『小説　労働組合』を出版。小説の形をとりながら、松崎体制の内幕を暴露する内容**	8月8日　参議院本会議での郵政民営化関連法案否決を受けて小泉首相が衆議院を解散（郵政解散） 9月11日　郵政解散による総選挙で自民党が圧勝 10月14日　郵政民営化関連法案が可決・成立

	12月7日 警視庁公安部が「松崎らが組合の運営資金を私的に流用した」容疑でJR総連本部、東労組本部、松崎の自宅など一斉捜索 12月15日 週刊文春12月22日号「JR東労組の〝ドン〟松嵜明が組合費で買った『ハワイの豪華別荘』」（西岡研介）掲載	11月22日 ドイツでアンゲラ・メルケルが首相に。ドイツ史上初めての女性首相
2006（平成18）	4月1日 JR東日本社長・大塚陸毅が会長に、清野智副社長が社長に就任 6月11日 松崎に反旗を翻した小林克也ら元東労組の幹部組合員が「JR東労組を良くする会」結成 6月26日 革マル派創設者・黒田寛一、死去。享年78 7月14日 週刊現代誌上で西岡研介記者の「テロリストに乗っ取られたJR東日本の真実」連載はじまる 10月10日 「JR東労組を良くする会」が「JR革マル派43人のリスト」などを配布、革マル派の秘密組織の実態を公表	1月23日 堀江貴文ライブドア社長らを東京地検特捜部が証券取引法違反容疑で逮捕 6月5日 東京地検特捜部、証券取引法のインサイダー取引容疑で村上ファンド・村上世彰代表を逮捕 9月26日 小泉自民党総裁任期満了、新総裁に安倍晋三が就任、安倍内閣発足 10月9日 北朝鮮で初めての核実験 12月30日 イラクでフセイン大統領の死刑執行
2007（平成19）	6月18日 西岡研介著『マングローブ――テロリストに乗っ取られたJR東日本の真実』刊行 7月17日 「浦和電車区事件」、東京地裁で7人全員に有罪の判決 8月 国際労働総研、雑誌「われらのインター」創刊 11月30日 警視庁は「ハワイのリゾートマンションを購入するためにJR総連の国際交流基金3000万円を横領した」として松崎を東京地検へ書類送検（12月28日、嫌疑不十分で不起訴処分に）	2月16日 年金記載漏れ、5000万件発覚 3月6日 巨額の赤字をかかえた夕張市が、財政再建団体に 7月29日 自民党、参院選で大敗。民主党が参議院で第一党に 9月12日 安倍首相が辞意表明、総辞職（25日）、26日に福田康夫内閣発足
2008（平成20）	2月 松崎、「間質性肺炎」の症状を訴える。表向きの病名は「気管支喘息」 4月25日 松崎、『松崎明秘録』を出版	9月15日 リーマン・ショック。世界同時金融危機に。日経平均株価も大暴落 11月4日 米大統領選、バラク・オバマ当選

松崎明・革マル派・国鉄・JR関係	西暦（和暦）	世の中の動き
6月5日　**東京高裁が「浦和電車区事件」の控訴棄却、全員有罪確定**	2009 （平成21）	8月30日　総選挙で、野党第一党の民主党が308議席の圧勝、自民119議席の歴史的大敗。9月16日、鳩山由紀夫内閣発足、民主党幹事長に小沢一郎
4月23日　JR西日本福知山線脱線事故をめぐり歴代の井手正敬、南谷昌二郎、垣内剛3社長を業務上過失致死罪で検察審査会が強制起訴 5月23日　**松崎明、福岡市で行われた「九州動労同窓会」で、生前最後の講演** 7月11日　**参院選でJR総連組織内候補の田城郁（松崎の元秘書で専用車の運転手）が当選** 7月17日　「枝野幹事長が交わした『魔の契約』参院選を仕切った〝クリーン幹事長〟と極左暴力集団とのただならぬ関係」を「新潮45」が掲載 8月3日　**衆議院予算委員会で平沢勝栄議員（自民党）が、「枝野・梁次選挙協定覚書」を掲げて、中井洽国家公安委員長と菅首相に質問** 9月中旬　**松崎、「間質性肺炎」で都内の城西病院に入院、闘病。10月ごろに、栃木県の自治医大病院に転院** 11月13日　中核派政治局員・北小路敏、敗血症で死去。享年74 12月4日　東北新幹線、八戸・新青森間開業 12月9日　**松崎明、午後11時過ぎ、自治医大病院で死去。享年74**	2010 （平成22）	1月19日　日本航空が会社更生法の適用申請、上場廃止 3月31日　「平成の大合併」終了（市町村合併特例新法が期限切れ） 6月2日　沖縄普天間基地移設問題、小沢幹事長の政治資金スキャンダルなどで、鳩山首相が辞意を表明。8日、菅直人内閣発足 6月13日　小惑星探査機「はやぶさ」が地球に帰還 7月11日　参院選で民主党大敗。衆参ねじれ国会に 9月7日　沖縄・尖閣諸島沖で中国漁船が海上保安庁の巡視船に体当たり衝突 11月4日　アメリカ中間選挙で民主党が下院過半数割れの大敗北 11月23日　北朝鮮が韓国の延坪島を砲撃、韓国軍も反撃。在韓・在日米軍が臨戦態勢を強化

主要引用・参考文献

▼松崎明と革マル派及び組合関係
*『鬼の挑んだ賭け』21シンクタンク・未来派グループ編　弘済出版社　一九八七年
*『鬼が撃つ』松崎明　TBSブリタニカ　一九九二年
*『国鉄改革』上・下巻　松崎明　ぴいぷる社　一九九八年
*『鬼の咆哮』松崎明　毎日新聞社　二〇〇一年
*『鬼が嗤う』松崎明　西田書店　二〇〇二年
*『鬼の闘論』松崎明・鈴木邦男　創出版　二〇〇五年
*『松崎明秘録』聞き手・宮崎学　同時代社　二〇〇八年
*『松崎明著作集』第一巻～第八巻　『松崎明著作集』刊行委員会　二〇一五―一六年
*『心優しき「鬼」の想い出』松崎明追悼集発行委員会　二〇一一年
*『国鉄動力車』松崎明・谷恭介共著　三一書房　一九七二年
*『注目!!「鬼の動労」の緊急提言』国鉄動力車労働組合・動労と連帯する会編　市民出版社　一九八四年
*「鬼の動労はなぜ仏になったか」松崎明・屋山太郎対談　「文藝春秋」一九八六年四月号
*『動労三十年史』上・下巻　国鉄動力車労働組合　一九八二、一九八三年
*『労働組合幹部論』細井宗一編著　学習の友社　一九七一年
*『猛き者ついに亡びぬ』野田峯雄　労働教育センター　一九八七年
*『語られなかった敗者の国鉄改革』秋山謙祐　情報センター出版局　二〇〇九年
*『国鉄労働組合70年史』国鉄労働組合70年史編纂委員会編　国鉄労働組合　二〇一七年
*『軌跡・20年』鉄労20年史編纂委員会　鉄道労働組合　一九八七年
*『革命的マルクス主義とは何か?』黒田寛一　こぶし書房　一九六九年
*『組織論の探求』黒田寛一　こぶし書房　一九九八年
*『孤独な探究者の歩み』高知聡　現代思潮新社　二〇〇一年
*『革マル派五十年の軌跡』第一巻～第五巻　革マル派政治組織局編　あかね図書販売　二〇一四～二〇一七年
*『革命的左翼という擬制』小野田襄二　白順社　二〇〇三年
*『「帝国」に立ち向かう』四茂野修　五月書房　二〇〇三年
*『連合型労働運動に抗して』前原茂雄　解放社　二〇〇一年
*『日本労働運動に炎を』革マル派全国委員会編　解放社　二〇〇〇年
*『反グローバリズム労働運動宣言』小田裕司　彩流社　二〇〇二年
*『JRの「ドン」葛西の野望を警戒せよ!』樋口篤三　同時代社　二〇〇八年
*『小説　労働組合』谷川忍　非売品　二〇〇五年
*『「小説労働組合」発刊以後』福原福太郎　非売品　二〇〇六年

＊『虚構からの訣別――心貧しき者たちへの挽歌』嶋田邦彦編著　『虚構からの訣別』編集委員会　二〇〇三年
＊『何するものぞ!!　JR東日本民主化・新潟の闘い』鈴木均　非売品　二〇〇八年
＊『中核VS革マル』上・下巻　立花隆　講談社文庫　一九八三年
＊『青春の墓標』奥浩平　文春文庫　一九七四年
＊『総評四十年史』第二巻　『総評四十年史』編纂委員会編　第一書林　一九九三年
＊『国鉄闘争・分割民営資料集』国鉄労働組合　非売品　二〇一二年
＊『戦後史のなかの国鉄労使』升田嘉夫　明石書店　二〇一一年
＊『労働の戦後史』上・下巻　兵頭釗　東京大学出版会　一九九七年
＊『国鉄の労政と労働運動』一・二巻　有賀宗吉　交通協力会　一九七八年
＊『動労、国労を斬る』福田博幸　全貌社　一九七五年
＊『JRの光と影』立山学　岩波新書　一九八九年

▼旧国鉄・JR各社関係

＊『もう一つの「未完の国鉄改革」』宗形明　月曜評論社　二〇〇二年
＊『続もう一つの「未完の国鉄改革」』宗形明　高木書房　二〇〇五年
＊『JR東日本労政「二十年目の検証」』宗形明　高木書房　二〇〇五年
＊『「国鉄改革」の完成に向けて』宗形明　高木書房　二〇〇六年
＊『「JR総連・東労組」崩壊の兆し!?』宗形明　高木書房　二〇〇七年
＊『異形の労働組合指導者「松崎明」の誤算と蹉跌』宗形明　高木書房　二〇〇九年
＊『異形の労働組合指導者「松崎明」の〝死〟とその後』宗形明　高木書房　二〇一一年
＊『国鉄改革回想録』上・下巻　井手正敬　未公開版　二〇〇〇年
＊『国鉄改革回想録資料集』上・下巻　井手正敬　未公開版　二〇〇〇年
＊『なせばなる民営化JR東日本』松田昌士　生産性出版　二〇〇二年
＊「JNRからJRへ――鉄道の経営革新」松田昌士　「運輸と経済」一九八八年四月号
＊「JR東日本社長・松田昌士が語る『国鉄改革から株式上場』まで」月刊経営塾　一九九四年一月号
＊「マフィア化するJR東日本労組」屋山太郎　「THIS IS 読売」一九九二年四月号
＊「私の履歴書」松田昌士「日本経済新聞」二〇〇八年十一月掲載
＊『鉄路に夢をのせて』住田正二　東洋経済新報社　一九九二年
＊『官の経営　民の経営』住田正二　毎日新聞社　一九九八年
＊「国鉄改革は完了した」住田正二「論座」二〇〇一年十月号
＊『未完の「国鉄改革」』葛西敬之　東洋経済新報社　二〇〇一年

*『国鉄改革の真実』葛西敬之 中央公論新社 二〇〇七年
*『飛躍への挑戦』葛西敬之 WAC 二〇一七年
*「私の履歴書」葛西敬之「日本経済新聞」二〇一五年十月掲載
*『JRはなぜ変われたか』山之内秀一郎 毎日新聞社 二〇〇八年
*『瀬島龍三回想録 幾山河』瀬島龍三 産経新聞社 一九九五年
*『天地有情』中曽根康弘 文藝春秋 一九九六年
*『自省録』中曽根康弘 新潮社 二〇〇四年
*『男の渡る橋』内藤國夫 主婦と生活社 一九九七年
*『国鉄解体』草野厚 講談社文庫 一九九七年
*『国鉄の戦後がわかる本』上・下巻 所澤秀樹 山海堂 二〇〇〇年

▼その他の参考・引用文献
*『内外情勢の回顧と展望』公安調査庁 一九九八年
*「過激派集団革マル派―見えてきたその正体」警察庁「焦点」二五八号 一九九九年
*『治安の回顧と展望』警察庁警備局 二〇〇〇年
*『治安の回顧と展望』警察庁警備局 二〇〇四年
*『治安の回顧と展望』警察庁警備局 二〇〇九年
*『治安の回顧と展望』警視庁警備局 二〇一〇年
*『JRの妖怪』小林峻一 イースト・プレス 一九九六年
*『Z(革マル派)の研究』野村旗守 月曜評論社 二〇〇三年
*『マングローブ テロリストに乗っ取られたJR東日本の真実』西岡研介 講談社 二〇〇七年
*『なぜ2人のトップは自死を選んだのか』吉野次郎 日経BP社 二〇一四年
*『過激派に蹂躙されるJR』福田博幸 日新報道 一九九二年
*『狙われる国民の足』福田博幸 全貌社 一九八九年
*『公安情報に学べ!』福田博幸 日新報道 二〇一二年
*『誰も書かなかったJR東日本の真実』JR問題研究会 あっぷる出版社 一九九三年
*「過激派の研究」民主社会主義研究会議「改革者」一九八八年六月号
*『日本の公安警察』青木理 講談社現代新書 二〇〇〇年
*『日本の警察』川邊克朗 集英社新書 二〇〇一年
*『日本のテロ』栗原康監修 河出書房新社 二〇一七年
*『過激派事件簿40年史』月刊「治安フォーラム」編集室 立花書房 二〇〇一年
*『新左翼とは何だったのか』荒岱介 幻冬舎新書 二〇〇八年
*『宿命』原雄一 講談社 二〇一八年
*『昭和史』上・下巻 中村隆英 東洋経済新報社 二〇一二年
*『平成政治史』一～三巻 後藤謙次 岩波書店 二〇一四年
*『パンセ』パスカル 前田陽一・由木康訳 中公文庫 二〇一八年

*『人を見る目』保阪正康　新潮新書　二〇一八年

*『池上彰の世界から見る平成史』池上彰　KADOKAWA　二〇一八年

*『枝野立つ！』大下英治　河出書房新社　二〇一八年

*『パンとペン』黒岩比佐子　講談社　二〇一〇年

*『悪の論理』倉前盛通　角川文庫　一九八〇年

▼雑誌・新聞・WEBサイト（新聞発行の日付、雑誌の号数は本文中に明記）

「週刊現代」「週刊東洋経済」「週刊文春」「新潮45」「日経ビジネス」「朝日新聞」「産経新聞」「日本経済新聞」「毎日新聞」「読売新聞」革マル派機関紙「解放」　革労協機関紙「解放」　中核派機関紙「前進」「われらのインター」（国際労働総研）「治安フォーラム」（立花書房）「日生研レポート」「宝島」JR東労組の機関誌「緑の風」JR東労組東京地本の機関紙「東京」　JR連合「民主化闘争情報」

著者紹介
牧久
（まき・ひさし）

ジャーナリスト。1941年（昭和16年）、大分県生まれ。64年（昭和39年）日本経済新聞社入社、東京本社編集局社会部に所属。サイゴン・シンガポール特派員、89年（平成元年）、東京・社会部長。その後、代表取締役副社長を経て、テレビ大阪会長。著書に『「安南王国」の夢——ベトナム独立を支援した日本人』、『不屈の春雷——十河信二とその時代』（以上ウェッジ）『昭和解体——国鉄分割・民営化30年目の真実』（講談社）などがある

表紙カバー写真
1963年12月12日、翌日から合理化反対のストライキに入る尾久機関区で。運行を終え機関区に戻ったEF53形電気機関車を降りる乗務員を取り囲む当局側と組合員たち（朝日新聞）

図版・DTP
ためのり企画

編集
加藤企画編集事務所

暴君《ぼうくん》

新左翼《しんさよく》・松崎 明《まつざきあきら》に支配《しはい》されたJR秘史《ひし》

2019年4月28日　初版第1刷発行
2019年6月9日　　　　第3刷発行

著　者　牧 久《まき ひさし》
発行者　飯田 昌宏
発行所　株式会社 小学館
〒101-8001
東京都千代田区一ツ橋 2-3-1
電　話　編集 03-3230-5803
　　　　販売 03-5281-3555
印刷所　萩原印刷 株式会社
製本所　株式会社 若林製本工場
 ISBN978-4-09-388665-9